天津南开中学年鉴

2011

天津市南开中学年鉴编辑委员会　编

天津教育出版社
TIANJIN EDUCATION PRESS

图书在版编目（CIP）数据

天津南开中学年鉴. 2011 / 天津市南开中学年鉴编辑委员会编. —天津：天津教育出版社，2011.8
ISBN 978-7-5309-6560-3

Ⅰ. ①天… Ⅱ. ①天… Ⅲ. ①南开中学—2011—年鉴 Ⅳ. ①G639.282.1-54

中国版本图书馆CIP数据核字(2011)第170958号

天津南开中学年鉴（2011）

出 版 人	胡振泰
编　　者	天津市南开中学年鉴编辑委员会
责任编辑	强　华
装帧设计	冯　笪
出版发行	天津教育出版社 天津市和平区西康路 35 号　邮政编码 300051 Http://www.tieph.com.cn
经　　销	新华书店
印　　刷	天津午阳印刷有限公司
版　　次	2011 年 8 月第 1 版
印　　次	2011 年 8 月第 1 次印刷
规　　格	16 开（890 × 1240毫米）
字　　数	330 千字
印　　张	16.75
插　　页	12
定　　价	80.00元

天津市委书记张高丽在南开中学调研

张高丽与南开中学学生交谈

天津市委常委、市委教育工委书记苟利军在南开中学调研

艺体中心楼

首届毕业生纪念井

西楼

南开校友英烈纪念碑

西斋平房

南院操场

伯苓楼

容止格言石碑

范孙楼

瑞廷礼堂

公能校训石碑

北楼

周总理铜像

南开中学创办人严修、张伯苓

南开最好的学生周恩来

“我是爱南开的”石碑

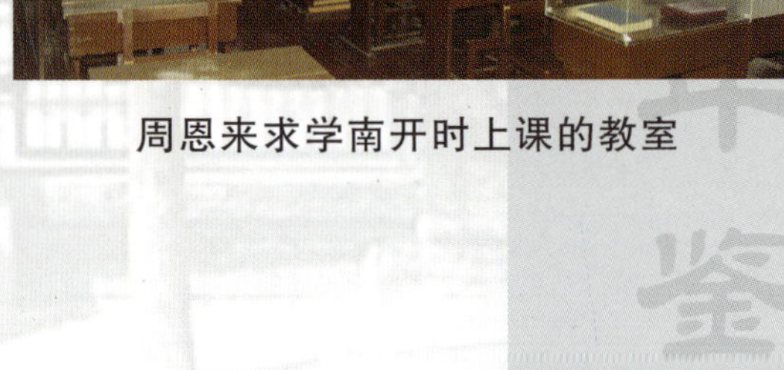

周恩来求学南开时上课的教室

南开中学理事会成立大会

出席南开中学首届理事会第一次会议人员合影

南开中学理事会授予杨志行终身名誉校长称号

南开中学理事会成立大会会场

全国政协常委、外事委员会主任赵启正与南开中学师生合影

教育部长袁贵仁会见孙海麟

外交部长杨洁篪参观南开中学

教育部副部长郝平来校视察

天津市教委领导同志来校检查工作

南开区领导同志来校检查工作

纪念近代著名教育家严修诞辰150周年大会会场

南开中学教育基金会第一届理事会会场

南开中学与复旦大学签署人才培养合作协议

孙海麟拜访中国科技大学校长、上海交通大学校长

南开中学在意大利举行孔子课堂挂牌仪式

天津南开校史研究中心成立大会会场

杨志行九十寿辰暨教育思想座谈会会场

天津南开中学年鉴

中国教育学会会长顾明远讲座

清华大学原校长、中国科学院院士王大中讲座

中央电视台著名主持人敬一丹讲座

中央电视台著名主持人白岩松讲座

周恩来总理秘书纪东讲座

著名未来学家奈斯比特夫妇对话南开学子

复旦大学校长、中国科学院院士杨玉良讲座

国防大学国际战略关系研究所所长金一南讲座

纪念周恩来总理诞辰暨表彰大会会场

纪念五四运动暨新团员入团宣誓

新生入学教育

学校教师与高三毕业生握手道别

学生军训

学生任静仪入党审批会

学生在梁启超故居做义工

学生在曹禺剧场演出《雷雨》

英文话剧展演现场

师生同台演出京剧

南开中学合唱团参加文艺展演

高一年级"谁与争锋"辩论赛选手

生活技能大赛

消防安全讲座

主题班会

全校运动会入场式

足球赛夺冠时刻

垒球训练

跳远比赛

荣钢男篮走进南开中学活动现场

篮球比赛

化学教师做公开课

地理选修课

德育公开课

生物教研活动

天津南开中学年鉴

学校教师参加南开区教职工运动会

暑期青年教师培训活动现场

学校工会征集对教工食堂的意见

南开中学离退休教师合影

孙海麟一行访问英国惠灵顿中学

比利时驻华大使奈斯访问南开中学

美国拉泼尔高中代表团来访

法国巴黎让松-德萨伊中学校长来访

美国费城男童合唱团来访

澳门基本法导师代表团来访

香港大学生法律政经学术交流团来访

师生赴台湾参加亚太青年科技研讨会

加拿大萨迪斯中学来访交流

师生访问德国波登湖中学

学生杨翘楚访问英国唐桥中学

师生访问日本静冈学园

国际部学生参观滨海新区

国际部高中毕业学生

国际部学生运动会

南开中学校友会第六届理事会全体理事合影

南开系列学校领导同志相会在重庆南开中学

南开系列学校领导同志相会在四川自贡蜀光中学

南开中学校园平面示意图

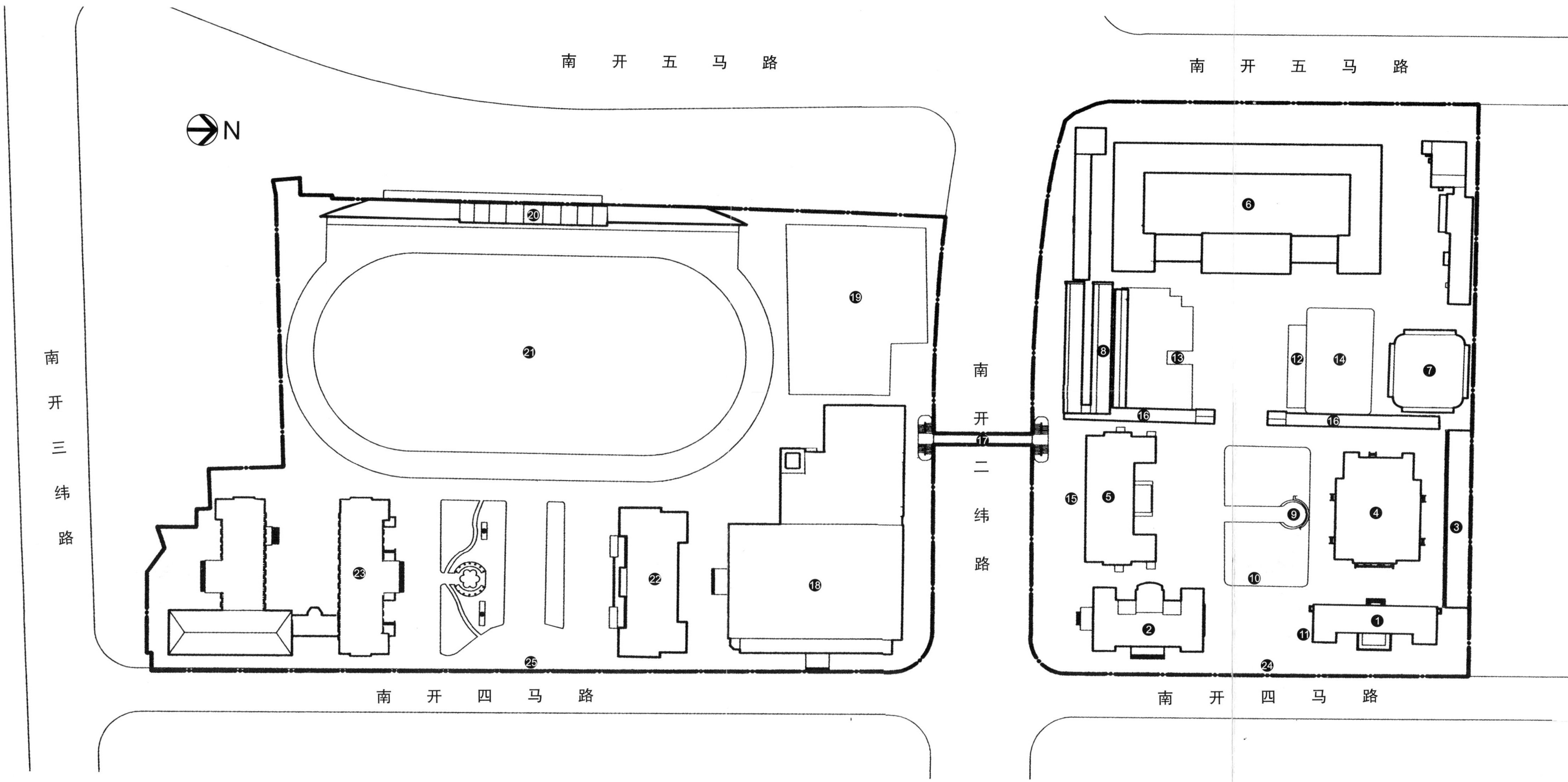

图例：

❶伯苓楼
❷范孙楼
❸北楼
❹瑞廷礼堂
❺含英楼
❻翔宇楼
❼西楼
❽西斋
❾周恩来铜像
❿校训石碑
⓫纪念井
⓬“我是爱南开的”石碑
⓭情系南开钟碑
⓮篮球场
⓯校友英烈纪念碑
⓰长廊
⓱天桥
⓲艺体楼
⓳室外运动场
⓴操场看台
㉑操场
㉒南英楼
㉓综合楼
㉔北院校门
㉕南院校门

天津市南开中学年鉴编辑委员会

主　任　孙海麟

副主任　周鸿飞　杨静武　吕宝桐

委　员　李　群　李宝贵　马　健　乔慕英　贺海龙

崔勇锐　潘印溪　王志刚　段胜利　王文昌

王德华　马桂芝　王莉英　杨　洋　周　晓

张国发　魏长童　孙　博

天津市南开中学年鉴编辑部

主　编　周鸿飞

副主编　李　群　乔慕英　贺海龙　崔勇锐

编　辑　冯　笪　赵　凯　李　晖

编辑说明

一、《天津南开中学年鉴》是天津市南开中学主办的部门性年鉴。每年出版一卷。2011 年为创始卷。

二、编辑天津南开中学年鉴，坚持高举中国特色社会主义伟大旗帜，以邓小平理论和“三个代表”重要思想为指导，深入落实科学发展观，全面贯彻党的教育方针和《国家中长期教育改革和发展规划纲要(2010～2020 年)》确定的“优先发展，育人为本，改革创新，促进公平，提高质量”的教育工作方针，尊重教育规律和学生身心发展规律。认真体现南开中学的办学特色和优良传统，全面、客观、鲜明地反映学校在改革创新，实施素质教育，以学生为主体，以教师为主导，培养优秀拔尖创新人才过程中，深化课程和教学改革，创新教学观念、教学内容、教学方法，着力提高学生的学习能力、实践能力、创新能力的做法和经验，为推动教育事业科学发展服务。

三、本年鉴采用分类编辑法，力求严谨合理，涵盖全面。以类目为纲，类目下设分目(副分目)，分目(副分目)下设条目，以条目为主体。全部内容的记叙使用规范的语体文。为了便于读者使用，卷首设目录，卷末附有索引词。

四、本年鉴每卷所记载内容的时间断限，根据普通中学行政历特点，从上一年度的寒假(2 月 1 日)开始，至年鉴出版当年的 1 月 31 日止，包含两个学期和两个假期的事项。

五、作为创始卷，本卷框架结构设置和装帧设计等都处于探索阶段。准备工作从 2010 年 12 月开始，条目编写和全书编辑于 2011 年 2 月下旬开始至 5 月上旬完成，6 月初付梓。难免有疏漏之处，当不断改进完善。

六、鉴于本卷为创始卷，为了方便读者将南开中学的现实状况与历史渊源链接起来，本卷在“概况”中收录了《南开校史概述》，以资读者参考。

天津市南开中学年鉴编辑委员会

2011 年 5 月 31 日

目　　录

特　　载

概　　况

校园要事

专题文稿

德　　育

教学教改

体卫教育

学生自主活动

国内外交流

教师队伍

党组织建设

学校管理

校园建设

校友活动

综合统计

新增规章

媒体报道

大事记

索　引

Content

Feature

Profiles

Important Events on Nankai Campus

Thematic Speeches

Moral Education

Teaching and Educational Reform

PE and Health education

Students' independent activities

International and domestic exchanges

The teaching faculty

The construction of the school CPC branch

Management of the school

Construction of the campus

Alumni activities

Overall statistics

New Regulations

Reports from Media

Summary of the great events in Nankai High School

Index

特　　载

在全国教育工作会议上的讲话

（2010年7月13日）

胡锦涛

这次全国教育工作会议，是党中央、国务院在新世纪召开的第一次全国教育会议。会议的主要任务是：总结交流教育工作经验，分析教育工作面临的新情况新问题，动员全党全社会全面实施《国家中长期教育改革和发展规划纲要（2010～2020年）》，坚持优先发展教育，推动教育事业科学发展，建设人力资源强国，为全面建设小康社会、加快推进社会主义现代化提供更有力的人才保证和人力资源支撑。

一、充分认识推进教育改革和发展的重大意义

教育是民族振兴、社会进步的基石，是提高国民素质、促进人的全面发展的根本途径，寄托着亿万家庭对美好生活的期盼。强国必先强教。新中国成立以来，党和国家始终高度重视教育。经过60多年特别是改革开放30多年的不懈努力，在我国这样一个拥有13亿人口的发展中大国，我们开辟了中国特色社会主义教育发展道路，建成了世界最大规模的教育体系，保障了亿万人民群众受教育的权利，城乡免费义务教育全面实现，职业教育快速发展，高等教育进入大众化阶段，教育公平迈出重大步伐，办学水平不断提高，取得了举世瞩目的伟大成就。我国教育事业不断发展，极大提高了全民族素质，有力推进了科技创新和文化繁荣，推动我国实现了从人口大国向人力资源大国的转变，为我国经济社会发展作出了不可替代的重大贡献。

长期以来，全国广大教师和教育工作者认真贯彻党的教育方针，教书育人，勤勉工作，默默耕耘，无私奉献，为我国教育事业发展付出了大量心血，为我国社会主义建设培养了大批人才，为党和人民作出了杰出贡献。在这里，我代表党中央、国务院，向全国广大教师和教育工作者，向所有关心和支持我国教育事业的广大干部群众和社会各界人士，表示衷心的感谢和诚挚的问候！

新中国教育的60年，是中国特色社会主义教育体系日益完善的60年。在这一历史进程中，我们不断深化对我国社会主义教育事业发展规律的认识，得出了十分重要的结论。一是教育是国家和民族发展最根本的事业，必须坚持党对教育工作的领导，明确政府发展和管理教育的责任，落实教育优先发展的战略地位，实现教育和经济社会协调发展，充分发挥教育在党和国家事业中的基础性、先导性、全局性地位和作用。二是教育的根本目的是培养德智体美全面发展的社会主义建设者和接班人，必须全面贯彻党的教育方针，把促进学生健康成长作为学校一切工作的出发点和落脚点。三是教育事业发展的生机活力在改革开放，必须始终按照面向现代化、面向世界、面向未来的要求，立足社会主义初级阶段基本国情，坚持继承和创新相结合，不断深化教育体制改革和教育教学改革。四是教育是改善民生、促进社会和谐的重要途径，必须坚持以人为本，促进教育公平，保障公民依法享有受教育的权利。五是教育事业发展的关键在教师，必须紧紧依靠广大教师和教育工作者，遵循教育规律办学教学，不断提高教师政治和业务素质，弘扬尊师重教的社会风气。这些重要结论弥足珍贵，已经在《教育规划纲要》中得到体现，更要在推进教育改革和发展中牢牢把握并不断丰富发展。

当前，我国社会主义现代化建设已进入新的发展阶段。我们的奋斗目标是，到2020年全面建成小康社会，进而到本世纪中叶基本实现现代化，在中国特色社会主义道路上实现中华民族伟大复兴。优先发展教育、提高教育现代化水平，对实现全面建设小康社会奋斗目标、建设富强民主文明和谐的社会主义现代化国家具有决定性意义。

随着科技进步日新月异，知识越来越成为提高综合国力和国际竞争力的决定性因素，人力资源越来越成为推动经济社会发展的战略性资源，科技、教育、人才竞争在综合国力竞争中的重要性日益凸显。当今世界的综合国力竞争，说到底是民族素质竞争。教育对提高人民思想道德素质和科学文化素质、发展科学技术、培养人才具有基础性作用。我们要紧紧抓住机遇、有力迎接挑战，坚持优先发展教育，提高教育现代化水平，充分发挥教育重大作用。我们要通过大力发展教育事业，努力培养造就数以亿计的高素质劳动者、数以千万计的专门人才和一大批拔尖创新人才，加快转变经济发展方式，坚持走中国特色新型工业化道路，增强我国发展后劲和国际竞争力，不断推动科学发展。我们要通过大力发展教育事业，在全社会特别是青少年中弘扬社会主义核心价值体系，进一步形成共同的理想信念和道德规范，培育文明风尚，增强民族凝聚力，打牢全党全国各族人民团结奋斗的思想道德基础，不断促进社会和谐。我们要通过大力发展教育事业，全面加强和改进德育、智育、体育、美育，坚持文化知识学习和思想品德修养的统一、理论学习和社会实践的统一、全面发展和个性发展的统一，不断促进人的全面发展。

我们必须清醒地看到，虽然我国教育事业已经取得巨大成就，但还不完全适应国家经济社会发展和人民群众接受良好教育的要求。主要问题是：有学上的问题基本解决，但上好学的问题依然突出，人民群众不断增长的多样化教育需求还不能得到很好满足；教育观念相对落后，内容方法比较陈旧，中小学生课业负担过重，素质教育推进困难；学生适应社会和就业创业能力不强，创新型、实用型、复合型人才紧缺；教育体制机制不完善，学校办学活力不足，教育结构和布局不尽合理，城乡、区域教育发展不平衡；教育投入不足，教育优先发展的战略地位尚未完全落实。我们要推动教育事业科学发展，必须着力解决这些问题。

教育是国计，也是民生；教育是今天，更是明天。大力发展教育事业，是全面建设小康社会、加快推进社会主义现代化、实现中华民族伟大复兴的必由之路。全党全国要积极行动起来，坚持育人为本，以改革创新为动力，以促进公平为重点，以提高质量为核心，推动教育事业在新的历史起点上科学发展，加快从教育大国向教育强国、从人力资源大国向人力资源强国迈进，为中华民族伟大复兴和人类文明进步作出更大贡献。

二、全面推动我国教育事业改革和发展

推动教育事业科学发展，必须高举中国特色社会主义伟大旗帜，以邓小平理论和“三个代表”重要思想为指导，深入贯彻落实科学发展观，实施科教兴国战略和人才强国战略，优先发展教育，完善中国特色社会主义现代教育体系，办好人民满意的教育，建设人力资源强国。要全面贯彻党的教育方针，坚持教育为社会主义现代化建设服务，为人民服务，与生产劳动和社会实践相结合，培养德智体美全面发展的社会主义建设者和接班人。要全面推动教育事业科学发展，立足社会主义初级阶段基本国情，把握教育发展阶段性特征，坚持以人为本，遵循教育规律，面向社会需求，优化结构布局，提高教育现代化水平。

关于当前和今后一个时期我国教育改革和发展的总体战略和主要任务，《教育规划纲要》已经作出全面部署，各级党委和政府要按照优先发展、育人为本、改革创新、促进公平、提高质量的工作方针，切实抓好落实，确保到2020年我国基本实现教育现代化，基本形成学习型社会，进入人力资源强国行列。这里，我想就推动教育事业科学发展强调几个问题。

第一，推动教育事业科学发展，必须优先发展教育。优先发展教育是党和国家长期坚持的一项重大方针。我国未来发展、中华民族伟大复兴，关键靠人才，基础在教育。在党和国家工作全局中，必须始终把教育摆在优先发展的战略地位。要把优先发展教育作为贯彻落实科学发展观的基本要求，切实保证经济社会发展规划优先安排教育发展、财政资金优先保障教育投入、公共资源优先满足教育和人力资源开发需要，并尽快形成科学规范的制度。要转变政府教育管理职能,落实政府发展和管理教育责任,积极推动建设覆盖城乡的基本公共教育服务体系,逐步实现基本公共教育服务均等化。教育投入是支撑国家长远发展的基础性、战略性投资,要健全以政府投入为主、多渠道筹集教育经费的体制,大幅度增加教育投入,2012 年实现国家财政性教育经费支出占国内生产总值的 4%,并保持稳定增长。要把是否坚持优先发展教育、发挥教育重大作用作为检验各级党政领导班子是否真正贯彻落实科学发展观的重要内容。

各地区各部门要从自身实际出发,明确分工,落实责任,密切配合,形成推动优先发展教育合力,统筹推进各级各类教育,实现更高水平的普及教育,形成惠及全民的公平教育,提供更加丰富的优质教育,构建体系完备的终身教育,健全充满活力的教育体制。要基本普及学前教育,重点发展农村学前教育,遵循幼儿身心发展规律,坚持科学保教方法,加强学前教育管理,保障幼儿快乐健康成长。要巩固义务教育普及成果,全面提高普及水平,全面提高教育质量,推动义务教育均衡发展,确保适龄儿童少年接受良好义务教育。要加快普及高中阶段教育,合理确定普通高中和中等职业学校招生比例,全面提高普通高中学生综合素质,推动普通高中多样化发展。要大力发展职业教育,加快发展面向农村的职业教育,形成适应经济发展方式转变和产业结构调整要求、体现终身教育理念、中等和高等职业教育协调发展的现代职业教育体系,着力培养学生的职业道德、职业技能、就业创业能力。要全面提高高等教育质量,提高人才培养、科学研究、社会服务整体水平,建成一批国际知名、有特色、高水平的高等学校,加快建设世界一流大学和一流学科,显著增强高等教育国际竞争力。同时,要抓好继续教育、民族教育、特殊教育,推动各级各类教育全面协调发展。

第二,推动教育事业科学发展,必须坚持以人为本。坚持以人为本、全面实施素质教育是教育改革和发展的战略主题,是贯彻党的教育方针的时代要求,核心是解决好培养什么人、怎样培养人的重大问题,重点是面向全体学生、促进学生全面发展,着力提高学生服务国家服务人民的社会责任感、勇于探索的创新精神、善于解决问题的实践能力。坚持以人为本,在教育工作中的最集中体现就是育人为本、德育为先。德是做人的根本,只有树立崇高理想和远大志向,从小打牢思想道德基础,学习才有动力,前进才有方向,成才才有保障。要把育人为本作为教育工作的根本要求,加强理想信念教育和道德教育,把社会主义核心价值体系融入国民教育全过程,深入推动中国特色社会主义理论体系进教材、进课堂、进头脑,引导学生形成正确的世界观、人生观、价值观,坚定学生对中国共产党领导、社会主义制度的信念和信心,培养学生团结互助、诚实守信、遵纪守法、艰苦奋斗的良好品质,树立社会主义民主法治、自由平等、公平正义理念。要把德育融入学校课堂教学、学生管理、学生生活全过程,创新德育观念、目标、内容、方法,充分体现时代性,准确把握规律性,大力增强实效性。

坚持以人为本,在教育工作中的重要着眼点是全面提高国民素质。这就需要全面实施素质教育。实施素质教育不仅涉及教育各个阶段和领域,更涉及文化传统、经济发展、社会结构、用人制度等方方面面,必须统筹兼顾、协调推进,切实把实施素质教育这件大事抓紧抓好、抓出成效。人力资源是经济社会发展的第一资源,教育是开发人力资源的主要途径。要以学生为主体,以教师为主导,充分发挥学生的主动性,尊重教育规律和学生身心发展规律,为多样化、个性化、创新型人才成长提供良好环境和机制,着力培养我国现代化建设需要的各方面人才,特别是要高度重视培养拔尖创新人才。要促进学生全面发展,优化知识结构,丰富社会实践,加强劳动教育,着力提高学习能力、实践能力、创新能力,提高综合素质,加快改变学生创新能力培养不足状况。要把人人可以成才的观念贯穿教育全过程、贯穿社会各行各业,把培养人的创造性和培养拔尖创新人才有机统一起来,推进小学、中学、大学有机衔接,教学、科研、实践紧密结合,学校、家庭、社会密切配合,加强学校之间、校企之间、学校和科研机构之间合作以及中外合作等多种联合培养方式,更加重视打牢创新基础、倡导创新精神、激发创新活力,更加重视发展创新文化、完善创新机制、营造创新氛围,大幅提高教育培养创新人才能力和水平。要以终身学习理念引领学校教育改革,构建灵活开放的终身教育体系,努力做到学历教育和非学历教育协调发展、职业教育和普通教育相互沟通、职前教育和职后教育有效衔接,为努力形成全民学习、终身学习的学习型社会奠定坚实基础。

第三,推动教育事业科学发展,必须坚持改革创新。改革是教育事业发展的强大动力。要深化教育教学改革，重视改革的系统设计和整体安排，加快重要领域和关键环节改革步伐，以改革推动发展，以改革提高质量，以改革增强活力，进一步消除制约教育发展和创新的体制机制障碍，全面形成与社会主义市场经济体制和全面建设小康社会目标相适应的充满活力、富有效率、更加开放、有利于科学发展的教育体制机制。

深化教育体制改革，关键是更新教育观念，核心是改革人才培养体制，目的是提高人才培养水平。教育成效不应只看学生是否能准确填写标准答案，更要看学生的学习能力、实践能力、创新能力，看他们是否掌握了发现问题、解决问题的关键能力，看他们是否具备了高度的社会责任感。要树立全面发展观念、人人成才观念、多样化人才观念、系统培养观念、终身学习观念，形成体系开放、机制灵活、渠道互通、选择多样的人才培养体制。要创新人才培养模式，适应国家和社会发展需要，遵循教育规律和人才成长规律，注重学思结合、知行统一、因材施教，创新教育教学方法，倡导启发式、探究式、讨论式、参与式教学，激发学生好奇心，发挥学生主动精神，鼓励学生进行创造性思维，改变单纯灌输式的教育方法。要把中小学生从繁重的课业负担下解放出来，使广大青少年在发掘兴趣和潜能的基础上全面发展。

深化教育体制改革，要正确处理政府、学校、社会的关系，落实和扩大学校办学自主权，建设依法办学、自主管理、民主监督、社会参与的现代学校制度。要深化办学体制改革，坚持教育公益性原则，健全政府主导、社会参与，办学主体多元、办学形式多样、充满生机活力的办学体制，积极鼓励行业、企业等社会力量参与公办学校办学，引导社会资金以多种方式进入教育领域，大力支持民办教育，形成以政府办学为主体、全社会积极参与、公办教育和民办教育共同发展的格局。要深化教育管理体制改革，以转变政府职能和简政放权为重点，提高公共教育服务水平，明确各级政府责任，规范学校办学行为，形成政事分开、权责明确、统筹协调、规范有序的教育管理体制。在教育改革中，要正确处理改革发展稳定的关系，坚持改革力度、发展速度、社会可承受程度的统一。

在经济全球化深入发展、我国参与国际经济合作和竞争日益广泛深入的新形势下，我们必须加强教育国际交流合作，提高教育交流合作水平，充分利用国内国际两种教育资源。要借鉴国外先进教育理念和有益教育经验，引进优质教育资源，提升我国教育的国际地位和影响力、竞争力。要积极吸引更多世界一流专家学者来华从事教学、科研、管理工作，有计划引进海外高端人才和学术团队，推动我国高水平教育机构海外办学。要坚持支持留学、鼓励回国、来去自由的方针，创新和完善公派出国留学机制，提高对留学人员的服务和管理水平，吸引海外优秀留学人员回国服务。

第四，推动教育事业科学发展，必须促进教育公平。教育公平是社会公平的重要基础。坚持教育的公益性和普惠性，把促进公平作为国家基本教育政策，是促进社会公平的重要基础性任务。教育公平的关键是机会公平，基本要求是保障公民依法享有受教育的权利，重点是促进义务教育均衡发展和扶持困难群众，根本措施是合理配置教育资源。近年来，我国在保障教育机会公平方面迈出重大步伐，我们要在这个基础上继续促进公民受教育机会公平，推动教育公平不断迈上新台阶。要着力促进公共教育资源配置公平，加强薄弱环节和关键领域，加快缩小城乡、区域教育发展差距。要健全国家资助政策体系，逐步对农村家庭经济困难和城镇低保家庭子女接受学前教育予以资助，提高农村义务教育家庭经济困难寄宿生生活补助标准，改善中小学生营养状况，建立普通高中家庭经济困难学生国家资助制度，完善普通本科高校、高等职业学校、中等职业学校家庭经济困难学生资助政策体系，设立研究生国家奖学金，完善助学贷款体制机制。要进一步加大农村、边远贫困地区、民族地区教育投入，启动民族地区、贫困地区农村小学生营养改善计划，改善农村学生特别是留守儿童寄宿条件，努力不让一个孩子因家庭经济困难、就学困难或学习困难而失学。

促进教育公平，要着力促进教育制度规则公平，全面推进依法治教和依法治校，坚持用规范管理维护教育公平，探索教育行政执法体制机制改革，完善督导制度和监督问责机制。要实施好高校招生“阳光工程”，建立和完善高校毕业生就业服务体系，坚决治理教育乱收费。要依法落实民办学校、学生、教师与公办学校、学生、教师平等的法律地位。

推进教育公平是复杂的社会系统工程，也是一个需要逐步实现的历史过程。要坚持在经济社会发展的基础上，以发展促公平，以改革促公平，以政策支持促公平，不断满足广大群众日益增长的多层次、多样化教育需求。

第五，推动教育事业科学发展，必须重视教育质量。全面提高教育质量，对建设教育强国、人力资源强国意义重大。要把提高质量作为教育改革和发展的核心任务，摆在各级各类教育更加突出的位置，树立以提高质量为核心的教育发展观，坚持规模和质量的统一，注重教育内涵发展。要把促进人的全面发展、适应社会需要作为衡量教育质量的根本标准，努力协调好教育发展和人的全面发展、教育发展和社会发展的关系，鼓励学校办出特色、办出水平和出名师、育英才。要把教育资源配置和学校工作重点集中到强化教学环节、提高教育质量上来，建立以提高教育质量为导向的管理制度和工作机制，制定教育质量国家标准，建立健全教育质量保障体系。要深入研究经济社会发展和用人单位对人才结构培养质量需求变化情况，加强教育质量评估和监管。

教育大计，教师为本。要把加强教师队伍建设作为教育事业发展最重要的基础工作来抓，充分信任、紧密依靠广大教师，进一步激发和保护他们投身教育改革创新、推动教育事业发展的积极性、主动性、创造性，着力提升教师素质、优化队伍结构，着力加强中青年教师和创新团队建设，健全教师管理制度，努力造就一支师德高尚、业务精湛、结构合理、充满活力的高素质专业化教师队伍。要采取更有力的措施，提高教师地位，维护教师权益，改善教师待遇，加强教师培训，关心教师身心健康，依法保证教师平均工资水平不低于或者高于国家公务员平均工资水平并逐步提高，落实教师绩效工资，对长期在农村基层和艰苦边远地区工作的教师实行倾斜政策，落实和完善教师社会保障政策，为教师解决后顾之忧，为教师发展成长创造更多机会、提供更有利的条件。要吸引优秀人才从事教育工作，支持和鼓励他们长期从教、终身从教。要在全社会大力弘扬尊师重教的优良传统，宣传优秀教师先进事迹，使教师成为最受社会尊重的职业。要加强学校领导者、管理者队伍建设，加强辅导员、班主任队伍建设，提高队伍整体素质。要完善绩效考核，发扬良好校风、教风、学风，力戒浮躁，形成全面提高教育质量的良好氛围。

要以教育信息化带动教育现代化，把教育信息化纳入国家信息化发展整体战略，加快教育信息基础设施建设，超前部署教育信息网络，加强优质教育资源开发和应用，构建国家教育管理信息系统，确保到2020年基本建成覆盖城乡各级各类学校的教育信息化体系，促进优质教育资源普及共享，加快全民信息技术普及和应用。

三、全党全社会共同为推动教育事业科学发展而奋斗

推动教育事业科学发展，加强和改善党的领导是关键。贯彻落实好《教育规划纲要》是摆在全党全社会面前的重大任务，迫切要求各级党委、政府和领导干部提高领导教育工作能力和水平。各级党委和政府要提出实施方案，加强领导，明确目标，制定措施，加大投入，切实把《教育规划纲要》贯彻好、落实好。

第一，着力加强和改善对教育工作的领导。各级党委和政府要强化责任意识，正确处理教育发展与经济社会发展的关系，健全领导体制和决策机制，以更大的决心、更多的财力、更多的精力支持教育事业，加强教育宏观政策和发展战略研究，制订符合本地实际的教育发展规划和政策措施，抓好《教育规划纲要》提出的重大项目和改革试点，及时研究解决教育改革和发展的重大问题和群众关心的热点问题。要把制度建设作为推动教育事业科学发展的重要着力点，深化改革，勇于创新，增强改革措施的针对性、协调性、实效性，建立健全统筹教育和经济社会发展、统筹教育改革和对外开放、统筹城乡和区域教育发展、统筹各级各类教育发展的机制，建立健全推进教育公平、实施素质教育、培养创新人才的有效制度体系，建立健全有利于推动教育事业科学发展的综合评价体系。要加强和改进教育系统党的建设，健全各级各类学校党的组织，坚持和完善公办高等学校党委领导下的校长负责制，加强学校领导班子和领导干部队伍建设，加强在优秀青年教师、优秀学生中发展党员工作，重视学校共青团、少先队工作，充分发挥党组织在教育改革和发展中的作用。要坚持社会主义办学方向，牢牢把握党对学校意识形态工作的主导权，加强和改进学校思想政治工作，加强校园文化建设。要加强教育系统党风廉政建设和行风建设，完善体现教育系统特点的惩治和预防腐败体系，严格执行党风廉政建设责任制，积极推行政务公开、校务公开，逐步推行基层党务公开，坚决惩治和有效预防腐败，坚决纠正损害群众利益的各种不正之风。要深入开展平安校园、文明校园、绿色校园、和谐校园创建活动,加强校园网络管理,加强师生安全教育和学校安全管理,加强校园和周边环境治安综合治理,切实维护教育系统和谐稳定。

第二,着力动员全社会共同推动教育事业科学发展。教育振兴,全民有责。实现教育改革和发展目标,必须发挥人民群众聪明才智、动员全社会一起努力,充分调动全社会关心和支持教育的积极性,共同担负起培育下一代的责任。要鼓励和支持全社会支持和参与教育事业发展,努力形成推动教育事业科学发展和促进人的全面发展的社会氛围。要切实保障人民群众对教育的知情权、参与权、表达权、监督权,建立和完善群众利益表达渠道和对教育建言献策的平台,积极利用社会力量监督和评价教育、参与教育管理。要完善相关政策,发动更多社会力量支持教育、投入教育、兴办教育。要引导和鼓励社会各界更新教育观、成才观、用人观,支持教育改革创新,形成既生动活泼又规范有序、共同推动教育事业科学发展的生动局面。

第三,着力组织广大教师和教育工作者投身教育事业科学发展伟大实践。广大教师和教育工作者是推动教育事业发展的生力军。推动教育事业科学发展,必须紧紧依靠广大教师和教育工作者。广大教师要增强教书育人的责任感和使命感,把教学作为首要任务,自觉加强师德建设,大力弘扬优良教风,努力提高业务水平,积极探索和实践教育教学规律,关爱学生,严谨笃学,淡泊名利,自尊自律,全心全意帮助学生全面发展,做学生健康成长的指导者和引路人。学校各级领导干部和管理人员要用主要精力抓好人才培养和学校管理,改进领导方式,发扬校内民主,开放社会监督,以优异工作业绩赢得教师、学生、家长信任和支持。

同志们,21 世纪是中华民族伟大复兴的世纪,也必将是我国教育事业全面发展的世纪。全党全国要积极行动起来,真抓实干,开拓进取,努力推动教育事业科学发展,为把我国建设成为人力资源强国、人才强国、创新型国家而不懈奋斗!

强国必强教　强国先强教

温家宝

一、在新的起点上全面谋划教育改革发展

人类社会发展的历史表明,教育对每个国家和民族的发展都十分重要。对于我们这样一个人口众多的发展中国家,尤其要把发展教育摆在更加突出的位置。只有办一流教育,出一流人才,才能建设一流国家。

新中国成立特别是改革开放以来,我国教育发展取得了举世瞩目的成就。我们开辟了中国特色社会主义教育发展道路,建成了世界最大规模的教育体系,有力保障了亿万人民群众受教育的权利。进入新世纪,我们以推进教育公平为重点,加快教育改革和发展,城乡免费九年义务教育全面普及,农村教育得到加强,职业教育快速发展,高等教育进入大众化阶段,教师队伍素质明显提高。经过多年努力,大批学校面貌焕然一新,在广大农村特别是偏远地区,到处可以看到最好的建筑是学校;义务教育适龄儿童都能上学,即使是经济困难家庭的孩子,也能基本保证他们不因贫困而失学;国民受教育的年限明显增加,有知识有文化的年轻一代已成为新增劳动力的主体。教育的发展极大地提高了全民族的素质,推进了科技创新、文化繁荣,为经济发展、社会进步和民生改善做出了不可替代的贡献。

制定《国家中长期教育改革和发展规划纲要》(以下简称《纲要》),是党中央、国务院着眼于全面建成小康社会和现代化建设全局作出的战略决策,是对我国未来十年教育事业发展进行全面谋划和前瞻性部署。中央的主要考虑是:第一,教育发展要面向未来。十年树木,百年树人。教育是千秋大业,关系国家民族长远发展、关系人的全面发展,必须整体考虑、精心设计。既要立足当前解决突出问题、满足现实需要,又要着眼未来、明确长远目标和

任务；既要培养能够满足我国当前发展需要的各类人才，又要造就更多引领经济社会未来发展的杰出人才。教育改革发展必须面向未来，超前部署，才能保证我们的事业后继有人、兴旺发达。第二，教育发展要适应经济社会发展对人才需求和全面提高国民素质的要求。一个国家的发展和强盛，从根本上取决于国民素质；国民素质的提高，关键靠教育。我国要全面建成小康社会、进而实现现代化，必须把经济发展真正转移到依靠科技进步和提高劳动者素质的轨道上来，必须实现社会的全面进步和人的全面发展，这都对教育提出了新的更高的要求。同时，就世界范围来看，科技和人才越来越成为国家竞争力的决定性因素，各国都在积极研究制定教育、科技、人才发展战略，我国的教育发展也必须走在前面。第三，教育发展要顺应人民群众对接受更多更好教育的新期盼。随着社会不断发展进步，广大人民群众对通过接受教育提高自身素质、改变命运的愿望更加强烈。经过多年努力，我国教育基本解决了有学上的问题，但上好学的问题依然突出，这对教育公平提出了更高的要求。为广大群众提供更多、更好、更公平接受教育的机会，是政府的职责。我们一定要解决好教育领域人民群众最关心的突出问题，办好人民满意的教育。第四，教育发展要进一步深化改革。教育发展不是简单的数量扩张，而必须以提高质量为前提。要实现教育的科学发展，根本出路在改革创新。这就要求我们解放思想，实事求是，敢于冲破传统观念和体制机制的束缚，在人才培养、考试招生、办学方式、管理体制等方面进行大胆创新。允许和鼓励各地进行探索和试验。通过改革创新使教育发展更加符合时代发展的潮流，更加符合建设中国特色社会主义对人才的需要，更加符合广大人民群众对教育的殷切期望。

基于上述考虑，《纲要》确定了“优先发展，育人为本，改革创新，促进公平，提高质量”的教育工作方针，提出了到2020年基本实现教育现代化、基本形成学习型社会、进入人力资源强国行列的战略目标，并对未来十年教育改革和发展的主要任务和重大政策措施做出了明确部署。《纲要》特别提出到2012年要实现教育财政性支出占国内生产总值4%的目标，这表明了党和政府推动教育改革和发展的坚定决心。《纲要》制定历时近两年，社会各界广泛参与，专家学者建言献策，是科学民主决策的产物，是广大教育工作者共同努力的结果。《纲要》规划了未来十年我国教育改革发展的蓝图，是符合我国国情、体现时代特点、反映人民意愿的纲领，必将对教育改革发展产生深远的影响。

二、大力促进教育公平

教育涉及所有人，接受教育是每个人获得发展的基本前提。缩小不同群体发展差距，消除家庭贫困的代际传递，实现人的自由全面发展，首先要保障人人有受教育的机会。正基于此，我们说，教育公平是社会公平的重要基础，是最基本最重要的公平，是实现社会公平“最伟大的工具”。

要进一步办好义务教育。义务教育是教育公平的基础。义务教育的本质，是要为每一个人的生存和发展提供一条公平的起跑线。对我们这样的人口大国，教育公平的首要任务是要确保所有适龄儿童都能接受基础教育。我们已经在全国城乡实行了免费义务教育，把义务教育经费全面纳入国家财政保障范围。这是我国教育体制的一个历史性变革，从而使几千年来“有教无类”的理想变成了现实。在基本解决了有学上的问题之后，我们下一步的工作重点是要逐步解决义务教育资源配置不均衡问题，以满足人民群众上好学的要求。要做到这一点，在全国或省（区、市）范围内，教育资源就要向农村地区、革命老区、民族地区、边疆地区、贫困地区倾斜；在同一城市和县域范围内，教育资源就要向薄弱学校倾斜，逐步实现师资、设备、图书、校舍等均衡配置。由于各地经济社会发展水平的差异，义务教育发展的差异短期内不可能完全消除，但我们要把缩小义务教育差距作为促进教育公平的首要任务。

要不断完善国家助学制度。这是促进教育公平的一项重要措施。在非义务教育阶段，我们要保障每一个孩子接受教育的基本权利，主要靠实行奖助学金制度来实现。我们的目标是，只要孩子们能考上学校，就要保证他们完成学业。这几年国家助学制度不断完善，中央财政用于普通本科高校、高等和中等职业学校的国家奖学金助学金投入，由2006年的20.5亿元增加到今年的260亿元。今后要进一步完善国家助学制度，各级政府要继续加大投入，扩大奖学金、助学金规模和覆盖面，为助学贷款提供的担保、贴息要更加符合各级各类教育的特点。政府投入主要用于资助经济困难家庭学生的学费和基本生活费用。学校也要从学费中拿出相应的比例资助困难学生。鼓励社会各界以多种形式设立奖学金、助学金等助学项目。支持学生开展多种形式的勤工俭学活动,以自己的劳动收入资助学业。

要切实解决特殊群体孩子的上学问题。这是社会文明进步的重要体现。随着我国工业化、城市化加快推进,农民工子女和农村留守儿童上学问题日益突出,解决这些孩子上学问题的任务更加艰巨。要进一步完善农民工等流动就业人口子女上学的政策,保证他们能够在全日制公办学校免费接受义务教育。现有学校不足的,要做好规划,加大学校建设投入。要切实关心和解决农村留守儿童的上学问题,主要通过加强农村寄宿制学校建设和管理,让留守儿童有学上,在社会关爱中健康成长。保障残疾孩子平等接受教育,应该引起政府和全社会的高度重视。要加快特殊教育学校建设,同时创造条件让更多的残疾学生在普通学校上学。“同在蓝天下,共同成长进步”。我们一定要实现这个美好愿望。

三、推动教育全面协调发展

未来10年我国教育的发展任务是在办好义务教育的基础上,实现各级各类教育全面协调发展。这是构建终身教育体系、形成学习型社会的基础,也是为经济社会发展培养多方面人才、满足人民群众接受更多更好教育的需要。《纲要》对发展各级各类教育进行了全面部署,这里我着重讲一讲职业教育、高等教育、学前教育发展的有关问题。

职业教育是面向人人、面向整个社会的教育,根本目的是让人学会技能和本领,能够就业,成为有用之才。目前我国接受职业教育的学生,85%以上来自农村和城市低收入家庭。发展职业教育,使他们能够掌握一定的专业技术,顺利实现就业,摆脱贫困,从而过上有尊严的生活,这是促进社会公平、实现社会和谐的有效途径。近年来,我们对教育结构进行了较大调整,加快了职业教育发展,但仍不能满足需求。要把职业教育纳入经济社会发展规划,促使职业教育在规模、专业设置上与经济社会发展需求相适应。要注重学生实际操作能力的教学和训练,培养更多的应用型、技能型人才。加强职业院校实习培训设施和教师队伍建设。要加快发展面向农村的职业教育,加大培养适应农业和农村发展需要的专业人才,增强服务“三农”的能力。要完善支持职业教育发展政策,动员全社会力量兴办职业教育。提高技能型人才的社会地位和待遇,形成行行出状元的良好社会氛围,增强职业教育的吸引力。

高等教育要坚持稳步发展和提高质量相结合,重点放在提高质量上。目前我国高等教育毛入学率达到24.2%,大学生数量居世界前列。但是与发达国家相比,我国大学生占总人口的比重还较低,从长远看我们还要适度扩大高等教育规模,以满足人民群众和经济社会发展对高等教育的需求。坚持以教学为中心,把培养人才作为高等学校的第一职责。学校和教师都要把主要精力放到搞好教学和培养好学生上。教授要上讲坛给本科生上课。科学研究也是高等学校的重要职能,但要与教学和培养人才紧密结合。要适应经济社会发展对人才的多样化需求,引导高等学校合理定位,克服同质化倾向,形成独具特色的办学理念和风格。对不同层次、不同类型的学校,要同样重视,给予支持,鼓励各类学校办出水平、办出特色、争创一流。要优化高等学校区域布局,中央财政要加大对中西部地区高等教育发展的支持力度。要加快一流大学和一流学科建设,争取到2020年建成一批国际知名的高等学校,若干所大学达到或接近世界一流大学水平。高水平的大学不在高楼大厦,不在那些张扬的东西,而在于有崇高的办学理念,有勇于担当的社会责任感,有追求真理、勇于创新的精神,有一流的教师和一流的教学科研水平。一旦涌现出一批有特色、高水平的大学,就会出现一批又一批真正杰出的人才,整个国家就充满希望。

学前教育在各级各类教育中是一个十分薄弱的环节,人民群众意见较多。要推动全国城乡学前教育普遍发展。抓紧解决群众反映强烈的“入园难”问题。学前教育资源不足地区,要搞好幼儿园规划建设。要特别重视发展农村、中西部地区、偏远地区、民族地区的学前教育。进一步健全公办民办并举的办园体制,政府要增加投入,同时大力扶持民间资本发展学前教育事业。城乡中小学布局调整富余出来的校舍,要优先满足学前教育需要,教师可以经过培训转入学前教育。政府公共投入应主要承担“保基本”的责任。严格规范公办幼儿园收费标准,不能用公共投入办高标准、高收费、为少数人服务的幼儿园。要建立健全经济困难家庭孩子入园补助机制,为孩子们进入幼儿园学习、生活创造公平机会。

四、全面推进素质教育

教育的根本任务是培养人才。党的教育方针是培养德智体美全面发展的社会主义建设者和接班人。新时期教育改革发展的主要任务，就是全面贯彻党的教育方针，创新人才培养模式，提高人才培养水平，做到因材施教，鼓励个性发展，促进人人成才，形成人才辈出、拔尖创新人才不断涌现的局面。

素质教育是教育改革发展的战略主题，是贯彻党的教育方针的时代要求。《纲要》重申德智体美全面发展，具有重要的现实意义。德育、智育、体育、美育是一个有机整体。德育的核心是帮助学生树立正确的人生观、价值观，确立崇高的人生目标，使学生有高尚的道德情操，成为有责任心、有正义感、有奉献精神的人。智育不是简单灌输知识，而是点燃人心智的火焰，把受教育者内在的潜质开发、启蒙出来，让学生积极主动地去追求新知。体育不仅可以强身健体，而且可以培养人的坚毅勇敢、吃苦耐劳和团结协作精神。美育陶冶人的情操，提高人的审美情趣，激发人对真善美的追求和美好未来的向往。多年来我们所强调的素质教育，实质上就是强调学生的全面发展，就是促进德育、智育、体育、美育的有机结合。

古往今来的许多事例证明，素质教育是培养杰出人才的基础。杰出人才应该是全面发展的人，应该是站在巨人肩上的人。因为他是全面发展的人，知识广博，能够融会贯通，举一反三，从而有所发明、有所创造。因为他站得高，看得远，前瞻未来，能开风气之先，引领新潮流。中外历史上许多杰出人才，尽管从事的职业不同，但他们往往有一个共同的特点，就是集科学、文学、艺术、哲学于一身，表现出全面的良好素质。究其原因，科学、文学、艺术、哲学的结合使他们想象力更丰富，视野更开阔，善于抓住事物的本质和掌握事物的规律，因而获得广泛的成就。

推进素质教育，培养全面发展的优秀人才和杰出人才，关键要深化课程和教学改革，创新教学观念、教学内容、教学方法，着力提高学生的学习能力、实践能力、创新能力。要为学生创造充分的自由发展空间。注重维护学生的尊严和人格，尊重学生的意愿和选择，激发学生的学习兴趣和好奇心。要切实减轻学生课业负担和学习压力，规范和从严控制各种教辅材料和课后班、补习班，让学生有更多的时间去思考，去锻炼，去选择性地读课外书，去了解社会，去接触书本上没有的知识，促进学生身心健康、全面发展。要改革课程内容，使之具有时代特点、适应经济社会发展需要、有利于提高学生素质。要调整专业设置，更新课程设计和教学内容，注重培养学生应对变化、把握机会和解决问题的能力。要改革教学方式方法，注重启发式、探究式、讨论式、参与式教学。教育不仅要传授知识，更重要的是启发思维，培养学习思考能力。爱因斯坦说，想象力比知识更重要。要鼓励学生独立思考、自由表达，增强他们的自信心，保护和激发他们的想象力、创造力。要注重学思结合，知行并重，让学生不仅学到知识，还要学会动手，学会动脑，学会做事，学会生存，学会与别人共同生活。

五、深化教育体制改革

教育要发展，根本在改革。教育体制改革是一项长期而艰巨的任务，不可能一蹴而就。必须解放思想，大胆探索，坚决破除不利于教育发展的体制机制障碍，为教育事业持续健康发展提供强大动力。

要落实和扩大学校办学自主权。促进教育发展，政府责无旁贷，但必须切实转变职能，把该管的管好，把该放的放开。我们提倡学校自主办学，不是说对学校放任不管，而是如何管，以什么手段管，管到什么程度的问题。政府的管理应该是宏观管理而不是微观管理，应该是间接管理而不是直接管理。要改进管理方式，减少和规范对学校的行政审批和直接干预，更多地运用法规、政策、标准、公共财政等手段引导和支持教育发展。具体到每个学校如何管好、办好，还是要由学校负责。要保障高等学校依法自主开展教学、科研活动，自主调整学科、专业设置，自主管理和使用人才，自主进行学校内部管理。要扩大普通高中和中等职业学校在办学模式、育人方式、合作办学等方面的自主权。要逐步取消各类学校实际存在的行政级别和行政化管理模式，克服行政化倾向。总之，各级政府都要按教育规律管教育，各级各类学校都要按教育规律办教育。

要推进学校民主管理。公办高校要坚持和完善党委领导下的校长负责制。在此基础上，进一步健全议事规则，实行科学决策。建立健全学术委员会、职工和学生代表大会参与学校民主管理和监督的制度。完善中小学和中等职业学校校长负责制，完善校长任职条件和任用办法。建立健全教职工代表大会制度，中小学还要建立家长委员会，不断完善学校科学民主决策和评价机制。

要倡导教育家办学。教育的发展有其自身的规律。一个好老师，可以教出一批好孩子；一个好校长，可以成就一所好学校；一批教育家，可以影响国家和民族的未来。我国教育事业要兴旺发达，一个重要条件就是让真正懂教育的人来办教育。因为他们尊重、敬畏教育的价值和规律，拥有系统的教育理论和丰富的实践经验，对教育充满热爱并深深扎根于教学第一线。新中国成立特别是改革开放以来，我国教育战线涌现出一大批优秀教育工作者，各级党委和政府要创造条件，让他们在教育事业发展中大显身手。要放手使用一批有前途、有能力的学校管理人才。大胆开展面向社会公开招聘各类学校校长的探索和试点，打破级别、资历等条条框框，不拘一格用人才。努力培养和造就一大批献身教育事业、具有先进教育理念和独特办学风格的人民教育家。这是振兴我国教育事业的希望所在。

要大力发展民办教育。民办教育是我国教育的重要组成部分。发展民办教育，是满足人民群众多样化教育需求、增强教育发展活力的必然要求。国外许多著名学校，都是非营利性的私立学校。经过改革开放30多年发展，我国民间资本已有相当基础，也有越来越多的人热心教育事业。要鼓励他们以多种方式出资、捐资兴办教育。要进一步清理对民办学校的各类歧视性政策，落实民办学校、学生、教师与公办学校、学生、教师平等的法律地位。我们的企业家和社会各界，都要关心教育事业，把支持教育事业作为自己光荣的社会责任，办教育不以赢利为目的。在这方面，爱国华侨陈嘉庚先生就是杰出的榜样。要健全公共财政对民办教育的扶持政策，特别是对非营利性民办学校要给予大力支持。要支持一批民办大中专学校办出水平和特色，成为一流学校。在学前教育、职业教育、继续教育等社会力量参与较多的领域，政府可采取购买服务的办法，支持民办教育发展。

要扩大教育对外开放。教育对外开放是优化我国教育资源、培养具有国际竞争力人才的重要举措。中国的发展离不开世界，中国教育事业的发展要始终面向世界。要瞄准世界教育发展变革的前沿，学习和借鉴世界先进的教育方法和教育经验，紧密结合我国教育实际，提高我国教育发展水平和国际化水平。要坚持“引进来”与“走出去”相结合，多种方式利用国外优质教育资源。积极探索中外合作办学新模式，鼓励各级各类学校开展多种形式的国际合作，推动高水平教育机构海外办学。扩大外国学生来华留学规模，继续支持出国留学。

六、加强教师队伍建设

如果说教育是国家发展的基石，教师就是奠基者。有好的教师，才可能有好的教育。我国有1600万教育工作者，他们长期以来兢兢业业，默默耕耘，不计名利，甘为人梯，培养了一批又一批优秀人才，为我国教育事业和现代化建设做出了不可磨灭的贡献。但是必须看到，我国教师队伍整体素质亟待提高、教师的地位待遇有待加强、教师管理机制需要完善。能否造就一支师德高尚、业务精湛、结构合理、充满活力的高素质专业化教师队伍，是我国教育发展中一项重要而紧迫任务。

教育是心灵与心灵的沟通，灵魂与灵魂的交融，人格与人格的对话。教师应该成为传道、授业、解惑者，成为具有教育智慧的学者，成为人格修养的楷模。如果说教师是太阳下最光辉的职业，其光辉之处就在于教师可以照亮一代又一代新人，从而提高全民族的素质和推动社会的发展进步。教师不仅要注重教书，更要注重育人；不仅要注重言传，更要注重身教。必须更加重视教师职业理想和职业道德教育，增强广大教师教书育人的责任感和使命感。广大教师要自觉加强师德修养，“学为人师，行为世范”。要以自己的人格魅力和学识魅力教育感染学生，做学生健康成长的指导者和引路人。教师是知识的传播者和创造者，教师的知识和业务水平决定着教育的质量。要想给学生一杯水，自己必须先有一桶水。这就要求教师具备广博的知识和广泛的兴趣，具备深厚的专业功底和独特的教学艺术，具有出色的教学效果和对教育教学的深入研究。为了提高教师业务水平，优化教师队伍结构，要完善并严格教师准入制度，严把教师入口关，完善教师退出机制；加强学校岗位管理，创新聘用方式，完善激励机制，激发教师积极性和创造性；加快完善教师培养培训体系，通过研修培训、学术交流、项目资助等方式，造就一批教学名师和学科领军人。

建设一支高素质的教师队伍，必须办好师范教育。教育是为人类文化承先启后的事业。以教育为职业者，必须具有淡泊名利的高尚志趣，刻苦勤学的精神，诚挚友爱的感情。师范教育的目标绝不是造就“教书匠”，而是要造就堪为人师的教育家。师范教育不能仅注重让学生在知识、能力和专业素质方面得到应有的发展，更要注重未来教师气质的培养，最重要的是文化熏陶。师范学校的专门训练，不限于教学的技能，而尤其在于多年的教育文化氛围中涵濡浸渍，使学生对教育实践的兴趣油然而生，对于教育事业的敬仰日益坚定。

要特别重视加强农村教师队伍建设。这是我国教师队伍的薄弱环节。现在，一些地方农村教师工作环境和生活条件还比较艰苦，医疗、社保、住房、交通等方面的保障水平还不高。受各种因素制约，农村教师队伍总体上学历偏低、年龄偏大。必须创新农村教师队伍补充机制，吸引更多的优秀人才从教。继续实施农村义务教育学校教师特设岗位计划。同时，完善相关制度和政策，关心农村教师生活和成长，使优秀教师在农村能够进得来、留得住、用得好。对长期在农村基层和艰苦边远地区工作的教师，在工资、职务职称等方面实行倾斜政策，有条件的地方要逐步提高津贴补贴标准。

尊师重教是社会文明进步的体现。一个国家重视不重视教育，首先要看教师的社会地位。各级政府都要满腔热忱地支持和关心教育工作，积极改善教师的工作和生活条件，吸引更多优秀人才长期从教、终身从教。要认真落实教师绩效工资等政策措施，制定和完善教师医疗养老等社会保障政策和住房优惠政策，依法保证教师平均工资水平不低于或者高于国家公务员的平均工资水平并逐步提高。要大力宣传教育战线的先进事迹，让尊师重教蔚然成风，让教师成为全社会最受人尊敬、最值得羡慕的职业。

强国必强教，强国先强教。教育是一项复杂的社会系统工程。在一个拥有13亿人口的大国，推进教育事业改革和发展是一项长期而艰巨的任务。《纲要》的制定和实施只是一个新的起点，办好人民满意的教育任重而道远。我们要在以胡锦涛同志为总书记的党中央领导下，以邓小平理论和“三个代表”重要思想为指导，深入贯彻落实科学发展观，解放思想，开拓创新，锐意进取，扎实工作，努力开创我国教育事业改革和发展的新局面。

（本文系温家宝总理2010年7月13日在全国教育工作会议上的讲话）

国家中长期教育改革和发展规划纲要

（2010～2020年）

根据党的十七大关于“优先发展教育，建设人力资源强国”的战略部署，为促进教育事业科学发展，全面提高国民素质，加快社会主义现代化进程，制定本《教育规划纲要》。

序　言

百年大计，教育为本。教育是民族振兴、社会进步的基石，是提高国民素质、促进人的全面发展的根本途径，寄托着亿万家庭对美好生活的期盼。强国必先强教。优先发展教育、提高教育现代化水平，对实现全面建设小康社会奋斗目标、建设富强民主文明和谐的社会主义现代化国家具有决定性意义。

党和国家历来高度重视教育。新中国成立以来，在以毛泽东同志、邓小平同志、江泽民同志为核心的党的三代中央领导集体和以胡锦涛同志为总书记的党中央领导下，全党全社会同心同德，艰苦奋斗，开辟了中国特色社会主义教育发展道路，建成了世界最大规模的教育体系，保障了亿万人民群众受教育的权利。教育投入大幅增长，办学条件显著改善，教育改革逐步深化，办学水平不断提高。进入本世纪以来，城乡免费义务教育全面实现，职业教育快速发展，高等教育进入大众化阶段，农村教育得到加强，教育公平迈出重大步伐。教育的发展极大地提高了全民族素质，推进了科技创新、文化繁荣，为经济发展、社会进步和民生改善作出了不可替代的重大贡献。我国实现了从人口大国向人力资源大国的转变。

当今世界正处在大发展大变革大调整时期。世界多极化、经济全球化深入发展,科技进步日新月异,人才竞争日趋激烈。我国正处在改革发展的关键阶段,经济建设、政治建设、文化建设、社会建设以及生态文明建设全面推进,工业化、信息化、城镇化、市场化、国际化深入发展,人口、资源、环境压力日益加大,经济发展方式加快转变,都凸显了提高国民素质、培养创新人才的重要性和紧迫性。中国未来发展、中华民族伟大复兴,关键靠人才,基础在教育。

面对前所未有的机遇和挑战,必须清醒认识到,我国教育还不完全适应国家经济社会发展和人民群众接受良好教育的要求。教育观念相对落后,内容方法比较陈旧,中小学生课业负担过重,素质教育推进困难;学生适应社会和就业创业能力不强,创新型、实用型、复合型人才紧缺;教育体制机制不完善,学校办学活力不足;教育结构和布局不尽合理,城乡、区域教育发展不平衡,贫困地区、民族地区教育发展滞后;教育投入不足,教育优先发展的战略地位尚未得到完全落实。接受良好教育成为人民群众强烈期盼,深化教育改革成为全社会共同心声。

国运兴衰,系于教育;教育振兴,全民有责。在党和国家工作全局中,必须始终坚持把教育摆在优先发展的位置。按照面向现代化、面向世界、面向未来的要求,适应全面建设小康社会、建设创新型国家的需要,坚持育人为本,以改革创新为动力,以促进公平为重点,以提高质量为核心,全面实施素质教育,推动教育事业在新的历史起点上科学发展,加快从教育大国向教育强国、从人力资源大国向人力资源强国迈进,为中华民族伟大复兴和人类文明进步作出更大贡献。

第一部分　总体战略

第一章　指导思想和工作方针

(一)指导思想。高举中国特色社会主义伟大旗帜,以邓小平理论和"三个代表"重要思想为指导,深入贯彻落实科学发展观,实施科教兴国战略和人才强国战略,优先发展教育,完善中国特色社会主义现代教育体系,办好人民满意的教育,建设人力资源强国。

全面贯彻党的教育方针,坚持教育为社会主义现代化建设服务,为人民服务,与生产劳动和社会实践相结合,培养德智体美全面发展的社会主义建设者和接班人。

全面推进教育事业科学发展,立足社会主义初级阶段基本国情,把握教育发展阶段性特征,坚持以人为本,遵循教育规律,面向社会需求,优化结构布局,提高教育现代化水平。

(二)工作方针。优先发展、育人为本、改革创新、促进公平、提高质量。

把教育摆在优先发展的战略地位。教育优先发展是党和国家提出并长期坚持的一项重大方针。各级党委和政府要把优先发展教育作为贯彻落实科学发展观的一项基本要求,切实保证经济社会发展规划优先安排教育发展,财政资金优先保障教育投入,公共资源优先满足教育和人力资源开发需要。充分调动全社会关心支持教育的积极性,共同担负起培育下一代的责任,为青少年健康成长创造良好环境。完善体制和政策,鼓励社会力量兴办教育,不断扩大社会资源对教育的投入。

把育人为本作为教育工作的根本要求。人力资源是我国经济社会发展的第一资源,教育是开发人力资源的主要途径。要以学生为主体,以教师为主导,充分发挥学生的主动性,把促进学生健康成长作为学校一切工作的出发点和落脚点。关心每个学生,促进每个学生主动地、生动活泼地发展,尊重教育规律和学生身心发展规律,为每个学生提供适合的教育。努力培养造就数以亿计的高素质劳动者、数以千万计的专门人才和一大批拔尖创新人才。

把改革创新作为教育发展的强大动力。教育要发展,根本靠改革。要以体制机制改革为重点,鼓励地方和学校大胆探索和试验,加快重要领域和关键环节改革步伐。创新人才培养体制、办学体制、教育管理体制,改革质量评价和考试招生制度,改革教学内容、方法、手段,建设现代学校制度。加快解决经济社会发展对高质量多样化人才需要与教育培养能力不足的矛盾、人民群众期盼良好教育与资源相对短缺的矛盾、增强教育活力与体制机制约束的矛盾,为教育事业持续健康发展提供强大动力。

把促进公平作为国家基本教育政策。教育公

平是社会公平的重要基础。教育公平的关键是机会公平，基本要求是保障公民依法享有受教育的权利，重点是促进义务教育均衡发展和扶持困难群体，根本措施是合理配置教育资源，向农村地区、边远贫困地区和民族地区倾斜，加快缩小教育差距。教育公平的主要责任在政府，全社会要共同促进教育公平。

把提高质量作为教育改革发展的核心任务。树立科学的质量观，把促进人的全面发展、适应社会需要作为衡量教育质量的根本标准。树立以提高质量为核心的教育发展观，注重教育内涵发展，鼓励学校办出特色、办出水平，出名师，育英才。建立以提高教育质量为导向的管理制度和工作机制，把教育资源配置和学校工作重点集中到强化教学环节、提高教育质量上来。制定教育质量国家标准，建立健全教育质量保障体系。加强教师队伍建设，提高教师整体素质。

第二章　战略目标和战略主题

(三)战略目标。到 2020 年，基本实现教育现代化，基本形成学习型社会，进入人力资源强国行列。

实现更高水平的普及教育。基本普及学前教育；巩固提高九年义务教育水平；普及高中阶段教育，毛入学率达到 90%；高等教育大众化水平进一步提高，毛入学率达到 40%；扫除青壮年文盲。新增劳动力平均受教育年限从 12.4 年提高到 13.5 年；主要劳动年龄人口平均受教育年限从 9.5 年提高到 11.2 年，其中受过高等教育的比例达到 20%，具有高等教育文化程度的人数比 2009 年翻一番。

形成惠及全民的公平教育。坚持教育的公益性和普惠性，保障公民依法享有接受良好教育的机会。建成覆盖城乡的基本公共教育服务体系，逐步实现基本公共教育服务均等化，缩小区域差距。努力办好每一所学校，教好每一个学生，不让一个学生因家庭经济困难而失学。切实解决进城务工人员子女平等接受义务教育问题。保障残疾人受教育权利。

提供更加丰富的优质教育。教育质量整体提升，教育现代化水平明显提高。优质教育资源总量不断扩大，更好满足人民群众接受高质量教育的需求。学生思想道德素质、科学文化素质和健康素质明显提高。各类人才服务国家、服务人民和参与国际竞争能力显著增强。

构建体系完备的终身教育。学历教育和非学历教育协调发展，职业教育和普通教育相互沟通，职前教育和职后教育有效衔接。继续教育参与率大幅提升，从业人员继续教育年参与率达到 50%。现代国民教育体系更加完善，终身教育体系基本形成，促进全体人民学有所教、学有所成、学有所用。

健全充满活力的教育体制。进一步解放思想，更新观念，深化改革，提高教育开放水平，全面形成与社会主义市场经济体制和全面建设小康社会目标相适应的充满活力、富有效率、更加开放、有利于科学发展的教育体制机制，办出具有中国特色、世界水平的现代教育。

(四)战略主题。坚持以人为本、全面实施素质教育是教育改革发展的战略主题，是贯彻党的教育方针的时代要求，其核心是解决好培养什么人、怎样培养人的重大问题，重点是面向全体学生、促进学生全面发展，着力提高学生服务国家服务人民的社会责任感、勇于探索的创新精神和善于解决问题的实践能力。

坚持德育为先。立德树人，把社会主义核心价值体系融入国民教育全过程。加强马克思主义中国化最新成果教育，引导学生形成正确的世界观、人生观、价值观；加强理想信念教育和道德教育，坚定学生对中国共产党领导、社会主义制度的信念和信心；加强以爱国主义为核心的民族精神和以改革创新为核心的时代精神教育；加强社会主义荣辱观教育，培养学生团结互助、诚实守信、遵纪守法、艰苦奋斗的良好品质。加强公民意识教育，树立社会主义民主法治、自由平等、公平正义理念，培养社会主义合格公民。加强中华民族优秀文化传统教育和革命传统教育。把德育渗透于教育教学的各个环节，贯穿于学校教育、家庭教育和社会教育的各个方面。切实加强和改进未成年人思想道德建设和大学生思想政治教育工作。构建大中小学有效衔接的德育体系，创新德育形式，丰富德育内容，不断提高德育工作的吸引力和感染力，增强德育工作的针对性和实效性。加强辅导员、班主任队伍建设。

坚持能力为重。优化知识结构，丰富社会实践，强化能力培养。着力提高学生的学习能力、实践能力、创新能力，教育学生学会知识技能，学会动手动脑，学会生存生活，学会做人做事，促进学生主动适应社会,开创美好未来。

专栏1:教育事业发展主要目标

指　　标	单位	2009年	2015年	2020年
学前教育				
幼儿在园人数	万人	2658	3400	4000
学前一年毛入园率	%	74.0	85.0	95.0
学前两年毛入园率	%	65.0	70.0	80.0
学前三年毛入园率	%	50.9	60.0	70.0
九年义务教育				
在校生	万人	15772	16100	16500
巩固率	%	90.8	93.0	95.0
高中阶段教育*				
在校生	万人	4624	4500	4700
毛入校率	%	79.2	87.0	90.0
职业教育				
中等职业教育在校生	万人	2179	2250	2350
高等职业教育在校生	万人	1280	1390	1480
高等教育**				
在学总规模	万人	2979	3350	3550
在校生	万人	2826	3080	3300
其中:研究生	万人	140	170	200
毛入学率	%	24.2	36.0	40.0
继续教育				
从业人员继续教育	万人次	16600	29000	35000

注:*含中等职业教育学生数;**含高等职业教育学生数。

专栏2:人力资源开发主要目标

指　　标	单位	2009年	2015年	2020年
具有高等教育文化程度的人数	万人	9830	14500	19500
主要劳动年龄人口平均受教育年限	年	9.5	10.5	11.2
其中:受过高等教育的比例	%	9.9	15.0	20.0
新增劳动力平均受教育年限	年	12.4	13.3	13.5
其中:受过高中阶段及以上教育的比例	%	67.0	87.0	90.0

坚持全面发展。全面加强和改进德育、智育、体育、美育。坚持文化知识学习与思想品德修养的统一、理论学习与社会实践的统一、全面发展与个性发展的统一。加强体育,牢固树立健康第一的思想,确保学生体育课程和课余活动时间,提高体育教学质量,加强心理健康教育,促进学生身心健康、体魄强健、意志坚强;加强美育,培养学生良好的审美情趣和人文素养。加强劳动教育,培养学生热爱劳动、热爱劳动人民的情感。重视安全教育、生命教育、国防教育、可持续发展教育。促进德育、智育、体育、美育有机融合,提高学生综合素质,使学生成为德智体美全面发展的社会主义建设者和接班人。

第二部分　发展任务

第三章　学前教育

(五)基本普及学前教育。学前教育对幼儿身心健康、习惯养成、智力发展具有重要意义。遵循幼儿身心发展规律,坚持科学保教方法,保障幼儿快乐健康成长。积极发展学前教育,到2020年,普及学前一年教育,基本普及学前两年教育,有条件的地区普及学前三年教育。重视0至3岁婴幼儿教育。

(六)明确政府职责。把发展学前教育纳入城镇、社会主义新农村建设规划。建立政府主导、社会参与、公办民办并举的办园体制。大力发展公办幼儿园,积极扶持民办幼儿园。加大政府投入,完善成本合理分担机制,对家庭经济困难幼儿入园给予补助。加强学前教育管理,规范办园行为。制定学前教育办园标准,建立幼儿园准入制度。完善幼儿园收费管理办法。严格执行幼儿教师资格标准,切实加强幼儿教师培养培训,提高幼儿教师队伍整体素质,依法落实幼儿教师地位和待遇。教育行政部门加强对学前教育的宏观指导和管理,相关部门履行各自职责,充分调动各方面力量发展学前教育。

(七)重点发展农村学前教育。努力提高农村学前教育普及程度。着力保证留守儿童入园。采取多种形式扩大农村学前教育资源,改扩建、新建幼儿园,充分利用中小学布局调整富余的校舍和教师举办幼儿园(班)。发挥乡镇中心幼儿园对村幼儿园的示范指导作用。支持贫困地区发展学前教育。

第四章　义务教育

(八)巩固提高九年义务教育水平。义务教育是国家依法统一实施、所有适龄儿童少年必须接受的教育,具有强制性、免费性和普及性,是教育工作的重中之重。注重品行培养,激发学习兴趣,培育健康体魄,养成良好习惯。到2020年,全面提高普及水平,全面提高教育质量,基本实现区域内均衡发展，确保适龄儿童少年接受良好义务教育。

巩固义务教育普及成果。适应城乡发展需要，合理规划学校布局，办好必要的教学点，方便学生就近入学。坚持以输入地政府管理为主、以全日制公办中小学为主，确保进城务工人员随迁子女平等接受义务教育，研究制定进城务工人员随迁子女接受义务教育后在当地参加升学考试的办法。建立健全政府主导、社会参与的农村留守儿童关爱服务体系和动态监测机制。加快农村寄宿制学校建设，优先满足留守儿童住宿需求。采取必要措施，确保适龄儿童少年不因家庭经济困难、就学困难、学习困难等原因而失学，努力消除辍学现象。

提高义务教育质量。建立国家义务教育质量基本标准和监测制度。严格执行义务教育国家课程标准、教师资格标准。深化课程与教学方法改革，推行小班教学。配齐音乐、体育、美术等学科教师，开足开好规定课程。大力推广普通话教学，使用规范汉字。

增强学生体质。科学安排学习、生活、锻炼，保证学生睡眠时间。大力开展“阳光体育”运动，保证学生每天锻炼一小时，不断提高学生体质健康水平。提倡合理膳食，改善学生营养状况，提高贫困地区农村学生营养水平。保护学生视力。

（九）推进义务教育均衡发展。均衡发展是义务教育的战略性任务。建立健全义务教育均衡发展保障机制。推进义务教育学校标准化建设，均衡配置教师、设备、图书、校舍等资源。

切实缩小校际差距，着力解决择校问题。加快薄弱学校改造，着力提高师资水平。实行县（区）域内教师、校长交流制度。实行优质普通高中和优质中等职业学校招生名额合理分配到区域内初中的办法。义务教育阶段不得设置重点学校和重点班。在保障适龄儿童少年就近进入公办学校的前提下，发展民办教育，提供选择机会。

加快缩小城乡差距。建立城乡一体化义务教育发展机制，在财政拨款、学校建设、教师配置等方面向农村倾斜。率先在县（区）域内实现城乡均衡发展，逐步在更大范围内推进。

努力缩小区域差距。加大对革命老区、民族地区、边疆地区、贫困地区义务教育的转移支付力度。鼓励发达地区支援欠发达地区。

（十）减轻中小学生课业负担。过重的课业负担严重损害儿童少年身心健康。减轻学生课业负担是全社会的共同责任，政府、学校、家庭、社会必须共同努力，标本兼治，综合治理。把减负落实到中小学教育全过程，促进学生生动活泼学习、健康快乐成长。率先实现小学生减负。

各级政府要把减负作为教育工作的重要任务，统筹规划，整体推进。调整教材内容，科学设计课程难度。改革考试评价制度和学校考核办法。规范办学行为，建立学生课业负担监测和公告制度。不得以升学率对地区和学校进行排名，不得下达升学指标。规范各种社会补习机构和教辅市场。加强校外活动场所建设和管理，丰富学生课外及校外活动。

学校要把减负落实到教育教学各个环节，给学生留下了解社会、深入思考、动手实践、健身娱乐的时间。提高教师业务素质，改进教学方法，增强课堂教学效果，减少作业量和考试次数。培养学生学习兴趣和爱好。严格执行课程方案，不得增加课时和提高难度。各种等级考试和竞赛成绩不得作为义务教育阶段入学与升学的依据。

充分发挥家庭教育在儿童少年成长过程中的重要作用。家长要树立正确的教育观念，掌握科学的教育方法，尊重子女的健康情趣，培养子女的良好习惯，加强与学校的沟通配合，共同减轻学生课业负担。

第五章　高中阶段教育

（十一）加快普及高中阶段教育。高中阶段教育是学生个性形成、自主发展的关键时期，对提高国民素质和培养创新人才具有特殊意义。注重培养学生自主学习、自强自立和适应社会的能力，克服应试教育倾向。到2020年，普及高中阶段教育，满足初中毕业生接受高中阶段教育需求。

根据经济社会发展需要，合理确定普通高中和中等职业学校招生比例，今后一个时期总体保持普通高中和中等职业学校招生规模大体相当。加大对中西部贫困地区高中阶段教育的扶持力度。

（十二）全面提高普通高中学生综合素质。深入推进课程改革，全面落实课程方案，保证学生全面完成国家规定的文理等各门课程的学习。创造条件开设丰富多彩的选修课，为学生提供更多选择，促进学生全面而有个性的发展。逐步消除大班额现象。积极开展研究性学习、社区服务和社会实践。建立科学的教育质量评价体系，全面实施高中学业水平考试和综合素质评价。建立学生发展指导制度，加强对学生的理想、心理、学业等多方面指导。

（十三）推动普通高中多样化发展。促进办学体制多样化，扩大优质资源。推进培养模式多样化，满足不同潜质学生的发展需要。探索发现和培养创新人才的途径。鼓励普通高中办出特色。鼓励有条件的普通高中根据需要适当增加职业教育的教学内容。探索综合高中发展模式。采取多种方式，为在校生和未升学毕业生提供职业教育。

第六章　职业教育

（十四）大力发展职业教育。发展职业教育是推动经济发展、促进就业、改善民生、解决“三农”问题的重要途径，是缓解劳动力供求结构矛盾的关键环节，必须摆在更加突出的位置。职业教育要面向人人、面向社会，着力培养学生的职业道德、职业技能和就业创业能力。到2020年，形成适应经济发展方式转变和产业结构调整要求、体现终身教育理念、中等和高等职业教育协调发展的现代职业教育体系，满足人民群众接受职业教育的需求，满足经济社会对高素质劳动者和技能型人才的需要。

政府切实履行发展职业教育的职责。把职业教育纳入经济社会发展和产业发展规划，促使职业教育规模、专业设置与经济社会发展需求相适应。统筹中等职业教育与高等职业教育发展。健全多渠道投入机制，加大职业教育投入。

把提高质量作为重点。以服务为宗旨，以就业为导向，推进教育教学改革。实行工学结合、校企合作、顶岗实习的人才培养模式。坚持学校教育与职业培训并举，全日制与非全日制并重。制定职业学校基本办学标准。加强“双师型”教师队伍和实训基地建设，提升职业教育基础能力。建立健全技能型人才到职业学校从教的制度。完善符合职业教育特点的教师资格标准和专业技术职务（职称）评聘办法。建立健全职业教育质量保障体系，吸收企业参加教育质量评估。开展职业技能竞赛。

（十五）调动行业企业的积极性。建立健全政府主导、行业指导、企业参与的办学机制，制定促进校企合作办学法规，推进校企合作制度化。鼓励行业组织、企业举办职业学校，鼓励委托职业学校进行职工培训。制定优惠政策，鼓励企业接收学生实习实训和教师实践，鼓励企业加大对职业教育的投入。

（十六）加快发展面向农村的职业教育。把加强职业教育作为服务社会主义新农村建设的重要内容。加强基础教育、职业教育和成人教育统筹，促进农科教结合。强化省、市（地）级政府发展农村职业教育的责任，扩大农村职业教育培训覆盖面，根据需要办好县级职教中心。强化职业教育资源的统筹协调和综合利用，推进城乡、区域合作，增强服务“三农”能力。加强涉农专业建设，加大培养适应农业和农村发展需要的专业人才力度。支持各级各类学校积极参与培养有文化、懂技术、会经营的新型农民，开展进城务工人员、农村劳动力转移培训。逐步实施农村新成长劳动力免费劳动预备制培训。

（十七）增强职业教育吸引力。完善职业教育支持政策。逐步实行中等职业教育免费制度，完善家庭经济困难学生资助政策。改革招生和教学模式。积极推进学历证书和职业资格证书“双证书”制度，推进职业学校专业课程内容和职业标准相衔接。完善就业准入制度，执行“先培训、后就业”、“先培训、后上岗”的规定。制定退役士兵接受职业教育培训的办法。建立健全职业教育课程衔接体系。鼓励毕业生在职继续学习，完善职业学校毕业生直接升学制度，拓宽毕业生继续学习渠道。提高技能型人才的社会地位和待遇。加大对有突出贡献高技能人才的宣传表彰力度，形成行行出状元的良好社会氛围。

第七章　高等教育

（十八）全面提高高等教育质量。高等教育承担着培养高级专门人才、发展科学技术文化、促进社会主义现代化建设的重大任务。提高质量是高等教育发展的核心任务，是建设高等教育强国的基本要求。到2020年，高等教育结构更加合理，特色更加鲜明，人才培养、科学研究和社会服务整体水平全面提升，建成一批国际知名、有特色、高水平的高等学校，若干所大学达到或接近世界一流大学水平，高等教育国际竞争力显著增强。

（十九）提高人才培养质量。牢固确立人才培养在高校工作中的中心地位，着力培养信念执著、品德优良、知识丰富、本领过硬的高素质专门人才和拔尖创新人才。加大教学投入。把教学作为教师考核的首要内容，把教授为低年级学生授课作为重要制度。加强实验室、校内外实习基地、课程教材等基本建设。深化教学改革。推进和完善学分制,实行弹性学制,促进文理交融。支持学生参与科学研究,强化实践教学环节。加强就业创业教育和就业指导服务。创立高校与科研院所、行业、企业联合培养人才的新机制。全面实施"高等学校本科教学质量与教学改革工程"。严格教学管理。健全教学质量保障体系,改进高校教学评估。充分调动学生学习积极性和主动性,激励学生刻苦学习,增强诚信意识,养成良好学风。

大力推进研究生培养机制改革。建立以科学与工程技术研究为主导的导师责任制和导师项目资助制,推行产学研联合培养研究生的"双导师制"。实施"研究生教育创新计划"。加强管理,不断提高研究生特别是博士生培养质量。

(二十)提升科学研究水平。充分发挥高校在国家创新体系中的重要作用,鼓励高校在知识创新、技术创新、国防科技创新和区域创新中作出贡献。大力开展自然科学、技术科学、哲学社会科学研究。坚持服务国家目标与鼓励自由探索相结合,加强基础研究;以重大现实问题为主攻方向,加强应用研究。促进高校、科研院所、企业科技教育资源共享,推动高校创新组织模式,培育跨学科、跨领域的科研与教学相结合的团队。促进科研与教学互动、与创新人才培养相结合。充分发挥研究生在科学研究中的作用。加强高校重点科研创新基地与科技创新平台建设。完善以创新和质量为导向的科研评价机制。积极参与马克思主义理论研究和建设工程。深入实施"高等学校哲学社会科学繁荣计划"。

(二十一)增强社会服务能力。高校要牢固树立主动为社会服务的意识,全方位开展服务。推进产学研用结合,加快科技成果转化,规范校办产业发展。为社会成员提供继续教育服务。开展科学普及工作,提高公众科学素质和人文素质。积极推进文化传播,弘扬优秀传统文化,发展先进文化。积极参与决策咨询,主动开展前瞻性、对策性研究,充分发挥智囊团、思想库作用。鼓励师生开展志愿服务。

(二十二)优化结构办出特色。适应国家和区域经济社会发展需要,建立动态调整机制,不断优化高等教育结构。优化学科专业、类型、层次结构,促进多学科交叉和融合。重点扩大应用型、复合型、技能型人才培养规模。加快发展专业学位研究生教育。优化区域布局结构。设立支持地方高等教育专项资金,实施中西部高等教育振兴计划。新增招生计划向中西部高等教育资源短缺地区倾斜,扩大东部高校在中西部地区招生规模,加大东部高校对西部高校对口支援力度。鼓励东部地区高等教育率先发展。建立完善军民结合、寓军于民的军队人才培养体系。

促进高校办出特色。建立高校分类体系,实行分类管理。发挥政策指导和资源配置的作用,引导高校合理定位,克服同质化倾向,形成各自的办学理念和风格,在不同层次、不同领域办出特色,争创一流。

加快建设一流大学和一流学科。以重点学科建设为基础,继续实施"985 工程"和优势学科创新平台建设,继续实施"211 工程"和启动特色重点学科项目。改进管理模式,引入竞争机制,实行绩效评估,进行动态管理。鼓励学校优势学科面向世界,支持参与和设立国际学术合作组织、国际科学计划,支持与境外高水平教育、科研机构建立联合研发基地。加快创建世界一流大学和高水平大学的步伐,培养一批拔尖创新人才,形成一批世界一流学科,产生一批国际领先的原创性成果,为提升我国综合国力贡献力量。

第八章 继续教育

(二十三)加快发展继续教育。继续教育是面向学校教育之后所有社会成员的教育活动,特别是成人教育活动,是终身学习体系的重要组成部分。更新继续教育观念,加大投入力度,以加强人力资源能力建设为核心,大力发展非学历继续教育,稳步发展学历继续教育。重视老年教育。倡导全民阅读。广泛开展城乡社区教育,加快各类学习型组织建设,基本形成全民学习、终身学习的学习型社会。

(二十四)建立健全继续教育体制机制。政府成立跨部门继续教育协调机构,统筹指导继续教育发展。将继续教育纳入区域、行业总体发展规划。行业主管部门或协会负责制定行业继续教育规划和组织实施办法。加快继续教育法制建设。健全继续教育激励机制,推进继续教育与工作考核、岗位聘任(聘用)、职务(职称)评聘、职业注册等人事管理制度的衔接。鼓励个人多种形式接受继续教育，支持用人单位为从业人员接受继续教育提供条件。加强继续教育监管和评估。

（二十五）构建灵活开放的终身教育体系。发展和规范教育培训服务，统筹扩大继续教育资源。鼓励学校、科研院所、企业等相关组织开展继续教育。加强城乡社区教育机构和网络建设，开发社区教育资源。大力发展现代远程教育，建设以卫星、电视和互联网等为载体的远程开放继续教育及公共服务平台，为学习者提供方便、灵活、个性化的学习条件。

搭建终身学习"立交桥"。促进各级各类教育纵向衔接、横向沟通，提供多次选择机会，满足个人多样化的学习和发展需要。健全宽进严出的学习制度，办好开放大学，改革和完善高等教育自学考试制度。建立继续教育学分积累与转换制度，实现不同类型学习成果的互认和衔接。

第九章　民族教育

（二十六）重视和支持民族教育事业。加快民族教育事业发展，对于推动少数民族和民族地区经济社会发展，促进各民族共同团结奋斗、共同繁荣发展，具有重大而深远的意义。要加强对民族教育工作的领导，全面贯彻党的民族政策，切实解决少数民族和民族地区教育事业发展面临的特殊困难和突出问题。

在各级各类学校广泛开展民族团结教育。推动党的民族理论和民族政策、国家法律法规进教材、进课堂、进头脑，引导广大师生牢固树立马克思主义祖国观、民族观、宗教观，不断夯实各民族大团结的基础，增强中华民族自豪感和凝聚力。

（二十七）全面提高少数民族和民族地区教育发展水平。公共教育资源要向民族地区倾斜。中央和地方政府要进一步加大对民族教育支持力度。

促进民族地区各级各类教育协调发展。巩固民族地区义务教育普及成果，确保适龄儿童少年依法接受义务教育，全面提高普及水平，全面提高教育教学质量。支持边境县和民族自治地方贫困县义务教育学校标准化建设，加强民族地区寄宿制学校建设。加快民族地区高中阶段教育发展。支持教育基础薄弱地区改扩建、新建一批高中阶段学校。大力发展民族地区职业教育。加大对民族地区中等职业教育的支持力度。积极发展民族地区高等教育。支持民族院校加强学科和人才队伍建设，提高办学质量和管理水平。进一步办好高校民族预科班。加大对人口较少民族教育事业的扶持力度。

大力推进双语教学。全面开设汉语文课程，全面推广国家通用语言文字。尊重和保障少数民族使用本民族语言文字接受教育的权利。全面加强学前双语教育。国家对双语教学的师资培养培训、教学研究、教材开发和出版给予支持。

加强教育对口支援。认真组织落实内地省市对民族地区教育支援工作。充分利用内地优质教育资源，探索多种形式，吸引更多民族地区少数民族学生到内地接受教育。办好面向民族地区的职业学校。加大对民族地区师资培养培训力度，提高教师的政治素质和业务素质。国家制定优惠政策，鼓励支持高等学校毕业生到民族地区基层任教。支持民族地区发展现代远程教育，扩大优质教育资源覆盖面。

第十章　特殊教育

（二十八）关心和支持特殊教育。特殊教育是促进残疾人全面发展、帮助残疾人更好地融入社会的基本途径。各级政府要加快发展特殊教育，把特殊教育事业纳入当地经济社会发展规划，列入议事日程。全社会要关心支持特殊教育。

提高残疾学生的综合素质。注重潜能开发和缺陷补偿，培养残疾学生积极面对人生、全面融入社会的意识和自尊、自信、自立、自强的精神。加强残疾学生职业技能和就业能力培养。

（二十九）完善特殊教育体系。到2020年，基本实现市（地）和30万人口以上、残疾儿童少年较多的县（市）都有一所特殊教育学校。各级各类学校要积极创造条件接收残疾人入学，不断扩大随班就读和普通学校特教班规模。全面提高残疾儿童少年义务教育普及水平，加快发展残疾人高中阶段教育，大力推进残疾人职业教育，重视发展残疾人高等教育。因地制宜发展残疾儿童学前教育。

（三十）健全特殊教育保障机制。国家制定特殊教育学校基本办学标准，地方政府制定学生人均公用经费标准。加大对特殊教育的投入力度。鼓励和支持接收残疾学生的普通学校为残疾学生创造学习生活条件。加强特殊教育师资队伍建设，采取措施落实特殊教育教师待遇。在优秀教师表彰中提高特殊教育教师比例。加大对家庭经济困难残疾学生的资助力度。逐步实施残疾学生高中阶段免费教育。

第三部分 体制改革

第十一章 人才培养体制改革

（三十一）更新人才培养观念。深化教育体制改革，关键是更新教育观念，核心是改革人才培养体制，目的是提高人才培养水平。树立全面发展观念，努力造就德智体美全面发展的高素质人才。树立人人成才观念，面向全体学生，促进学生成长成才。树立多样化人才观念，尊重个人选择，鼓励个性发展，不拘一格培养人才。树立终身学习观念，为持续发展奠定基础。树立系统培养观念，推进小学、中学、大学有机衔接，教学、科研、实践紧密结合，学校、家庭、社会密切配合，加强学校之间、校企之间、学校与科研机构之间合作以及中外合作等多种联合培养方式，形成体系开放、机制灵活、渠道互通、选择多样的人才培养体制。

（三十二）创新人才培养模式。适应国家和社会发展需要，遵循教育规律和人才成长规律，深化教育教学改革，创新教育教学方法，探索多种培养方式，形成各类人才辈出、拔尖创新人才不断涌现的局面。

注重学思结合。倡导启发式、探究式、讨论式、参与式教学，帮助学生学会学习。激发学生的好奇心，培养学生的兴趣爱好，营造独立思考、自由探索、勇于创新的良好环境。适应经济社会发展和科技进步的要求，推进课程改革，加强教材建设，建立健全教材质量监管制度。深入研究、确定不同教育阶段学生必须掌握的核心内容，形成教学内容更新机制。充分发挥现代信息技术作用，促进优质教学资源共享。

注重知行统一。坚持教育教学与生产劳动、社会实践相结合。开发实践课程和活动课程，增强学生科学实验、生产实习和技能实训的成效。充分利用社会教育资源，开展各种课外及校外活动。加强中小学校外活动场所建设。加强学生社团组织指导，鼓励学生积极参与志愿服务和公益事业。

注重因材施教。关注学生不同特点和个性差异，发展每一个学生的优势潜能。推进分层教学、走班制、学分制、导师制等教学管理制度改革。建立学习困难学生的帮助机制。改进优异学生培养方式，在跳级、转学、转换专业以及选修更高学段课程等方面给予支持和指导。健全公开、平等、竞争、择优的选拔方式，改进中学生升学推荐办法，创新研究生培养方法。探索高中阶段、高等学校拔尖学生培养模式。

（三十三）改革教育质量评价和人才评价制度。改进教育教学评价。根据培养目标和人才理念，建立科学、多样的评价标准。开展由政府、学校、家长及社会各方面参与的教育质量评价活动。做好学生成长记录，完善综合素质评价。探索促进学生发展的多种评价方式，激励学生乐观向上、自主自立、努力成才。

改进人才评价及选用制度，为人才培养创造良好环境。树立科学人才观，建立以岗位职责为基础，以品德、能力和业绩为导向的科学化、社会化人才评价发现机制。强化人才选拔使用中对实践能力的考查，克服社会用人单纯追求学历的倾向。

第十二章 考试招生制度改革

（三十四）推进考试招生制度改革。以考试招生制度改革为突破口，克服一考定终身的弊端，推进素质教育实施和创新人才培养。按照有利于科学选拔人才、促进学生健康发展、维护社会公平的原则，探索招生与考试相对分离的办法，政府宏观管理，专业机构组织实施，学校依法自主招生，学生多次选择，逐步形成分类考试、综合评价、多元录取的考试招生制度。加强考试管理，完善专业考试机构功能，提高服务能力和水平。成立国家教育考试指导委员会，研究制定考试改革方案，指导考试改革试点。

（三十五）完善中等学校考试招生制度。完善初中就近免试入学的具体办法。完善学业水平考试和综合素质评价，为高中阶段学校招生录取提供更加科学的依据。改进高中阶段学校考试招生方式，发挥优质普通高中和优质中等职业学校招生名额合理分配的导向作用。规范优秀特长生录取程序与办法。中等职业学校实行自主招生或注册入学。

（三十六）完善高等学校考试招生制度。深化考试内容和形式改革，着重考查综合素质和能力。以高等学校人才选拔要求和国家课程标准为依据，完善国家考试科目试题库，保证国家考试的科学性、导向性和规范性。探索有的科目一年多次考试的办法，探索实行社会化考试。

逐步实施高等学校分类入学考试。普通高等学校本科入学考试由全国统一组织；高等职业教育入学考试由各省、自治区、直辖市组织。成人高等教育招生办法由各省、自治区、直辖市确定。深入推进研究生入学考试制度改革，加强创新能力考查，发挥和规范导师在选拔录取中的作用。

完善高等学校招生名额分配方式和招生录取办法，建立健全有利于促进入学机会公平、有利于优秀人才选拔的多元录取机制。普通高等学校本科招生以统一入学考试为基本方式，结合学业水平考试和综合素质评价，择优录取。对特长显著、符合学校培养要求的，依据面试或者测试结果自主录取；高中阶段全面发展、表现优异的，推荐录取；符合条件、自愿到国家需要的行业、地区就业的，签订协议实行定向录取；对在实践岗位上作出突出贡献或具有特殊才能的人才，建立专门程序，破格录取。

（三十七）加强信息公开和社会监督。完善考试招生信息发布制度，实现信息公开透明，保障考生权益，加强政府和社会监督。公开高等学校招生名额分配原则和办法，公开招生章程和政策、招生程序和结果，公开自主招生办法、程序和结果。加强考试招生法规建设，规范学校招生录取程序，清理并规范升学加分政策。强化考试安全责任，加强诚信制度建设，坚决防范和严肃查处考试招生舞弊行为。

第十三章　建设现代学校制度

（三十八）推进政校分开、管办分离。适应中国国情和时代要求，建设依法办学、自主管理、民主监督、社会参与的现代学校制度，构建政府、学校、社会之间新型关系。适应国家行政管理体制改革要求，明确政府管理权限和职责，明确各级各类学校办学权利和责任。探索适应不同类型教育和人才成长的学校管理体制与办学模式，避免千校一面。完善学校目标管理和绩效管理机制。健全校务公开制度，接受师生员工和社会的监督。随着国家事业单位分类改革推进，探索建立符合学校特点的管理制度和配套政策，克服行政化倾向，取消实际存在的行政级别和行政化管理模式。

（三十九）落实和扩大学校办学自主权。政府及其部门要树立服务意识，改进管理方式，完善监管机制，减少和规范对学校的行政审批事项，依法保障学校充分行使办学自主权和承担相应责任。高等学校按照国家法律法规和宏观政策，自主开展教学活动、科学研究、技术开发和社会服务，自主设置和调整学科、专业，自主制定学校规划并组织实施，自主设置教学、科研、行政管理机构，自主确定内部收入分配，自主管理和使用人才，自主管理和使用学校财产和经费。扩大普通高中及中等职业学校在办学模式、育人方式、资源配置、人事管理、合作办学、社区服务等方面的自主权。

（四十）完善中国特色现代大学制度。完善治理结构。公办高等学校要坚持和完善党委领导下的校长负责制。健全议事规则与决策程序，依法落实党委、校长职权。完善大学校长选拔任用办法。充分发挥学术委员会在学科建设、学术评价、学术发展中的重要作用。探索教授治学的有效途径，充分发挥教授在教学、学术研究和学校管理中的作用。加强教职工代表大会、学生代表大会建设，发挥群众团体的作用。

加强章程建设。各类高校应依法制定章程，依照章程规定管理学校。尊重学术自由，营造宽松的学术环境。全面实行聘任制度和岗位管理制度。确立科学的考核评价和激励机制。

扩大社会合作。探索建立高等学校理事会或董事会，健全社会支持和监督学校发展的长效机制。探索高等学校与行业、企业密切合作共建的模式，推进高等学校与科研院所、社会团体的资源共享，形成协调合作的有效机制，提高服务经济建设和社会发展的能力。推进高校后勤社会化改革。

推进专业评价。鼓励专门机构和社会中介机构对高等学校学科、专业、课程等水平和质量进行评估。建立科学、规范的评估制度。探索与国际高水平教育评价机构合作，形成中国特色学校评价模式。建立高等学校质量年度报告发布制度。

（四十一）完善中小学学校管理制度。完善普通中小学和中等职业学校校长负责制。完善校长任职条件和任用办法。实行校务会议等管理制度，建立健全教职工代表大会制度，不断完善科学民主决策机制。扩大中等职业学校专业设置自主权。建立中小学家长委员会。引导社区和有关专业人士参与学校管理和监督。发挥企业参与中等职业学校发展的作用。建立中等职业学校与行业、企业合作机制。

第十四章　办学体制改革

(四十二)深化办学体制改革。坚持教育公益性原则,健全政府主导、社会参与、办学主体多元、办学形式多样、充满生机活力的办学体制,形成以政府办学为主体、全社会积极参与、公办教育和民办教育共同发展的格局。调动全社会参与的积极性,进一步激发教育活力,满足人民群众多层次、多样化的教育需求。

深化公办学校办学体制改革,积极鼓励行业、企业等社会力量参与公办学校办学,扶持薄弱学校发展,扩大优质教育资源,增强办学活力,提高办学效益。各地可从实际出发,开展公办学校联合办学、委托管理等试验,探索多种形式,提高办学水平。

改进非义务教育公共服务提供方式,完善优惠政策,鼓励公平竞争,引导社会资金以多种方式进入教育领域。

(四十三)大力支持民办教育。民办教育是教育事业发展的重要增长点和促进教育改革的重要力量。各级政府要把发展民办教育作为重要工作职责,鼓励出资、捐资办学,促进社会力量以独立举办、共同举办等多种形式兴办教育。完善独立学院管理和运行机制。支持民办学校创新体制机制和育人模式,提高质量,办出特色,办好一批高水平民办学校。

依法落实民办学校、学生、教师与公办学校、学生、教师平等的法律地位,保障民办学校办学自主权。清理并纠正对民办学校的各类歧视政策。制定完善促进民办教育发展的优惠政策。对具备学士、硕士和博士学位授予单位条件的民办学校,按规定程序予以审批。建立完善民办学校教师社会保险制度。

健全公共财政对民办教育的扶持政策。政府委托民办学校承担有关教育和培训任务,拨付相应教育经费。县级以上人民政府可以根据本行政区域的具体情况设立专项资金,用于资助民办学校。国家对发展民办教育作出突出贡献的组织、学校和个人给予奖励和表彰。

(四十四)依法管理民办教育。教育行政部门要切实加强民办教育的统筹、规划和管理工作。积极探索营利性和非营利性民办学校分类管理。规范民办学校法人登记。完善民办学校法人治理结构。民办学校依法设立理事会或董事会,保障校长依法行使职权,逐步推进监事制度。积极发挥民办学校党组织的作用。完善民办高等学校督导专员制度。落实民办学校教职工参与民主管理、民主监督的权利。依法明确民办学校变更、退出机制。切实落实民办学校法人财产权。依法建立民办学校财务、会计和资产管理制度。任何组织和个人不得侵占学校资产、抽逃资金或者挪用办学经费。建立民办学校办学风险防范机制和信息公开制度。扩大社会参与民办学校的管理与监督。加强对民办教育的评估。

第十五章　管理体制改革

(四十五)健全统筹有力、权责明确的教育管理体制。以转变政府职能和简政放权为重点,深化教育管理体制改革,提高公共教育服务水平。明确各级政府责任,规范学校办学行为,促进管办评分离,形成政事分开、权责明确、统筹协调、规范有序的教育管理体制。中央政府统一领导和管理国家教育事业,制定发展规划、方针政策和基本标准,优化学科专业、类型、层次结构和区域布局。整体部署教育改革试验,统筹区域协调发展。地方政府负责落实国家方针政策,开展教育改革试验,根据职责分工负责区域内教育改革、发展和稳定。

(四十六)加强省级政府教育统筹。进一步加大省级政府对区域内各级各类教育的统筹。统筹管理义务教育,推进城乡义务教育均衡发展,依法落实发展义务教育的财政责任。促进普通高中和中等职业学校合理分布,加快普及高中阶段教育,重点扶持困难地区高中阶段教育发展。促进省域内职业教育协调发展和资源共享,支持行业、企业发展职业教育。完善以省级政府为主管理高等教育的体制,合理设置和调整高等学校及学科、专业布局,提高管理水平和办学质量。依法审批设立实施专科学历教育的高等学校,审批省级政府管理本科院校学士学位授予单位和已确定为硕士学位授予单位的学位授予点。完善省对省以下财政转移支付体制,加大对经济欠发达地区的支持力度。根据国家标准,结合本地实际,合理确定各级各类学校办学条件、教师编制等实施标准。统筹推进教育综合改革,促进教育区域协作,提高教育服务经济社会发展的水平。支持和督促市(地)、县级政府履行职责，发展管理好当地各类教育。

（四十七）转变政府教育管理职能。各级政府要切实履行统筹规划、政策引导、监督管理和提供公共教育服务的职责，建立健全公共教育服务体系，逐步实现基本公共教育服务均等化，维护教育公平和教育秩序。改变直接管理学校的单一方式，综合应用立法、拨款、规划、信息服务、政策指导和必要的行政措施，减少不必要的行政干预。

提高政府决策的科学性和管理的有效性。规范决策程序，重大教育政策出台前要公开讨论，充分听取群众意见。成立教育咨询委员会，为教育改革和发展提供咨询论证，提高重大教育决策的科学性。建立和完善国家教育基本标准。整合国家教育质量监测评估机构及资源，完善监测评估体系，定期发布监测评估报告。加强教育监督检查，完善教育问责机制。

培育专业教育服务机构。完善教育中介组织的准入、资助、监管和行业自律制度。积极发挥行业协会、专业学会、基金会等各类社会组织在教育公共治理中的作用。

第十六章　扩大教育开放

（四十八）加强国际交流与合作。坚持以开放促改革、促发展。开展多层次、宽领域的教育交流与合作，提高我国教育国际化水平。借鉴国际上先进的教育理念和教育经验，促进我国教育改革发展，提升我国教育的国际地位、影响力和竞争力。适应国家经济社会对外开放的要求，培养大批具有国际视野、通晓国际规则、能够参与国际事务和国际竞争的国际化人才。

（四十九）引进优质教育资源。吸引境外知名学校、教育和科研机构以及企业，合作设立教育教学、实训、研究机构或项目。鼓励各级各类学校开展多种形式的国际交流与合作，办好若干所示范性中外合作学校和一批中外合作办学项目。探索多种方式利用国外优质教育资源。

吸引更多世界一流的专家学者来华从事教学、科研和管理工作，有计划地引进海外高端人才和学术团队。引进境外优秀教材，提高高等学校聘任外籍教师的比例。吸引海外优秀留学人员回国服务。

（五十）提高交流合作水平。扩大政府间学历学位互认。支持中外大学间的教师互派、学生互换、学分互认和学位互授联授。加强与国外高水平大学合作，建立教学科研合作平台，联合推进高水平基础研究和高技术研究。加强中小学、职业学校对外交流与合作。加强国际理解教育，推动跨文化交流，增进学生对不同国家、不同文化的认识和理解。

推动我国高水平教育机构海外办学，加强教育国际交流，广泛开展国际合作和教育服务。支持国际汉语教育。提高孔子学院办学质量和水平。加大教育国际援助力度，为发展中国家培养培训专门人才。拓宽渠道和领域，建立高等学校毕业生海外志愿者服务机制。

创新和完善公派出国留学机制，在全国公开选拔优秀学生进入国外高水平大学和研究机构学习。加强对自费出国留学的政策引导，加大对优秀自费留学生资助和奖励力度。坚持“支持留学、鼓励回国、来去自由”的方针，提高对留学人员的服务和管理水平。

进一步扩大外国留学生规模。增加中国政府奖学金数量，重点资助发展中国家学生，优化来华留学人员结构。实施来华留学预备教育，增加高等学校外语授课的学科专业，不断提高来华留学教育质量。

加强与联合国教科文组织等国际组织的合作，积极参与双边、多边和全球性、区域性教育合作。积极参与和推动国际组织教育政策、规则、标准的研究和制定。搭建高层次国际教育交流合作与政策对话平台，加强教育研究领域和教育创新实践活动的国际交流与合作。

加强内地与港澳台地区的教育交流与合作。扩展交流内容，创新合作模式，促进教育事业共同发展。

第四部分　保障措施

第十七章　加强教师队伍建设

（五十一）建设高素质教师队伍。教育大计，教师为本。有好的教师，才有好的教育。提高教师地位，维护教师权益，改善教师待遇，使教师成为受人尊重的职业。严格教师资质，提升教师素质，努力造就一支师德高尚、业务精湛、结构合理、充满活力的高素质专业化教师队伍。

（五十二）加强师德建设。加强教师职业理想和职业道德教育，增强广大教师教书育人的责任感和使命感。教师要关爱学生，严谨笃学，淡泊名利，自尊自律，以人格魅力和学识魅力教育感染学生，做学生健康成长的指导者和引路人。将师德表现作为教师考核、聘任(聘用)和评价的首要内容。采取综合措施，建立长效机制，形成良好学术道德和学术风气，克服学术浮躁，查处学术不端行为。

(五十三)提高教师业务水平。完善培养培训体系，做好培养培训规划，优化队伍结构，提高教师专业水平和教学能力。通过研修培训、学术交流、项目资助等方式，培养教育教学骨干、"双师型"教师、学术带头人和校长，造就一批教学名师和学科领军人才。

以农村教师为重点，提高中小学教师队伍整体素质。创新农村教师补充机制，完善制度政策，吸引更多优秀人才从教。积极推进师范生免费教育，实施农村义务教育学校教师特设岗位计划，完善代偿机制，鼓励高校毕业生到艰苦边远地区当教师。完善教师培训制度，将教师培训经费列入政府预算，对教师实行每五年一周期的全员培训。加大民族地区双语教师培养培训力度。加强校长培训，重视辅导员和班主任培训。加强教师教育，构建以师范院校为主体、综合大学参与、开放灵活的教师教育体系。深化教师教育改革，创新培养模式，增强实习实践环节，强化师德修养和教学能力训练，提高教师培养质量。

以"双师型"教师为重点，加强职业院校教师队伍建设。加大职业院校教师培养培训力度。依托相关高等学校和大中型企业，共建"双师型"教师培养培训基地。完善教师定期到企业实践制度。完善相关人事制度，聘任(聘用)具有实践经验的专业技术人员和高技能人才担任专兼职教师，提高持有专业技术资格证书和职业资格证书教师比例。

以中青年教师和创新团队为重点，建设高素质的高校教师队伍。大力提高高校教师教学水平、科研创新和社会服务能力。促进跨学科、跨单位合作，形成高水平教学和科研创新团队。创新人事管理和薪酬分配方式，引导教师潜心教学科研，鼓励中青年优秀教师脱颖而出。实施海外高层次人才引进计划、"长江学者奖励计划"和"国家杰出青年科学基金"等人才项目，为高校集聚具有国际影响的学科领军人才。

(五十四)提高教师地位待遇。不断改善教师的工作、学习和生活条件，吸引优秀人才长期从教、终身从教。依法保证教师平均工资水平不低于或者高于国家公务员的平均工资水平，并逐步提高。落实教师绩效工资。对长期在农村基层和艰苦边远地区工作的教师，在工资、职务(职称)等方面实行倾斜政策，完善津贴补贴标准。建设农村艰苦边远地区学校教师周转宿舍。研究制定优惠政策，改善教师工作和生活条件。关心教师身心健康。落实和完善教师医疗养老等社会保障政策。国家对在农村地区长期从教、贡献突出的教师给予奖励。

(五十五)健全教师管理制度。完善并严格实施教师准入制度，严把教师入口关。国家制定教师资格标准，提高教师任职学历标准和品行要求。建立教师资格证书定期登记制度。省级教育行政部门统一组织中小学教师资格考试和资格认定，县级教育行政部门按规定履行中小学教师的招聘录用、职务(职称)评聘、培养培训和考核等管理职能。

逐步实行城乡统一的中小学编制标准，对农村边远地区实行倾斜政策。制定幼儿园教师配备标准。建立统一的中小学教师职务(职称)系列，在中小学设置正高级教师职务(职称)。探索在职业学校设置正高级教师职务(职称)。制定高等学校编制标准。加强学校岗位管理，创新聘用方式，规范用人行为，完善激励机制，激发教师积极性和创造性。建立健全义务教育学校教师和校长流动机制。城镇中小学教师在评聘高级职务(职称)时，原则上要有一年以上在农村学校或薄弱学校任教经历。加强教师管理，完善教师退出机制。制定校长任职资格标准，促进校长专业化，提高校长管理水平。推行校长职级制。

创造有利条件，鼓励教师和校长在实践中大胆探索，创新教育思想、教育模式和教育方法，形成教学特色和办学风格，造就一批教育家，倡导教育家办学。大力表彰和宣传模范教师的先进事迹。国家对作出突出贡献的教师和教育工作者设立荣誉称号。

第十八章 保障经费投入

(五十六)加大教育投入。教育投入是支撑国家长远发展的基础性、战略性投资，是教育事业的物质基础，是公共财政的重要职能。要健全以政府投入为主、多渠道筹集教育经费的体制，大幅度增加教育投入。

各级政府要优化财政支出结构，统筹各项收

入,把教育作为财政支出重点领域予以优先保障。严格按照教育法律法规规定,年初预算和预算执行中的超收收入分配都要体现法定增长要求,保证教育财政拨款增长明显高于财政经常性收入增长,并使按在校学生人数平均的教育费用逐步增长,保证教师工资和学生人均公用经费逐步增长。按增值税、营业税、消费税的3%足额征收教育费附加,专项用于教育事业。提高国家财政性教育经费支出占国内生产总值比例,2012年达到4%。

社会投入是教育投入的重要组成部分。充分调动全社会办教育积极性,扩大社会资源进入教育途径,多渠道增加教育投入。完善财政、税收、金融和土地等优惠政策,鼓励和引导社会力量捐资、出资办学。完善非义务教育培养成本分担机制,根据经济发展状况、培养成本和群众承受能力,调整学费标准。完善捐赠教育激励机制,落实个人教育公益性捐赠支出在所得税税前扣除规定。

(五十七)完善投入机制。进一步明确各级政府提供公共教育服务职责,完善各级教育经费投入机制,保障学校办学经费的稳定来源和增长。各地根据国家办学条件基本标准和教育教学基本需要,制定并逐步提高区域内各级学校学生人均经费基本标准和学生人均财政拨款基本标准。

义务教育全面纳入财政保障范围,实行国务院和地方各级人民政府根据职责共同负担,省、自治区、直辖市人民政府负责统筹落实的投入体制。进一步完善中央财政和地方财政分项目、按比例分担的农村义务教育经费保障机制,提高保障水平。尽快化解农村义务教育学校债务。

非义务教育实行以政府投入为主、受教育者合理分担、其他多种渠道筹措经费的投入机制。学前教育建立政府投入、社会举办者投入、家庭合理负担的投入机制。普通高中实行以财政投入为主,其他渠道筹措经费为辅的机制。中等职业教育实行政府、行业、企业及其他社会力量依法筹集经费的机制。高等教育实行以举办者投入为主、受教育者合理分担培养成本、学校设立基金接受社会捐赠等筹措经费的机制。

进一步加大农村、边远贫困地区、民族地区教育投入。中央财政通过加大转移支付,支持农村欠发达地区和民族地区教育事业发展,加强关键领域和薄弱环节,解决突出问题。

健全国家资助政策体系。各地根据学前教育普及程度和发展情况,逐步对农村家庭经济困难和城镇低保家庭子女接受学前教育予以资助。提高农村义务教育家庭经济困难寄宿生生活补助标准,改善中小学生营养状况。建立普通高中家庭经济困难学生国家资助制度。完善普通本科高校、高等职业学校和中等职业学校家庭经济困难学生资助政策体系。完善助学贷款体制机制。推进生源地信用助学贷款。建立健全研究生教育收费制度,完善资助政策,设立研究生国家奖学金。根据经济发展水平和财力状况,建立国家奖助学金标准动态调整机制。

(五十八)加强经费管理。坚持依法理财,严格执行国家财政资金管理法律制度和财经纪律。建立科学化、精细化预算管理机制,科学编制预算,提高预算执行效率。设立高等教育拨款咨询委员会,增强经费分配的科学性。加强学校财务会计制度建设,完善经费使用内部稽核和内部控制制度。完善教育经费监管机构职能,在高等学校试行设立总会计师职务,提升经费使用和资产管理专业化水平。公办高等学校总会计师由政府委派。加强经费使用监督,强化重大项目建设和经费使用全过程审计,确保经费使用规范、安全、有效。建立并不断完善教育经费基础信息库,提升经费管理信息化水平。防范学校财务风险。建立经费使用绩效评价制度,加强重大项目经费使用考评。加强学校国有资产管理,建立健全学校国有资产配置、使用、处置管理制度,防止国有资产流失,提高使用效益。

完善学校收费管理办法,规范学校收费行为和收费资金使用管理。坚持勤俭办学,严禁铺张浪费,建设节约型学校。

第十九章　加快教育信息化进程

(五十九)加快教育信息基础设施建设。信息技术对教育发展具有革命性影响,必须予以高度重视。把教育信息化纳入国家信息化发展整体战略,超前部署教育信息网络。到2020年,基本建成覆盖城乡各级各类学校的教育信息化体系,促进教育内容、教学手段和方法现代化。充分利用优质资源和先进技术,创新运行机制和管理模式,整合现有资源,构建先进、高效、实用的数字化教育基础设施。加快终端设施普及,推进数字化校园建设,实现多种方式接入互联网。重点加强农村学校信息基础建设,缩小城乡数字化差距。加快中国教育和科研计算机网、中国教育卫星宽带传输网升级换代。制定教育信息化基本标准,促进信息系统互联互通。

(六十)加强优质教育资源开发与应用。加强网络教学资源体系建设。引进国际优质数字化教学资源。开发网络学习课程。建立数字图书馆和虚拟实验室。建立开放灵活的教育资源公共服务平台,促进优质教育资源普及共享。创新网络教学模式,开展高质量高水平远程学历教育。继续推进农村中小学远程教育,使农村和边远地区师生能够享受优质教育资源。

强化信息技术应用。提高教师应用信息技术水平,更新教学观念,改进教学方法,提高教学效果。鼓励学生利用信息手段主动学习、自主学习,增强运用信息技术分析解决问题能力。加快全民信息技术普及和应用。

(六十一)构建国家教育管理信息系统。制定学校基础信息管理要求,加快学校管理信息化进程,促进学校管理标准化、规范化。推进政府教育管理信息化,积累基础资料,掌握总体状况,加强动态监测,提高管理效率。整合各级各类教育管理资源,搭建国家教育管理公共服务平台,为宏观决策提供科学依据,为公众提供公共教育信息,不断提高教育管理现代化水平。

第二十章 推进依法治教

(六十二)完善教育法律法规。按照全面实施依法治国基本方略的要求,加快教育法制建设进程,完善中国特色社会主义教育法律法规。根据经济社会发展和教育改革的需要,修订教育法、职业教育法、高等教育法、学位条例、教师法、民办教育促进法,制定有关考试、学校、终身学习、学前教育、家庭教育等法律。加强教育行政法规建设。各地根据当地实际,制定促进本地区教育发展的地方性法规和规章。

(六十三)全面推进依法行政。各级政府要按照建设法治政府的要求,依法履行教育职责。探索教育行政执法体制机制改革,落实教育行政执法责任制,及时查处违反教育法律法规、侵害受教育者权益、扰乱教育秩序等行为,依法维护学校、学生、教师、校长和举办者的权益。完善教育信息公开制度,保障公众对教育的知情权、参与权和监督权。

(六十四)大力推进依法治校。学校要建立完善符合法律规定、体现自身特色的学校章程和制度,依法办学,从严治校,认真履行教育教学和管理职责。尊重教师权利,加强教师管理。保障学生的受教育权,对学生实施的奖励与处分要符合公平、公正原则。健全符合法治原则的教育救济制度。

开展普法教育。促进师生员工提高法律素质和公民意识,自觉知法守法,遵守公共生活秩序,做遵纪守法的楷模。

(六十五)完善督导制度和监督问责机制。制定教育督导条例,进一步健全教育督导制度。探索建立相对独立的教育督导机构,独立行使督导职能。健全国家督学制度,建设专职督导队伍。坚持督政与督学并重、监督与指导并重。加强义务教育督导检查,开展学前教育和高中阶段教育督导检查。强化对政府落实教育法律法规和政策情况的督导检查。建立督导检查结果公告制度和限期整改制度。

严格落实问责制。主动接受和积极配合各级人大及其常委会对教育法律法规执行情况的监督检查以及司法机关的司法监督。建立健全层级监督机制。加强监察、审计等专门监督。强化社会监督。

第二十一章 重大项目和改革试点

(六十六)组织实施重大项目。2010-2012年,围绕教育改革发展战略目标,着眼于促进教育公平,提高教育质量,增强可持续发展能力,以加强关键领域和薄弱环节为重点,完善机制,组织实施一批重大项目。

义务教育学校标准化建设。完善城乡义务教育经费保障机制,科学规划、统筹安排、均衡配置、合理布局。实施中小学校舍安全工程,集中开展危房改造、抗震加固,实现城乡中小学校舍安全达标;改造小学和初中薄弱学校,尽快使义务教育学校师资、教学仪器设备、图书、体育场地基本达标;改扩建劳务输出大省和特殊困难地区农村学校寄宿设施,改善农村学生特别是留守儿童寄宿条件,基本满足需要。

义务教育教师队伍建设。继续实施农村义务教育学校教师特设岗位计划,吸引高校毕业生到农村从教;加强农村中小学薄弱学科教师队伍建设,重点培养和补充一批边远贫困地区和革命老区急需紧缺教师;对义务教育教师进行全员培训,组织校长研修培训;对专科学历以下小学教师进行学历提高教育，使全国小学教师学历逐步达到专科以上水平。

推进农村学前教育。支持办好现有的乡镇和村幼儿园；重点支持中西部贫困地区充分利用中小学富余校舍和社会资源，改扩建或新建乡镇和村幼儿园；对农村幼儿园园长和骨干教师进行培训。

职业教育基础能力建设。支持建设一批职业教育实训基地，提升职业教育实践教学水平；完成一大批“双师型”教师培训，聘任（聘用）一大批有实践经验和技能的专兼职教师；支持一批中等职业教育改革示范校和优质特色校建设，支持高等职业教育示范校建设；支持一批示范性职业教育集团学校建设，促进优质资源开放共享。

提升高等教育质量。实施中西部高等教育振兴计划，加强中西部地方高校优势学科和师资队伍建设；实施东部高校对口支援西部高校计划；支持建设一批高等学校产学研基地；实施基础学科拔尖学生培养试验计划和卓越工程师、医师等人才教育培养计划；继续实施“985 工程”和优势学科创新平台建设，继续实施“211 工程”和启动特色重点学科项目；继续实施“高等学校本科教学质量与教学改革工程”、“研究生教育创新计划”、“高等学校哲学社会科学繁荣计划”和“高等学校高层次创新人才计划”。

发展民族教育。巩固民族地区普及九年义务教育成果，支持边境县和民族自治地方贫困县实现义务教育学校标准化；重点扶持和培养一批边疆民族地区紧缺教师人才；加强对民族地区中小学和幼儿园双语教师培养培训；加快民族地区高中阶段教育发展，启动内地中职班，支持教育基础薄弱县改扩建、新建一批普通高中和中等职业学校；支持民族院校建设。

发展特殊教育。改扩建和新建一批特殊教育学校，使市（地）和30万人口以上、残疾儿童少年较多的县（市）都有一所特殊教育学校；为现有特殊教育学校添置必要的教学、生活和康复训练设施，改善办学条件；对特殊教育教师进行专业培训，提高教育教学水平。

家庭经济困难学生资助。启动民族地区、贫困地区农村小学生营养改善计划；免除中等职业教育家庭经济困难学生和涉农专业学生学费；把普通高中学生和研究生纳入国家助学体系。

教育信息化建设。提高中小学每百名学生拥有计算机台数，为农村中小学班级配备多媒体远程教学设备；建设有效共享、覆盖各级各类教育的国家数字化教学资源库和公共服务平台；基本建成较完备的国家级和省级教育基础信息库以及教育质量、学生流动、资源配置和毕业生就业状况等监测分析系统。

教育国际交流合作。支持一批示范性中外合作办学机构；支持在高校建设一批国际合作联合实验室、研究中心；引进一大批海外高层次人才；开展大中小学校长和骨干教师海外研修培训；支持扩大公派出国留学规模；实施留学中国计划，扩大来华留学生规模；培养各种外语人才；支持孔子学院建设。

（六十七）组织开展改革试点。成立国家教育体制改革领导小组，研究部署、指导实施教育体制改革工作。根据统筹规划、分步实施、试点先行、动态调整的原则，选择部分地区和学校开展重大改革试点。

推进素质教育改革试点。建立减轻中小学生课业负担的有效机制；加强基础教育课程教材建设；开展高中办学模式多样化试验，开发特色课程；探索弹性学制等培养方式；完善教育质量监测评估体系，定期发布测评结果等。

义务教育均衡发展改革试点。建立城乡一体化义务教育发展机制；实行县（区）域内教师、校长交流制度；实行优质普通高中和优质中等职业学校招生名额合理分配到区域内初中的办法；切实解决区域内义务教育阶段择校问题等。

职业教育办学模式改革试点。以推进政府统筹、校企合作、集团化办学为重点，探索部门、行业、企业参与办学的机制；开展委托培养、定向培养、订单式培养试点；开展工学结合、弹性学制、模块化教学等试点；推进职业教育为“三农”服务、培养新型农民的试点。

终身教育体制机制建设试点。建立区域内普通教育、职业教育、继续教育之间的沟通机制；建立终身学习网络和服务平台；统筹开发社会教育资源，积极发展社区教育；建立学习成果认证体系，建立“学分银行”制度等。

拔尖创新人才培养改革试点。探索贯穿各级各类教育的创新人才培养途径；鼓励高等学校联合培养拔尖创新人才；支持有条件的高中与大学、科研院所合作开展创新人才培养研究和试验，建立创新人才培养基地。

考试招生制度改革试点。完善初中和高中学业水平考试和综合素质评价；探索实行高水平大学联考；探索高等职业学校自主考试或根据学业水平考试成绩注册入学；探索自主录取、推荐录取、定向录取、破格录取的具体方式；探索缩小高等学校入学机会区域差距的举措等。

现代大学制度改革试点。研究制定党委领导下的校长负责制实施意见。制定和完善学校章程，探索学校理事会或董事会、学术委员会发挥积极作用的机制；全面实行聘任制度和岗位管理制度；实行新进人员公开招聘制度；探索协议工资制等灵活多样的分配办法；建立多种形式的专职科研队伍，推进管理人员职员制；完善校务公开制度等。

深化办学体制改革试点。探索公办学校联合办学、中外合作办学、委托管理等改革试验；开展对营利性和非营利性民办学校分类管理试点；建立民办学校财务、会计和资产管理制度；探索独立学院管理和发展的有效方式等。

地方教育投入保障机制改革试点。建立多渠道筹措教育经费长效机制；制定各级学校学生人均经费基本标准和学生人均财政拨款基本标准；探索政府收入统筹用于支持教育的办法；建立教育投入分项分担机制；依法制定鼓励教育投入的优惠政策；对长期在农村基层和艰苦边远地区工作的教师实行工资福利倾斜政策等。

省级政府教育统筹综合改革试点。探索政校分开、管办分离实现形式；合理部署区域内学校、学科、专业设置；制定办学条件、教师编制、招生规模等基本标准；推进县（市）教育综合改革试点；加强教育督导制度建设，探索督导机构独立履行职责的机制；探索省际教育协作改革试点，建立跨地区教育协作机制等。

第二十二章　加强组织领导

（六十八）加强和改善对教育工作的领导。各级党委和政府要以邓小平理论和“三个代表”重要思想为指导，深入贯彻落实科学发展观，把推动教育事业优先发展、科学发展作为重要职责，健全领导体制和决策机制，及时研究解决教育改革发展的重大问题和群众关心的热点问题。要把推进教育事业科学发展作为各级党委和政府政绩考核的重要内容，完善考核机制和问责制度。各级政府要定期向同级人民代表大会或其常务委员会报告教育工作情况。建立各级党政领导班子成员定点联系学校制度。有关部门要切实履行职责，支持教育改革和发展。扩大人民群众对教育事业的知情权、参与度。

加强教育宏观政策和发展战略研究，提高教育决策科学化水平。鼓励和支持教育科研人员坚持理论联系实际，深入探索中国特色社会主义教育规律，研究和回答教育改革发展重大理论和现实问题，促进教育事业科学发展。

（六十九）加强和改进教育系统党的建设。把教育系统党组织建设成为学习型党组织。深入学习马克思列宁主义、毛泽东思想、邓小平理论、“三个代表”重要思想以及科学发展观，坚持用发展着的马克思主义武装党员干部、教育广大师生。深入推动中国特色社会主义理论体系进教材、进课堂、进头脑。深入开展社会主义核心价值体系学习教育。

健全各级各类学校党的组织。把全面贯彻党的教育方针、培养社会主义建设者和接班人贯穿学校党组织活动始终，坚持社会主义办学方向，牢牢把握党对学校意识形态工作的主导权。高等学校党组织要充分发挥在学校改革发展中的领导核心作用，中小学党组织要充分发挥在学校工作中的政治核心作用。加强民办学校党的建设，积极探索党组织发挥作用的途径和方法。

加强学校领导班子和领导干部队伍建设，不断提高思想政治素质和办学治校能力。坚持德才兼备、以德为先用人标准，选拔任用学校领导干部。加大学校领导干部培养培训和交流任职力度。

着力扩大党组织的覆盖面，推进工作创新，增强生机活力。充分发挥学校基层党组织战斗堡垒作用和党员先锋模范作用。加强在优秀青年教师、优秀学生中发展党员工作。重视学校共青团、少先队工作。

加强教育系统党风廉政建设和行风建设。大兴密切联系群众之风、求真务实之风、艰苦奋斗之风、批评和自我批评之风。坚持标本兼治、综合治理、惩防并举、注重预防的方针，完善体现教育系统特点的惩治和预防腐败体系。严格执行党风廉政建设责任制，加大教育、监督、改革、制度创新力度，坚决惩治腐败。坚持从严治教、规范管理，积极推行政务公开、校务公开。坚决纠正损害群众利益的各种不正之风。

（七十）切实维护教育系统和谐稳定。加强和改进学校思想政治工作，加强校园文化建设，深入开展平安校园、文明校园、绿色校园、和谐校园创建活动。重视解决好师生员工的实际困难和问题。完善矛盾纠纷排查化解机制，完善学校突发事件应急管理机制，妥善处置各种事端。加强校园网络管理。建立健全安全保卫制度和工作机制，完善人防、物防和技防措施。加强师生安全教育和学校安全管理，提高预防灾害、应急避险和防范违法犯罪活动的能力。加强校园和周边环境治安综合治理，为师生创造安定有序、和谐融洽、充满活力的工作、学习、生活环境。

实　施

《教育规划纲要》是21世纪我国第一个中长期教育规划纲要，涉及面广、时间跨度大、任务重、要求高，必须周密部署、精心组织、认真实施，确保各项任务落到实处。

明确目标任务，落实责任分工。贯彻实施《教育规划纲要》，是各级党委和政府的重要职责。各地区各部门要在中央统一领导下，按照《教育规划纲要》的部署和要求，对目标任务进行分解，明确责任分工。国务院教育行政部门负责《教育规划纲要》的组织协调与实施，各有关部门积极配合，密切协作，共同抓好贯彻落实。

提出实施方案，制定配套政策。各地要围绕《教育规划纲要》确定的战略目标、主要任务、体制改革、重大措施和项目等，提出本地区实施的具体方案和措施，分阶段、分步骤组织实施。各有关部门要抓紧研究制定切实可行、操作性强的配套政策，尽快出台实施。

鼓励探索创新，加强督促检查。充分尊重人民群众的首创精神，鼓励各地积极探索，勇于创新，创造性地实施《教育规划纲要》。对各地在实施《教育规划纲要》中好的做法和有效经验，要及时总结，积极推广。对《教育规划纲要》实施情况进行监测评估和跟踪检查。

广泛宣传动员，营造良好环境。广泛宣传党的教育方针政策，广泛宣传优先发展教育、建设人力资源强国的重要性和紧迫性，广泛宣传《教育规划纲要》的重大意义和主要内容，动员全党全社会进一步关心支持教育事业的改革和发展，为《教育规划纲要》的实施创造良好社会环境和舆论氛围。

国家中长期人才发展规划纲要

（2010～2020年）

根据党的十七大提出的更好实施人才强国战略的总体要求，着眼于为实现全面建设小康社会奋斗目标提供人才保证，制定《人才规划纲要》。

序　言

人才是指具有一定的专业知识或专门技能，进行创造性劳动并对社会作出贡献的人，是人力资源中能力和素质较高的劳动者。人才是我国经济社会发展的第一资源。

在人类社会发展进程中，人才是社会文明进步、人民富裕幸福、国家繁荣昌盛的重要推动力量。当今世界正处在大发展大变革大调整时期。世界多极化、经济全球化深入发展，科技进步日新月异，知识经济方兴未艾，加快人才发展是在激烈的国际竞争中赢得主动的重大战略选择。我国正处在改革发展的关键阶段，深入贯彻落实科学发展观，全面推进经济建设、政治建设、文化建设、社会建设以及生态文明建设，推动工业化、信息化、城镇化、市场化、国际化深入发展，全面建设小康社会，实现中华民族伟大复兴，必须大力提高国民素质，在继续发挥我国人力资源优势的同时，加快形成我国人才竞争比较优势，逐步实现由人力资源大国向人才强国的转变。

党和国家历来高度重视人才工作，新中国成立以来特别是改革开放以来，提出了一系列加强人才工作的政策措施，培养造就了各个领域的大批人才。进入新世纪新阶段，党中央、国务院作出了实施人才强国战略的重大决策，人才强国战略已成为我国经济社会发展的一项基本战略，人才发展取得了显著成就。科学人才观逐步确立，以高层次人才、高技能人才为重点的各类人才队伍不断壮大，有利于人才发展的政策体系进一步完善，市场配置人才资源的基础性作用初步发挥，人才效能明显提高，党管人才工作新格局基本形成。同时必须清醒地看到，当前我国人才发展的总体水平同世界先进国家相比仍存在较大差距，与我国经济社会发展需要相比还有许多不适应的地方，主要是：高层次创新型人才匮乏，人才创新创业能力不强，人才结构和布局不尽合理，人才发展体制机制障碍尚未消除，人才资源开发投入不足，等等。

未来十几年，是我国人才事业发展的重要战略机遇期。我们必须进一步增强责任感、使命感和危机感，积极应对日趋激烈的国际人才竞争，主动适应我国经济社会发展需要，坚定不移地走人才强国之路，科学规划，深化改革，重点突破，整体推进，不断开创人才辈出、人尽其才的新局面。

一、指导方针、战略目标和总体部署

（一）指导方针

高举中国特色社会主义伟大旗帜，以邓小平理论和“三个代表”重要思想为指导，深入贯彻落实科学发展观，尊重劳动、尊重知识、尊重人才、尊重创造，更好实施人才强国战略，坚持党管人才原则，遵循社会主义市场经济规律和人才成长规律，加快人才发展体制机制改革和政策创新，扩大对外开放，开发利用国内国际两种人才资源，以高层次人才、高技能人才为重点统筹推进各类人才队伍建设，为实现全面建设小康社会奋斗目标提供坚强的人才保证和广泛的智力支持。

当前和今后一个时期，我国人才发展的指导方针是：服务发展、人才优先、以用为本、创新机制、高端引领、整体开发。

服务发展。把服务科学发展作为人才工作的根本出发点和落脚点，围绕科学发展目标确定人才队伍建设任务，根据科学发展需要制定人才政策措施，用科学发展成果检验人才工作成效。

人才优先。确立在经济社会发展中人才优先发展的战略布局，充分发挥人才的基础性、战略性作用，做到人才资源优先开发、人才结构优先调整、人才投资优先保证、人才制度优先创新，促进经济发展方式向主要依靠科技进步、劳动者素质提高、管理创新转变。

以用为本。把充分发挥各类人才的作用作为人才工作的根本任务，围绕用好用活人才来培养人才、引进人才，积极为各类人才干事创业和实现价值提供机会和条件，使全社会创新智慧竞相迸发。

创新机制。把深化改革作为推动人才发展的根本动力，坚决破除束缚人才发展的思想观念和制度障碍，构建与社会主义市场经济体制相适应、有利于科学发展的人才发展体制机制，最大限度地激发人才的创造活力。

高端引领。培养造就一批善于治国理政的领导人才，一批经营管理水平高、市场开拓能力强的优秀企业家，一批世界水平的科学家、科技领军人才、工程师和高水平的哲学社会科学专家、文学家、艺术家、教育家，一大批技艺精湛的高技能人才，一大批社会主义新农村建设带头人，一大批职业化、专业化的高级社会工作人才，充分发挥高层次人才在经济社会发展和人才队伍建设中的引领作用。

整体开发。加强人才培养，注重理想信念教育和职业道德建设，培育拼搏奉献、艰苦创业、诚实守信、团结协作精神，促进人的全面发展。关心人才成长，鼓励和支持人人都作贡献、人人都能成才、行行出状元。统筹国内国际两个市场，推进城乡、区域、产业、行业和不同所有制人才资源开发，实现各类人才队伍协调发展。

（二）战略目标

到2020年，我国人才发展的总体目标是：培养和造就规模宏大、结构优化、布局合理、素质优良的人才队伍，确立国家人才竞争比较优势，进入世界人才强国行列，为在本世纪中叶基本实现社会主义现代化奠定人才基础。

——人才资源总量稳步增长，队伍规模不断壮大。人才资源总量从现在的1.14亿人增加到1.8亿人，增长58%，人才资源占人力资源总量的比重提高到16%，基本满足经济社会发展需要。

——人才素质大幅度提高，结构进一步优化。主要劳动年龄人口受过高等教育的比例达到20%，每万劳动力中研发人员达到43人年，高技能人才占技能劳动者的比例达到28%。人才的分布和层次、类型、性别等结构趋于合理。

——人才竞争比较优势明显增强，竞争力不断提升。人才规模效益显著提高。在装备制造、信息、生物技术、新材料、航空航天、海洋、金融财会、生态环境保护、新能源、农业科技、宣传思想文化等经济社会发展重点领域,建成一批人才高地。

——人才使用效能明显提高。人才发展体制机制创新取得突破性进展,人才辈出、人尽其才的环境基本形成。人力资本投资占国内生产总值比例达到15%,人力资本对经济增长贡献率达到33%,人才贡献率达到35%。

专栏:国家人才发展主要指标

指标	单位	2008年	2015年	2020年
人才资源总量	万人	11385	15625	18025
每万劳动力中研发人员	人年/万人	24.8	33	43
高技能人才占技能劳动者比例	%	24.4	27	28
主要劳动年龄人口受过高等教育的比例	%	9.2	15	20
人力资本投资占国内生产总值比例	%	10.75	13	15
人才贡献率	%	18.9	32	35

注:人才贡献率数据为区间年均值,其中2008年数据为1978-2008年的平均值,2015年数据为2008~2015年的平均值,2020年数据为2008~2020年的平均值。

(三)总体部署

一是实行人才投资优先,健全政府、社会、用人单位和个人多元人才投入机制,加大对人才发展的投入,提高人才投资效益。二是加强人才资源能力建设,创新人才培养模式,注重思想道德建设,突出创新精神和创新能力培养,大幅度提升各类人才的整体素质。三是推动人才结构战略性调整,充分发挥市场配置人才资源的基础性作用,改善宏观调控,促进人才结构与经济社会发展相协调。四是造就宏大的高素质人才队伍,突出培养创新型科技人才,重视培养领军人才和复合型人才,大力开发经济社会发展重点领域急需紧缺专门人才,统筹抓好党政人才、企业经营管理人才、专业技术人才、高技能人才、农村实用人才以及社会工作人才等人才队伍建设,培养造就数以亿计的各类人才,数以千万计的专门人才和一大批拔尖创新人才。五是改革人才发展体制机制,完善人才管理体制,创新人才培养开发、评价发现、选拔任用、流动配置、激励保障机制,营造充满活力、富有效率、更加开放的人才制度环境。六是大力吸引海外高层次人才和急需紧缺专门人才,坚持自主培养开发与引进海外人才并举,积极利用国(境)外教育培训资源培养人才。七是加快人才工作法制建设,建立健全人才法律法规,坚持依法管理,保护人才合法权益。八是加强和改进党对人才工作的领导,完善党管人才格局,创新党管人才方式方法,为人才发展提供坚强的组织保证。

推进人才发展,要统筹兼顾,分步实施。到2015年,重点在制度建设、机制创新上有较大突破。到2020年,全面落实各项任务,确保人才发展战略目标的实现。

二、人才队伍建设主要任务

(一)突出培养造就创新型科技人才

发展目标:围绕提高自主创新能力、建设创新型国家,以高层次创新型科技人才为重点,努力造就一批世界水平的科学家、科技领军人才、工程师和高水平创新团队,注重培养一线创新人才和青年科技人才,建设宏大的创新型科技人才队伍。到2020年,研发人员总量达到380万人年,高层次创新型科技人才总量达到4万人左右。

主要举措:创新人才培养模式,建立学校教育和实践锻炼相结合、国内培养和国际交流合作相衔接的开放式培养体系。探索并推行创新型教育方式方法,突出培养学生的科学精神、创造性思维和创新能力。加强实践培养,依托国家重大科研项目和重大工程、重点学科和重点科研基地、国际学术交流合作项目,建设一批高层次创新型科技人才培养基地。加强领军人才、核心技术研发人才培养和创新团队建设,形成科研人才和科研辅助人才衔接有序、梯次配备的合理结构,提高自主创新能力。深化科技体制改革,完善权责明确、评价科学、创新引导的科技管理制度,健全有利于科技人才创新创业的评价、使用、激励措施,进一步解放和发展科技生产力。制定加强高层次创新型科技人才队伍建设意见。改进完善院士制度,注重院士称号精神激励作用,规范院士学术兼职。加大海外高层次创新创业人才引进力度。组织实施创新人才推进计划、海外高层次人才引进计划,推进"百人计划"、"长江学者奖励计划"、"国家杰出青年科学基金"等人才项目。注重复合型人才培养,破除论资排辈、求全责备观念,加大对优秀青年科技人才的发现、培养、使用和资助力度。加强产学研合作,重视企业工程技术与管理人才的培养,推动科技人才向企业集聚。发展创新文化,倡导追求真理、勇攀高峰、宽容失败、团结协作的创新精神,营造科学民主、学术自由、严谨求实、开放包容的创新氛围。建立健全科研诚信体系,从严治理学术不端行为。

(二)大力开发经济社会发展重点领域急需紧缺专门人才

发展目标:适应发展现代产业体系和构建社会主义和谐社会的需要,加大重点领域急需紧缺专门人才开发力度。到2020年,在装备制造、信息、生物技术、新材料、航空航天、海洋、金融财会、国际商务、生态环境保护、能源资源、现代交通运输、农业科技等经济重点领域培养开发急需紧缺专门人才500多万人;在教育、政法、宣传思想文化、医药卫生、防灾减灾等社会发展重点领域培养开发急需紧缺专门人才800多万人。经济社会发展重点领域各类专业人才数量充足,整体素质和创新能力显著提升,人才结构趋于合理。

主要举措:加强产业、行业人才发展统筹规划和分类指导,围绕重点领域发展,开展人才需求预测,定期发布急需紧缺人才目录。调整优化高等学校学科专业设置,加大急需研发人才和紧缺技术、管理人才的培养力度。大规模开展重点领域专门人才知识更新培训。建设一批工程创新训练基地,建立和完善与国际接轨的工程师认证认可制度,提高工程技术人才职业化、国际化水平。根据国家规划,制定人才特别是产业领军人才、工程技术人才向重点产业集聚的倾斜政策。继续实施"四个一批"人才培养工程,加强哲学社会科学、新闻、出版、文艺等领域高层次人才队伍建设。注重培养造就一批马克思主义理论家特别是中青年理论家。依托重大哲学社会科学研究项目,大力培养哲学社会科学学术带头人。加强宣传思想文化、医药卫生人才培养。支持重点领域科学家参加国际科研计划、学术交流。完善重点领域科研骨干人才分配激励办法。建立重点领域相关部门人才开发协调机制。

(三)统筹推进各类人才队伍建设

1. 党政人才队伍

发展目标:按照加强党的执政能力建设和先进性建设的要求,以提高领导水平和执政能力为核心,以中高级领导干部为重点,造就一批善于治国理政的领导人才,建设一支政治坚定、勇于创新、勤政廉洁、求真务实、奋发有为、善于推动科学发展的高素质党政人才队伍。到2020年,具有大学本科及以上学历的干部占党政干部队伍的85%,专业化水平明显提高,结构更加合理,总量从严控制。

主要举措:适应科学发展要求和干部成长规律,开展大规模干部教育培训,加强干部自学。实施党政人才素质能力提升工程,构建理论教育、知识教育、党性教育和实践锻炼"四位一体"的干部培养教育体系。坚持德才兼备、以德为先用人标准,坚持民主、公开、竞争、择优改革方针,树立坚定信念、注重品行、科学发展、崇尚实干、重视基层、鼓励创新、群众公认的用人导向。扩大干部工作民主,加大竞争性选拔党政领导干部工作力度,拓宽选人用人渠道,提高干部工作科学化水平,促进优秀人才脱颖而出。实施后备干部队伍建设"百千万工程"。注重从基层和生产一线选拔党政人才。加强女干部、少数民族干部、非中共党员干部培养选拔和教育培训工作。实施促进科学发展的干部综合考核评价办法。建立健全党政干部岗位职责规范及其能力素质评价标准,加强工作业绩考核。完善党政人才分类管理制度。加大领导干部跨地区跨部门交流力度,推进党政机关重要岗位干部定期交流、轮岗。健全权力约束制衡机制,加强干部管理监督。

2. 企业经营管理人才队伍

发展目标:适应产业结构优化升级和实施"走出去"战略的需要,以提高现代经营管理水平和企业国际竞争力为核心,以战略企业家和职业经理人为重点,加快推进企业经营管理人才职业化、市场化、专业化和国际化,培养造就一大批具有全球战略眼光、市场开拓精神、管理创新能力和社会责任感的优秀企业家和一支高水平的企业经营管理人才队伍。到2015年,企业经营管理人才总量达到3500万人。到2020年,企业经营管理人才总量达到4200万人,培养造就100名左右能够引领中国企业跻身世界500强的战略企业家;国有及国有控股企业国际化人才总量达到4万人左右;国有企业领导人员通过竞争性方式选聘比例达到50%。

主要举措:依托知名跨国公司、国内外高水平大学和其他培训机构,加强企业经营管理人才培训,提高战略管理和跨文化经营管理能力。采取组织选拔与市场化选聘相结合的方式选拔国有企业领导人员。健全企业经营管理者聘任制、任期制和任期目标责任制,实行契约化管理。完善以市场和出资人认可为核心的企业经营管理人才评价体系,积极发展企业经营管理人才评价机构,建立社会化的职业经理人资质评价制度,加强规范化管理。健全企业经营管理人才经营业绩评价指标体系。完善年度薪酬管理制度、协议工资制度和股权激励等中长期激励制度。建立企业经营管理人才库。培养和引进一批科技创新创业企业家和企业发展急需的战略规划、资本运作、科技管理、项目管理等方面专门人才。实施企业经营管理人才素质提升工程和国家中小企业银河培训工程。

3. 专业技术人才队伍

发展目标：适应社会主义现代化建设的需要，以提高专业水平和创新能力为核心，以高层次人才和紧缺人才为重点，打造一支宏大的高素质专业技术人才队伍。到2015年，专业技术人才总量达到6800万人。到2020年，专业技术人才总量达到7500万人，占从业人员的10%左右，高级、中级、初级专业技术人才比例为10:40:50。

主要举措：进一步扩大专业技术人才队伍培养规模，提高专业技术人才创新能力。构建分层分类的专业技术人才继续教育体系，加快实施专业技术人才知识更新工程。进一步实施并完善新世纪百千万人才工程。组织实施青年英才开发计划、高素质教育人才培养工程、文化名家工程、全民健康卫生人才保障工程。加大现代物流、电子商务、法律、咨询、会计、工业设计、知识产权、食品安全、旅游等现代服务业人才培养开发力度，重视传统服务业各类技术人才的培养。发挥各类社会组织培养专业技术人才的作用。制定双向挂职、短期工作、项目合作等灵活多样的人才柔性流动政策，引导党政机关、科研院所和高等学校专业技术人才向企业、社会组织和基层一线有序流动，促进专业技术人才合理分布。统筹推进专业技术职称和职业资格制度改革。完善政府特殊津贴制度，强化激励，科学管理。改进专业技术人才收入分配等激励办法。改善基层专业技术人才工作、生活条件，拓展职业发展空间。注重发挥离退休专业技术人才的作用。

4. 高技能人才队伍

发展目标：适应走新型工业化道路和产业结构优化升级的要求，以提升职业素质和职业技能为核心，以技师和高级技师为重点，形成一支门类齐全、技艺精湛的高技能人才队伍。到2015年，高技能人才总量达到3400万人。到2020年，高技能人才总量达到3900万人，其中技师、高级技师达到1000万人左右。

主要举措：完善以企业为主体、职业院校为基础，学校教育与企业培养紧密联系、政府推动与社会支持相结合的高技能人才培养培训体系。加强职业培训，统筹职业教育发展，整合利用现有各类职业教育培训资源，依托大型骨干企业（集团）、重点职业院校和培训机构，建设一批示范性国家级高技能人才培养基地和公共实训基地。改革职业教育办学模式，大力推行校企合作、工学结合和顶岗实习。加强职业教育“双师型”教师队伍建设。在职业教育中推行学历证书和职业资格证书“双证书”制度。逐步实行中等职业教育免费和学生生活补助制度。实施国家高技能人才振兴计划。促进技能人才评价多元化。制定高技能人才与工程技术人才职业发展贯通办法。建立高技能人才绝技绝活代际传承机制。广泛开展各种形式的职业技能竞赛和岗位练兵活动。完善国家高技能人才评选表彰制度，进一步提高高技能人才经济待遇和社会地位。

5. 农村实用人才队伍

发展目标：围绕社会主义新农村建设，以提高科技素质、职业技能和经营能力为核心，以农村实用人才带头人和农村生产经营型人才为重点，着力打造服务农村经济社会发展、数量充足的农村实用人才队伍。到2015年，农村实用人才总量达到1300万人。到2020年，农村实用人才总量达到1800万人，平均受教育年限达到10.2年，每个行政村主要特色产业至少有1－2名示范带动能力强的带头人。

主要举措：大规模开展农村实用人才培训，充分发挥农村现代远程教育网络、全国文化信息资源共享工程网络、各类农民教育培训项目、农业技术推广体系、各类职业学校和培训机构的主渠道作用。整合现有培训项目，健全县域职业教育培训网络，推进农村实用人才带头人素质提升计划和新农村实用人才培训工程，重点实施现代农业人才支撑计划。鼓励和支持农村实用人才带头人牵头建立专业合作组织和专业技术协会，加快培养农业产业化发展急需的企业经营管理人员、农民专业合作组织带头人和农村经纪人。积极扶持农村实用人才创业兴业，在创业培训、项目审批、信贷发放、土地使用等方面给予政策支持。因地制宜，建立健全农村实用人才评价制度。加大对农村实用人才的表彰激励和宣传力度，提高农村实用人才社会地位。加大公共财政对农村发展急需的农业技术人员、教师、医生等方面人才培养的支持力度。继续开展城乡人才对口扶持，推进万名医师支援农村卫生、城镇教师支援农村教育、社会工作者服务社会主义新农村建设、科技人才下乡支农等工作。

6. 社会工作人才队伍

发展目标：适应构建社会主义和谐社会的需要，以人才培养和岗位开发为基础，以中高级社会工作人才为重点，培养造就一支职业化、专业化的社会工作人才队伍。到2015年，社会工作人才总量达到200万人。到2020年，社会工作人才总量达到300万人。

主要举措：建立不同学历层次教育协调配套、专业培训和知识普及有机结合的社会工作人才培养体系。加强社会工作学科专业体系建设。建设一批社会工作培训基地。加强社会工作从业人员专业知识培训，制定社会工作培训质量评估指标体系。建立健全社会工作人才评价制度。加强社会工作者队伍职业化管理。加快制定社会工作岗位开发设置政策措施。推进公益服务类事业单位、城乡社区和公益类社会组织建设，完善培育扶持和依法管理社会组织的政策。组织实施社会工作服务组织标准化建设示范工程。研究制定政府购买社会工作服务政策。建立社会工作人才和志愿者队伍联动机制。制定加强社会工作人才队伍建设意见。

三、体制机制创新

（一）改进完善人才工作管理体制

1. 完善党管人才的领导体制

目标要求：坚持党管人才原则，创新党管人才方式方法，完善党委统一领导，组织部门牵头抓总，有关部门各司其职、密切配合，社会力量广泛参与的人才工作格局。发挥党委领导核心作用，统筹经济社会发展和人才发展，切实履行好管宏观、管政策、管协调、管服务的职责，用事业凝聚人才，用实践造就人才，用机制激励人才，用法制保障人才，提高党管人才工作水平。党政主要负责人要树立强烈的人才意识，善于发现人才、培养人才、团结人才、用好人才、服务人才。

主要任务：制定完善党管人才工作格局的意见。健全各级党委人才工作领导机构，建立科学的决策机制、协调机制和督促落实机制，形成统分结合、上下联动、协调高效、整体推进的人才工作运行机制。建立党委、政府人才工作目标责任制，提高各级党政领导班子综合考核指标体系中人才工作专项考核的权重。建立各级党委常委会听取人才工作专项报告制度。完善党委联系专家制度。实行重大决策专家咨询制度。完善党委组织部门牵头抓总职能，发挥政府人力资源管理部门作用，强化各职能部门人才工作职责，充分调动各人民团体、企事业单位、社会组织的积极性，动员和组织全社会力量，形成人才工作整体合力。

2. 改进人才管理方式

目标要求：围绕用好用活人才，完善政府宏观管理、市场有效配置、单位自主用人、人才自主择业的人才管理体制。改进宏观调控，推动政府人才管理职能向创造良好发展环境、提供优质公共服务转变，运行机制和管理方式向规范有序、公开透明、便捷高效转变。健全人才市场体系，发挥市场配置人才资源的基础性作用。遵循放开搞活、分类指导和科学规范的原则，深化国有企业和事业单位人事制度改革，创新管理体制，转换用人机制，扩大和落实单位用人自主权。发挥用人单位在人才培养、吸引和使用中的主体作用。

主要任务：按照政府行政管理体制改革的总体部署，完善人才管理运行机制。规范行政行为，推动人才管理部门进一步简政放权，减少和规范人才评价、流动等环节中的行政审批和收费事项。分类推进事业单位人事制度改革，逐步建立起权责清晰、分类科学、机制灵活、监管有力的事业单位人事管理制度。克服人才管理中存在的行政化、“官本位”倾向，取消科研院所、学校、医院等事业单位实际存在的行政级别和行政化管理模式。在科研、医疗等事业单位探索建立理事会、董事会等形式的法人治理结构。建立与现代科研院所制度、现代大学制度和公共医疗卫生制度相适应的人才管理制度。完善国有企业领导人员管理体制，健全符合现代企业制度要求的企业人事制度。鼓励地方和行业结合自身实际建立与国际人才管理体系接轨的人才管理改革试验区。

3. 加强人才工作法制建设

目标要求：坚持用法制保障人才，推进人才管理工作科学化、制度化、规范化，形成有利于人才发展的法制环境。加强立法工作，建立健全涵盖国家人才安全保障、人才权益保护、人才市场管理和人才培养、吸引、使用等人才资源开发管理各个环节的人才法律法规。

主要任务：研究制定人才开发促进法和终身学习、工资管理、事业单位人事管理、专业技术人才继续教育、职业资格管理、人力资源市场管理、外国专家来华工作等方面的法律法规。完善保护人才和用人主体合法权益的法律法规。

（二）创新人才工作机制

1. 人才培养开发机制

目标要求：坚持以国家发展需要和社会需求为导向，以提高思想道德素质和创新能力为核心，完善现代国民教育和终身教育体系，注重在实践中发现、培养、造就人才，构建人人能够成才、人人得到发展的人才培养开发机制。坚持面向现代化、面向世界、面向未来，充分发挥教育在人才培养中的基础性作用，立足培养全面发展的人才，突出培养创新型人才，注重培养应用型人才，深化教育改革，促进教育公平，提高教育质量。统筹规划继续教育，基本形成学习型社会。

主要任务：把社会主义核心价值体系教育贯穿人才培养开发全过程，不断提高各类人才的思想道德水平。建立人才培养结构与经济社会发展需求相适应的动态调控机制，优化教育学科专业、类型、层次结构和区域布局。创新人才培养模式，全面推进素质教育。坚持因材施教，建立高等学校拔尖学生重点培养制度，实行特殊人才特殊培养。改革高等学校招生考试制度，建立健全多元招生录取机制，提高人才培养质量。建立社会参与的人才培养质量评价机制。完善发展职业教育的保障机制，改革职业教育模式。完善在职人员继续教育制度，分类制定在职人员定期培训办法，倡导干中学。构建网络化、开放式、自主性终身教育体系，大力发展现代远程教育，支持发展各类专业化培训机构。支持建立军民结合、寓军于民的军队人才培养体系。

2. 人才评价发现机制

目标要求：建立以岗位职责要求为基础，以品德、能力和业绩为导向，科学化、社会化的人才评价发现机制。完善人才评价标准，克服唯学历、唯论文倾向，对人才不求全责备，注重靠实践和贡献评价人才。改进人才评价方式，拓宽人才评价渠道。把评价人才和发现人才结合起来，坚持在实践和群众中识别人才、发现人才。

主要任务：健全科学的职业分类体系，建立各类人才能力素质标准。建立以岗位绩效考核为基础的事业单位人员考核评价制度。分行业制定事业单位领导人员考核评价办法。完善重在业内和社会认可的专业技术人才评价机制。加快推进职称制度改革，规范专业技术人才职业准入，依法严格管理；完善专业技术人才职业水平评价办法，提高社会化程度；完善专业技术职务任职评价办法，落实用人单位在专业技术职务（岗位）聘任中的自主权。完善以任期目标为依据、工作业绩为核心的国有企业领导人员考核评价办法。探索技能人才多元评价机制，逐步完善社会化职业技能鉴定、企业技能人才评价、院校职业资格认证和专项职业能力考核办法。健全完善党政领导干部考核评价机制。建立健全公务员职位分类制度。建立在重大科研、工程项目实施和急难险重工作中发现、识别人才的机制。健全举才荐才的社会化机制。

3. 人才选拔任用机制

目标要求：改革各类人才选拔使用方式，科学合理使用人才，促进人岗相适、用当其时、人尽其才，形成有利于各类人才脱颖而出、充分施展才能的选人用人机制。深化党政领导干部选拔任用制度改革，提高选人用人公信度。健全国有企业领导人员选拔制度，加大市场化选聘力度。完善事业单位聘用制度和岗位管理制度，健全事业单位领导人员选拔制度。

主要任务：完善党政领导干部公开选拔、竞争上岗制度，探索公推公选等竞争性选拔干部方式。规范干部选拔任用提名制度。推行和完善地方党委讨论决定任用重要干部票决制。坚持和完善党政领导干部职务任期制。建立聘任制公务员管理制度。建立组织选拔、市场配置和依法管理相结合的国有企业领导人员选拔任用制度，完善国有资产出资人代表派出制和选举制。健全事业单位领导人员委任、聘任、选任等任用方式。全面推行事业单位公开招聘、竞聘上岗和合同管理制度。建立事业单位关键岗位和国家重大项目负责人全球招聘制度。

4. 人才流动配置机制

目标要求：根据完善社会主义市场经济体制的要求，推进人才市场体系建设，完善市场服务功能，畅通人才流动渠道，建立政府部门宏观调控、市场主体公平竞争、中介组织提供服务、人才自主择业的人才流动配置机制。健全人才市场供求、价格、竞争机制，进一步促进人才供求主体到位。大力发展人才服务业。加强政府对人才流动的政策引导和监督，推动产业、区域人才协调发展，促进人才资源有效配置。

主要任务：在建立统一规范、更加开放的人力资源市场基础上，发展专业性、行业性人才市场。健全专业化、信息化、产业化、国际化的人才市场服务体系。积极培育专业化人才服务机构，注重发挥人才服务行业协会作用。进一步破除人才流动的体制性障碍，制定发挥市场配置人才资源基础性作用的政策措施。推进政府所属人才服务机构管理体制改革，实现政事分开、管办分离。逐步建立城乡统一的户口登记制度，调整户口迁移政策，使之有利于引进人才。加快建立社会化的人才档案公共管理服务系统。完善社会保险关系转移接续办法。建立人才需求信息定期发布制度。完善劳动合同、人事争议仲裁、人才竞业避止等制度，维护各类人才和用人单位的合法权益。建立完善与西部大开发、东北地区等老工业基地振兴、中部地区崛起、东部地区率先发展战略相配套的区域人才交流合作机制，加快长江三角洲、珠江三角洲、环渤海等区域人才开发一体化进程。根据国家主体功能区布局，引导各类人才合理分布。

5. 人才激励保障机制

目标要求：完善分配、激励、保障制度，建立健全与工作业绩紧密联系、充分体现人才价值、有利于激发人才活力和维护人才合法权益的激励保障机制。完善各类人才薪酬制度，加强对收入分配的宏观管理，逐步建立秩序规范、激发活力、注重公平、监管有力的工资制度。坚持精神激励和物质奖励相结合，健全以政府奖励为导向、用人单位和社会力量奖励为主体的人才奖励体系。完善以养老保险和医疗保险为重点的社会保障制度，形成国家、社会和单位相结合的人才保障体系。

主要任务：统筹协调党政机关和国有企事业单位收入分配，稳步推进工资制度改革。建立产权激励制度，制定知识、技术、管理、技能等生产要素按贡献参与分配的办法。健全国有企业人才激励机制，推行股权、期权等中长期激励办法，重点向创新创业人才倾斜。逐步提高企业退休人员基本养老金，对在企业退休的高层次专业技术人员给予重点倾斜。建立完善事业单位岗位绩效工资制度。探索高层次人才、高技能人才协议工资制和项目工资制等多种分配形式。建立国家荣誉制度，表彰在经济社会发展中作出杰出贡献的人才。调整规范各类人才奖项设置。研究制定人才补充保险办法，支持用人单位为各类人才建立补充养老、医疗保险。扩大对农村、非公有制经济组织、新社会组织人才的社会保障覆盖面。

四、重大政策

（一）实施促进人才投资优先保证的财税金融政策

各级政府优先保证对人才发展的投入，确保国家教育、科技支出增长幅度高于财政经常性收入增长幅度，卫生投入增长幅度高于财政经常性支出增长幅度。逐步改善经济社会发展的要素投入结构，较大幅度增加人力资本投资比重，提高投资效益。进一步加大人才发展资金投入力度，保障人才发展重大项目的实施。鼓励和支持企业和社会组织建立人才发展基金。在重大建设和科研项目经费中，应安排部分经费用于人才培训。适当调整财政税收政策，提高企业职工培训经费的提取比例。通过税收、贴息等优惠政策，鼓励和引导社会、用人单位、个人投资人才资源开发。加大对中西部地区财政转移支付力度，引导中西部地区加大人才投入。利用国际金融组织和外国政府贷款投资人才开发项目。

（二）实施产学研合作培养创新人才政策

建立政府指导下以企业为主体、市场为导向、多种形式的产学研战略联盟，通过共建科技创新平台、开展合作教育、共同实施重大项目等方式，培养高层次人才和创新团队。实施研究生教育创新计划，发展专业学位教育，建立高等学校、科研院所、企业高层次人才双向交流制度，推行产学研联合培养研究生的“双导师制”。改革完善博士后制度，建立多元化的投入渠道，发挥高等学校、科研院所和企业的主体作用，提高博士后培养质量。实行“人才+项目”的培养模式，依托国家重大人才计划以及重大科研、工程、产业攻关、国际科技合作等项目，重视发挥企业作用，在实践中集聚和培养创新人才。对企业等用人单位接纳高等学校、职业学校学生实习等实行财税优惠政策。

（三）实施引导人才向农村基层和艰苦边远地区流动政策

对在农村基层和艰苦边远地区工作的人才，在工资、职务、职称等方面实行倾斜政策，提高艰苦边远地区津贴标准，改善工作和生活条件。采取政府购买岗位、报考公职人员优先录用等措施，鼓励和引导高校毕业生到农村和中小企业就业。逐步提高省级以上党政机关从基层招录公务员的比例。制定高校毕业生到艰苦边远地区创业就业扶持办法。开发基层社会管理和公共服务岗位。实施公职人员到基层服务和锻炼的派遣和轮调办法。完善科技特派员到农村和企业服务的政策措施。实施东部带西部、城市带农村的人才对口支持政策，引导人才向西部和农村流动。实施高校毕业生基层培养计划，继续做好“三支一扶”、大学生志愿服务西部计划和农村义务教育阶段学校教师特设岗位计划等工作。加强和改进干部援藏援疆、博士服务团、“西部之光”访问学者、少数民族科技骨干和少数民族地区小学“双语”教师特殊培养等工作，为西部地区特别是边疆少数民族地区提供人才和智力支持。实施边远贫困地区、边疆民族地区和革命老区人才支持计划。

（四）实施人才创业扶持政策

促进知识产权质押融资、创业贷款等业务的规范发展，完善支持人才创业的金融政策。完善知识产权、技术等作为资本参股的措施。加大税收优惠、财政贴息力度，扶持创业风险投资基金，支持创办科技型企业，促进科技成果转化和技术转移。加强创业技能培训和创业服务指导，提高创业成功率。继续加大对创业孵化器等基础设施的投入，创建创业服务网络，探索多种组织形式，为人才创业提供服务。制定科研机构、高等学校科技人员创办科技型企业的激励保障办法。

（五）实施有利于科技人员潜心研究和创新政策

在科研院所、高等学校、企业建立符合科技人员和管理人员不同特点的职业发展途径，鼓励和支持科技人员在创新实践中成就事业并享有相应的社会地位和经济待遇。对事业单位管理人员全面推行职员制度。完善科研管理制度，扩大科研机构用人自主权和科研经费使用自主权，健全科研机构内部决策、管理和监督的各项制度。建立以学术和创新绩效为主导的资源配置和学术发展模式。改进科技评价和奖励方式，完善以创新和质量为导向的科研评价办法，克服考核过于频繁、过度量化的倾向。加大对基础研究、前沿技术研究、社会公益类科研机构的投入力度，建立以财政性资金设立的科研机构创新绩效综合评价制度。完善科技经费管理办法和国家科技计划管理办法，对高水平创新团队给予长期稳定支持。健全科研院所分配激励机制，注重向科研关键岗位和优秀拔尖人才倾斜。改善青年科技人才的生活条件，有条件的城市可在国家保障性住房建设中优先解决住房问题。

（六）实施推进党政人才、企业经营管理人才、专业技术人才合理流动政策

完善党政人才、企业经营管理人才、专业技术人才交流和挂职锻炼制度，打破人才身份、单位、部门和所有制限制，营造开放的用人环境。扩大党政机关和国有企事业单位领导人员跨地区跨部门交流任职范围。拓宽党政人才来源渠道，完善从企事业单位和社会组织选拔人才制度。完善党政机关人才向企事业单位流动的社会保险关系转移接续办法。

（七）实施更加开放的人才政策

大力吸引海外高层次人才回国（来华）创新创业，制定完善出入境和长期居留、税收、保险、住房、子女入学、配偶安置，担任领导职务、承担重大科技项目、参与国家标准制定、参加院士评选和政府奖励等方面的特殊政策措施。建立海外高层次人才特聘专家制度。鼓励海外留学人员回国工作、创业或以多种方式为国服务。加强留学人员创业园区建设，提供创业资助和融资服务。建立统一的海外高层次人才信息库和人才需求信息发布平台。完善外国人永久居留权制度，吸引外籍高层次人才来华工作。加大引进国外智力工作力度，探索实行技术移民，制定国外智力资源供给、发现评价、市场准入、使用激励、绩效评估、引智成果共享等办法。扩大国家公派出国留学和来华留学规模。开发国（境）外优质教育培训资源，完善出国（境）培训管理制度和措施。支持高等学校、科研院所与海外高水平教育、科研机构建立联合研发基地。推动我国企业设立海外研发机构。积极支持和推荐优秀人才到国际组织任职。推进专业技术人才职业资格国际、地区间互认。发展国际人才市场，培育一批国际人才中介服务机构。制定维护国家重要人才安全的政策措施。

（八）实施鼓励非公有制经济组织、新社会组织人才发展政策

对社会主义市场经济体制下各种所有制组织中的人才，坚持一视同仁、平等对待。把非公有制经济组织、新社会组织人才开发纳入各级政府人才发展规划。制定加强非公有制经济组织、新社会组

织人才队伍建设意见。政府在人才培养、吸引、评价、使用等方面的各项政策,非公有制经济组织、新社会组织人才平等享受。政府支持人才创新创业的资金、项目、信息等公共资源,向非公有制经济组织、新社会组织人才平等开放。政府开展人才宣传、表彰、奖励等方面活动,非公有制经济组织、新社会组织人才平等参与。

(九)实施促进人才发展的公共服务政策

完善政府人才公共服务体系,建立全国一体化的服务网络。健全人事代理、社会保险代理、企业用工登记、劳动人事争议调解仲裁、人事档案管理、就业服务等公共服务平台,满足人才多样化需求。创新政府提供人才公共服务的方式,建立政府购买公共服务制度,为各类人才平衡工作和家庭责任创造条件。加强对人才公共服务产品的标准化管理,大力开发公共服务产品。

(十)实施知识产权保护政策

实施国家知识产权战略。制定职务技术成果条例,完善科技成果知识产权归属和利益分享机制,保护科技成果创造者的合法权益。明确职务发明人权益,提高主要发明人受益比例。制定职务发明人流动中的利益共享办法。建立非职务发明评价体系,加强对非职务发明创造的支持和管理。制定国家支持个人和中小企业发明创造的资助办法,鼓励创造知识财产。加强专利技术运用转化平台建设。完善非物质文化遗产传承人知识产权保护相关措施。完善知识产权工作体系,加大知识产权宣传普及和执法保护力度。建立健全有利于知识产权保护的社会信用制度。营造保护知识产权的法制、市场和文化氛围,提升知识产权创造、运用、保护和管理能力,推进国际合作交流。

五、重大人才工程

(一)创新人才推进计划

为积极应对国际科技竞争,提高自主创新能力,着眼于培养造就一批世界水平的科学家,在我国具有相对优势的科研领域设立100个科学家工作室;瞄准世界科技前沿和战略性新兴产业,每年重点支持和培养一批具有发展潜力的中青年科技创新领军人才;着眼于推动企业成为技术创新主体,每年重点扶持1000名科技创新创业人才;依托一批国家重大科研项目、国家重点工程和重大建设项目,建设若干重点领域创新团队;以高等学校、科研院所和高新技术产业开发区为依托,建设300个创新人才培养示范基地。

(二)青年英才开发计划

着眼于人才基础性培养和战略性开发,提升我国未来人才竞争力,在自然科学、哲学社会科学和文化艺术等重点学科领域,每年重点培养扶持一批青年拔尖人才;在高水平研究型大学和科研院所的优势基础学科建设一批国家青年英才培养基地,按照严入口、小规模、重特色、高水平的原则,每年选拔一批拔尖大学生进行专门培养;为培养造就未来国家所需的高素质、专业化管理人才,每年从应届高中、大学毕业生中筛选若干优秀人才送到国外一流大学深造,进行定向跟踪培养。

(三)企业经营管理人才素质提升工程

着眼于提高我国企业现代化经营管理水平和国际竞争力,到2020年,培养一批具有世界眼光、战略思维、创新精神和经营能力的企业家;培养1万名精通战略规划、资本运作、人力资源管理、财会、法律等专业知识的企业经营管理人才。

(四)高素质教育人才培养工程

为建设一支高素质、创新型教育人才队伍,通过研修培训、学术交流、项目资助等方式,每年重点培养和支持2万名各类学校教育教学骨干、"双师型"教师、学术带头人和校长,在中小学校、职业院校、高等学校培养造就一批教育家、教学名师和学科领军人才。

(五)文化名家工程

为更好地推动宣传思想文化工作,进一步提高国家文化软实力,着眼于培养造就一批造诣高深、成就突出、影响广泛的宣传思想文化领域杰出人才,每年重点扶持、资助一批哲学社会科学、新闻出版、广播影视、文化艺术、文物保护名家承担重大课题、重点项目、重要演出,开展创作研究、展演交流、出版专著等活动。到2020年,由国家资助的宣传思想文化领域文化名家达到2000名。

(六)全民健康卫生人才保障工程

适应深化医药卫生体制改革、保障全民健康需要,加大对卫生人才培养支持力度。到2020年,培养造就一批医学杰出骨干人才,给予科研专项经费支持;开展住院医师规范化培训工作,支持培养5万名住院医师;加强以全科医师为重点的基层卫生人才队伍建设,通过多种途径培训30万名全科医师,提高基层医疗卫生服务能力。

(七)海外高层次人才引进计划

重点围绕国家发展战略目标,在中央、国家有关部门、地方分层次、有计划引进一批能够突破关键技术、发展高新技术产业、带动新兴学科的战略科学家和创新创业领军人才。其中,中央层面实施“千人计划”,建设一批海外高层次人才创新创业基地,用5~10年时间引进2000名左右海外高层次人才回国(来华)创新创业。

(八)专业技术人才知识更新工程

围绕我国经济结构调整、高新技术产业发展和自主创新能力的提高,在装备制造、信息、生物技术、新材料、海洋、金融财会、生态环境保护、能源资源、防灾减灾、现代交通运输、农业科技、社会工作等重点领域,开展大规模的知识更新继续教育,每年培训100万名高层次、急需紧缺和骨干专业技术人才,到2020年,累计培训1000万名左右。依托高等学校、科研院所和大型企业现有施教机构,建设一批国家级继续教育基地。

(九)国家高技能人才振兴计划

适应走新型工业化道路、加快产业结构优化升级的需要,加强职业院校和实训基地建设,培养造就一大批具有精湛技艺的高技能人才。到2020年,在全国建成一批技能大师工作室、1200个高技能人才培训基地,培养100万名高级技师。

(十)现代农业人才支撑计划

适应建设社会主义新农村、加快发展现代农业的需要,加大对现代农业的人才支持力度。到2020年,选拔一批农业科研杰出人才,给予科研专项经费支持;支持1万名有突出贡献的农业技术推广人才,开展技术交流、学习研修、观摩展示等活动;选拔3万名农业产业化龙头企业负责人和专业合作组织负责人、10万名生产能手和农村经纪人等优秀生产经营人才,给予重点扶持。

(十一)边远贫困地区、边疆民族地区和革命老区人才支持计划

为促进边远贫困地区、边疆民族地区和革命老区加快发展,实现基本公共服务均等化目标,在职务、职称晋升等方面采取倾斜政策,每年引导10万名优秀教师、医生、科技人员、社会工作者、文化工作者到边远贫困地区、边疆民族地区和革命老区工作或提供服务。每年重点扶持培养1万名边远贫困地区、边疆民族地区和革命老区急需紧缺人才。

(十二)高校毕业生基层培养计划

着眼于解决基层特别是中西部地区基层人才匮乏问题,培养锻炼后备人才,积极引导和鼓励高校毕业生到基层创业就业。实施一村一名大学生计划,用5年时间,先期选派10万名高校毕业生到村任职,到2020年,实现一村一名大学生目标。统筹各类大学生到基层服务创业计划。通过政府购买工作岗位、实施学费和助学贷款代偿、提供创业扶持等方式,引导高校毕业生到农村和社区服务、就业和自主创业。

六、组织实施

(一)加强对《人才规划纲要》实施工作的组织领导

中央人才工作协调小组负责《人才规划纲要》实施的统筹协调和宏观指导。制定各项目标任务的分解落实方案和重大工程实施办法。建立《人才规划纲要》实施情况的监测、评估、考核机制,加强督促检查。

(二)建立健全人才发展规划体系

各省(自治区、直辖市)、中央和国家机关有关部门要以《人才规划纲要》为指导,根据实际,编制地区、行业系统以及重点领域的人才发展规划,形成全国人才发展规划体系。

(三)营造实施《人才规划纲要》的良好社会环境

大力宣传党和国家人才工作的重大战略思想和方针政策,宣传实施《人才规划纲要》的重大意义和《人才规划纲要》的指导方针、目标任务、重大举措,宣传《人才规划纲要》实施中的典型经验、做法和成效,形成全社会关心、支持人才发展的良好社会氛围。

(四)加强人才工作基础性建设

深入开展人才理论研究,积极探索人才资源开发规律。加强人才学科和研究机构建设。建立健全人才资源统计和定期发布制度。推进人才工作信息化建设,建立人才信息网络和数据库。加强人才工作队伍建设,加大培训力度,提高人才工作队伍的政治素质和业务水平。

中国人民解放军和中国人民武装警察部队人才发展规划,由中央军委另行制定。

概　况

南开校史概述

1894 年，中日甲午战争爆发。中国北洋水师最终败于日本舰队。甲午战败使腐朽的清王朝日薄西山，气息奄奄，更让中国知识分子受到空前的思想震撼。面对帝国主义列强的欺辱，他们思索中国的图强之路究竟在哪里？

1897 年，时任贵州学政严修(1860～1929，字范孙)痛感“欲强中国必须变法维新，而变法维新则非创办新教育不可”。同年 10 月 19 日，严修冒着极大的政治风险，奏请光绪皇帝废除科举，开设经济专科，其主张被梁启超称为“戊戌变法之源点”。

在严修上奏的同期，年轻的北洋水师士官张伯苓(1876～1951，名寿春)也因甲午战败而在思想上受到强烈刺激。当时帝国主义列强在中国争夺势力范围，张伯苓在威海卫目睹两日之间“国帜三易”，痛感：“我国欲在现代世界求生存，全靠新式教育，创造一代新人，我乃决计献身于教育救国事业。”

1898 年秋天戊戌变法失败后，严修辞官返归天津。同年 11 月，张伯苓也愤然离开海军回到天津。严修思想开明，重视教育，聘请张伯苓到严氏家馆教其子侄，有学生五人，是谓“严馆”。

张伯苓毕业于先进思想家严复主持的北洋水师学堂，广泛涉猎西方教育理念和课程设置。他把这些新理念、新课程引入授课内容，使“严馆”院落虽小，却成为兴办新式教育的试验基地，让当时的天津人刮目相看。严修、张伯苓志同道合，揭开了中国近代教育史的新的一页。

其后，邑绅王奎章也聘张伯苓，教其子弟六人，是谓“王馆”。张伯苓上午执教“严馆”，下午执教“王馆”。自“严馆”执教至中学成立为期六年，被老一辈南开人称为南开的“胚胎时期”。

1904 年，严修、张伯苓赴日本考察归国，有感于图富强，必先振兴教育，遂决心创办中学。由此合并严、王两馆，利用严宅的偏院，正式成立中学堂，由张伯苓任监督。其时有学生 70 人，教员三四人。学堂创办时初称私立中学堂，后易名敬业中学堂，再改称私立第一中学堂。

此后，学生人数逐年增加，原有校舍已显不足。1907 年，严修、张伯苓得邑绅郑菊如捐出天津城西南角“南开洼”的空地 10 亩作为新校址，募集经费，兴建校舍，同年秋季迁入新校址，自此以地名为校名，改称私立南开中学堂。

1911 年，天津客籍学堂和长芦中学堂并入本校，学生人数增至 500 人。

进入民国时期以后，1912 年私立南开中学堂始称私立南开学校，先设中学部，严修为校董，张伯苓任校长。自此，在民间和部分文史资料中，出现南开学校、南开中学两个校名并用、混用的情况，二者所指实为一体。由南开学校的校名，后人可以想见其时孕育于两位爱国教育家心中的发展蓝图。

南开学校日常校务由张伯苓负责。严修作为校董，不仅关注学校的全面建设，更重视学生的德、智、体、美的全面发展，要求心灵美与仪表美的统一。他手书《容止格言》，镌刻在教学楼过厅南墙整容镜的镜楣：“面必净，发必理，衣必整，钮必结。头容正，肩容平，胸容宽，背容直。气象：勿傲，勿暴，勿怠。颜色：宜和，宜静，宜庄。”这四十字格言，影响了一代又一代南开学子。

1914 年，直隶工业专门学校和法商学校两所附属中学，亦归并南开学校，全校学生达到千人。

自私立中学堂创立至 1919 年，南开学校年年有发展。这十五年，先后承社会贤达多方扶持，或拨助经费,或捐地建房,使南开学校基础得以奠定。其间,南开办学路途坎坷,传统观念与经费短缺等困扰交相阻难,南开人愈挫愈奋,自强不息,张伯苓满怀豪气地说:“南开,南开,愈难愈开!”

南开学校重视开展体育活动。张伯苓认为,强国必先强种,强种必先强身,把开展体育活动视为培养具有“现代能力”的学生不可缺少的方面。他有名言:“不认识体育的人,不应该做学校校长。”南开创办伊始,体育活动火爆,篮球、足球、排球、网球、棒球等运动队相继成立。1908 年,张伯苓率先表达中国参与国际奥林匹克运动的愿望,成为“中国奥运第一人”。

南开学校重视开展话剧活动。张伯苓说:“从戏剧里面可以得到做人的经验,会演戏的人将来在社会上必能做事。”他身体力行,1909 年带头自编自导自演了话剧《用非所学》。他的胞弟张彭春从美国留学归来兼任南开新剧团副团长,亲自执导剧目,培养出曹禺等戏剧人才。话剧活动成为造就南开学生完全人格的重要侧面。张伯苓、张彭春被誉为“中国话剧先行者”。

1917 年 8 月,张伯苓远渡美国哥伦比亚大学师范学院研修教育,像普通学生一样投入学习。九个月以后,严修抵达美国考察教育。在美国期间,张伯苓为严修讲教育学二十余次。年近花甲的严修,不辞劳苦,认真听讲和做笔记。他们不仅研究讲课内容,还辩论中国教育的话题。

1918 年,是南开学校首届毕业生毕业 10 周年。首届 33 名毕业生为南开母校捐建纪念井一眼,寓意饮水思源,感念母校的教育栽培之恩。1919 年春,1917 届南开中学校友周恩来从日本返回天津,5 月 21 日他在给南开中学留日同学会的信中说,我是爱南开的。

1918 年冬,严修、张伯苓等从美国哥伦比亚大学归国,壹志创办大学。他们成立了以张彭春、马千里为首的大学筹备处。1919 年 9 月初,举行大学部新生入学考试,共录取 96 人,分设文科、理科和商科。10 月 17 日,在南开学校 15 周年校庆之际,召开南开大学成立大会,张伯苓为校长。1923 年,南开大学迁到八里台新校址,首届毕业生走出校门。

1923 年秋,南开学校增设女中部即南开女中,招生 80 余人,租民房开课。

1927 年,张伯苓鉴于日本军国主义者觊觎我国东北日趋严重,亲赴东北考察,返校后即组织成立东北研究会,导引国人注意并激发学生爱国思想,南开学校遂遭到日本嫉恨。

1928 年,南开学校增设小学部即南开小学。

1929 年 3 月 15 日,爱国教育家、南开校董严修病逝,享年 69 岁。为缅怀严修先生实践教育救国的业绩,以及建立和发展南开系列学校的功勋,海内外南开校友捐资在南开中学校园兴建“范孙楼”,严修被尊称为南开“校父”。

1931 年,南开大学设立经济研究所,翌年再设化学研究所。至此,南开学校扩充为拥有中学、大学、女中、小学、研究所五部,学生总数达到3000 人。

1934 年,张伯苓总结南开办学经验,制定了“允公允能,日新月异”的南开校训,标志着南开教育理念和办学思想的成熟。秉承着“公能”校训的理念,南开系列学校走上正规的办学道路。

南开学生读书不忘爱国。1934 年 10 月,在第十八届华北运动会开幕式上,由 900 名南开学生组成的拉拉队打出“毋忘国耻”、“毋忘东北”、“收复失地”等大字,铿锵有力地呼喊爱国口号,表达了中国人民不可辱的意志。1935 年 12 月,南开学生声援北平一二 · 九运动,冒着严寒分路到达南京,向国民政府请愿,要求立即停止内战,一致抗日,迫使翁文灏、王世杰等大员不得不出面接见。

日本军国主义者的侵略野心打破了南开校园的宁静。九一八事变后,张伯苓洞察时局,他鉴于华北局势岌岌可危,并为了发展内地教育,决意在四川设校。1935 年冬,张伯苓乘江轮入川考察,面对长江洪涛他赋诗抒志:“大江东去我西来,北地愁云何日开?盼到蜀中寻乐土,为酬素志育英才。”

1936 年,在天津、重庆的社会贤达资助下,张伯苓主持在重庆沙坪坝购地 800 亩,委派南开学校中学部主任喻传鉴等教职员到重庆负责建校。喻传鉴等人发扬南开精神,高效率地奋力工作,做到当年施工,当年秋季开学,招生 200 余人,校名为南渝中学。

1937 年 7 月 7 日,卢沟桥事变爆发,日本侵略者的铁蹄踏到中国华北大地。7 月 28、29 日,日本军队在占领了天津的情况下,仍然野蛮地轰炸了南开大学、南开中学、南开女中,使南开学校在天津的发展毁于一旦。

7 月 30 日,正在南京的张伯苓发表谈话,表示:“敌人此次轰炸南开,被毁者为南开之物质,而南开之精神，将因此挫折而愈益奋励。”“当本创校一贯精神，而重为南开树立一新生命。”

在此形势下，当时的国民政府教育部命南开大学与北大、清华合并，先迁湖南称长沙临时大学，后迁云南昆明，改称国立西南联合大学。南开中学、南开女中部分师生辗转内迁重庆，部分留津师生转到天津耀华中学等校工作和学习。

1937 年 10 月，四川自贡邑绅仰慕南开办学成就，邀请张伯苓到自贡考察，代办蜀光中学。张伯苓亲临考察后，同意接办自贡蜀光中学，并被公推为董事长。翌年，喻传鉴受聘任校长，制定“尽心为公，努力增能”校训，按照南开模式办学，使蜀光声名渐起。喻传鉴称誉该校“犹第三南开也”。

1938 年 12 月，南渝中学正式改名为重庆南开中学。在重庆南开中学的门柱上还悬挂着南开学校的校牌，这都显示南开的教育生命并未中断，在抗日战争的环境中依然延续。当年重庆南开中学学生人数增至 1500 人。

1939 年，南开大学经济研究所在重庆复课。1940 年，重庆南开中学临时小学成立，有学生百余人。这也标志着南开五部在重庆复课。

1944 年 10 月 17 日，迎来南开学校 40 周年校庆，张伯苓在重庆撰写《四十年南开学校之回顾》，写道：“南开学校系因国难而产生，故其办学目的旨在痛矫时弊，育才救国。”南开学校为实现教育救国目的，对于学生的训练方针，张伯苓归纳为五条，一曰重视体育，二曰提倡科学，三曰团体组织，四曰道德训练，五曰培养救国力量。

张伯苓说：“此五项基本训练，以‘公能’校训为指导原则，而‘公能’校训，必赖此基本训练，方得实现。分之为五项训练，合之则‘公能’二义，允公允能，足以治民族之大病，造建国之人才。四十年来，我南开学校之训练，目标一贯，方法一致，根据教育理想，制定训练方案，彻底实施，认真推行，深信必能实现预期之效果，收到良好之成绩也。”

1945 年 8 月 15 日，日寇投降。9 月 6 日，在周恩来的陪同下，正在重庆与国民党政府谈判的中共中央主席毛泽东，来到坐落在重庆南开中学的津南村看望张伯苓。同一天，毛泽东还看望了居住在津南村的柳亚子，并将《沁园春·雪》送给柳亚子。“数风流人物，还看今朝”的词句从津南村走向山城和全国。同期，周恩来在接见美国记者李普曼时说，南开的教育，是正常而自由的。

抗战的胜利，燃起张伯苓发展南开教育的希望。他勾画起南开新的发展蓝图：“重庆南开，继续发展；天津南开，首先恢复；南开大学，仍设在天津旧址；拟在北平添设中学一所；拟在长春添办一大规模中学。”后来，由于国内战争爆发，张伯苓没有能力完成复校计划。

1945 年 10 月，张伯苓委派喻传鉴回到天津，以南开学校 41 周年校庆日 10 月 17 日为天津南开中学复校日。喻传鉴与抗战期间留津的南开教师聚集一堂，共商复校大计。他们暂借六里台原中日中学旧址，招考高一、初一各两个班，当时报名盛况空前，超过了 1600 人，最终录取了 192 人。

1946 年，天津南开中学收回破坏甚惨的原校址，承各地校友的帮助，大部修复。同年 9 月，南开中学迁回原校址，添招南开女中高一、初一各一个班，有学生 92 人。同期，南开大学改为国立，由昆明迁回天津复课。

1947 年 4 月，南开女中迁入甘肃路新校址；同年秋季，南开女中增至八个班。此时南开中学、南开女中两校学生人数逾千人。

1948 年，重庆南开中学学生增至 1900 余人；天津南开中学扩充至三十个班，有学生 1400 余人。但天津南开小学校舍无力修建，始终未得恢复。

1949 年 1 月 15 日，天津解放。南开大学由华北人民政府文教部接管，中学仍为私立，但校务决策最高机构改为校务委员会，由各处室主任及教职会、学生会、工友会代表 11 人组成，公举主席一人代行校长职务。

新中国成立后，私立学校相继被人民政府接管改为市立。天津南开中学被命名为天津市第十五中学，南开女中被命名为天津市第七女子中学。由此，南开中学的历史进入新的历史阶段，杨坚白、杨志行相继担任校长。

1951 年 2 月 23 日，为南开教育辛劳毕生的爱国教育家张伯苓在天津病逝，享年 75 岁。临终前，张伯苓留下遗嘱，嘱咐南开学子：“凡我友好同学，尤宜竭尽所能，合群团结，为公为国，拥护人民政府，以建设富强康乐之新中国。无限光明远景，余含笑待之。友好同学，务共努力。”

获悉张伯苓逝世，周恩来总理从北京专程到天津吊唁，他对在场的张伯苓亲属和南开校友说：“张校长一生是进步的、爱国的，他办教育是有成绩的，有功于人民的。”

1951年2月24日，周恩来总理回到母校南开中学。他在瑞廷礼堂向全校师生讲话："这是我的母校，没有疑问，那时受的是资产阶级教育。但我也学了一些知识，锻炼了办事能力。以后我参加了革命，思想认识提高了，工作能力增强了，这是共产党经常培养教育的结果，也是和我在火热的斗争中得到多年艰苦锻炼分不开的。现在，南开中学变了，是伟大领袖毛主席领导的新学校，你们生活在毛泽东时代，你们很幸福。你们要认真读书，学政治、学文化、学科学，学了为用，学好就用，为工农服务，为国家的经济建设和文化建设服务。你们一定学得比我们好，一定更好，祖国的希望寄托在你们身上！祝你们健康！永远进步！"

1954年5月31日，周总理给母校少先队组织寄来贺信，勉励同学们做革命事业接班人，为祖国的繁荣富强而奋斗。

1957年五四青年节之际，周总理派人给母校学生会、团委会和全体同学送来亲笔信，在信封上特意注上"下午送到"四个字。他在信中写道："我很高兴地读到了你们的来信，在你们举行红五月大联欢的时候，我衷心地祝贺你们快乐，并且希望你们好好学习，加强劳动观点，热爱祖国，提高政治思想觉悟，树立艰苦朴素作风，为准备做一个有文化有技术的工人和农民，做一个体力劳动和脑力劳动相结合的知识分子而努力。祝你们三好！"

这个时期，鉴于南开大学改为国立后保持原校名，又鉴于南开中学办学传统可以注入社会主义精神加以借鉴、革新，广大师生和校友普遍要求恢复原校名。1960年4月，经天津市有关部门批准，恢复南开中学校名。

改革开放以后，南开中学逐步医治"文化大革命"给学校带来的创伤。1978年，南开中学被教育部确定为全国重点中学。在时任南开中学党支部书记、校长杨志行主持下，学校制定了《南开中学第一个五年计划(1980年8月至1985年8月)》，在办学基本要求、培养目标、各项工作的主要指标上都做了明确规定，形成新中国南开中学的办学思路。

1983年9月6日，周总理的亲密战友和伴侣、时任全国政协主席的邓颖超专程来到天津南开中学，亲切看望全校师生。邓颖超发表了热情洋溢的讲话，祝愿大家身体好、学习好、工作好。此前，南开中学学生会主席杨海燕赴北京参加全国学联代表大会期间，曾给邓颖超佩戴南开中学校徽，恳切邀请邓妈妈到南开中学检查指导。

1984年5月以后，王淑玲、纪文郁、康岫岩相继担任南开中学校长，继续推进全校教育教学改革。1989年，天津市委、市政府决定在全市11所中小学首批进行教育改革试点，南开中学被列为第一所。学校工作与时俱进，努力形成具有南开特色的办学理念和实践体系，以把南开中学建设成具有中国教育特色的国际一流学校作为奋斗目标。

1987年8月，经中共天津市委批准，在周恩来总理曾经求学的南开中学校园内，竖立起周恩来铜像。铜像后面的椭圆形碑面上，镌刻着1957年5月4日周恩来给学校的来信全文，以及胡耀邦题写的"青年楷模"四个大字。

1997年，时任国务院总理李鹏在给南开中学的信中写道："南开中学为中国的革命事业和建设事业，为科学进步培养了大批优秀人才，英雄辈出，功不可没。"

2003年3月，在第十届全国人民代表大会第一次会议上，时任中共中央政治局常委温家宝当选为中华人民共和国国务院总理。温家宝是1960届南开中学校友，是从南开校园里走出的第二位共和国总理。

南开中学现为天津市教委直属的国家级示范高中。2010年3月，南开中学实行教育管理体制机制改革，建立南开中学理事会，实行理事会领导下的校长负责制。9月3日，举行南开中学理事会成立大会，推选王大中为荣誉理事长，申泮文、杨志行、叶笃正、梁思礼为荣誉理事，赵启正、顾明远、吴敬琏为顾问。选举孙海麟为理事会理事长，程津培、于再清、王静康为理事会副理事长。

成立大会上宣读了南开中学理事会关于聘任南开中学校长、副校长的决定和关于授予杨志行为南开中学终身名誉校长的决定，决定聘任杨静武为校长，吕宝桐、李宝贵、马健为副校长，决定授予杨志行南开中学终身名誉校长称号。

南开中学还陆续成立了教育基金会、学习研究周恩来小组、南开校史研究中心等机构。坚持南开道路、发扬南开品格、弘扬南开精神，古老而年轻的南开中学正以崭新的姿态呈现在世人面前。

(天津南开校史研究中心供稿)

南开中学简介

一、学校概况

天津南开中学系1904年由著名爱国教育家严修、张伯苓创办，1978年被教育部确定为全国重点中学，现为天津市教委直属中学，学校为完全中学，全额拨款事业单位。2010年开始，南开中学进行教育管理体制机制改革，建立南开中学理事会，孙海麟任南开中学理事会理事长、校党总支书记，实行理事会领导下的校长负责制。

建校以后，张伯苓任校长46年。新中国成立后，杨坚白、杨志行、王淑玲、纪文郁、康岫岩先后担任校长。现任校长杨静武。

学校坐落在天津市南开区南开四马路，目前占地面积115亩，建筑面积60 289平方米，绿化面积18 000平方米，校园古朴典雅，设施齐全，新老建筑交相辉映，景观独特。2010年，学校设高中部、初中部、国际部，共有学生2000余人。其中高中部36个教学班，1600余人；初中部10个教学班，近400人；国际部6个教学班，外籍学生80余人。全校教职员工278人。

二、南开校训

南开中学校训为“允公允能，日新月异”。南开校训是经南开学校校董严修（字范孙）和校长张伯苓共同探索和酝酿，于1934年正式制定的。按照严修、张伯苓的教育思想，创办新学校的宗旨不同于办旧学。他们认为办新教育的宗旨是要培养人才，为国家谋富强，为公众谋福利。校训就是由此出发而制定的南开系列学校的教育方针。

“允”字是承诺的意思，对受教育者来说可以理解为“要求”。“公”字指的是国家、人民及与之相联系的事业。张伯苓在1944年总结他办学40年的回顾文章中写道：“苓追随严范孙先生，倡导教育救国。创办南开学校，其消极目的在矫正民族五病（五病指愚、弱、贫、散、私——编者注）；其积极目的，为培养建国人才，以雪国耻，以图自强。”因此，“允公”可理解为国家谋富强，为人民谋福利，大公无私。

张伯苓曾指出：“办学之目的，在信学以致用，学以医愚，学以救国、救世界。”故“能”字可以理解为理论联系实际，学以致用，救国自强的能力。因此，“允能”是要求受教育者必须掌握服务于国家、服务于人民的实际本领。

“日新月异”则要求受教育者有强烈的进取精神，适应时代的潮流不断改革、不断前进、自强不息、永攀高峰，面向祖国，面向世界，面向未来，奋勇走在世界发展大潮的前沿，为中华民族的伟大复兴而努力奋进。

三、南开校风

严修、张伯苓都十分注重校风建设。张伯苓认为：“个人应具有固有之人格，学校亦当有独立之校风。”梁启超曾经称赞南开中学“校风之佳，不仅国内周知。即外人来参观者，亦莫不称许”。

提及南开中学校风，应该提到南开中学师生引以为傲的“容止格言”和理容镜。“容止格言”是严修亲自制定并书写的，悬挂于南开中学伯苓楼（东楼）一楼走廊的理容镜上方，内容是：“面必净，发必理，衣必整，钮必结。头容正，肩容平，胸容宽，背容直。气象：勿傲，勿暴，勿怠。颜色：宜和，宜静，宜庄。”

南开中学的“容止格言”是中国优秀传统文化的精髓与学校教育实际相结合的产物。学校要求每一位学生必须时刻牢记这40个字，用于约束自己的仪表和言行。20世纪30年代，美国哈佛大学校长伊里奥来校参观，见到南开中学学生有一种不同于其他学校学生的独特气质，为此询问张伯苓。张伯苓陪他走到理容镜前面，用英语逐句诠释“容止格言”的内容，令伊里奥颇为震惊。后来，美国罗氏基金会特意派人来南开中学拍照“容止格言”，寄回美国，刊诸报端，加以传扬。

四、校歌、校徽、校色

南开中学校歌早在五四运动前夕就被创制出来。编校歌的动议，是1917年5月16日在东京南开同学会欢迎当时赴日本参加远东运动会的张伯苓校长和南开运动员茶话会上，由留日南开学生张蓬仙提出的。

1918年末，张伯苓从美国哥伦比亚大学留学回校后，即请音乐教员孙润生审定校歌，为“于聚会之时，千人合唱，以期神会而铸就南开真精神”，歌词由南开教师魏云庄撰写，曲谱采自德国民间的圣诞之歌《Oh Christmas Tree》。

这首校歌后来成为南开系列学校共同的校歌，歌词为："渤海之滨，白河之津，巍巍我南开精神。汲汲骎骎，月异日新，发煌我前途无垠。美哉大仁，智勇真纯，以铸以陶，文质彬彬。渤海之滨，白河之津，巍巍我南开精神。"

南开中学校色为青莲紫，寓意南开学子能够像莲藕一样，出淤泥而不染。

南开中学校徽呈八角形，寓意南开学子来自四面八方。

五、南开中学的办学理念

当代南开中学与时俱进，坚持南开道路，发扬南开品格，光大南开精神，形成具有现代南开特色的办学理念和实践体系。早在20世纪80年代初期，南开中学就在办学基本要求、培养目标、各项工作的主要指标上做了明确规定，形成新中国南开中学的办学思路。包括："两全三高"：全面贯彻教育方针，面向全体学生；高标准，高效率，高质量；"一主三自"：发挥教师的主导作用；培养学生自觉、自学、自治；"三个建设"：抓好学校领导班子的建设、教师队伍的建设、物质设备的建设；"四个培养"：培养良好的校风、领导作风、教风、学风；"一个形成"：形成学校的优良传统和办学特色。南开中学的育人目标是，使南开中学的学生具有强烈的社会责任感，具有健全的身躯及心理品质，科学素养、人文素养兼备，创新思维、实践能力两翼齐飞，为祖国的繁荣、世界的和平与发展培养创新型、拔尖型后备人才。南开中学以努力把学校建设成具有中国教育特色的国际著名一流学校作为奋斗目标。

六、南开中学办学特色和成果

南开中学有优良的德育传统，同时又依据时代特点不断发展和创新，形成南开特色的德育实施网络。在大德育观与主动发展观的指导下，使学校成为训练、陶冶学生思想品德的熔炉。学生有法纪，有道德，有理想。使学生具有"以周总理为人生楷模"的人生观与价值观。

教学工作从改革教与学的观念入手，树立以终身学习为内涵的大教育观。以课程改革为核心，以提高课堂教学效益为重点，训练、积淀科学素养、人文素养，建设数字校园，提高信息技术水平，以培养学生的思维品质、实验动手能力、双语双文能力、信息技术能力、自主学习能力、创新潜能为目标。学校除必修课程外，还开有校本课程供学生选择。引入"高中学年学分制"，构建与新课程计划相匹配的教学管理模式。重视研究性学习课程，培养学生的探究学习能力，形成了"勤学、好问、理解、会用、创见"的学风。

大批学生成为理科特长生、文学特长生、体育特长生、艺术特长生。1997年以来，学校获四块国际奥林匹克竞赛物理、化学金牌，一块信息技术银牌；在科技创新大赛上获全国科技发明展金牌、国际发明展银牌；获第十八届全国青少年科技创新大赛上生物科技小组一等奖；获"宋庆龄"少年儿童发明奖金牌。

2010年，本校高中毕业生考入重点院校上线率为98.44%。初中毕业生有91.4%的学生达到天津市9所重点高中录取分数线。

南开中学也是全国体育工作先进学校、艺术特色学校、全国现代教育技术实验学校、中央教科所科研基地，各类社团课外活动丰富多彩，学校男子篮球队、民乐队、合唱团在中学界十分活跃，具有较高的专业水平。

学校的国际交往日益活跃，已与五大洲的20个国家的学校建立友好交流关系，努力使学校成为中外基础教育交流借鉴的桥梁。

七、知名校友

一百多年来，南开中学桃李广植。以共和国两位总理为代表的一大批党和国家的领导者从南开校园走出，他们全心全意地为人民服务；以马骏、吴祖贻等为代表的革命英烈从南开校园走出，他们为民族解放和国家富强英勇捐躯；以获得国家最高科学技术奖的叶笃正、刘东生为代表的50余位院士从南开校园走出，他们用知识服务于祖国；以梅贻琦、金邦正、王大中三位清华大学校长为代表的教育家从南开校园走出，他们诲人不倦、育才万千；以曹禺、周汝昌、端木蕻良、黄宗江、沈湘等为代表的文化艺术巨匠从南开校园走出，他们用文化引领时代的进步；以无数普通劳动者为代表的合格公民从南开校园走出，他们在各个岗位默默无闻地贡献自己的聪明才智。所有这些南开校友，都在用富有"允公允能，日新月异"特征的行为，践行南开教育理念，为南开母校添加光彩。

（校长办公室供稿）

校园要事

外交部长杨洁篪访问南开中学

2010年1月2日,外交部长杨洁篪一行到南开中学参观访问。校长杨静武热情欢迎杨洁篪一行到访,陪同参观学校的历史建筑,介绍学校历史、各时期的杰出校友以及各级领导关怀的情况。杨洁篪饶有兴趣地参观党和国家领导人的题词和校史馆,在周恩来总理学习的教室和住过的宿舍,以及温家宝总理住过的宿舍门前留影纪念。杨洁篪称赞南开中学是名副其实的历史名校,为国家培养众多优秀人才,鼓励南开中学继续发扬南开精神,努力为国家作出新的历史贡献。

(魏长童)

孙海麟出任南开中学理事会理事长、校党总支书记

2010年3月16日天津市委常委、市委教育工委书记苟利军、副市长张俊芳前来南开中学,宣布天津市委、市政府决定:孙海麟任南开中学党总支书记、南开中学理事会筹备组组长。由此,南开中学管理体制机制创新试点工作启动,揭开基础教育改革试点的序幕。

2010年6月11日,天津市教育委员会发出《关于同意成立天津市南开中学理事会的批复》(津教委「2010」101号文件),同意成立天津市南开中学理事会和孙海麟同志任理事长。7月2日,南开中学首届理事会举行,会议选举孙海麟任南开中学理事会理事长。

孙海麟,1946年8月出生,天津市人。南开中学1967届校友。1968年8月参加工作。1973年4月加入中国共产党。曾在内蒙古自治区呼伦贝尔盟插队。后到天津师范学院数学系学习。大学普通班毕业,在职研究生学历,高级管理人员工商管理硕士。历任天津市河西区教育局办公室干部、副主任;团市委学校部部长。1983年起,先后任共青团天津市委副书记、市青联主席,主持团市委工作;天津市体委副主任。1991年起,先后任天津市旅游局党委书记、局长;塘沽区区长、区委书记。1998年当选天津市副市长。2004年任天津市委常委、副市长。2007年2月当选天津市第十四届人大常委会副主任。2010年元月,因年龄到限不再担任市人大常委会副主任职务。党的第十五届全国代表大会代表、第十一届全国人民代表大会代表。

(段胜利)

纪念严范孙先生诞辰150周年大会举行

2010年4月1日，纪念近代著名教育家严范孙诞辰150周年大会在南开中学瑞廷礼堂隆重举行。天津市委书记张高丽做出批示，代表市委、市政府表示热烈祝贺，并向全体师生员工和广大校友表示亲切问候。市人大常委会主任刘胜玉，全国人大常委会委员、全国人大教科文卫委员会副主任委员程津培院士，国资委副部长孟宪刚，市人大常委会副主任张元龙，市政协副主席张大宁出席纪念活动，副市长张俊芳讲话。

张高丽在批示中说，严范孙先生是中国近代著名的爱国教育家，毕生为南开系列学校的创办和中国近代教育的发展作出了重要贡献。严范孙先生提出推行教育改革、发展素质教育、倡导教育公平的教育思想和办学理念，为我们留下了宝贵的财富。南开中学是近代民办教育的典范，具有悠久的历史和优良的传统，在社会上享有良好的声誉。希望南开中学深入研究和大力弘扬严范孙先生的教育思想，秉承"允公允能、日新月异"的校训，积极借鉴国内外先进的办学模式和管理经验，不断推进教育改革和创新，努力建设一流学校，为天津、为国家培养更多高素质的社会主义建设者和接班人。

张俊芳在讲话中说，教育、科技和人才是国家强盛、民族振兴的基石，也是综合国力的核心，只有一流的教育，才能培养一流的人才，建设一流的国家。100多年来，南开人孜孜以求，走出了一条与国家和民族道路紧密结合的南开道路，锻造出充满朝气、面向未来、永远年轻的南开精神和"允公允能、日新月异"的南开品格，为中国教育事业增加了丰富的精神财富。南开教育事业的辉煌成绩，是历代南开人对严范孙先生最好的回报。希望南开师生继续秉承南开传统，弘扬南开精神，积极投身教育教学改革，在教育领域中起到更突出的引领作用。同时，希望南开中学抓住历史机遇，积极投身管理体制机制创新，努力培养大批拔尖创新型人才。

市人大常委会副主任张元龙，全国人大常委会委员、全国人大教科文卫委员会副主任委员、中国科学院院士、校友代表程津培，南开中学理事会筹备组组长、校党总支书记孙海麟，南开大学副校长关乃佳，天津第二南开中学校长齐重岭，重庆南开中学校长宋璞，四川自贡蜀光中学校长甘建情，严范孙先生亲属代表严文典等，分别在大会上发言，深切缅怀严范孙先生。

（崔勇锐）

南开中学在意大利孔子课堂挂牌仪式举行

2010年4月11日至16日，南开中学校长杨静武率师生一行6人赴意大利威尼斯马可·福斯卡里尼中学，参加孔子课堂挂牌仪式和中国文化展示活动。仪式上，双方校长及中国驻意大利使馆教育处二等秘书王宏健发表讲话，学生进行精彩的民乐表演。南开中学在该校建立的孔子课堂，是意大利的第一个孔子课堂，得到中国驻意大利使馆和当地教育主管部门的大力支持和高度赞扬，得到当地教育界积极的响应，为推动南开中学对外汉语工作在意大利顺利开展起到积极的作用。

（杨　洋）

天津市委书记张高丽到南开中学调研

2010年5月18日下午，天津市委书记张高丽莅临南开中学调查研究。张高丽等领导同志首先察看南开中学校园规划图板。随后，来到七年三班，亲切询问同学们学习生活情况，了解校园安保措施，勉励同学们德智体美劳全面发展。在校园内，张高丽与高三年级学生亲切交谈，鼓励他们高考取得好成绩。张高丽还到南开中学图书馆古籍书库参观，随后主持召开座谈会。市委常委、市委教育工委书记苟利军、市委常委、市委秘书长段春华等陪同调研。

南开中学理事会筹备组组长、校党总支书记孙海麟做了工作汇报，介绍来校工作后的情况和下一步进行体制机制创新的工作设想等。张高丽在听取学校工作汇报后讲话说，南开中学是一所历史悠久、享誉国内外的著名学校，培养了大批杰出人才。办好南开中学，对于弘扬南开精神、推进基础教育改革创新、造就更多的创新型优秀人才，具有重要意义。张高丽强调指出，办好南开中学，必须坚持以科学发展观为指导，用马克思主义中国化最新成果武装头脑，认真学习贯彻胡锦涛总书记、温家宝总理的有关重要要求，统一思想，提高认识，坚持正确的办学方向。要以建设在国内外有影响的高水平学校为目标，学习借鉴先进经验，加强国际交流合作，用新理念、新模式推动学校发展，使各项工作走在全国基础教育前列。要坚持党的教育方针，把立德树人作为教育的根本任务，引导学生树立正确的世界观、人生观、价值观、荣辱观，增强学生热爱祖国、服务人民的使命感和责任感，培养学生的实践能力和创造能力，努力成为有理想、有道德、有文化、有纪律的社会主义事业建设者和接班人。张高丽要求，学校要科学规划、科学论证、科学组织，在保护历史风貌建筑的基础上，完善提升学校环境。要融洽师生关系，安排好学生的学习生活，加强平安校园建设，确保学校安全。要加强领导班子和师资队伍建设，发扬南开中学光荣传统，珍惜历史文化底蕴和丰富资源，充分发挥校理事会和校友会的作用，全面提高教育教学水平。张高丽殷切希望，南开中学要解放思想，开拓创新，求真务实，真抓实干，在办学体制、管理机制、教师队伍建设、招生考试制度等方面积极探索，努力成为基础性教育改革创新的实验校、示范校。

（段胜利）

天津市委常委、市委教育工委书记苟利军到南开中学调研

2010年6月2日，天津市委常委、市委教育工委书记苟利军到南开中学调查研究，听取学校推进招生制度改革和进行国际合作中学建设等方面情况的汇报，以及市教委支持南开中学实行体制机制改革的工作汇报。

苟利军指出，南开中学是天津市的知名学校，办好南开中学不仅是天津市广大人民群众的希望，也是中央领导的希望和广大南开校友的希望。要落实好中央领导同志和市委书记张高丽来学校调研时的指示和市委、市政府的要求，围绕落实《国家中长期教育改革和发展规划纲要》，支持南开中学的发展。

苟利军强调，要充分认识进行人才培训创新实验的重要性，认真学习和落实胡锦涛总书记在全国人才工作会议上的重要讲话精神，在人才培养上解放思想，实事求是，与时俱进。

苟利军要求，有关部门在支持南开中学体制机制改革上，要做好五件事情。一是理顺机制。南开中学进行改革，教育部门要谋思路，解难题，搞服务，想方设法把改革搞好。二是衔接好手续，为南开中学的改革理顺渠道。三是争取把南开中学列入教育部体制机制改革试点。四是要经常听取南开中学情况，了解问题，帮助协调解决。五是把工作想细致。学校的改革要有利、有序、有效地进行，要按照科学发展观的要求，推动学校全面可持续发展。

苟利军希望,南开中学在孙海麟同志的领导下,班子团结一致,把南开中学办成国内外有影响的高水平学校。

南开中学理事会筹备组组长、校党总支书记孙海麟代表学校领导班子讲话,表示要坚决贯彻张高丽来学校调研和此次苟利军来学校调研的讲话精神,把学校的改革创新工作抓实、抓细、抓好。孙海麟希望把南开中学纳入教育部的改革创新试点,为学校的体制机制改革创造更为宽松的发展环境。

市委办公厅副主任孙学瑞、市教委主任靳润成、市教育招生考试院院长张静、市委教育工委副书记杨桂华、市教委副主任黄永刚及有关方面负责同志参加调研。

(段胜利)

教育部长袁贵仁听取孙海麟汇报

2010 年 6 月 26 日上午,南开中学理事会筹备组组长孙海麟在天津迎宾馆向前来检查工作的国家教育部部长袁贵仁汇报工作。袁贵仁部长在听取孙海麟汇报后指出,国家高度重视教育,大政方针已定。南开中学要大胆改革创新。爱教育、懂教育是做好教育工作的前提,爱南开、懂南开是办好南开的基础。中学教改要重视社会需要,注意与大学衔接。

教育部相关部门负责人参加听取孙海麟汇报。

(李　峰)

孙海麟率团赴英国、南非访问

2010 年 7 月 6 日至 15 日,南开中学理事会理事长孙海麟率南开中学代表团赴英国、南非访问。孙海麟一行先后访问南非开普敦大学、南非开普数学科技学院,英国惠灵顿中学与英国剑桥大学冈维尔与凯斯学院。通过访问,深入了解英国和南非的教育体系和招生制度;与英国和南非知名中学建立联系,为今后双方开展师生等人员交流和学术交流搭建桥梁;宣传南开中学,提高南开中学的国际知名度;学习英国和南非知名学府先进的办学理念和办学方法,为把南开中学打造成国际一流中学借鉴经验。

(杨　洋)

南开中学教育基金会成立

2010 年 7 月 27 日下午,南开中学教育基金会第一届理事会会议举行,标志着南开中学教育基金会正式成立。会议由南开中学理事会理事长、校党总支书记孙海麟主持,教育基金会理事、监事参加。会议通过基金会理事、监事成员名单;选举产生南开中学教育基金会第一届理事会理事长、副理事长、秘书长;审议并通过基金会章程和各项制度。孙海麟担任基金会理事长;向与会人员介绍基金会筹建情况,并向理事、监事成员颁发聘书。基金会募集的教育基金,为南开中学的发展奠定良好的基础。

当晚,天津市委副书记、市长黄兴国会见基金会全体理事。黄兴国祝贺基金会的成立,对于南开中学体制机制改革的一系列重要举措给予充分肯定,认为符合全国教育工作会议精神,符合国家中长期教育改革和发展规划纲要。黄兴国指出,强国先强教，教育代表明天，全社会都应当关心教育事业，为教育出一把力，为下一代做一点事，为培养创新型的优秀人才贡献力量。希望南开中学进一步弘扬南开精神，不断创新，坚持质量第一，培养造就一代又一代的高素质的建设者和创新型人才，成为天津教育改革的一个样本，为天津的教育改革积累经验，为天津经济社会发展作出应有的贡献。

（武佩铃）

南开中学学习研究周恩来小组成立

2010 年 8 月 25 日上午，南开中学学习研究周恩来小组成立暨以周恩来为人生楷模主题教育活动大会在学校瑞廷礼堂隆重举行。

南开中学学习研究周恩来小组由全国政协常委、全国政协外事委员会主任赵启正校友任荣誉组长；南开中学理事会理事长、校党总支书记孙海麟任组长。周恩来总理的亲属、原中新社副社长、全国政协委员周秉德，周恩来总理的亲属、财政部离退休干部局巡视员、全国政协委员周秉建，周恩来总理秘书、原武警指挥学院副院长、周恩来邓颖超研究中心顾问纪东少将；周恩来总理的卫士、原中央警卫局副局长高振普少将（因故未到），天津市北辰区人大常委会原副主任、全国人大代表邢燕子，天津市宝坻区政协原主席侯隽，天津今晚传媒集团社长、总编辑贾长华，天津日报总编辑王宏，天津市广播电影电视集团管委会主任万克等 9 人担任学习研究周恩来小组的顾问。

学习研究周恩来小组是南开中学师生和校友组成的群众性学术团体，工作宗旨是充分利用学校现存的丰富史料，与相关机构和团体合作，搜集、整理、学习、研究周恩来青少年时期的成长轨迹，学习周恩来的理论思想、人格魅力、精神风范、品德作风，使周恩来精神弘扬广大、代代相传。

会上，孙海麟向荣誉组长和顾问颁发聘书。学生代表、小组成员刘超在大会上发言。孙海麟在讲话中，深情缅怀周恩来功勋卓著的一生，讲述周恩来与南开中学的深厚渊源。孙海麟指出，周恩来是南开中学最杰出的校友，是南开中学的骄傲，带着深厚的感情学习研究周恩来的精神和品格，使周恩来的精神发扬光大，是每一位南开人的神圣使命。成立学习研究周恩来小组，一是为更好地缅怀和纪念周恩来；二是向周恩来学习，引导广大师生以周恩来为人生楷模，培养造就更多的德智体美全面发展的优秀创新型人才；三是成为全国相关领域学习研究周恩来的权威单位。孙海麟要求学习研究周恩来小组要深入扎实地开展活动，勉励广大师生“像总理那样学习、像总理那样工作、像总理那样活着！要成为周恩来总理那样的人！”

学习研究周恩来小组荣誉组长赵启正在大会上做了生动深刻的讲话，满怀深情地回忆自己在南开中学的学习生活，表达对于周恩来的崇敬之情。希望大家认真学习和研究周恩来总理，要向长者学习，要读书。赵启正还欣然回答五位同学和一位老师的提问，并且向提问的师生现场签名赠书。会场上气氛热烈、活跃，精彩、睿智的对话博得师生阵阵热烈的掌声。

大会在嘹亮的南开校歌和经久不息的掌声中结束。学习研究周恩来小组成员、师生代表和校友代表 1000 余人参加大会。学习研究周恩来小组现由教师成员 22 人，学生成员 20 人，校友代表 4 人组成。副组长由校长杨静武和副校长吕宝桐担任，秘书长由德育处主任贺海龙和校友李群担任。

（李德志）

比利时驻华大使奈斯访问南开中学

2010 年 8 月 16 日，南开中学理事会理事长孙海麟、校长杨静武、副校长马健等接待比利时驻华大使奈斯的来访。

曾任比利时驻上海和香港领事的奈斯大使对中国文化历史有着极大的兴趣,在大学时代就已经开始学习中文和中国的文化历史。孙海麟向客人介绍南开中学的办学历史和育人成果,双方深入地探讨办学理念和育人目标,还就在天津开展合作办学、教育交流等合作事宜进行磋商。

参与接待的还有天津市外事办公室副主任王树华、天津市教委中学处处长黄炎、天津市教委国际交流处副处长殷宏等。

(张庆民)

南开中学理事会成立大会举行

2010年9月3日下午,天津市南开中学理事会成立大会在南开中学瑞廷礼堂举行。出席大会的南开中学理事会成员有:荣誉理事长、原清华大学校长王大中,荣誉理事、中国科学院院士申泮文,荣誉理事、原南开中学校长杨志行,理事会顾问、中国教育学会会长顾明远,理事长、校党总支书记孙海麟,理事、天津市政协副主席张大宁,理事、北京大学哲学系主任王博,理事、南开中学校长杨静武。会议由理事会副理事长、全国人大常委会委员程津培院士主持。南开中学全校师生和校友代表参加大会。

成立大会上,程津培副理事长宣读天津市教育委员会《关于同意成立天津市南开中学理事会的批复》,并向与会人员介绍南开中学理事会的组成情况。南开中学理事会成立后,实行理事会领导下的校长负责制。程津培副理事长宣读南开中学理事会《关于聘任南开中学校长、副校长的决定》和《关于授予杨志行同志为天津市南开中学终身名誉校长的决定》,王大中荣誉理事长、孙海麟理事长向受聘校长杨静武、副校长吕宝桐、李宝贵、马健分别颁发聘书,向杨志行先生颁发荣誉证书。最后,孙海麟理事长讲话。

南开中学成立理事会,是贯彻落实《国家中长期教育改革和发展规划纲要》和《国家中长期人才发展规划纲要》,适应国家行政管理体制改革要求,在学校教育管理体制方面进行的改革创新。理事会的宗旨是,面向现代化、面向世界、面向未来,以学生为本、以育人为根本任务,把南开中学建设成为具有中国特色、世界一流、在国内外有影响的高水平学校,为国家的经济社会发展培养造就更多的德智体美全面发展的优秀人才。作为一所历史悠久、享誉国内外的著名中等学府,南开中学成立理事会,对于弘扬南开精神、发扬南开品格、坚持南开道路,推进基础教育改革创新,造就更多的高素质创新型人才,具有重要意义。

(崔勇锐)

庆祝教师节暨表彰先进大会举行

2010年9月10日教师节,南开中学全体教职工在学术报告厅举行庆祝表彰大会。校长杨静武在会上向各位教师致以节日的问候,对一年来南开园丁们的辛勤付出表示感谢。马健副校长宣布一年来学校各项育人成果奖的获奖教师名单。大会上还举行拜师仪式,2010年刚加入南开中学教师团队的9位新教师与骨干教师结成师徒对子,9位新教师将在骨干教师的“传帮带”下成长。随后,教师和学生代表进行教师节文艺汇演。

(李　晖)

教育部副部长郝平视察南开中学

2010年9月13日下午，教育部副部长郝平、教育部国际合作与交流司司长张秀琴、副司长生建学等，在天津市教委副主任林炎生陪同下，视察南开中学。

南开中学理事会理事长、校党总支书记孙海麟、校长杨静武及校领导班子成员热情接待来访的领导，介绍南开中学的办学历史、育人成果，汇报学校开展国际合作与交流工作情况，表示希望在开展与世界名校的国际交流及中外合作办学领域更多地得到国家教育部国际合作与交流司的支持。

郝平充分肯定南开中学在国际交流方面取得的成绩，表示愿意帮助南开中学扩展对外交流的渠道，加快南开中学国际化进程，全力支持南开中学办成在国内外有影响力的高水平学校的目标。

（张久清）

纪念曹禺诞辰100周年话剧社演出《雷雨》

2010年9月24日是著名戏剧大师、戏剧教育家曹禺诞辰100周年纪念日。当日下午，南开中学话剧社在瑞廷礼堂特别出演曹禺经典剧作《雷雨》，以纪念这位南开中学的杰出校友诞辰100周年。话剧社聘请曹禺的女儿万方作为南开中学话剧社顾问。

南开中学被誉为中国"北方话剧的摇篮"，其话剧编排演出传统具有悠久历史。从1909年张伯苓校长自编自导自演话剧《用非所学》算起，已经101年。在这座摇篮里孕育出许多中国戏剧人才，曹禺先生就是其代表人物。1922年秋曹禺进入南开中学就读，1925年加入南开新剧团。在张彭春先生的教诲和指导下，曹禺成为重要骨干，一方面演出经典名著——莫里哀的《吝啬鬼》、易卜生的《人民公敌》，一方面编演时事新剧，进行民主宣传鼓动工作。在南开中学期间，曹禺就关注生活，开始构思自己第一部话剧《雷雨》。晚年的曹禺，深情地将天津和南开中学称为他戏剧活动的起点。

（赵　凯　单巨兵）

杨志行先生九十寿辰暨教育思想座谈会举行

2010年10月8日，普教专家、南开中学原校长杨志行先生九十寿辰暨教育思想座谈会举行。该活动由天津市教委、中共南开区委、南开区人民政府和南开中学联合主办。天津市委常委、市委教育工委书记苟利军，市人大常委会副主任张元龙，副市长张俊芳，市政协副主席何荣林出席。南开中学理事会理事长、校党总支书记孙海麟主持座谈会。市委教育工委、市发改委、市教委、南开区负责同志和南开中学校友、教师代表参加了座谈会。

苟利军、张俊芳讲话指出，要坚持继承、发展、创新，认真总结和学习杨志行先生等老一辈教育家先进开放的教育理念，严谨治学、求是治校的办学思想，投身教育、奉献教育的崇高精神，在全国率先开展基础教育现代学校制度的探索，不断扩大优质教育资源，进一步提升办学水平和综合实力，真正把南开中学等一批学校建成国内外有影响的一流名校。

在座谈会上，天津市教委主任靳润成、南开区区长韩宏范，以及南开中学教师代表李信、校友代表周鸿飞分别发言。

杨志行先生1948年毕业于清华大学中国文学系，经朱自清先生介绍到南开中学任教，是新中国南开中学的第一任党支部书记。从1955年起，他先后担任南开中学校长共26年，并曾经担任天津市教育局副局长。1983年，他被联合国教科文组织认定为亚太地区普教专家。在2010年9月成立的南开中学理事会上，杨志行先生当选为荣誉理事，并获终身名誉校长荣誉证书。

（张久清）

庆祝南开中学建校106周年系列活动

2010年10月14日上午9点30分，南开中学在伯苓楼旁恢复重建的纪念井前举行隆重的纪念井、校友英烈纪念碑恢复落成仪式，从而为106周年校庆纪念活动拉开序幕。落成仪式由副校长吕宝桐主持，学校领导、师生代表和校友代表140余人参加。南开中学理事会理事长、校党总支书记孙海麟和校长杨静武为纪念井恢复落成揭幕。高一9班学生葛岱代表全体学生讲话。随后，全体与会人员缓缓步入校友英烈纪念碑前，向南开校友英烈敬献鲜花，并瞻仰纪念碑。

10月15日上午9点40分，南开中学举行隆重的迎校庆升国旗仪式。为庆祝学校建校106周年，学校特意调整升国旗仪式日，作为校庆庆典系列活动之一。孙海麟出席活动，吕宝桐主持升国旗仪式。在雄壮嘹亮的国歌乐曲声中，全校师生深情注视着五星红旗冉冉升起。唱国歌时，师生声音洪亮，感情真挚。

孙海麟在讲话中指出，通过升旗仪式，一是要牢记历史、懂得感恩，并以此作为学习和工作的强大动力；二是南开精神是宝贵财富，传承南开精神是南开人的使命，更是历史责任；三是要与时俱进、改革创新，用全部心血、用毕生精力去建设、去守护、去创新、去发展南开。孙海麟的讲话既是对学生的要求，也是对教师的期望，激励广大师生“携手并肩、拼搏进取、不断创新，将南开建设得更加美好”。仪式最后，为凸显校庆的元素，祝贺学校106岁生日，特意增加唱校歌议程。在师生们格外嘹亮、饱含深情的校歌声中，迎校庆升国旗仪式圆满结束。

（李德志　马　玥）

天津南开校史研究中心成立

2010年10月15日下午，在南开中学106周年校庆前夕，天津南开校史研究中心成立大会在学校瑞廷礼堂隆重举行。

天津南开校史研究中心是研究百余年南开校史、传播和普及南开校情知识、弘扬学校优良文化传统的社会组织。设立的目的是开展南开校史的理论与实践问题研究，深入挖掘南开校史的内涵，推动南开校史编写出版，正确总结学校改革和发展的经验教训，探索基础教育发展规律，为学校今后的发展和全国普通教育改革提供可供借鉴的有益经验。

天津南开校史研究中心由南开中学理事会理事长、校党总支书记孙海麟担任名誉理事长；聘请天津市政协副主席、1968届南开中学校友何荣林担任研究中心理事长。聘请1966届南开中学校友孟宪刚、1963届南开中学校友吕培天、1966届南开中学校友周鸿飞担任副理事长。

成立大会上，天津南开校史研究中心理事长何荣林、荣誉理事长孙海麟分别讲话。学生代表梁思寒发言。

（冯　篁）

天津南开中学第六届校友会理事会举行

2010年10月16日上午，天津南开中学第六届校友会理事会举行。会议在翔宇楼报告厅举行，校友会理事会理事和各届校友代表共计80余人参加会议。南开中学理事会理事长、校党总支书记孙海麟、校长杨静武出席会议。在该次会议上，校友会顺利完成换届选举工作。

会议由副校长吕宝桐主持。南开中学校友会第五届理事会秘书长刘森甲做工作总结。吕宝桐做修改校友会章程的报告，宣布南开中学校友会第六届理事会理事和领导成员候选名单。上述工作总结、修改章程报告和候选名单获得与会成员的一致通过。

全国工商联副主席、全国侨联副主席、天津市人大常委会副主任、南开中学1967届校友张元龙当选为第六届理事会理事长。随后，张元龙发表任职演讲。第六届理事会秘书长乔慕英报告新一届理事会的工作设想和计划。孙海麟最后讲话，向到会校友介绍学校工作近况，对校友会工作提出希望。

（李德志）

孙海麟拜访复旦大学校长杨玉良商谈合作事宜

2010年10月18日，南开中学理事长、校党总支书记孙海麟赴沪拜访中国科学院院士、复旦大学校长杨玉良先生，商谈南开中学与复旦大学合作培养学生的相关事宜。全国人大常委会委员、全国人大教科文卫委员会副主任委员、中国科学院院士、南开中学理事会副理事长程津培陪同会谈，并向杨玉良校长介绍南开中学进行管理体制机制改革的总体情况和取得的成绩，提出希望在推进素质教育过程中，中学和大学应该进行很好的衔接。

孙海麟向杨玉良介绍南开中学办学历史，表示南开中学希望与复旦大学加强人才培养合作，希望中学教育的改革创新能够得到高校的有力支持。他提议，南开中学和复旦大学联合进行实验，学生在中学阶段的教育能够得到大学的有针对性指导，学生进入大学后，中学继续进行跟踪以调整人才培养方式，通过共同协作为创新人才的培养摸索有益的经验。孙海麟邀请杨玉良校长到校指导，更深入了解南开中学，为全校师生做报告。

杨玉良校长对孙海麟来访表示热烈欢迎，表示南开中学是一所久负盛名的学校，非常愿意进一步了解南开中学，并以此深入地了解基础教育。他认为，未来20年，中国在世界舞台上将发挥更重要的作用，需要大量的一流人才。他非常赞同孙海麟提出的中学教育的改革要和大学教育的改革衔接进行的看法，认为现存的一些教育问题需要中学和大学共同研究解决，复旦大学愿意和南开中学携手，共同为创新人才的培养进行积极探索。

双方商定：2011年11月下旬至12月上旬间，杨玉良到南开中学访问，并为师生介绍复旦大学的情况；南开中学和复旦大学要加强沟通，精诚合作，在双方教务和招生部门的共同配合下，尽快形成合作方案；通过杨玉良校长的沟通，南开中学和全国著名重点高校进行联系，为有才能的学生进入一流大学创造更有利条件。

（崔勇锐）

世界著名未来学家奈斯比特夫妇访问南开中学

2010年10月25日下午，世界著名未来学家约翰·奈斯比特和夫人多丽丝·奈斯比特夫妇来到南开中学参观和交流。南开中学理事会理事长孙海麟会见两位来宾，并邀请奈斯比特夫妇做客南开中学"公能讲坛"座谈会。在随后举办的座谈会上，奈斯比特夫妇用英语与南开学子进行交流，并把他们的经历与南开学生分享。

约翰·奈斯比特是世界著名的未来学家，曾被全球最大的管理咨询公司埃森哲评选为"全球50位管理大师之一"。约翰·奈斯比特阅历丰富，有着哈佛、康奈尔和犹他三所大学的教育背景，1963年被肯尼迪总统任命为教育部助理部长，还曾任约翰逊总统的特别助理。主要代表著作《大趋势》，与威廉·怀特的《组织的人》、阿尔文·托夫勒的《未来的冲击》并称"能够准确把握时代发展脉搏"的三大巨著。多丽丝·奈斯比特带着自己的新作《梅琳：我的中国》来到南开中学，与学生分享。她对南开中学赞不绝口，表示校园的一草一木都给她留下深刻的印象。她鼓励南开中学学生在优越的物质条件下，更要励精图治，刻苦钻研，报效祖国，"中国少年"前途无量。在座谈交流中，南开中学学生表现积极踊跃，现场气氛和谐融洽，成为一次学生难得的学习锻炼机会。

（赵　凯　赵美晗　田米豆）

南开区领导同志到南开中学检查工作

2010年10月27日上午，南开区副区长谷云彪，区教育局党委书记刘向军，局长杨志成，党委副书记兰锋，副局长武问健等到南开中学检查工作，听取党总支工作汇报。校党总支书记孙海麟汇报工作，党总支委员杨静武、吕宝桐、李宝贵、马健、张洪俊、段胜利和校长办公室主任乔慕英参加。

孙海麟汇报南开中学从2010年3月起进行学校管理体制改革和开展"创先争优"活动、搞好党建工作的情况。介绍南开中学建立理事会，实行理事会领导下的校长负责制；成立教育基金会，建立健全奖励和激励机制；成立学习研究周恩来小组，形成和发展南开独有的育人特色；成立南开校史研究中心，以及第六届校友会换届选举等方面的情况。说明经过半年多的工作，南开中学稳步、积极地进行学校管理体制改革，已经形成富有南开要素、具有南开特色的学校管理架构。同时，校党总支坚持"党要管党"的原则，以"创先争优"活动为契机，强化学校党建工作，为学校改革发展提供坚强的政治保证和组织保证，营造团结、创新、和谐的氛围。

（段胜利）

孙海麟与中国科大上海交大校长商讨创新人才培养

2010年10月27日，南开中学理事会理事长、校党总支书记孙海麟与中国科学院院士、中国科技大学校长侯建国和中国科学院院士、上海交通大学校长张杰在北京会面，畅谈教育改革和发展中存在的问题，就大学与中学开展交流合作，衔接培养拔尖创新人才展开讨论。

这次会面是由全国人大常委会委员、全国人大教科文卫委副主任委员、中国科学院院士、南开中学理事会副理事长程津培协助，邀请在京开会的两位校长在会议间隙进行的。会谈中，程津培介绍南开中学进行管理体制机制改革的总体情况，认为高中素质教育的有效开展和中学教育的改革创新，离不开大学，特别是重点大学的积极支持，要通过“大手拉小手”，共同培养拔尖创新人才。张杰校长介绍了上海交大将拔尖创新人才选拔的“轨道前伸”，由一大批高水平教授领衔的教授团到中学为学生开课，以及自主招生、设立“致远学院”等尝试对于培养学生创新能力所取得的成绩，认为大学与中学要打通由于应试教育造成的隔离，建立接轨机制，探索更加通畅科学的人才选拔体制。侯建国校长介绍中国科技大学在创新人才培养方面的工作实践，以及就大学与中学衔接培养创新人才所作的思考，热诚欢迎南开中学师生到中国科大开展科技夏令营等学访活动。

两位校长对南开中学悠久的办学历史和办学成绩表示赞赏，对孙海麟理事长进行管理体制机制改革取得的进展和程津培副理事长关心教育、关心母校发展的精神表示钦佩，表示愿意与南开中学加强交流合作，充分利用高校拥有的招生自主权，为推进素质教育和中学教育的改革创新创造有利条件，共同探索拔尖创新人才的培养途径。孙海麟理事长对两位校长百忙之中参加会谈表示感谢，诚恳希望中国科大和上海交大积极支持南开中学的教育改革，邀请两位校长在方便的时候访问南开中学，并为师生做报告。

（崔勇锐）

程津培听取南开中学中长期教育改革和发展规划

2010年11月1日下午，全国人大常委会委员、全国人大教科文卫委员会副主任委员、中国科学院院士、南开中学理事会副理事长程津培，到校听取南开中学中长期教育改革和发展规划。学校中层以上干部在含英楼三楼会议室参加会议。南开中学校长杨静武代表学校领导班子向程津培副理事长介绍学校制定中长期教育改革和发展规划的内容、思路和过程。程津培对学校领导班子提交的学校中长期发展规划给予肯定，并提出建设性意见。

（李　晖）

天津市教委领导同志到南开中学检查工作

2010年11月4日上午，天津市教委主任靳润成，市教育招生考试院院长张静，市教委副主任黄永刚，机关党委专职副书记廉军，中学处处长黄炎，市教育督导室督学王东军等，莅临南开中学视察工作，受到南开中学理事会理事长孙海麟、校长杨静武、校领导班子成员以及部门领导的热情接待。

校长杨静武在座谈会上向市教委领导汇报近期学校的各项工作，得到教委领导的认可。靳润成在讲话中，一是肯定孙海麟同志到南开中学主持工作以来，发挥原有的工作经验，完成很多以前没有做到的工作，为南开中学的发展做了大量的实事，指引学校的前进方向，作为学校领军人的重要作用得到充分发挥；二是希望学校继续积极地营造南开中学作为基础教育改革试验校、示范校的气氛，利用好难得的“天时、地利、人和”等各方面资源，推动学校又好又快发展，使学校教育和建设迈上一个新的台阶；三是表示市政府、市教委高度重视南开中学这一教育的宝贵财富，会尽一切力量，全心全意地支持和服务南开中学的发展建设。

（马　玥）

中国驻法使馆公使级教育参赞朱小玉访问南开中学

2010 年 12 月 7 日，应南开中学理事会理事长孙海麟邀请，中国驻法使馆公使级教育参赞朱小玉访问南开中学，与校领导就学校国际交流工作进行交谈。孙海麟理事长向朱小玉参赞介绍了南开中学的历史、发展和正在进行的教育改革情况，表示希望在开展与法国名校的国际交流中得到朱小玉参赞的支持。朱小玉参赞介绍了法国教育体制的特点和中法教育的差异，重点介绍三所巴黎地区的优秀高中，并表示愿意帮助南开中学扩展对法交流的渠道，全力支持南开中学实现成为国内外有影响力的高水平学校的目标。

（杨　洋）

南开中学与复旦大学签署人才培养战略合作协议

2010 年 12 月 22 日南开中学与复旦大学签署人才培养战略合作协议。天津市委书记张高丽在迎宾馆会见复旦大学校长杨玉良一行，代表市委表示欢迎和热情鼓励。

“天津市南开中学与复旦大学人才培养合作协议签字仪式”在南开中学举行。签字仪式由南开中学校长杨静武主持，南开中学理事会理事长孙海麟致欢迎词，复旦大学校长杨玉良院士讲话，天津市教委靳润成主任出席签字仪式。这是天津市中学首次与高校签署战略协议，共育人才。根据合作协议，双方将在拔尖创新人才的培养上加强大学与中学的衔接，积极开展创新人才培养实验。对于考入复旦大学就读的南开中学毕业生，南开中学将继续对其成长进行跟踪，以探索更有利于人才成长的教育方式。大学毕业后，双方将共同对学生发展进行跟踪，支持其进一步成长。双方在师资培养、学生管理等方面将互相借鉴经验，定期组织师生互访；复旦大学教授将来到南开中学做学术报告，同时南开中学学生将赴复旦大学开展夏令营等活动。此外，双方还将共同促进国内知名大学与著名中学的深层次合作，推动拔尖创新人才培养。

（崔勇锐）

专题文稿

纪念南开"校父"严修先生

孙海麟

今天,我们怀着十分崇敬的心情,纪念我国近代著名的爱国教育家,南开中学、南开系列学校的创始人,被尊为南开"校父"的严修先生诞辰150周年。我谨代表南开中学理事会筹备组、代表南开中学,向出席大会的各位领导、嘉宾和校友表示热烈的欢迎和衷心的感谢!向严修先生的亲属表示崇高的敬意!

严修先生生于1860年4月2日,癸未进士,1886年授翰林院编修,补国史馆协修。1894年至1897年任贵州学政。甲午战败后,严范孙先生认为欲强中国,必先改革教育。1897年奏请开设经济特科,因不见容于朝廷当权派,1898年辞官返津,专心兴办新学。1901年聘张伯苓先生为家塾教师,讲授新学,随后偕张伯苓共同访日考察。1904年创立敬业中学堂,即南开中学前身,聘张伯苓为监督,继任校长。1919年严修先生与张伯苓先生一道创办南开大学,1923年增办南开女中,1928年增办南开小学,由此,形成了一套完整的教育体系。严修先生还创建中学多所,并改严氏女塾为严氏女学,开办保姆讲习班,附设严氏蒙养园等。

为了实现教育救国的崇高理想,严修先生筚路蓝缕,竭尽心力,力考中外,谋求发展,开创先河,成为清末、民国初期革新封建教育,推进教育现代化的伟大先驱和一代宗师。1929年3月15日,严修先生病逝,享年69岁。为缅怀严修先生为南开中学、南开系列学校的建立和发展所立下的不朽功勋,以及他一生孜孜努力,实践教育救国的伟大功绩,海内外南开校友集资兴建了"范孙楼",成为屹立于南开校园的一座永远的丰碑。1989年3月,全国政协七届二次会议还特别通过提案,褒扬严修先生矢志新学的功绩和培育英才对祖国的贡献。

在30余年的教育实践中,严修先生始终以爱国之心、效国之力和报国之情致力于新学,推陈出新,开现代教育之先河。严修先生的教育思想和实践,是南开教育同时也是中国教育的巨大财富,是我们今天推进教育改革和创新的巨大精神动力。

今天,我们在这里缅怀严修先生,就是要汲取他留给我们的宝贵的思想精华,在新的历史时期,在新的更高的起点上,推动学校教育改革再出新举措,办学水平再上新高度。

胡锦涛总书记在参加全国人大天津代表团审议时,对天津工作提出"四个着力于"的总的要求,要求我们"坚持教育优先发展,深化教育体制改革,全面推进素质教育"。温家宝总理在《政府工作报告》中提出"教育、科技和人才,是国家强盛、民族振兴的基石,也是综合国力的核心"。他强调,"只有一流的教育,才能培养一流人才,建设一流国家。"温家宝总理还特别关心南开中学的发展,做出了南开中学创新体制机制、努力建设世界一流名校的重要指示。

根据中央领导的指示精神,市委、市政府决定在南开中学开展基础教育学校管理体制机制改革的试点,为创办世界一流学校进行积极的探索。作为南开中学理事会筹备组组长和学校党总支书记,作为一名60年代的南开中学毕业生,回母校承担这个任务,我深感使命光荣、任务艰巨、责任重大。到校两周多来,通过和几位校长谈话、走访老校友、老校长和南开兄弟学校,通过进班听课、深入学生班级、召开各个层次的座谈会,以及了解近些年来南开中学开展的各项工作,对学校的情况有了一定的了解。我和学校的领导班子成员有决心深入贯彻科学发展观,以人为本,按照温总理向全国提出的“创新驱动,内生增长”的要求,按照市委书记张高丽同志的重要批示精神,深入挖掘学校的办学传统和精华,博采众长,深化改革,力争实现南开中学的内涵发展、协调发展、可持续发展,创一流学校,办一流教育。

严修先生在旧中国把南开中学办成了全国的一个“模范”学校。今天,我们要继续坚持“允公允能,日新月异”的校训,进一步弘扬南开精神,按照《国家中长期教育改革和发展规划纲要》的要求,创新管理体制机制,把南开中学办成为国家培养创新型拔尖人才的示范学校。这既是党中央、国务院和市委、市政府对南开中学的殷切希望,也是社会各界的期盼和广大海内外校友的期待,更是南开中学义不容辞的历史责任。

我们要怀着“爱南开”之心,竭尽“为南开”之力,让南开不愧于新时代赋予我们的崇高使命。

我们要坚持“南开道路”,心系国家,脚踏实地,求真务实,遵循教育规律,用严谨细致的科学态度来推进教育改革,在传承中创新,在改革中发展,让南开薪火永传。

我们要秉承“南开品格”,为公、奉献、创新,让南开教育的烙印成为南开学生的特质和学校鲜明的办学特色。

我们要弘扬“南开精神”,让南开充满朝气,面向未来,永远年青。

老师们,同学们:让我们凝聚各方力量,同心同德,协调一致,艰苦努力,扎实工作,使南开中学的教育改革不断迈出坚实的步伐,南开中学的教育事业不断有新发展。

南开中学的明天一定会更加美好!

(作者时任天津市南开中学理事会筹备组组长、校党总支书记)

感恩南开缔造者严修先生

程津培

今天回到母校在我熟悉的瑞廷礼堂参加南开系列学校创始人严修先生诞辰150周年纪念大会,并代表海内外历届南开校友来发言,感到十分荣幸和激动。

严修先生是我国近现代著名的爱国教育家,他怀着强国必先改革教育的理想和抱负,与张伯苓先生等志士仁人一起,在封闭落后的旧中国创立和发展了至今仍为世人所称道,为学子所尊崇的南开中学。我有幸在南开中学60年校庆之际来到这所学校读书,后来又在1978年考入南开大学,成为“文革”后的第一批研究生。之后被选派留学美国,获得博士学位,回到南开大学任教到今天。我想我与南开结缘已有四十多年。这几十年来,我觉得自己每时每刻都没有离开过南开的沐泽。每当想到自己取得点滴的成绩,都会想到我的母校南开的培养,都会特别感恩于我们南开的缔造者严修先生。

作为一名科技工作者和一名科技管理人员,我特别受益于南开给予我严谨的科学教育和多元化的综合素质的培养,所以也就特别感念严修先生在创办学校伊始就为南开奠基的南开精神和南开传统,也就是说,要根据国家当时的社会发展来设置学科课程,所以他特别注重科学和学以致用。

比如1919年南开大学创办的最初两个学科,一个是结合天津的商铺地位所建立的经济学科,另外一个就是结合天津的海洋化工的基础所建立的化工学科,这两个学科是南开最初的学科,也是到今天为止南开大学最有地位的两个学科。所以严修先生办学注重科学、注重创新的思想在当今仍然具有深刻的现实意义。我们常说的南开精神中,就包含了严修先生所倡导的科学精神、创新精神。

温家宝总理在第十一届全国人大第三次会议的《政府工作报告》中,提出了“全面实施科技兴国战略和人才强国战略”。温总理特别强调“要大力发展科学技术”,“要认真贯彻自主创新的方针,全面推进创新型国家建设，加快实施科技重大专项，着力突破带动技术革命、促进产业振兴的关键科技问题，突破提高健康水平、保障改善民生的重大公益科技问题，突破增强国际竞争力、维护国际安全的战略高技术问题。”他还指出，“加强人才资源开发。人才是第一资源。要统筹推进各类人才队伍建设，突出培养创新型科技人才、经济社会发展重点领域专门人才和高技能人才。”

当时我是坐在人民大会堂会场里亲耳聆听温总理这番讲话的。我在想，一个国家要掌握自己的命运，就得像温总理报告中所讲的那样，必须走自主创新的道路，建设创新型国家，这也就是我们所讲的要有“大国思维”。无论从科学技术自身发展的规律，从科技和经济社会发展的关系，还是从国际上创新型国家的发展历程，以及我们国家的现实状况来看，中央所做出的我国必须建设创新型国家的重大战略部署是非常正确和及时的。同时，我们也必须清醒地看到，我国到2020年要基本实现建成创新型国家的目标和任务十分艰巨，需要我们全民族的不懈努力，特别是期待包括在座的各位同学在内的全体年轻人尽快成为国家栋梁之材，为建设创新型国家奉献才智，共同来奋斗。

因此，我感到，今天我们在这里纪念严修先生，不仅仅是缅怀他为南开教育、为中国现代化教育所做出的卓越贡献，更重要的是，要在严修先生精神的激励下，进一步发扬“爱国、科学、敬业、创新”的南开精神，为建设创新型国家，实现中华民族的伟大复兴而勇于承担责任，做出贡献。

最后，我还想对正在南开求学的同学们讲几句话。能够在南开中学度过自己成长过程中最关键的一段时期，是一种幸运，是一种对在座各位能力和潜质的认可，但更是一种责任，所谓“天将降大任于斯人”的责任。南开校训“允公允能日新月异”时时刻刻在鞭策和激励着我们每一个人，要以时不我待的精神，积极地进取。以我自己的体会，中学时段的教育是一个人形成良好的学习习惯、思维方式和知识结构至关重要的时期。我建议同学们要养成主动学习的习惯，在广博的知识海洋中自觉地扩充知识面；要养成独立思维，敢于质疑，勇于创新，勤于实践的南开风格。希望同学们都能够以国家和民族复兴为己任，胸怀大志，刻苦学习，善待他人，服务社会，使自己成长为符合社会需要的具有综合素质的创新型人才，为中国能够成为世界级的引导型国家做出你们的重大贡献。

（作者系全国人大常委会委员、全国人大教科文卫委员会副主任委员、中国科学院院士）

高山仰止　肃然起敬

张元龙

今天，春分之末，清明之初，在南开这个充满书香的校园内，在遍布着南开先贤们足迹与气息的古老建筑里，我们纪念南开“校父”严修先生诞辰一百五十周年，我不由生出一股怀旧的悠思，对范孙先生的道德业绩更加敬仰。

我们环望校园四周鳞次栉比的高楼大厦，忍受着车水马龙的喧嚣，不禁令人遥望一百多年前的某个日子，范孙先生带领着伯苓先生和南开的创建者们两脚泥土，一身风尘，就在这个当年叫做南开洼的地方，挖下了第一锨土，埋下了中国近代教育梦想的种子。

当年严修先生站这个地方，往西面看，是蚊蝇肆虐的臭水塘；往南面看，是一路下坡直通海边的荒地；往北面看，是紧临着的天津城南门外闹哄哄的集市；往东南面看，隐隐约约可以看见一片片西式洋房，就是租界地了。

我们不知范孙先生当时想了些什么，但是南开就是在这个环境下起步了。那时的大清王朝气数已尽，几年后的军阀混战民不聊生，社会动荡，外患频生，南开面临的也是重重困难的和不可预知的未来。那时候范孙先生早已因为教育改革和高尚人格闻名于世，他从不趋炎附势，但是对落难人士却是礼遇有加。他致力于中华民族的复兴，执著于教育救国的理念。

就是在他的引领和熏陶下，张伯苓先生和南开的团队殚精竭虑，历尽艰难，终于从迷途中走出，并将范孙先生爱国、敬业、执著的精神和独立、高尚的人格魅力继承发扬，形成了独特的南开精神——允公允能，日新月异。

新中国成立后，南开中学得到了突飞猛进的发展。在党和政府的正确领导下，在历届校领导的辛勤努力下，南开中学迸发出新的活力，成为中国的一流名校。

今天，国家中长期教育规划纲要即将实施，南开中学的发展面临着新的历史起点，理应为中国教育的改革提供最新鲜的经验。我非常赞同教育家办教育的思路。因为教育家是万家之母，没有一流的教育家就难有一流的科学家、艺术家，甚至政治家。我们确实需要一大批像伯苓先生那样，敬业、开明的教育家，但是也许更需要范孙先生这样善于知人、识人、用人，善于放手让年轻人发展创新的教育家的伯乐。认真研读和学习范孙先生的道德精神，培养出基础教育家来，应该是我们纪念范孙先生的重要含义之一。

（作者系天津市人大常委会副主任，张伯苓嫡孙）

缅怀严修先生的卓著功绩

张俊芳

一百年前，严修先生胸怀教育救国之志，捐出家财，四处奔走，筹集资金，在极为艰难的条件下，创办了南开学校。他携手伯苓先生，竭尽毕生精力，改革传统教育，引进西方学制，发展新式教育，传播科学知识，弘扬民主精神，宣讲爱国思想，呕心沥血，矢志不渝，无怨无悔，在我国教育史上留下了不朽的一页。

一百年来，以南开中学、南开大学为代表的南开系列学校，秉承严修先生的治校传统，涵养学校底蕴，培育民族精神，与祖国同呼吸，与民族共命运，薪火相传，弦歌不辍，凝练出了“允公允能，日新月异”的南开精神，蕴积成了“爱国、乐群、敬业“的南开品格，走出了一条励志创新、面向未来的南开发展之路，为民族解放和祖国建设培养了大批栋梁之才，做出了不可磨灭的巨大贡献。

一百年后的今天，我们缅怀严修先生创办南开、献身教育的卓著功绩，追思先生不畏艰辛、执著办学的人格风范，光大先生爱国兴教、砥砺革新的思想境界，就是要进一步激励南开人在新的形势下，加强办学体制机制创新，大力发展学校特色，全面提升育人质量，努力创办世界一流学校。让我们大家共同努力，就是要号召所有热爱南开、关心教育的社会各界人士支持南开、关心南开。

让南开成为一笔财富，在这里，我们能不断发掘出治校真谛、办学方略和育人要义。

让南开成为一个品牌，成为天津和中国高水平、高质量现代化教育的象征。

让南开成为一本教材，能为解决教育改革与发展所面临的共性问题和全面提升教育教学质量，提供示范性、实践性的借鉴。

让南开成为一面旗帜，以先进的办学理念、扎实的改革步伐、高水平的教育质量、高尚的师德风范，领军天津和全国，通过带动、辐射和整合，形成更多优质教育资源，进一步满足老百姓上好学校、找好老师、受高水平教育的愿望，为天津市及全国教育发展做出新的更大的贡献。

愿这座巍巍学府，人才辈出，群星璀璨！

愿南开莘莘学子，至勉至勤，卓立群峰！

（作者系天津市副市长）

饮水思源　不忘前贤

关乃佳

今天，我们怀着十分崇敬的心情，隆重纪念南开系列学校的创建者严修先生诞辰150周年，共同缅怀他为中国近代教育事业做出的重要贡献。

严修先生是中国近代教育改革的先驱之一，是中国新式“私学”的开拓者和实践者，是南开教育事业的创始人和奠基人，更是南开大学的创建者和贡献者。

严修先生不仅创建了南开大学，而且在南开大学的早期发展中，还曾多次向学校捐赠款项、图书和土地，并以个人名义设立奖学金资助周恩来等优秀学生。在20世纪20年代，南开大学收到的几笔数额较大的社会捐款，无不缘自严修先生的个人名望和社会关系。

严修先生的教育思想和办学理念，对南开大学早期的办学宗旨、专业设置、教学内容和人才培养模式等，都发挥过积极指导作用。他1906年提出的“‘尚公’、‘尚能’为振起国民素质”的教育主张，成为南开“公能”校训的思想源头。他强调德、智、体、美四育并进，鼓励学生演出新式戏剧，特别注重人格修养和校风建设。他重视南开大学文科的发展，曾与梁启超商议吸纳优秀人才，提升南开文科在全国的学术地位和影响。他支持张伯苓发展应用学科的主张和举措，使南开大学较好地适应了天津及北方经济社会发展的需求，形成了“知中国，服务中国”的办学特色。

严修先生虽然不在南开教育第一线，但他为南开选择了张伯苓这位具有大教育家才干的好校长，并始终重用和支持张伯苓；他为南开学校尤其是南开大学的规划创建、劝募集资倾注了毕生心血；他以自己的爱国思想、教育理念，深刻地影响了早期南开的发展，推动南开形成了优良的教育传统。所有这些，对南开教育事业而言，都是关键性和决定性的。正是从这个意义上说，没有严修就没有南开，严修先生是当之无愧的“南开校父”。

饮水思源，不忘前贤。90多年来，南开大学始终铭记严修、张伯苓等前辈创建和发展南开的丰功伟绩，始终把传承和弘扬南开先贤的精神风范视作光辉使命。当前，南开大学师生员工正紧紧抓住党和国家推进教育事业中长期改革发展的重大机遇，紧紧抓住天津滨海新区开发开放的重大机遇，紧紧抓住规划建设新校区的重大机遇，求真务实、奋发开拓，以优异的成绩迎接学校第八次党代会的召开。在学校的建设、改革和发展中，继承和弘扬严修先生等老一辈南开人的崇高风范，坚持南开道路，发扬南开品格，光大南开精神，不断加快创建世界知名高水平大学的步伐，努力为中国高等教育事业发展和中华民族伟大复兴做出新的更大的贡献！

（作者系南开大学副校长）

用继承来缅怀　用发展来告慰

齐重岭

一个半世纪，在中国大地上出现过许多著名人物，这些人物在当时都对中国社会产生过巨大影响。但是，能对国家和民族影响得超过百年的，可就是凤毛麟角了。时间流逝得愈久远，愈是显现出其影响光环的人，才是国家的栋梁，民族的脊梁，才是最让我们引以为傲和值得我们永远怀念的人。严修先生就是这样一个人。

范孙公的原籍是人杰地灵的浙江，祖业盐商。后经科举而做官，历任翰林院编修、贵州学政、学部侍郎等职务，都很有政绩。清朝末年，看到朝廷不能有什么作为，于是以身体患病为理由，回天津，在家中办学，专心于地方及教育事业。

面对这样一个长者，一个影响了几代学子的教育家，我们应该怎样献上缅怀与敬仰呢？只有追忆他的音容，感念他的精神，领悟他的思想，继承他的事业，拓展南开教育的道路！

感念他的精神。范孙公的精神有四：曾经为官，却不被官场所惑，出污泥而不染，这是他的“自觉精神”；出身于科举，敢冒死进言，想要废除科举制，这是他的“义勇精神”；终生为教忙碌，不畏惧任重道远，更不畏惧过程中的艰难，老而弥坚，这是他的“执著精神”；为中国寻求新的教育之路，在日本和欧美之间奔走，不坐而论道，以自己的亲身实践打开了中国未来教育之门，这是他的“实践精神”。

领悟他的思想。范孙公的思想有三：一是教育要注重实用。范孙公认为，旧的教育口不离诗书，所习非所用，所用非所习，言行不一，学用脱节，主张培养对社会有用的实用人才。1897 年，他在任贵州学政时，就大胆变革教育。二是教育要男女平等。1902 年，首先在自己家中办起严氏女塾，开创了天津女子教育的先河。1923 年又创办南开中学女中部，即今天的第二南开中学。三是教育要走出国界，洋为中用。他认为，国家要走向富强之路，必须博采东西文明，引进西方文化与教育制度。他先后去日本、美国和欧洲进行教育考察，探求建立新式学校的模式与途径。

继承他的事业。范孙公的事业在南开：百余年的南开，历尽风雨，从几个人的私塾，发展成为举世闻名的南开教育系统。就是因为有范孙公的物质支撑和不懈的努力。他为南开累财巨万而不惜；为南开定方向，建校训，制镜铭，功高而不自夸。

一个多世纪，就是这样可敬的长者，以他的胸怀和思想影响着我们。我们南开家庭的每一个成员，也都以各自的形式来继承和发展范孙公的思想。2008 年 10 月 14 日，即第二南开中学建校 85 周年之日，严修和张伯苓的两座闪亮的半身铜像，在现代化的校园里，庄严地树立了起来，供二南开的师生日日瞻仰；教学楼的最显赫的位置也立起了镜铭；办公楼的正门也镌上了“公能”校训。这些让我们全体师生都激动不已。

而来自南开大家庭兄弟校的热情关注和支持，更让我们的师生感受到南开大家庭的温暖、亲切和深厚。虽然，我们曾经一直为南开的发展努力着，但从来没有感到，南开与我们是如此的近切；现在，我们真正感到是根红苗正的“南开人”。同时，我们也深深地认识到，继承南开精神，发展丰富南开精神，这是我们责无旁贷的义务。我们二南开人愿为之，乐为之，终身为之！

如今，南开家庭的每一个成员，都沐浴在范孙公和伯苓公的繁阴之下，凝聚在“允公允能，日新月异”的南开精神之上，不分彼此，不分高低，互通有无，互帮互助，是多么其乐融融啊！我相信，今天，必将是南开历史发展的一个新起点：范孙公的无私，大度，包容，更影响着南开大家庭成员间的关系，将这个关系推向一个更加和谐繁荣的新阶段！

（作者系天津第二南开中学校长）

发扬严公精神　光耀南开伟业

宋　璞

2010 年是南开学校创始人严修先生诞辰 150 周年。作为南开事业的继任者，我们在这特殊的日子里更加追思先生的功绩，更加缅怀他的风骨。

严修先生是中国私人办新学的开先河者。他在极其艰难的历史条件下上书光绪皇帝，提出开设“经济特科”，主张经世致用，改革人才选用模式。他毅然地走出旧营垒，勇敢地站在时代前列，改革传统教育，倡导西方“新学”，并身体力行，传播科学知识、民主精神和人文理念，在中国教育史上留下不朽的一页。

严修先生是真正的爱国人士。他无论是居庙堂之高还是处江湖之远，都积极思索国家和民族的发展前途，不遗余力改革陈风陋习，倡导社会文明，促进国家进步。在事关倒退与进步、封建与改良的大是非上，他有明确的立场，表现出了崇高的气节。

严修先生是南开学校的创办人。先生为清代

著名翰林,在国家的积贫积弱中他逐渐省悟到“欲救中国,必须变法维新,而变法维新,则非创办新教育不可”。于是设严氏家馆,聘请毕业于北洋水师学堂的张伯苓主持。1904年,范孙先生与伯苓先生东渡日本考察教育,归国后正式招生成立“私立中学堂”,后改名“南开中学堂”,“此南开学校创立之缘起也”。

严修先生是培育英才的集大成者。百余年来,他创办的南开学校主张德、智、体、美四育并进,培养了以陈省身、吴大猷、曹禺等为代表的大批优秀人才,为社会进步做出了贡献。他还慧眼识英才,用“严范孙奖学金”资助周恩来出国,并且力排众议,连续不辍。

自创办之日起,南开学校就一直处于发展壮大之中。严修先生与伯苓先生均为矢志教育救国之人,跋涉的脚步一刻也未曾停息。1918年五四运动前夕至1932年,在严修先生的支持和嘱托下,张伯苓校长相继创设了南开大学、南开女中、南开小学、南开经济研究所和化学研究所,逐渐建成了规模宏大、部类齐全的南开系列学校,在中国教育界具有重要地位。

九一八事变后,华北情势危急。为了使教育不因时政变化而中断,也为了将南开学校办到全国各地,1935年张伯苓校长入川考察,最后在重庆沙坪坝置地800余亩,办起了南渝中学(后更名为重庆南开中学)。正是张校长的远见,津校被日军所毁之时,重庆南开中学勇擎“公能”大旗,表达了“南开生命之延续以及不屈之决心”,世人为之震撼。

由于处在大后方,也得益于重庆成为陪都之后各方人士纷纷入川,重庆南开中学在中华民族最为艰难的时刻弦歌不绝,树立起了抗战时期中国基础教育之典范,是南开百余年办学历史上的华彩篇章。

虽然重庆南开中学创立之时严修先生已经作古,但是南开学校的发展壮大,仍然得益于先生的远见卓识,得益于南开精神的薪火传承。并且,严修先生的嫡孙严仁颖先生,曾经在重庆南开中学任教。他的才华和特立独行的风格给全校师生留下了深刻印象,至今还为众多老校友津津乐道。重庆南开中学每每在校庆之时和活动纪念日都会追思先贤,感念前人。为了缅怀严公,学校将主教学楼命名为“范孙楼”,以表追忆。

时至今日,我们欣喜地看到,南开大家庭中的每一个成员都取得了长足的进步,在各自所处的环境中产生着重要影响。天津南开中学培养了周恩来、温家宝二位总理,重庆南开中学则是中国科学院院长周光召、中国工程院院长朱光亚的母校。南开人才辈出,这是对严修先生、张伯苓先生以及所有南开事业开创者的最大安慰。

今天我们纪念严修先生150周年诞辰,化为实际行动就应该更好地继承和发扬南开精神,坚持走南开的道路,坚持发扬南开的品格,坚持开拓创新,培育优秀人才。我们真诚企盼与南开大家庭中的各位成员进一步加强团结,密切联系,广泛合作,携手共进。另外,对于严修先生的思想、精神,我们应当进一步挖掘和探讨,以作为发展的新动力和源泉,以进一步光耀南开伟业。

(作者系重庆南开中学校长)

传承南开精神　促进蜀光发展

甘建情

今天,我怀着崇敬的心情来到南开中学,参加南开“校父”严范孙先生诞辰150周年大会——我是来朝圣的!

严先生创办的南开教育,恩泽千秋,惠及四海。1937年,南开学校校长张伯苓先生、南开学校中学部主任喻传鉴先生、南开中学教务主任韩叔信先生,应四川省自贡市盐商之邀莅临自贡考察教育。张校长到自贡后,深感“自井乃盐业重地,前途不可限量。又因蜀中学子尽皆聪慧,极愿为自井教育有所效力”,而欣然接受自贡有志之士的恳求——接办蜀光中学。张伯苓校长任新蜀光中学董事长,遂委任喻传鉴先生任新蜀光中学首任校长。喻校长按南开教育模式全面改造蜀光中学，制定并实施了《蜀光中学三年改进计划》，重选校址，购地360亩，重建校舍，制定并题写了“尽心为公，努力增能”的校训，在办公楼、教学楼竖直一面大镜并镌刻严先生手书的“容止格言”。喻校长为蜀光中学尽纯粹之义务五年后，韩叔信校长又继之数年。蜀光中学因张伯苓先生接办而兴，因融入南开教育而盛。蜀光中学，1953年被四川省人民政府命名为第一批省重点中学；2002年创办为川南第一所“四川省国家级示范性普通高中”。80多年来，蜀光人秉承“公能”校训，发扬南开精神，取得一系列骄人的成绩：向高校输送了数以万计的大学生，其中有三名省状元；校友中涌现了一大批以院士、科学家、哲学家、艺术家、高级干部、将军、运动健将为代表的杰出人物，为国家经济发展和社会进步做出了重要贡献；学校先后获“全国教育系统先进单位”、“全国体育传统项目学校”、“全省艺术教育示范学校”等全国、省荣誉达100余项。蜀光中学已成为饮誉全省、全国的名校——这是严先生创办的南开教育的又一成果！

2009年4月，自贡市人民政府为了更好地满足人民群众对优质教育的需求，在蜀光中学原有办学条件的基础上，再征土地再投资1.2亿元（不含土地）全力打造蜀光中学。新建3万平方米的教学大楼、3.6万平方米的学生生活服务中心、400米标准运动场，全面提升装备水平，按南开风貌全面加强校园文化建设。2010年9月，一个占地400余亩，布局合理、功能齐备、装备一流、环境优美的新蜀光喜迎八方学子。

把蜀光中学建设得更加美好是我们的责任，把南开教育从一个辉煌推向又一个辉煌是严先生的心愿，我们蜀光人有能力以优异成绩告慰严范孙先生！

祝南开教育明天更美好！

（作者系四川省自贡市蜀光中学校长、党委书记）

曾祖父给我们留下精神财富

严文典

我是严修的曾孙严文典。今天，天津南开中学隆重纪念曾祖父一百五十周年诞辰，我很高兴能参加这个活动，并且代表严修的后代讲几句话。

曾祖父终生致力于教育救国，曾奏请废八股，废科举，开设经济特科；退官家居后，更集全力办学，与张伯苓先生创办了南开系列学校。他是在中国教育近代化进程中积极变革封建教育、倡导新式教育的先驱者。在南开学校建设的初期，他为在中国推行新式教育投入了极大的精力。作为南开中学的校董，他不仅以个人财力、物力资助学校发展，而且在教育思想、办学方向和办学理念上对南开也有很大影响。

解放前的南开学校为传播科学知识、民主精神和爱国思想，在中国教育史上留下不朽的一页。解放后，在党和政府的领导下，南开系列学校翻开了崭新的一页。经过了六十年的风风雨雨，南开中学成为全国最著名的最有成就的中学之一，为新中国培养了一大批优秀毕业生。如今，南开中学秉承“允公允能，日新月异”的校训；努力把南开中学建设成具有中国教育特色的国际著名一流学校。这是严范老、张伯苓校长以及后来历届校领导和全体教师上百年辛勤努力的结果。相信曾祖父如果看到今日的南开，一定会感到无比欣慰的。

曾祖父除了花费大量精力推行新式教育外，还非常重视家庭教育，对儿孙的要求十分严格，从治国修学、为人处世、强健体魄等各方面进行培养教育。辛亥革命之后，曾祖父率先与儿孙一同剪去辫子。从1912年起，他就以阳历元旦为过年，所有日记和信件都以公历计年月，自己和家人生日也都以公历日期为准。

曾祖父对子孙的教育，也是以文明教育、学习先进知识为主。我们的父辈多次跟我们提及他们少年和青年时代与祖父一起生活的点点滴滴。他认为学校教育与家庭教育相结合才能相辅相成更加完备。虽然他是南开学校的创办人,但从不为儿孙们在南开读书的事托人情,他们全是靠自己努力考上南开的。他要求家庭成员不许吸烟,不许赌博。主张粗衣简食,以警惕好逸恶劳。

据我的叔叔回忆,在他二十岁之前,从没穿过呢绒绸缎,在学校上学穿的制服,都是按兄弟长幼顺序,哥哥穿后传给弟弟穿。他每天与祖父同桌用饭,就餐时使用公筷,大家必须先吃主食,后取副食,并只可夹取就近盘菜,其他盘菜不许自取。

曾祖父注重德、智、体、美全面发展,鼓励孙辈学习昆曲、武术、围棋、绘画等。他把严家和亲戚卢家和娄家的孩子组织起一个球队,经常参加球类比赛,增强体魄。让孙子们每人学习一两种乐器,每逢周六,就凑到一块儿合奏,全家其乐融融。

曾祖父重视对子孙的教育,白天孩子到学校上学,晚上在屋里摆上大桌子,让孙子孙女围坐在一起学习,他自己常常在一旁监督。每周他都要求孙辈写一封信稿,可以写给长辈兄弟,也可写给朋友,由他亲自批阅修改。还在家里开辟了一块壁报,或写文写诗,或画画,随意抒发感情。

曾祖父冲破重重阻力和旧的习惯势力,主张妇女接受新思潮,反对女子缠足。在清朝末年严家就率先废止了缠足的陋习,他还亲自编写了一首《放足歌》,曾传诵一时。他还以"三字经"形式写了《教女歌》,用通俗的语言教育妇女要学习文化、要有持家能力。他是中国最早的女学倡办者之一,1902年创办的严氏女塾,被《大公报》称为"女学振兴之起点"。他还创办了严氏女子小学、南开女中和严氏保姆讲习所等,并且首先把自己的女儿、儿媳和孙女送入这些学校就读。他还大力支持中国最早的公立妇产科医院——天津女医局(今水阁医院)的工作,垫付银元解决了医院入不敷出的窘况。

我的父辈一代,大都在南开学校度过了他们的青年时代,他们多数都把教育作为他们毕生的事业,并且在自然科学、医学、经济学和教育学等方面卓有建树,并且把南开的精神贯穿在他们一生的工作中。

由于历史的原因,我们这一代许多人没能直接接受南开学校的教育,但我们的祖辈和父辈崇尚科学、崇尚教育的思想深深扎根在我们的心里,我们从小接受的教育与南开精神是一脉相承的。今后我们也要坚持这一理念,教育好后代,让南开精神继续发扬光大。

曾祖父没有给我们留下任何物质遗产,但他那治国修学、严于律己和勤俭持家的优良传统潜移默化地传给了我们,是极为宝贵的精神财富。

我感谢南开中学举办这样一个活动,来纪念曾祖父为南开所做的贡献,弘扬南开的爱国主义、崇尚科学的精神。一百年前曾祖父设想过,要创办一流的教育、贫富一律有学上、教育上男女平等、德智体美全面发展。如今,这些理想都逐渐成为了现实,或者即将成为现实。

一百年前,南开学校的建立和新私学的教育思想在中国文化教育史上写下了浓重的一笔。今天,严修先生和张伯苓先生的后代决定募集资金,设立"严张基金会",为我国现代的私立教育贡献我们微薄之力,让南开的精神继续发扬光大。

今天我再次来到南开,看到花开满园生气勃勃的南开校园,就像回到了家里一样,感到十分亲切。特别是看到这么多充满生气的同学们,我也好像年轻了许多。南开的杰出校友温家宝总理说,南开的精神是"青春的精神"。南开是你们的母校,也算是我的母校,让我们共同祝愿她永远充满青春和活力。

我还要给在座的老师鞠一躬,感谢百年来为南开教育事业付出了毕生心血的所有学校领导和教师,是你们教育出一代代优秀的南开人才,让严修老先生的遗愿变成现实。

祝百年南开永葆青春,越办越好!

(作者系严修曾孙)

追寻南开精神的DNA

赵启正

我叫赵启正，是1958年从南开中学毕业的，是从这个礼堂走到大学去的。今天和大家在这里聚会，感慨万千。但是最重要的，还是先祝贺南开中学“学习研究周恩来小组”的成立，这是我们学校的一件大事。成立这个小组，我们学校最有资格、也有最现实的可能，因为我们有历史资源，有老师和同学们的愿望作为基础，我对这个小组充满了期望。成立这个小组有了基础，还得有起因，我知道这是我们的校友海麟同志担任了南开中学的理事长后的新创意。他已经做过副市长、人大副主任了，现在还来做中学的领导人，这在中国大概无先例，其意义就是为了推动教育改革；同时，这也是我们另外一位杰出校友——温家宝总理对海麟同志和南开中学的嘱托，所以我们都应该尽力支持。

还是从这个礼堂说起。在这个礼堂里，我曾听过很多报告，有很多很平常的事情，却也是在记忆中的。记得我在学校的时候，有一位青年团的辅导员，周毓瑛老师，比我大概年长五、六岁，经常在这做非常生动的演说。这里也常举行文艺演出活动，大多是同学们自编自演的节目。

1949年初，即将解放的南方各省急需大批知识分子干部，以满足新解放区的工作需要。为此，中共中央批准四野在平津吸收万名知识青年参军，组建南下工作团，我知道南开中学的许多同学都踊跃报名参军。这些参军的同学，有的后来又回来接着上学——我有一位同班同学叫赵璞就是这样的；有的参加了抗美援朝战争——我的一位好友的哥哥叫赵纯如，是初一的学生就参了军，后来给我讲过在朝鲜的故事；其中的有些人，就永远没能再回来。二战的时候，苏联红军从莫斯科红场受检阅后，直接奔赴战场；而参军的南开的学子也是在这个礼堂告别老师、同学，奔赴各地的。所以说，这个礼堂的纪念意义是非常深远的。

毫无疑问，南开中学是我们一生的符号。无论在哪里，填写任何履历表，都会填写“南开中学毕业”；说到自己的学习经历，都会说“我是南开中学毕业的”。我们从母校毕业以后，常常会想，南开给了我们什么？也许可以说，是南开的“DNA”留在了我们身上。南开的“DNA”是什么？当然就是南开精神——“允公允能，日新月异”。大家都知道，这是我们的学校创办人严范孙先生和老校长张伯苓先生于上世纪20年代前后制定的，和同学们的年龄相比，虽然是很古老了，但随着时代、社会的进步，它的内涵也在发展。南开精神具体的形象就是周恩来总理，想到他，想到他的人格、他的贡献和他的伟大，就会知道，拥有这样“精神的DNA”，将使我们无往而不胜，就能够为国家、为人类做更多的事情，这就是我们南开人与别人不同的资源。

这几年，因为我到全国政协工作，时间稍多一些，有了一些和大学生交流的机会。下面，我把曾经对大学生讲的一段话重复一下，我想南开中学的学生也能理解。

所谓成功，就是能够比一般人有更多的成就，对社会做出更大的贡献。而人的发展，在年轻的时候，就能看出苗头来。我在复旦大学曾这样说，“如果一个30岁的人，能有40岁的智慧，大概他的一生会是成功的；如果一个30岁的人，只有20岁的智慧，大概他不容易成功。而多数人是30岁时有30岁的智慧。”复旦大学的学生问我：“何以有超前年龄的智慧？”我的回答是：“一是向长者学习；一是向书本学习；当然，努力实践也是必不可少的。”

“向长者学习”，是指向那些睿智的长者、相对成功的长者学习，因为智慧的积累是需要时间的，学知识能够突击，长智慧却很难突击。因为它需要阅历，需要挫折，需要思考，而后你的智慧才能升华。长者的智慧，也是这样来的，并没有捷径。他几年、几十年、甚至一生时间所积累的某些智慧，可能在和你的交流当中，就告诉你了，这是多么的珍贵！我和以色列总统佩雷斯曾有一个对话，讨论了智慧和聪明的区别。什么是智慧？我们的看法是很接近的——就是对于没发生的事情，特别是对未来能够做比较准确的预计的能力。而聪明呢，是指某一单项的能力，如解几何题，学外语比多数人做得快，学得快等等。所以经常说“小聪明大智慧”，还是有道理的，聪明不完全等于智慧，当年龄逐渐大的时候，我们希望大家保持聪明，增加智慧。如果你有和睿智长者接触的机会，就是你们的缘分，你们的老师中就有这样的睿智长者。我相信孙海麟理事长能运用他的威望请来许多睿智长者来给大家讲他们的故事。大家不要小看故事，故事离真理很近，故事表达的真理比纯哲学表达的更容易让人记住，更容易让人学习。比如《伊索寓言》讲“农夫和蛇”的故事，就是告诉人们不能怜悯那些险恶的人。如果这些道理不用故事的语言，而用哲学语言去讲，则可能让人难以听明白，也不会记住。今天，天津传媒界的几位领导都在主席台上，他们知道，有时我们报上的一番道理，却不如讲一个精彩故事的效果。在座的老师，可能读过约翰·奈斯比特的著作《大趋势》，最近，他又和我合作完成了《对话：中国模式》一书。他还写了《中国大趋势》等几本关于中国的书。回过头来说，周总理的事迹就是最好的故事，故事里有真理。这对于我们中学生来说，就是做人的真理，我希望我们小组对他的故事要讨论，要挖掘，要研究，并且要将其与我们今天的生活联系起来。这样的励志，对我们的前途，对我们的一生都是有好处的。现在国内外关于周总理的书有很多，我要把我收集的都送给你们的小组。

第二，就是要读书。我们人的进化，从北京人到山顶洞人再到现代人。山顶洞人和现代人的脑容量差不多，为什么人类从山顶洞人到现代人却有了这么大的飞跃？因为人类有了文字，有了书籍，文化遗产可以一代接着一代传承下去。我曾对以色列总统佩雷斯说，每一代动物，都是从零开始的；而人类的每一代，却不是从零开始，一代比一代的起点高。我举例说，比如老虎没文字，就没有文化遗产。佩雷斯接的我的话说，所以老虎已经成为濒危动物了。

我曾经在南开中学80年校庆时给学校写过一封信，我说，“在校以南开学子为荣，离校以南开校友自励”。我的语文老师是陈东升老师，他上课的语言简练、优雅，文学功底非常好，对我们的影响是非常深远的。我到大学以后学的是核物理，毕业后在核工业部工作，后来到航天部，再后来到上海做党务工作，做过副市长、浦东新区管委会主任、国务院新闻办主任，现在是全国政协的外事委员会主任，每天都要和语言文字打交道。我的语文功底，就是在南开中学学习的这几年打下的。而我在国内外演说和答记者问的基本功——基本知识和思维方法，也都是受南开教育得来的。

我曾有机会和美国的宗教领袖、神学家路易帕罗进行过几次关于宗教和科学的对话，还出了一本书：《江边对话——一位无神论者和一位基督徒的友好交流》，现在国外已经有了英文、西班牙文和韩文版。书中讨论了进化论和牛顿的力学定律，我的进化论基础知识就来源于我在南开时候的学习，当时，有一位鲍老师曾给我们上达尔文主义——进化论的课。而我的物理老师，赵金仓老师和王荫槐老师，则促进了我学习物理的兴趣。一名韩国的网友在网上评论这本书，他写道：“我由这本书，想到我们韩国的教育能不能培养像这位中国作者这样的人？我为此感到焦虑。”在这里转述这句话，我的意思是，我们南开中学的教育水平真的不错。

要想一个国家繁荣昌盛，没有人才是不可能的。各行各业都要有领军人物。今天坐在台上的邢燕子同志就是她那个年代的带头人，就是时代精英。我曾经也在“五七”干校劳动过两年多，挑一百斤挑子，我的腰还是直不起来！所以我知道，邢燕子，不容易。

我的期望，今后，南开中学的每个毕业生都应该带着至少一本关于周总理的书离开母校。我们学习、研究周总理，如果达到能用感动自己的语言去描写周总理，去让学生提示自己不断进步，那就表明我们的自觉达到了新的高度。

下面，有谁愿意跟我对话？一人只问一个问题，我会送给你一本我写的书。

问题一：我很荣幸能够和启正学长有这样一次对话的机会。我是来自高一1班的孙奕，初中就毕业于南开中学，所以对这里有非常深厚的感情。我想问启正学长一个问题：今天是我们成立“学习研究周恩来小组”大会，南开学子都是以周恩来总理为人生楷模的，您能讲一个事例，说一说您受到了周恩来学长哪方面的影响？哪方面影响您最深？

回答：1963年我大学毕业，在人民大会堂，周总理讲话，讲得很长。在讲到教育问题时，他讲到了南开中学。他说，我在南开中学上学的时候，有生理课，是一个外国老师讲的，关于人的某些生理功能，至今我还有很深刻的印象。周总理的话流露了感恩思想。他感恩，感谢南开中学，所以才说那些话。人要是不知道感恩就不完美。我们这些人的成长都离不开老师的付出！谁把我们培养出来的？

当然,除父母之外,就是老师了。尤其,在培养人格方面,中学、小学老师功不可没。

问题二:赵老师您好!我是来自高一6班的张晨。从刚才的讲话中,可以看出您和南开中学有很深厚的情谊。南开中学除了培养您的学习能力以外,还培养了您哪方面的能力?您既然有这么高的成就,一定原来在南开中学做过学生干部,有很强的办事能力,请问您在这方面是怎么锻炼出来的?

回答:我在南开中学做过两个"小干部"——在班里是副班长,另一个是航空模型社社长。当时我们国家很落后的,居然没有一本航空模型的书,我们就硬读由苏联进口的俄文的航空模型图书。做航空模型社社长等于管理一个小工厂,每周会有一次活动,讨论我们比赛要出什么飞机。因为活动资金很少,一学期学校才给十几块钱,所以要省着用,要把这点资金用得恰到好处,这要一点管理能力。后来,我当了上海副市长,有时会想到当航空模型社社长的往事。

问题三:学长好!我是来自高一11班的郭慧玲。对于您这样一位长期在国内国外走访过很多大学的人,我想问一下:您觉得我们现在的教育理念和教育改革是应该朝一个怎样的方向走?

回答:我们的教育和外国比,在知识传授方面绝对不弱。我的弟弟在美国当大学教授很多年了,他的孩子就是在美国长大的。孩子的爷爷说:"只会说中国话,不会写中国字不行。回国念一两年书吧。"这孩子回来过两次,每次上一个学期学。回到美国之后,数学一考试,成绩优异,学校让他跳了一级。

我们缺的是什么?创新性。我们习惯地亦步亦趋地跟着老师走,老师累,学生也累,思考的时间不够。美国一个教哲学的教授在北大兼课时跟我说,中国的教授不怕累,满堂地讲;在我们美国的大学,老师讲一半,学生讲一半,这样通过讨论才能使学生有创造性。所以我认为,改革的目标是增加创造性,提高学生创新能力。改革的方法不是改体制,而是要改革我们的考试制度。否则再好的老师也难于发挥,再好的同学也被压抑住了。

问题四:您好,我是语文学科的单巨兵,是一名青年教师。听了您的精彩演讲,我感觉自己身上的责任更重了!您能否给我们的教师,尤其是青年教师的教育教学工作提一些要求或建议呢?

回答:您是教什么课程的?(单巨兵:我是教语文的。)太好了,我认为语文这门学科,跟青年人的人生观形成很有关系。我觉得老师如果能把课给讲活了,就是好老师。所谓"讲活了",就是说你的课能让学生领会到深刻的道理,并让这些道理融入学生的思想,而不是死板地背书和死记造句法。

在培养学生语文能力的时候,一定要培养他的交流能力。交流能力的重要性现在已经表现得很突出了,比如一个外国公司举行招聘面试时,中国学生常常会因为过于内向和谦虚而表达得不够得体。如果面试官问,你报考的这个职位,你并没有做过啊,将来能胜任么?中国学生可能会回答,我一定虚心学习,经过你们的培养,我一定会行的;而外国学生则可能会说,虽然我没有做过,但是和它类似的工作,我曾在实习时做过,我想我能够很快适应。两种回答听起来差不多,但面试官却会录用外国学生。

而且,一个不会交流的人,往往是孤独的,也不会感觉到环境的温暖。不善于交流的人,不会成为一个好的被领导者,更不可能成为一个好的领导者。吴建民大使也深感这个问题的重要性,他原是我们驻法大使,后来到外交学院做院长,为了培养学生的交流能力,他专门开了一门课,叫《交流学》。就交流问题,我和他还共同写了本书,叫做《交流使人生更美好》,今年"五四"青年节出版了,是献给青年的。爱因斯坦说过,一定要正确地表达,力求清晰和明确是一种神圣精神。像我们这种学数理化的人,就中学这点语文底子,单老师,陈东升老师已经走了多年,就拜托您和您所在的教研室的老师们把学生们的语文基础培养好吧,谢谢。

问题五:我想问赵启正学长一个问题,对于我们90后这一代思想上的教育问题您有什么建议?有人说现在许多电视节目都不适合我们,我们应该把更多精力投入到爱国主义教育上,您对此是什么看法?

回答:"80后"、"90后"掌握的知识在深度、广度上比我们当年要好得多,原因是学校环境好了,老师的水平高了,学习硬件多了。我们那时候个人哪有录音机啊,更没见过CD、DVD,互联网还没有发明。你说对现在很多电视节目不满意,说明你有判断力。文化节目、电视、电影、小品、相声,都是文化的载体,文化的核心是信仰、价值观和思维方式,是蕴藏在思想里和灵魂深处的。13亿中国人,层次不同,需求不同,因此能包容各种文化的表现形式。

有志青年,少看点电视,多念点书,多与家长、老师和同学交流,将会有更多的收益。

(作者系全国政协常委、全国政协外事委员会主任)

像周恩来总理那样活着

孙海麟

今天,我们在这里隆重集会,举行天津南开中学学习研究周恩来小组成立大会,有着非同寻常的重大意义。

一、周恩来总理的一生是革命的一生、光辉的一生

敬爱的周恩来总理生于1898年,逝世于1976年。2008年在纪念周恩来诞辰110周年座谈会上,胡锦涛总书记高度评价周恩来总理的一生。他说,“周恩来同志是伟大的马克思主义者,伟大的无产阶级革命家、政治家、军事家、外交家,党和国家主要领导人之一,中国人民解放军主要创建人之一,中华人民共和国的开国元勋,是以毛泽东同志为核心的党的第一代中央领导集体的重要成员。周恩来同志的卓著功勋、崇高品德、光辉人格,深深铭记在全国各族人民心中,在国际上也享有很高威望。”

周恩来的一生是革命的一生,是“鞠躬尽瘁,死而后已”的一生。他说:“人是应该有理想的,没有理想的生活会变成盲目。”1921年,周恩来加入中国共产党,从此,他把自己的全部精力和才能毫无保留地献给了共产主义事业,直到生命的最后一刻。不少人说“周恩来是世界上最忙,工作最多,睡眠最少,最辛苦的人”,他的一生是用生命为国家为民族为人民奋斗。

周恩来的一生是党创建人民军队开拓者和统一战线创建者的一生,也是缔造新中国、领导建设新中国的一生。作为新中国的开国总理和“大管家”,祖国的四个现代化和人民的安危冷暖都铭记在心,事必躬亲,呕心沥血。

周恩来的一生是有完美人格的一生。邓小平说,周恩来是我党我军优良传统的化身。他一生严守纪律,严苛地对待自己和家人亲属。忠诚于党,忠诚于国家和民族。他一生信奉“生而不有,为而不恃,长而不宰”,把它作为人格修炼的最高境界。

二、周恩来总理与天津南开中学的深厚渊源

1913年2月,周恩来随伯父一起从辽宁搬到天津。8月16日,参加我校入学考试。8月19日报到入学,编在一年级己三班(以后改为丁二班)就读。

那时南开中学的学制是初中两年、高中两年。从1913年8月至1917年6月,整整四年间,周恩来一直在天津南开中学学习,并且住宿在学校里过集体生活。从15岁到19岁这个年龄,正是一个年轻人思想性格形成的关键时期。从当时看,南开中学的教育是进步的,有特色的;学校在各方面都要求严格,积极倡导开展课外活动,这些教育对周恩来产生的影响是不可忽视的。南开学校的校长张伯苓说:“周恩来是南开最好的学生。”在学校求学时,周恩来就明确提出要“为中华之崛起而读书”。

周恩来在校期间的学习成绩很优秀,国文和数学的成绩尤为突出。1916年5月间,学校组织了一次不分年级的作文比赛,周恩来的选题是《诚能动物论》,经我校创办人严范孙亲自选评为全校第一名。天津市各中等学校每年举行一次校际演说比赛,1914年和1915年,周恩来都被推为学校的三名代表之一,连续两次我校都取得第一名。周恩来的数学成绩也很好,《校风》上曾记载:他是笔算速算48名最优者之一。刚入学时,他的英文基础比较差。为了攻克这一难关,他学习很刻苦,每天早晨中午和下午的课余时间,都用来学英文。一进入二年级,他的英文就相当好了。

当时学校里,下午4时起是课外活动时间。周恩来对这些课外活动总是积极参加。他在作文中说:人立足于世界上,不能像草木禽兽那样只靠自己生活,必须依靠公众的扶持,“而服役之事乃为人类所不可免”。因此,他总是甘于默默地去做那些为公众“服役”的事情,从来没有在这方面吝惜过自己的时间和精力。他在给友人的信中说:“课外事务则如猬集，东西南北，殆无时无地而不有责任系诸身。人视之以为愚，弟当之尚觉倍有乐趣存于中。”入学第二年，他和同班同学发起组织“敬业乐群会”。这个会的宗旨是“以智育为主体，而归宿于道德，联同学之感情，补教科之不及”。他还主持出版会刊《敬业》，一共出了六期。毕业时，《同学录》中对他做了这样一段评语：“君性温和诚实，最富于感情，挚于友谊，凡朋友及公益事，无不尽力。”

周恩来的生活十分简朴。他在学习期间穿的一直是布衣布鞋。因为没有钱包饭，几年里都只能在门口零买。没有菜时，就从家里带一小罐酱来下饭。《同学录》中说道：“君家贫，处境最艰，学费时不济，而独能于万苦千难中多才多艺，造成斯绩。”

1917年6月，周恩来以优良的成绩从我校毕业，并以“国文最佳者”获得特别奖。

1919年春，周恩来从日本返回天津，5月21日他在给南开中学留日同学会的信中富有感情地说，我是爱南开的。

1946年9月，他在接见美国记者李普曼时说，南开的教育，是正常而自由的。

新中国成立后，周恩来总理对母校天津南开中学充满关怀。1951年2月27日下午，他在百忙中来到母校，在瑞廷礼堂向全校师生讲话，勉励青年人要好好学习，接受社会主义教育。

1954年5月31日，周总理给我校少先队寄来贺信，勉励同学们做革命事业接班人，为祖国的繁荣富强而奋斗！

1957年“五四”青年节那天，周总理派人给我校学生会、团委会和全体同学送来一封亲笔信，在信封上还特意注上：“下午送到”四个大字。周总理在信中写道：“我很高兴地读到了你们的来信，在你们举行红五月大联欢的时候，我衷心地祝贺你们快乐，并且希望你们好好学习，加强劳动观点，热爱祖国，提高政治思想觉悟，树立艰苦朴素作风，为准备做一个有文化有技术的工人和农民，做一个体力劳动和脑力劳动相结合的知识分子而努力。祝你们三好！”

三、学习研究周恩来总理的重大意义

（一）更好地缅怀和纪念周恩来总理

周恩来总理是人民的好总理，他受到全中国人民的爱戴和尊敬，更时刻受到南开中学历届师生缅怀和敬仰。我们瞻仰总理铜像、学习胡耀邦“青年楷模”的光辉题词、参观周恩来中学时代纪念展室和总理宿舍；每年的3月5日是周总理诞辰纪念日，我校都隆重召开“纪念表彰大会”，每年的清明，我们也会到周恩来邓颖超纪念馆进行祭扫活动。

缅怀一个人、纪念一个人，最好的、最有效的方式，是学习和研究他的精神、他的品质，继承他的理想信念，并将这些广为传播，付诸实践，让更多的人受益于他的伟大品格和精神。周恩来总理是我们最杰出的校友，是天津南开中学的骄傲，我们有义务、有责任深入系统学习和研究周恩来总理的精神和品格，这是我们最深刻的缅怀和最诚挚的敬意。带着深厚的感情学习研究，将周恩来总理的精神发扬光大，是我们每一个南开人的神圣使命。

（二）向周恩来总理学习、以周恩来为人生楷模

日前，《国家中长期教育改革和发展规划纲要》颁布实施，纲要中很多对青年学生发展的要求，我们在总理的精神和品质中都能找到契合的答案。周恩来总理不光给我们留下了在我校学习生活的历史和对母校师生的关怀，更为宝贵的是，周总理留给我们一笔无比宝贵的精神财富，这笔财富取之不尽，用之不竭，愈久愈新，永葆生机和活力。

在一定意义上说，总理的精神和品格是南开精神和品格的典范。“以周恩来为人生楷模”，这一直是我们学校师生的重要人生信条和理想目标，数十年如一日地不断激励着一代又一代的南开人成长成才。今天，我们深入地学习周总理的精神和品格，用以指导我们的学习成长进步，这是一个非常好的方式和途径。

（三）成为全国相关领域学习研究周恩来总理的最权威单位

关于周恩来总理、尤其是周恩来总理青少年时代的研究，南开中学无疑是最有发言权的，我们有第一手的资料、有珍贵的历史遗迹、有着各方面的宝贵资源和得天独厚的条件。

过去由于各方面条件不够成熟，并未开展系统的全面的关于周总理的学习研究工作。现在我们具备了这些条件。经过精心细致的准备，今天，南开中学学习研究周恩来小组正式成立了。这是中国特色社会主义文化建设的一件大事，可喜可贺！

四、深入扎实地开展学习研究周恩来小组的活动

（一）针对青少年成长成才的需要，有目的、有针对性地开展学习

学习周恩来，应该着重学习他为国家和民族利

益无私奉献、鞠躬尽瘁的爱国主义情操；学习他“为中华之崛起而读书”的崇高思想境界；学习他为人民服务的高尚品质；学习他艰苦朴素的生活作风；学习他稳健持重，不卑不亢的礼仪风范。

（二）研究要有规划，要突出重点，要出精神成果

我们学习研究的主要目的，是为广大学生成长成才提供助力，提供理论上的依据和精神上的指引，使学生真正以周总理为人生楷模。所以，研究一定要有计划，突出重点，形成切实对广大师生产生积极影响的、便于指导实践的理论成果。

（三）求真务实，严谨细致

学习研究工作是一项需要付出艰苦努力的工作，要求我们所有的成员都要在学习研究中秉承求真务实的工作态度、严谨细致的工作方法。在学习研究活动中既要做好组织宣传，同时又不能贪图虚名，心情浮躁，要塌下心来，认真地搞好学习研究，做好学问。

（四）找准切入点和突破口

我们初期的学习研究工作，要找好切入点和突破口。周总理的中学时代就可以成为我们的切入点，周总理的青少年时代，就是突破口，更是我们今后研究的重点之一。当然，我们的研究决不能仅局限于此，我们后期的研究可以更深入、更广阔、更全面。同时，我们要探寻周恩来总理后来的发展和成功与中学时代成长之间的关系。

（五）整合资源，形成合力

我们要重视各个方面的宝贵资源，虚心向我们的顾问、专家学者请教，在以师生为研究主体的基础上，形成合力，提升研究的层次和水平。

（六）坚持不懈，持之以恒

学贵以专，学贵以恒。那种想毕其功于一役的想法是错误的，那种以为我们的学习研究小组只是形式和“作秀”的想法更是错误的。我们要从根本上认识到这一机构、这一做法的重要意义，相关人员齐抓共管、广大成员踏实研究，持之以恒创造性地开展学习研究工作，做出无愧于总理、无愧于国家、无愧于南开的业绩。

老师们，同学们，让我们像总理那样学习，像总理那样工作，像总理那样活着！我们，要成为周恩来总理那样的人！

（作者系天津市南开中学理事会理事长、学习研究周恩来小组组长）

在天津市南开中学理事会成立大会上的讲话

孙海麟

新学期伊始，万象更新。在这金秋九月的收获季节里，我们一起迎来了天津市南开中学发展历程中的一件大事——天津市南开中学理事会成立。首先，我代表南开中学的广大师生、历届校友，向南开中学教育管理体制改革的丰硕成果——南开中学理事会的诞生表示最热烈的祝贺！

天津市南开中学是一所具有悠久历史和光荣传统的著名学校。一个多世纪以来，一代代南开人同心同德，艰辛探索，历经风雨坎坷，矢志不渝，摸索出一条与国家和民族的道路紧密结合的光辉南开道路；锻造出充满朝气、面向未来，永远年轻的巍巍南开精神；锤炼出“允公允能，日新月异”的鲜明南开品格。

天津市南开中学作为中国中学教育的一面旗帜，学校的发展一直得到社会各界的关注，各级领导也都对天津市南开中学寄予了殷切希望。为了进一步探索现代学校管理制度，推动学校更好更快发展，今年3月份，市委、市政府决定成立南开中学理事会筹备组，6月份，市教委批准成立南开中学理事会。经过紧张筹备，天津市南开中学首届理事会会议于7月2日隆重举行。7月1日晚，市委书记张高丽会见了全体人员。他祝贺理事会的召开，希望理事会认真学习贯彻《国家中长期教育改革和发展规划纲要》，把天津市南开中学办成全国教育改革创新的示范校。

天津市南开中学理事会的成立，开启了南开中

学办学模式和管理体制机制改革的全新探索,这是一次大胆的“先行先试”,也是一次史无先例的教育改革创新。南开中学成立理事会,是贯彻落实《国家中长期教育改革和发展规划纲要》和《国家中长期人才发展规划纲要》,适应国家行政管理体制改革要求,创新教育发展模式,积极探索学校教育管理体制机制改革的有益实践。理事会的建立要在《教育规划纲要》的指引下,在市委、市政府的领导下,以育人为根本任务,注重教育公平,提高教育质量,加强综合素质培养,努力把天津南开中学办成中国特色、世界水平、海内外有影响的现代示范学校,为基础教育改革做出更多的贡献。

南开中学理事会是学校未来发展的“智库”,要为学校发展“把舵”。在首届理事会会议上,选举产生了天津市南开中学理事会成员。他们精通教育,熟悉南开,共同组建成一支专家型决策团队。在这支团队里面,有王大中荣誉理事长、申泮文荣誉理事、叶笃正荣誉理事这样德高望重的老学长;有在南开中学担任校长26年、刚刚被授予南开中学终身名誉校长的杨志行荣誉理事;也有程津培副理事长、王静康副理事长、于再清副理事长、顾明远顾问、吴敬琏顾问、赵启正顾问、张大宁理事、王博教授等这样的杰出校友、教育大家和知名学者。这些名师大家,以对国家教育事业的热心和对南开中学的关爱,欣然接受南开中学理事会之请,拨冗支持南开中学的教育改革和发展,这是南开中学发展之大幸!我提议,让我们以热烈的掌声向各位荣誉理事、顾问和理事表示衷心的感谢和崇高的敬意!

理事会的成立是南开中学改革和发展的新起点。当前,理事会最突出的中心任务,就是着力把全国教育工作会议精神和《教育规划纲要》的要求在南开中学具体化。理事会成立后,学校将实行理事会领导下的校长负责制,理事会和校长将各司其职,各负其责,共同带领广大师生推动南开中学更好更快发展。今年假期,学校进行了校园景观改造,平安校园建设。为了加强教师队伍建设,今年暑假我们举办了为期八天的青年教师封闭培训,邀请到专家学者为150余名青年教师进行了新课程改革、创新人才培养、南开校史等方面的讲座,大家受益匪浅。

在未来的工作中,理事会要通过加强自身建设,着力于从体制机制入手破解教育改革创新难题。作为学校的领导机构,理事会将指导南开中学校友会、学习研究周恩来小组、南开中学教育基金会、校史研究中心、《校刊》和《年鉴》编辑部等开展工作。天津市南开中学教育基金会已于7月27日成立,市委副书记、市长黄兴国会见了基金会全体人员。他祝贺基金会的成立,并对南开中学体制机制改革的一系列重要举措给予了充分肯定。在理事会的指导下,学校于8月25日成立了“学习研究周恩来小组”,赵启正顾问担任荣誉组长并出席了成立大会,为师生做了生动精彩的讲话。

强国必强教,强国先强教,只有一流的教育,才能培养一流人才,建设一流国家。南开中学理事会的成立,是南开中学作为基础教育体制机制改革试点学校进行改革创新迈出的重要一步。我相信,通过凝聚智慧、不懈努力,南开中学的改革创新一定会为基础教育改革提供可资借鉴的范例,为国家教育昌明、经济繁荣、社会进步做出更多、更大的贡献!让我们一起努力!

(作者系天津市南开中学理事会理事长、校党总支书记)

在2010年“三五”表彰大会上的讲话

杨静武

寒假伴着春节的喜庆一晃而过,踏着春天的脚步,我们又步入了一个新的学期。刚刚听到了同学们洪亮的誓言,我感觉,你们经过寒假的休息和调整,精力更加充沛,斗志更加昂扬。我预祝各位同学在新的学期主动发展,战胜挑战,在人生的道路上迈上一个更高的台阶!同时,我也代表学校领导向获得“周恩来班”称号的班级表示祝贺,希望你们再接再厉,不辜负老师和同学们的厚望!

今天是南开中学的杰出校友周恩来总理诞辰纪念日，也是毛泽东主席为雷锋题词纪念日，按照学校传统，每年此时，师生都会在礼堂里隆重召开"三五纪念大会"，这个传统，已经坚持了二十余年。我们希望通过这样的形式，提醒今日南开学子时刻牢记"以周恩来为人生楷模"，不忘"甘做一颗永不生锈的螺丝钉"的雷锋精神，希望每一名南开学子能在周总理伟大人格和雷锋的崇高精神感召下健康成长，奋发成才，这也是南开整体高素养教育的主旋律。

周总理和雷锋都是我们南开人学习的榜样，他们身上有着我们南开人所提倡的"爱国爱群之公德"和"服务社会之能力"。周恩来作为开国总理，胸怀天下、鞠躬尽瘁；雷锋作为一名普通士兵，毫不利己、乐于奉献，他们二人虽然有着不同的工作，但他们都在自己的岗位上以高度的责任感兢兢业业、尽职尽责，他们用自己的品格和行动赢得了世人的敬仰和永久的怀念。

周总理和雷锋都用自己的不懈努力满足了社会的需要，他们的身体力行推动了社会的进步和发展。今天，在我们缅怀周总理、重温雷锋精神的时候，大家也应该认真思考一下，面对当今这样一个飞速发展的崭新时代，我们南开学子应该怎样做才能更符合社会的需要。

今日的中国，和谐富强，新中国用短短六十年，走过了其他国家几百年的路，我们伟大的祖国已经从受人欺凌到倍受尊重，从贫穷落后到繁荣昌盛，经济总量已跃居世界第三，人民生活已实现总体小康。但面对成绩，我们也应该清楚地认识到，我国与发达国家在很多方面还存在着差距，其中创新能力不足已经成为中国经济的软肋，这也是中国进一步提高国际竞争力必须闯过的一个关口。正因如此，创新成为今日中国的主题。跑出"中国速度"的高速铁路离不开创新；2010年的上海世博会离不开创新；天津滨海新区的建设也离不开创新……中国大地处处洋溢着创新的春风。

创新能力的提高，需要一大批创新型人才，国家对创新人才的渴望，决定了一百多年来始终与祖国同呼吸、共命运的南开中学要以培养创新人才为教育的目标。大家一定还记得，去年在纪念我校105周年校庆的时候，我们隆重举行了"继往开来，为祖国培育拔尖创新型人才誓师大会"。在誓师大会上，同学们都庄严宣誓，立志成为祖国需要的拔尖创新型人才。为了使你们能够成长为适应时代发展要求的拔尖创新型人才，学校在整体高素养教育中致力于构建"创新能力培养环境体系"，摸索拔尖创新人才培养的模式。我校的多元课程建设、"学案导学"系统设计、"学习共同体"的教育实践形式，以及拔尖创新型人才培养实践基地的建设等，都是以创新人才的培养为目标的。

纵观世界各国的发展，各国无不把营造创新环境、培养创新型人才，作为国家发展的战略要点。党的十七大报告中明确指出，"国家发展战略的核心"是"提高自主创新能力，建设创新型国家"，而要实现这一战略，必须从基础教育奠基，从你们做起。前两天，《国家中长期教育改革和发展规划纲要》（公开征求意见稿）发布，在《规划纲要》中共有61处出现"创新"二字，可见当今社会对创新人才培养的高度重视。作为未来的建设者，今日南开学子应该深刻领会"创新"这一时代要求，培养自己的创新意识，挖掘自身的创新潜能，把自己锻炼成为一名会创新、能创新的合格社会建设者，这是南开教育的时代要求。

提到创新，我不禁想到了去年刚刚去世的我国杰出的科学家钱学森先生。钱学森是我国的科学巨匠，凭借非凡的创新能力，他为祖国的科学事业立下了赫赫功勋。同时，他也十分关心创新人才的培养。钱老曾说："因循守旧的国度必将为时代所淘汰，失去了创新力与想象力的民族必然湮灭于历史的长河，而民族的希望一定寄托于创新型人才。"

大师对我们年青一代始终寄予厚望，作为南开学子，我们从大师身上也应该得到很多有益的启示。钱学森的一生，浓缩了中国人从屈辱走向自强的漫长征程，代表着一代人奋发图强、百折不回的伟大精神，他给我们留下了伟大的爱国精神、求实的科学精神和崇高的奉献精神这些宝贵的精神财富。

钱学森对科学的热情和惊人的创新能力总是令人惊叹，这一切都源于他对祖国、民族的热爱。爱国主义是钱学森创新的最大动力，在他身上充满着作为中国人的自信。他曾说："外国人能做到的，中国人也一定能做到！"在这受命于危难之际的铿锵宣示里，有淞沪抗战中亲睹落后挨打的悲恸，有身在异国饱受歧视猜忌的愤懑，更有让一个崭新的中国挺直腰杆的刚强。钱学森那一代人，出身于贫弱中国，怀抱着复兴大志，国比家大的宽广胸怀给了他们宽阔的视野,雪耻图强的冲天斗志给了他们一往无前的魄力和勇气。

钱学森是一个领域、一个时代的巅峰,但他神采卓然的生平,绝非"天才"二字可以概括。无论是洞察先机、推动系统控制理论在"两弹一星"研制中的应用,还是力排众议、选择"导弹先于航空"的技术发展路径,钱学森之所以能够成为"大家中的大家",在于他始终"敢于想别人不敢想的、做别人不敢做的",时刻以"突破"而非"遵循"、"开创"而非"守成"为念。钱学森的任何思维和创新都是脚踏实地的,他一生都在收集和积累资料,他曾说:"在科学上,没有什么认识是最后的。在任何新的领域,我们都是小学生。"作为科技界的一面旗帜,钱学森的这句话最能解释他一生不断学习、不断创新、笃志进取的支撑所在。

西式教育创新意识的熏陶,并未冲淡钱学森身上中华传统文化的深深烙印。"利在一身勿谋也,利在天下者必谋之","心术不可得罪于天地,言行皆当无愧于圣贤",《钱氏家训》中这些胸怀天下、克己奉公的理念,他恪守终生,从未偏离。在他的心目中,"个人仅仅是沧海一粟",要"尽我最大的努力,让同胞过上有尊严的幸福生活"。正是有这样的信念和美德,他才能将自己"无论在哪里都可抵五个师兵力"的深厚功力,融入"两弹一星"研制、系统科学发展等艰巨的任务、庞大的集体中,始终"一脸亲切的微笑",始终一份恬淡的心情。

2007年"感动中国"活动组委会曾经这样评价钱学森:"在他心里,国为重,家为轻,科学最重,名利最轻。五年归国路,十年两弹成。他是知识的宝藏,是科学的旗帜,是中华民族知识分子的典范。"

巨人往矣,历史的接力棒,已交到我们这一代人手中。国家的发展需要更多的钱学森,我希望未来的钱学森就从在座的各位中走出。青年兴则国家兴,青年强则国家强,中华复兴需要你们的努力!中学阶段是人生的黄金阶段,正是人生观形成、行为习惯养成的关键时期,周总理14岁时在作文中就写道:"学生读书应以担负国家将来艰巨之责任为己任"。

同学们,时代赋予了你们艰巨的历史责任,同时也给你们提供了成长的广阔平台。我希望每一名南开学子都能像周总理求学时一样,品学兼优,全面发展,希望各位同学牢记"允公允能,日新月异"的校训,尽心为公,努力增能,凡事不要追求浮华空洞,用脚踏实地的行动寻找自己的人生坐标。

祝你们成功!

(作者系天津市南开中学校长)

在2010届高三学生毕业典礼上的讲话

杨静武

今天的南开园,喜气洋溢,对于有着106年悠久办学历史的南开中学来说,今天又将是一个特殊而难忘的日子。在学校培养拔尖创新人才的教育实践中,在全体南开同仁的共同努力下,在家长朋友们的大力支持下,经过同学们自己的拼搏努力,在座的522位同学已经顺利完成了学业,成为南开中学历史上新一届优秀高中毕业生。母校为你们的成长、成熟、成才,由衷地感到高兴!我代表学校领导向同学们表示热烈的祝贺!

今天来了很多家长,我由衷地向您们祝贺,也向您们表示感谢。感谢您们对南开的信任,把自己的孩子送到南开中学。我想,每位同学今天都很高兴,但是我还想提醒你们,今天最大的功臣是你们的家长,十八年来日日夜夜的操劳。从你们很小的时候,带你们四处求学,无论多么劳累而从无怨言。当你们为自己成长感到高兴的时候,是否关注你们的父母在逐渐的衰老,额头的皱纹多了,头上的白发多了。每位同学都应该怀揣一颗感恩之心。我提议,我们用热烈的掌声向你们的家长表示感谢。

同学们,在你们的成长过程中,南开中学的老师倾注了爱心与热情、心血与智慧。还有你的初中、小学老师也为你的成长付出了心血和汗水。为了同学们的学习,他们可以全然不顾自己的身体,牺牲与家人的欢聚;为了同学们的进步,他们克服种种困难,给同学们创造成长的条件。不管今后你们成了多么显赫的人,成就了多么了不起的事,不要忘记你们的老师,老师们会在你们的一句问候中,感到慰藉。在这里我提议,让我们以热烈的掌声,向多年来所有给予大家帮助和指导的老师们表示感谢!

同学们,你们很幸福地生活在这样一个和谐稳定的年代,你们又幸运地在南开中学度过了高中的黄金岁月。21世纪是一个飞速发展的时代,科学技术正孕育着新的突破,人才竞争更加激烈。一位美国学者曾指出:“一个国家有多少国内生产总值不是重点,重要的是你能吸引多少人才,下一个发明创造在哪里出现。”世界各国各民族的杰出人才所创造的辉煌成果,在极大地加速国家强盛的步伐。因此,当今世界各国都高度重视杰出人才的培养,人才强国是很多国家发展的战略要点。

你们面对的未来世界是个充满竞争充满机遇的世界,复杂和变化是未来世界的基本特征。如何在未来的竞争中保持领先的优势,希望大家深深地记住南开给予你的与众不同的教育。校友温家宝总理曾用“南开的道路、南开的品格、南开的精神”来概括百年南开的精神特质。他说:“南开的道路是同我们民族和国家的道路紧密结合的。南开人总是把自己的命运同国家和民族的命运联系在一起。”“南开的品格是什么？允公允能,日新月异!这两句话,就是要为公、奉献和创新。这是每一个南开学生应该做到的,而且应该是一生的座右铭。”“南开的精神是什么？就是她青春的精神。充满朝气、面向未来——这就是南开的精神。”

希望同学们继续保持良好的作风,秉承南开精神,继续学习,终身学习,追求卓越。我们的毕业生,在大学学习中都以有潜力、有自觉性,甚至有组织能力和管理力著称,希望同学们以你们的前辈校友为榜样,继续为南开中学赢得良好的声誉。同学们要永远记住,终身学习是当今社会发展的必然趋势,要在社会生存、发展,学习将是基本的前提。你们一定要学习、学习、再学习。南开精神是青春的精神,是充满朝气、面向未来的精神,只有不断学习,我们才能始终具有奋力前行的力量,只有不断学习,我们才能始终青春洋溢,迎接未来!

同学们,毕业的钟声为你们祝贺,也为你们送行,预示你们将要打开人生的新篇章。你们年满十八岁,迈入成人的行列,从此将全面享有宪法所赋予你们的权利,也独立承担起对国家和社会应尽的义务。面对当前社会生活中还存在的种种不足,我们要时时树报国之志,增效国之能,终身铭记自己是个光荣的南开人,以众多杰出的南开校友为榜样,在各个领域为他人榜样,做社会栋梁,为南开中学再增添无上的荣光。

同学们,母校教给你的,需要你用一生去体会。南开中学是你们生命历程里的一部分,南开中学也是你们的“家”,希望你们毕业后常回家看看,把你们对学校的关注留给我们,把你们对学校发展的希望留给我们。我们共同努力把南开中学建设成为在世界上有影响力的学校,愿我们共同的南开永远青春勃发!

最后,祝福同学们在高考中取得优异的成绩,祝福你们人生的新篇章更加辉煌!

在2010年秋季新生开学典礼上的讲话

杨静武

炎热的暑假刚刚过去,我们迎来了清爽的季节,今天,南开园里增添了在座的一张张洋溢着青春与梦想的笑脸。首先,请允许我代表全校师生,向你们表示最热烈的欢迎!

伴随着新同学进入校园,南开中学在新的学年又有了许多新的变化。经过一个假期紧张忙碌的升级改造,一个更加安全、更加先进、更加舒适和美丽的南开园呈现在大家的面前,它将为你的学习和成长创造最佳的环境。在你们收获到学校硬件提升所带来的舒适与宜人的同时,你们还能收获到南开教师们在暑期培训中所学习到的新的教育教学理念,新的方法的指导,还能收获到刚刚成立的南开中学理事会和南开中学教育基金会所带来的鼓舞、指点和激励。同学们，选择南开这个拥有百年辉煌历史和宏伟发展愿景的学校，是你们成功人生的开始，这里将为你们的幸福人生奠基。而你们能来到这里，也是南开的幸运，你们是来自各个学校的精英，也是全市乃至全国的佼佼者，你们的到来为南开园又增添了新鲜的血液，使南开园更加充满活力。希望你们尽快融入南开大家庭，化自豪为自勉，为自身的发展和南开的发展不断奋进。

前几天，各位同学在老师和辅导员的带领下进行了入轨教育。入轨教育就是希望同学们尽快纳入南开轨道。在入轨教育中，同学们一定感受到了南开悠久的历史、深厚的底蕴和崇高的声誉。作为今天南开人，我们有责任继续挥写南开的荣光，我们今日南开学子更须加倍努力。作为校长，在开学之际，我想向同学们提出几点建议，也是希望同学们能够认真思考的几个问题，让我们共同思考，在南开的生活当中，探求答案。

第一条建议：希望同学们尽快熟悉南开，领悟南开精神，以南开杰出校友为楷模，努力让自己成长、成功、成才。对于人才的培养，我们《国家中长期人才发展规划纲要》中明确指出：人才是指“具有一定的专业知识或专门技能，进行创造性劳动并对社会做出贡献的人，是人力资源中能力和素质较高的劳动者”。南开中学的办学目标，就是要为社会培养出最优秀且具有创新意识的人才。同学们，你们应该牢记我们的“允公允能，日新月异”八字校训，它铸就了南开人心怀天下的气质品格和追求卓越的进取精神。在当今这个时代，“公”的内涵就是要求我们心系国家，爱国、敬业、乐群；“能”是指一种服务社会、经世致用的能力，用我们今天的话说，就是全面发展的综合素质；“新”则是勇于创新、与时俱进的开拓精神。南开精神就是在一代代南开师生中逐渐形成的、我们南开独有的核心价值观，我们的教育，就是要在南开精神的指引下，在中学阶段为每个同学的幸福人生打下基础，努力培养各界的领军人物。一百多年来，南开中学培养出两位总理、两位副总理，九位全国人大常委会副委员长和全国政协副主席，五十多位两院院士，五十多位省部级领导，以及在文化、艺术、教育、军事等各个方面有特殊影响的大师级人物。可见，大气的教育必然成就大师。同学们，希望你们从此下定决心，坚持不懈地努力，我想，未来中国的历史上必然镌刻着你们的名字，人人成长，为母校增添异彩。

第二条建议：希望同学们全面发展，努力捕捉南开教育与众不同之处。我知道，能够升入南开中学的学生，一定是成绩优秀、表现良好的学生，几乎每个同学都担任过各种学生干部工作。但是，到底什么样的是好学生，如何做才能成为真正意义的好学生，也是我们应该重新认识并加以解决的问题。在南开园，不仅要提高学生的学习成绩，还更加注重学生的全面发展、健康发展，注重学生优秀学习成绩获取的历程和方法。学生的发展，首先是人的发展，而人的发展体现在青少年阶段，就是强调人格的塑造。在学校文化建设中，我们始终传承“以德育人”这一南开教育的主旋律，对每一位进入南开校门的学生，都要进行系统的入轨教育，借以传递南开精神，用“以周恩来总理为人生楷模”的无形力量感染学生。我们全方位设计了“体验教育”，如学工学农和学军的实践基地、义工劳动、校务学生管理等带有南开特色的德育活动，你们的很多学长都在这些丰富的、新颖的、别具一格的活动中，学习到课堂以外的知识，锻炼了平日欠缺的技能，完善了自我，品味了人生，社会责任感就是这样一点一滴积累起来的。除了德育，南开中学历来特别强调学生的身体锻炼、心理健康和艺术发展，我们的老校长张伯苓先生就曾经说过，“教育里没了体育，教育就不完全”。而培养青少年健全的人格和心理，是提高国民整体健康素质的重要组成部分，艺术的熏陶则可以帮助你们建立起独立高尚的审美情趣和鉴赏水平。因此，南开中学正是为国家和社会培养身心健康全面发展的优秀人才而不断进行教育探索的。同学们，就在不远的未来，你们将在我们组织的话剧社，以及其他一系列的社团中展现你们的才华，增长你们的才干；在学习之余，你们可以通过“三六杯”、“五虎杯”这样的各级各类的球类比赛，还有我们的田径比赛等等，增强你们的团队意识，锻炼身体；还可以在学生会的活动中为大家服务，积累社会工作经验……学校给同学们提供了广阔的施展才华的舞台，希望同学们毕业时不仅有出色的学业成绩，同时，你们比同龄人有更多的阅历、更广阔的视野和更出色的能力。

第三条建议是：希望同学们在南开懂得学习的真谛，掌握学习的方法。作为一名学生，你们的首要任务就是学习，但是要明白为什么学习，怎么样在南开中学学习，这无疑是现在各位家长和同学们都关心的事情。今日的社会竞争日趋激烈，这是一个学习的社会、终身教育的社会，要在我们当今社会生存与发展，学习技能的提高是我们最主要的任务。在基础教育阶段，尊重受教育者的主体地位和主动性，转变传统的教与学的学习方式，以学生为本，发展学生的个性和创造性，是每一位南开教师坚持不懈进行研究的改革方向。我们一直坚持“一主三自”教育，即尊重学生的主体地位，培养学生的自觉、自学、自治能力。我们探索实施了“南开中学‘教与学’系统设计”：学案导学根据学生视角，划定学习流程，使学生的学习变被动为主动，掌握知识并加深认识，还减轻了学生的课业负担；学习共同体的建立，又对学生的合作学习和探究性学习习惯的形成和互助风气的形成起到更好的推动作用，提高了教学效率，改善了教学效果。很多同学都知道，在大家入校之前，社会上有这样一种说法，叫做学在南开。学在南开，并不是说我们每一分钟都用在学习，我们要巧干加苦干，在学习的过程当中，要有我们南开自己的特色。同时，三年的高中学习和三年的初中学习，要奠定你们终身学习的基础和技巧。因此，我们更加关注的是优秀学习成绩获得的过程、获取的方式。到底是通过你自身的努力、自身的探索和思考得来的成绩，还是靠我们以老师讲解和培训为主得来的成绩，这是有天壤之别的。我希望大家在南开的三年学习当中，要逐渐确立自己的具有你个人风格的学习特色。学校在创新型课程体系方面也加大了力度，同学们不仅在这里可以学到教学大纲所要求掌握的一般的知识技能，还可以通过选修课、社团等丰富的课余知识，通过这些方式获取。我们还通过这些课程，培养科研探索能力，并提前与大学的学分制、导师制这样的教学模式进行对接。南开中学为大家创造了优越的学习环境和学习的软件条件，这将会极大地促进和激发同学们的学习热情，但是我们每一位同学都要清楚，南开的学生不仅仅要着眼于老师手把手地教授知识，为了挖掘潜力，我想我们从今天开始，就要倡导在教师的引导下，同学们积极主动地学习、自我完善。我相信，通过三年的学习，同学们的学习能力都会有一个飞跃，出色的学习力将是你们未来继续前行的力量和基础。

同学们，各位家长朋友们，“国势之强弱，视乎人才；人才之盛衰，原于学校”，经过百年积淀的南开中学具有浓厚的爱国、乐群、敬业的公德价值观氛围，教师有强烈的崇尚科学、追求卓越、服务社会的责任感。去年2月，我校杰出校友温家宝总理到南开大学看望青年学生时，曾用“南开的道路、南开的品格、南开的精神”来概括百年南开的精神特质。一百多年来，南开有成功，有挫折，有欢欣，有失落……但从来没有沮丧，南开人始终意气风发，团结一致，在育人兴国的征途上弦歌不辍，这是因为所有南开人始终坚持着南开精神的信仰，执著南开的品格追求，探求着南开的发展道路。希望我们在未来的日子里继续守望相助，共同打拼，去创造南开新的辉煌！

最后，预祝每一位同学学业有成；祝愿每一位家长朋友事业顺利，阖家幸福；祝愿我们南开的事业兴旺发达，明天更美好！

学习杨志行老校长的品格风范和精神财富

韩宏范

在欢庆祖国61华诞的喜庆日子里，适逢杨志行老校长九十寿诞。今天我们共同为老校长举行生日庆典，感到非常荣幸。我代表中共南开区委、区人大常委会、区政府、区政协，向老校长致以由衷的美好祝愿，祝老校长身体健康，生活美满，福寿安康！

杨志行先生从教60年，自1955年起三度担任南开中学校长，长达26年。他提出的“两全三高”、“一主三自”等教学思想，传承了南开教育的优良传统，升华了南开教育的理念精髓，使南开教育的精神得到进一步发扬光大，对南开教育的发展起到了继往开来的重要作用。志行老校长退休后，仍致力于社区教育，把毕生精力献给了党的教育事业，为新中国普通教育事业的发展做出了重要贡献。1983 年，杨志行先生被联合国教科文组织亚太教育办事处评为普教专家。他的经历，折射了新中国教育事业的探索历程；他的思想，展示了新中国教育方针和南开的教育理念；他的成就，谱写了中国教育事业和南开中学百年辉煌的新篇章。

百年南开，英才辈出。这片孕育人文与科学的沃土，培养了周恩来、温家宝两位共和国总理，9 位全国人大常委会副委员长和全国政协副主席，50 余位国家省部级领导干部，50 余位中国科学院和工程院院士、中外著名科学家，培养了以三任清华大学校长为代表的一批教育界、文化界、医学界、外交界的众多英才。南开中学百年历程，南开精神历代传承，形成了"爱国乐群、严谨务实、蓬勃向上、艰苦创新"的校风。南开中学的办学理念和教育风范，影响推动着南开区教育事业的发展，素质教育、优质教育、均衡教育全面推进。南开中学享誉海内外，由此南开区的对外影响力和凝聚力不断增强，对于加快南开区经济建设和各项社会事业的发展起到了至关重要的作用。通过今天的座谈会，我们要潜心研究志行老校长的教育理念和治校方略，弘扬他的教育教学思想，学习老校长严谨治学、教书育人的园丁品德，学习老校长毕生耕耘、呕心沥血的奉献精神，学习老校长坚忍不拔、干事创业的坚强意志，学习老校长精明治校、敬业爱国的高尚情操，学习老校长的品格风范和精神财富。弘扬由几代南开人心血凝聚的、与中华民族精神相融共进的"南开精神"，举全区之力，聚全民之智，共同为建设"科技南开"，为天津教育事业的发展做出新的更大的贡献！

作为南开学子，蒙沐教泽，受益终生，老校长和南开教育人的高尚品德、浓浓师恩永驻莘莘学子心田。祝愿志行老校长寿诞快乐，春晖永绽！

（作者系中共南开区委副书记、区长）

杨志行是新中国南开中学的代表人物

李　信

杨志行校长是天津南开中学历史上的第三任校长，在南开中学百余年的历史上，具有举足轻重的地位，在建设和发展社会主义新南开的进程中，起到了不容置疑的奠基作用。

杨校长从 1948 年来到南开中学，历经三进三出，为南开中学服务了 26 个年头。他坚定不移地坚持贯彻党和国家的教育方针，坚持教书育人，坚持实施素质教育，坚持探索推进中国特色社会主义教育事业，勤勤恳恳，兢兢业业，为新中国教育事业，也为南开中学做出了重要贡献。他在长期工作实践中总结出来的"两全三高、一主三自、三个建设、四个培养、一个形成"的办学理念、治校方略和工作思路，使南开中学的工作得到升华，也为南开中学后来的发展奠定了基础。实际上，在人们的心目中，杨志行和南开中学已经成为不可分割的整体，杨校长是社会主义新南开的最具权威性的代表人物。

作为后生晚辈，1978 年以后，本人在杨校长领导下工作了几年。在杨校长退下来以后，仍与他保持着联系，耳濡目染，受益良多。在此，简单列举几点，与大家分享。

杨校长从不以联合国亚太地区普教专家自居，为人做事始终保持低调。本人在南开中学负责对外宣传时，杨校长不仅不允许我们借宣传之机美化他个人，对学校的工作也是要求"多做少说，先做后说，做完再说"，自觉抵制了当时社会上一度存在的浮夸风。直到最近，杨校长在与我的一次谈话中还说："南开中学取得了很好的成绩，主要是学生好，我是沾了学生的光。其次是教师好，南开中学拥有一批一流的优秀教师，而校长的作用是有限的。"他念念不忘孙养林、陈东生等中学教师中的顶尖级人物，念念不忘安同霈、焦骊珍等在学校行政岗位上起顶梁柱作用的领导干部，念念不忘郗昌盛、潘城书等一大批上世纪 60 年代以后崛起的优秀人才，还充分肯定孙正恕、王文光等一批默默无闻为南开中学工作的普通职工。他说："没有这些人的努力，我这个校长是干不好的。"

杨校长在任期间，求真务实，立足校内，学校的工作有板有眼。他按照教育事业的规律，把学校的工作安排得井井有条。他在调查研究和充分论证的基础上，制定了学校五年工作发展规划纲要。为逐步实现规划纲要确定的目标，他每个学年都有工作计划，第二学期还要制定工作计划补充要点。他要求各处组都要根据学校的计划要点，确定本部门的工作安排，期初有计划，期中有检查，期末有总结，而且要形成符合实际的书面材料，在南开中学搞狗熊掰棒子那一套是行不通的。学校的、各处室的、各学科的、各年级组的计划总结，都必须通过杨校长亲自审阅，不符合要求的，拿回去重写。

南开中学是名校、大校，校长的工作更是千头万绪，即便在这种情况下，杨校长也总是坚持工作在教育教学第一线，掌握第一手资料。他听课不打招呼，教师开讲以后才发现杨校长坐在学生后边。这种了解课堂真实情况，可以摸到教学改革脉搏的做法，后来被不少学校采用。上世纪 80 年代初，年已六旬的杨校长为了了解住校生的实际情况，硬是和学生一起在食堂吃饭，住学生宿舍，坚持了一周。

杨校长十分重视南开资料的收集整理工作。"文革"以后，南开中学原有的丰富资料片纸无存。从 1983 年开始，在杨校长领导下，学校组织人力收集资料。他身体力行，1987 年在已经离开南开中学的情况下，还在学校人员的陪同下，利用暑假，冒酷暑，顶烈日，花了半个月时间，每天骑车到南开大学图书馆查阅资料。由他亲自主编的《解放前南开中学的教育》、《解放后南开中学的教育》和《中国名校丛书. 天津市南开中学》分卷，三本资料总计 120 万字，于 1989 年至 1998 年陆续出版，填补了南开校史上的一项空白，为后来者了解南开、研究南开创造了条件。

杨校长还十分重视学习兄弟校的成功经验。他每次出访国内及本市兄弟校的目的性、针对性极强，从不去观光，也不搞应酬，每到一校，必向主人索要近年来的计划总结和经验材料，然后在招待所里认真阅读，不得真经决不罢手。

杨校长离休后仍关心教育改革。我们每次见面，老人家必问南开中学的工作现状。对改革的进展和取得的成绩，他都会十分热情地用一个"好"字，予以肯定和鼓励，对一般情况他从不评头品足，指手画脚。至于杨校长公私分明、清正廉洁，关心青年、爱护学生，坚持原则、作风朴实等方面的高风亮节，大家知之甚多，有口皆碑，都是值得我们很好地学习、继承和弘扬的。

（作者曾任天津南开中学副校长）

杨志行教育思想及其对南开教育的贡献

周鸿飞

今天，我们以座谈杨志行教育思想的形式庆贺老校长九十寿辰，是一件非常有意义的事情。首先，我代表南开校友，敬祝老校长生日快乐，健康长寿，颐养天年！

强国必先强教，强教必须尊师。杨志行先生是一位令南开校友高山仰止的教育家。他在新中国的历史条件下，传承南开教育，努力创新发展，在将社会主义教育南开化、南开教育时代化方面做出了重要的探索和贡献。

一、杨志行先生教育思想概要

一位成功的教育家，大都以思想、学识和人格立世，杨志行先生兼而有之。他在长期的教育实践中，形成具有时代特色的教育思想，其要点大体可以概括为：

——全面贯彻教育方针，教育要为社会主义现代化服务。执行教育方针应该德、智、体、美、劳五育并举，让学生主动地生动活泼地得到全面发展。

——教育工作要面向全体学生，要使所有学生在他们原有的基础上得到适合自身的最好的发展，尤其不能歧视、放弃后进生，不能使一个学生掉队。

——要充分发挥教师的主导作用，培养学生自觉、自学、自治，使师生双方在教学、教育过程中充分发挥各自的作用，正确处理二者之间的关系。

——学校教育工作要坚持高标准、高效率、高质量，形成本校的优良传统和办学特色。在贯彻教育方针时，要结合本校实际，发挥优势，形成特色。

——教育是一项崇高、复杂而艰巨的事业，教育工作者必须善于学习。学校工作要培养良好的校风、领导作风、教风和学风。

——要抓好学校领导班子、教师队伍和物质设备的建设。注意工作方法，重视调查研究，善于发现新情况、新问题、新事物，实事求是，因势利导。

——重点中学和一般中学都是社会主义教育事业的组成部分，两类学校应当互相促进，共同提高。重点中学应该更主动，更多做工作，发挥示范作用。

——校长是学校工作的主要负责人，必须具备较高的政治觉悟和理论水平，具有革命事业心和业务知识等基本功，并且严于律己，发挥模范作用。

以上这些概括挂一漏万，只是点出杨志行教育思想的代表性观点。这些表述虽然质朴，却随着时代的发展，以其丰厚的内涵凸显持久的生命力，揭示了成功的教育思想的真谛，即认识并遵循教育事业的基本规律，而与规律相伴的思想，生命之树必然长青。

二、杨志行先生营造出教育家群体

一花独放不是春，万紫千红春满园。一位成功的教育家，是一个教育团队的领军人物。与张伯苓时代南开中学拥有“四大金刚”的佳话一样，杨志行先生主持南开中学时期，精心营造了南开中学教育家群体，教学、教务、政教、总务等方面人才荟萃。那是新中国的南开中学群星闪耀的年代，忆一忆那些让人缅怀的师长名字，想一想那些激情燃烧的校园生活，让人不能不折服老校长的襟怀与凝聚力。如果把那时的南开中学比喻为一幢房屋，教育家群体就是支撑房屋的“四梁八柱”，正是有了“四梁八柱”的践行与奉献，不仅使贯彻老校长的治校方略成效显著，而且使杨志行教育思想锦上添花，超越了思想者思维的意义，成为一段时间内南开中学教育家群体的集体智慧的结晶。

三、杨志行先生再创南开教育辉煌

俗话说，十年树木，百年树人。人才的成长是有时间周期的，鉴别和评价一位教育家，需要一定时间和实践的检验，来不得半点浮躁和急功近利。南开中学从创办初期起，就将培养“允公允能，日新月异”的全面发展的高素质人才作为办学目标。杨志行先生主持南开中学期间，传承这一目标，顺应时代要求，实行素质教育，把南开文化的精髓潜移默化到学生的骨子里和血液中，培养出从国家领导人到院士、精英和合格公民的各方面人才，使其在思想、学识、才干和人格结构上都烙下南开印记，从而在新的历史条件下再创南开教育的辉煌。这种辉煌，使老校长的普教专家桂冠名至实归，南开先贤倘若在天有知，亦当含笑九霄。

综上所述，杨志行先生作为一位从血与火的年代走来的教育家，秉承着党性和社会责任感，把党和国家关于教育工作的普遍要求与南开中学实际相结合，将南开教育演绎得有声有色，为后来者留下了启迪，树立了风范。今春以来，南开中学推进办学体制改革，南开中学理事会决定授予杨志行先生“终身名誉校长”的荣誉，既是对先生教育思想和办学业绩的高度肯定，也是对南开师生和南开校友的郑重昭示，意义十分深邃。值此先生九十寿辰之际，我们以南开校友的名义，向杨志行终身名誉校长致以深情的问候和崇高的敬意！

（作者系天津南开中学1966届校友）

发掘南开校史优良传统的灵魂

孙海麟

南开中学106周年校庆纪念日见证了天津南开校史研究中心的成立。抚今追昔,我们不禁感叹,一百多年来,是什么力量推动了南开中学事业的持续发展?是什么精神引领了广大师生不断追求卓越?又是什么原因激发了海内外校友浓厚的母校情结?杰出校友温家宝总理的讲话,为回答这个问题提供了答案。他强调:“我讲南开的道路、南开的品格、南开的精神,都是发自内心的,因为它是我们许多学长、我们的前辈,用他们的经历和献身的事迹铸成的,这就是一个学校的灵魂。”

回顾历史,深入开展校史研究,正是挖掘南开优良传统中的灵魂的基本手段,而建立南开校史研究中心,则为学习、研究、传播南开传统、南开文化提供了一个重要的载体和平台。南开中学在长期办学过程中形成了以“允公允能,日新月异”校训为主体的南开精神,积累的“一主三自”、“两全三高”等丰富的教育思想和实践,都亟待整理和总结。前辈的南开人已经开展了大量的工作,比如《解放前南开中学的教育》、《解放后南开中学的教育》和每五年汇总一次的校庆纪念文集的编撰印制等,都是极具重要意义的举措。南开校史研究中心这个专门机构的设立,将使校史研究工作更加稳定、系统、可持续。

古人云:“以铜为镜,可以正衣冠;以古为镜,可以知兴替;以人为镜,可以明得失。”校史是学校继往开来的精神基石,对校史资料进行全面、深入地挖掘和整理,可以为学校领导、广大师生以及各届校友提供学校历史沿革和现状的真实全貌,为南开中学在当今时代背景下的发展定位、战略规划、管理改革、学科建设等一系列重要问题提供可靠的历史依据。校史研究还有利于广大师生员工形成对校情校史的共识,促进学校凝聚力、向心力的形成,有利于兴利除弊、与时俱进,提升教书育人和整体办学水平,有利于我们创建中国特色、世界知名高水平中学的步伐。

清代思想家龚自珍曾说过:“欲知大道,必先知史。”我们要倍加珍惜独具特色的南开历史、南开传统、南开文化,衷心祝愿南开校史研究中心能够不负众望,通过深入地校史研究,进一步丰富和发展南开精神,使之在新的历史时期发扬光大!

(作者系天津市南开中学理事会理事长、南开校史研究中心名誉理事长)

让校史研究在南开中学发展中有所作为

何荣林

金秋十月,南开中学建校106周年。在这个喜庆的日子里,南开校史研究中心正式成立,具有非同寻常的意义。众所周知,历史是现实的镜子,现实是历史的延续。鉴古知今,史为今用,只有正确地认识历史,才能更好地继往开来。

南开中学是一所有着悠久历史和光荣传统的名校。南开人同心同德,艰辛探索,历经风雨坎坷,矢志不渝,摸索出一条与国家和民族的发展紧密结合的南开道路;锻造出充满朝气,面向未来,永远年轻的南开精神;锤炼出“允公允能,日新月异”的南开品格。

一个多世纪以来,南开中学承载了厚重的中华民族教育发展史。新中国成立后,伴随着祖国的发展,南开也经历了一次又一次的改革。今天,直面教育体制改革的大潮,南开中学又掀开一页新的历史。在中央领导同志的关怀和支持下,在天津市委、市政府的领导下,由天津市委原常委、原副市长、市人大常委会原副主任孙海麟同志主持南开中学工作，大胆创新教育发展模式，积极探索学校管理体制和机制，深入推动南开中学教育改革，使学校发展生机勃勃，学校建设日新月异。南开中学的全体师生，正以自己的开创性实践，创造着南开中学崭新的历史。

加强对南开中学校史的深入挖掘和研究，取其精华，为今所用，对整个教育事业都有积极的意义。南开校史研究中心成立后，我们将通过这个平台，吸引和凝聚更多的南开校友，认真学习，潜心研究，努力为南开中学的发展，为祖国教育事业的发展，做一些应该做的工作。

作为南开校史研究中心的理事长，我衷心地希望南开中学的广大师生、历届校友以及全社会关注南开、关心教育的有志之士，都来支持帮助我们的校史研究中心的工作，让南开校史研究中心在南开中学的发展历程中有所作为。

（作者系天津市政协副主席、南开校史研究中心理事长）

增强我们的南开认同感和自豪感

梁思寒

今天我们在瑞廷礼堂隆重集会，热烈庆祝天津南开校史研究中心的成立。我代表南开中学全体同学对校史研究中心的成立表示诚挚的祝贺。

在如今这个高速发展的时代，培养拔尖创新型人才不仅是响应国家的号召，更是顺应了时代的要求。纵观历史，凡有大成就者，无一不是少有大志，胸怀天下。而即将继承民族伟大复兴事业的我们，又是否已经树立了现实而远大的理想？选择道路，需要对未来事物的发展趋势做出准确判断。古人云：“以古为镜，可以知兴替”，对历史的研究学习可以使我们学会如何把握事物的发展趋势。而像我校这样培养出无数精英的百年名校，其历史更是有着不可估量的研究价值，它比一般的历史带给我们的智慧更加现实和深邃。

正如温总理所说，学习南开历史，就是要学习南开精神、南开道路和南开品格。通过研究校史，我们可以探索出一条适合南开的独特发展道路，从而拓宽我校可持续发展的空间。有利于抚今追昔，兴利除弊，与时俱进，传承百年南开的人文理念和精神文化，发扬优良学风、校风和优势特色，使我们创建有影响力的一流学校的步伐更加坚定稳健。

南开历史作为全社会的宝贵财富，对它的研究和发掘具有很深的社会意义，自觉学习南开历史是我们南开人义不容辞的社会责任。鉴于南开精神的普适性，追随南开杰出校友的成长足迹，十分有利于广大青年的个人成长。而深入探索百年南开的发展历程也必然会大力推动我们基础教育事业的改革与发展。

作为南开历史的继承者和创造者，校史研究成果的直接受益者，我们全体同学要充分利用中心的丰富资源，广泛开展形式多样的探究性学习活动，不断增强我们的南开认同感和南开自豪感。通过学习南开精神使之养成一种终身习惯做到学以致用，成为南开人生活中的重要准则。在学习过程中，我们要重视对第一手资料的研读，尽量把握最真实的历史信息，做到学思结合，在不断地发现问题、思考问题和解决问题的过程中取得进步。

开展校史研究是为了知史鉴往，缅怀前辈艰苦奋斗书写的壮丽画卷，更是为了开创未来，启迪后学再谱新的华章。校史研究历久弥新，功在千秋。衷心祝愿我们的校史研究中心越办越好。

（作者系南开中学学生会主席）

德　育

学习研究周恩来小组

【简况】 2010年8月25日，南开中学学习研究周恩来小组成立。这是南开中学师生和校友组成的群众性学术团体，在学校理事会的指导下开展工作。学习研究小组的工作宗旨是，充分利用南开中学现存的丰富史料，并与相关机构、团体合作，搜集、整理、学习、研究周恩来青少年时期的成长轨迹，学习周恩来的理论思想、人格魅力、精神风范、品德作风，使周恩来精神弘扬光大、代代相传。成立学习研究周恩来小组，是为更好地缅怀和纪念周恩来总理；学习、研究、宣传和弘扬南开中学杰出校友周恩来的精神和事迹，引导广大师生向周恩来总理学习，以周恩来为人生楷模，为国家经济社会发展培养造就更多的德智体美全面发展的优秀创新型人才；同时，使南开中学成为全国相关领域学习研究周恩来的权威单位。

全国政协常委、全国政协外事委员会主任、南开中学1958届校友赵启正任学习研究周恩来小组荣誉组长；南开中学理事会理事长、校党总支书记孙海麟任组长。周恩来的亲属周秉德、周秉建，周恩来的秘书纪东少将，周恩来的卫士高振普少将，以及邢燕子、侯隽、贾长华、王宏、万克等9人担任顾问。学习研究周恩来小组由南开中学校长杨静武、副校长吕宝桐担任副组长，德育处主任贺海龙和校友李群担任秘书长。学习研究周恩来小组成员有教师22人，学生代表20人，校友代表4人。

（李德志　于　宁）

【第一次学习活动】 2010年9月27日下午，南开中学学习研究周恩来小组在范孙楼108教室组织第一次学习活动。小组成员50余人参加了学习活动。小组秘书长、德育处主任贺海龙介绍了学习小组的工作安排和日常管理规划，得到小组成员一致认可。随后，与会成员共同学习周恩来总理在南开中学学习期间所写的两篇作文《爱国必先合群论》和《诚能动物论》，引起与会成员的强烈反响，师生分组进行热烈的讨论，并派出代表发表自己的感受。发言的老师和学生纷纷表示，通过学习周恩来的两篇作文，感受到周总理少年时期的才智和胸怀，深受鼓舞和激励，我们身为南开后人，更要发扬爱国、乐群、敬业的南开精神，努力谱写南开中学新的篇章。南开中学理事会理事长、学习研究周恩来小组组长孙海麟在讲话中，充分肯定该次学习活动的形式和效果，对学习研究小组及其成员今后的学习活动提出殷切希望，并进一步对学习研究小组的管理和建设提出要求。会上，向所有与会成员赠送了《周恩来自述》一书，供大家研究学习。

（李德志　于　宁）

【以周恩来为人生楷模教育读本】 南开中学一直把"以周恩来为人生楷模"作为教育主线，开展各种特色教育活动。2010年8月学习研究周恩来小组成立后，把编写校本教材作为第一项任务，深度挖掘有关周恩来的史料，学习研究周恩来精神，结合南开教育实际，形成南开师生和校友学习的资源。校本教材编写小组由德育处主任贺海龙负责，语文学科教师杨倩、高原，政治学科教师李德志、杨晓坤、徐广玉，历史学科教师于宁参加编写。他们利用假期从事资料的搜集、整理和编撰等具体工作。该校本教材内容丰富生动，可读性强。初稿内容分为五个部分，即学习周恩来为了国家和民族利益无私奉献的爱国主义情操；学习周恩来全心全意为人民服务鞠躬尽瘁的崇高品德；学习周恩来永葆共产党人政治本色艰苦朴素的优良作风；学习周恩来传承中华文化优良传统重德修身的礼仪风范；学习周恩来善于团结一切力量海纳百川的博大胸怀。五个部分初稿完成后，由学习研究周恩来小组秘书长、校友李群进行审核和初编。然后交由南开校史研究中心副理事长、校友周鸿飞总其成，按照图书出版标准完成补充、修订和统稿工作。最后经理事会理事长孙海麟审定，并撰写序言。该教育读本预计在 2011 年上半年由天津教育出版社出版。

（赵　凯）

公能讲坛

【赵启正做报告】 2010 年 8 月 25 日上午，前来参加学习研究周恩来小组成立暨以周恩来为人生楷模主题教育活动的全国政协常委、全国政协外事委员会主任、南开中学学习研究周恩来小组荣誉组长赵启正校友，在瑞廷礼堂向全校师生做报告。赵启正回忆自己在南开中学的生活，对学校充满感情。然后就学习研究周恩来提出很多建设性的意见和有益的指导，进一步加深师生对学习研究周恩来小组重要作用的认识。赵启正向师生提出，南开中学给了我们什么？是南开的 DNA 留在我们身上。南开的 DNA 就是南开的精神——“允公允能，日新月异”。南开精神具体的形象就是周恩来总理。想到他的人格、他的贡献和他的伟大，就会知道，拥有这样“精神的 DNA”，将使我们无往而不胜，就能够为国家、为人类做更多的事情。赵启正希望青年学生要认真学习和研究周恩来总理，要向长者学习，要读书。赵启正还欣然回答五位同学和一位老师的提问，并且向提问的师生现场签名赠书。会场上气氛热烈、活跃，精彩、睿智的对话博得师生阵阵热烈的掌声。

（李　晖）

【顾明远做专题报告】 2010 年 9 月 3 日，南开中学邀请全国著名基础教育专家、南开中学理事会顾问顾明远先生做客南开中学“公能讲坛”，为南开师生做了《＜教育规划纲要＞和人才培养》的报告。天津日报、今晚报、天津教育报等媒体做现场报道。顾明远先生在报告中主要讲了三个问题：一是为什么要制定《教育规划纲要》；二是《教育规划纲要》制定的工作方针、战略目标和战略主题是什么；三是培养人才的问题。顾明远指出，要创新人才培养的模式，就要坚持温家宝总理在北京三十五中学听课时提出的要求：思学结合、知行统一、因材施教。

（李　晖）

【王大中做专题报告】 2010 年 9 月 3 日，南开中学邀请清华大学原校长、中国科学院院士、南开中学理事会荣誉理事长王大中先生做客南开“公能讲坛”，为师生做报告。天津主流媒体做现场报道。王大中的报告题为《发扬传统，深化改革，再创辉煌》，主要向师生介绍清华大学的办学改革和实践，分三部分讲述清华大学通过教育改革争取跻身世界一流大学的探索与实践，总结凝练出“大楼、大师、大学精神”三管齐下的办学经验。王大中对南开中学理事会的诞生表示诚挚的祝贺，同时讲述清华与南开的深厚渊源。他还对南开中学的办学道路提出“德育为先、注重能力”的建议，指出南开中学成立理事会，本身就是一项学校管理体制机制的重大改革与创新。希望全校师生进一步解放思想，大胆探索，勇于实践，努力把南开中学办成全国教育改革的试验校、示范校，为南开中学发展再创新的辉煌。王大中的讲座在南开师生中引起强烈反响，学生表示，这个报告从大学办学的角度入手，开拓青年学生的视野，指引学习和努力的方向，对学生将来的学习和发展大有帮助。

（李　晖）

【敬一丹做报告】 2010 年 9 月 16 日，南开中学邀请中央电视台著名主持人敬一丹来到南开中学做客“公能讲坛”为师生做报告。敬一丹以讲故事的口吻，讲述自己的人生经历，以及与中央电视台“东方时空”栏目共同发展和成熟的历程，鼓励南开学子勇于挑战未知领域，在实践中成长成才，成为领军人物。南开学子对敬一丹的到来感到高兴，纷纷表达对敬一丹的崇敬之情，并兴高采烈地提问，询问“东方时空”、“焦点访谈”节目制作的过程，会场气氛十分热烈。学生一再为敬一丹勇于尝试、百折不回的精神所感动，表示要把这种精神用在今后的学习和生活中。

（李　晖）

【白岩松做演讲】　2010年9月19日，应南开中学邀请，中央电视台著名主持人、新闻评论员白岩松专程来天津，作为“公能讲坛”主讲人，为南开师生做了精彩演讲。白岩松以大哥哥的身份与南开学子亲切交谈，为学生解读成功、人生、人格的内涵和意义。他主张，今天的南开学子应该懂得爱和责任，学会理解和平等待人，树立远大的理想并且为之努力，追求脚踏实地的成功。这次演讲在学生中深受好评，学生感到，白岩松言谈幽默恳切，寓理深刻，使大家在轻松愉快的氛围中获益良多。

（李　晖）

【纪东做专题报告】　2010年10月15日，周恩来总理秘书、南开中学学习研究周恩来小组顾问纪东将军应邀做客“公能讲坛”为师生做专题报告，并与学生亲切互动。纪东以《弘扬周总理精神风范树立正确人生价值观》为题，回顾在周总理身边工作的日子，用亲身经历讲述周总理的认真、严谨、心系国家民族大计的胸怀，以及内政外交上的远见卓识。鼓励南开师生继承发扬周总理的精神，以周总理的名言“人生赖奋斗而存”与南开师生共勉。纪东的报告在师生中引起强烈反响，报告结束后，纪东现场回答了学生的问题。

（李　晖）

【奈斯比特夫妇与学生交流】　2010年10月25日下午，被媒体誉为“最了解中国的美国专家”、《大趋势》《组织的人》《未来的冲击》三部巨著的作者、世界著名未来学家约翰·奈斯比特夫妇来到南开中学参观和交流。南开中学理事会理事长孙海麟会见两位来宾。多丽丝·奈斯比特在副校长吕宝桐陪同下参观了南开中学校园，对南开中学赞不绝口，表示校园的一草一木都给她留下深刻的印象。在随后举办的“公能讲坛”座谈会上，奈斯比特夫妇用英语与南开学子进行交流，并把他们的经历与南开学生分享。座谈交流中学生表现积极踊跃，现场气氛和谐融洽，成为一次学生难得的学习锻炼机会。

（赵　凯）

【杨玉良做演讲】　2010年12月22日上午，复旦大学杨玉良校长来访我校，面向高二学生和部分教职员工做客南开中学“公能讲坛”。杨玉良校长强调，教育不是简单的传授知识，而是要让学生真正成为一个人。他认为国民教育不同于军事教育，这两种教育不能混在一起，每个人都有独立的人格和思想，教育是要让学生学会如何学习。他引用温家宝总理在全国教育工作会议上的两句话，一是“尊重学生的人格”，二是“要保证学生自由表达思想的权利”。他说，中国教育需要改革，改革是发展的动力，但在某些方面，可能需要回归到已有的传统上，回归到中国教育包括古代到近代那些优秀教育家们已经取得成绩的教育思想上。面对世界文化发展多元化的趋势，杨校长对当代学生的发展提出以下建议和期望：一是对世界不同文化有了解，二是对世界不同文化有一定理解，三是对世界不同文化有足够的宽容度，四是有能力跟不同文化背景的人沟通交流。

（马　玥）

【金一南做专题报告】　2010年12月22日下午，国防大学国际战略关系研究所所长金一南将军做客南开中学“公能讲坛”，结合国际关系形势，为师生讲述中国加强国防建设的紧迫性和必要性，以及青年学生应该肩负的历史使命与责任。金一南将军2003年被评为国防大学首届“杰出教授”。其主要研究方向是，国家安全战略，国际冲突与危机处理。学术成果曾获中宣部“五个一工程”奖、军队科技进步奖、国务院新闻办“中国国际新闻奖”、解放军报“金长城国际观察优秀奖”，国防大学“优秀科研成果奖”。报告会开拓了师生们的视野，明确青年学生的历史责任和今后努力发展的方向。报告会在和谐热烈的气氛中圆满结束。

（赵　凯）

教育活动

【纪念周恩来诞辰暨表彰先进大会】 2010 年 3 月 5 日，南开中学纪念周恩来总理诞辰暨表彰先进大会在瑞廷礼堂隆重举行。这一天，是周恩来总理诞辰 112 周年纪念日，也是毛泽东主席题词“向雷锋同志学习”47 周年纪念日，南开中学例行集会纪念。大会由德育处主任贺海龙主持，杨静武、吕宝桐、李宝贵等学校领导出席。大会在校歌声中开始。全体学生在团委李德志老师带领下进行“以周恩来为人生楷模”的宣誓仪式。副校长吕宝桐宣布授予高二 4 班“周恩来班”的光荣称号，校长杨静武为高二 4 班学生代表颁发奖牌。根据学校关于恢复向优秀学生和集体颁发“公・能”奖章传统的决定，在这次表彰大会上，13 名同学获得南开中学“公”字奖章；“能”字奖章分别授予高二年级合唱团、高三 1 班高伟豪和高三 7 班李卓。在张伯苓先生倡导下，南开中学曾经每年为优秀的南开学子颁发“公・能”奖章。其中，“公”字奖章旨在表彰品德高尚并热心公益事业、有社会责任感的学生，“能”字奖章则表彰在学科竞赛以及智育、美育等方面表现突出的学生和集体。

（滑　娜　于　宁）

【“周恩来班”荣誉称号活动】 作为周恩来总理的母校，南开中学的德育工作始终坚持“以周恩来为人生楷模”的教育主线，学校的各项德育活动都注意引导学生学习周总理为国家和民族利益无私奉献、鞠躬尽瘁的爱国主义情操，学习周总理“为中华之崛起而读书”的崇高思想境界，学习周总理为人民服务的高尚品质，学习周总理艰苦朴素的生活作风，学习周总理稳健持重、不卑不亢的礼仪风范。为了推进“以周恩来为人生楷模”主题教育活动深入开展，经学校决定，并报请全国“周恩来班”、“邓颖超班”创建活动顾问指导委员会和协调委员会批准，特设立南开中学“周恩来班”荣誉称号，以表彰在各方面表现最突出的班级。2003 年 3 月 5 日周恩来诞辰 105 周年纪念日，在南开中学纪念周恩来总理诞辰暨表彰先进大会上，南开中学“周恩来班”正式命名，原高二 4 班被授予第一届“周恩来班”光荣称号。此后，南开中学每年评选一次“周恩来班”。截至 2010 年，已有 8 个班级获此殊荣。

（于　宁）

【清明祭扫缅怀南开英烈】 2010 年 4 月 2 日上午大课间时间，南开中学德育处组织全校学生和部分教师开展清明祭扫活动。祭扫仪式在南开中学翔宇楼前举行。首先是全体师生默哀。学生会副主席王璟璇致悼词，表达南开师生对周恩来总理和革命先烈的崇敬缅怀之情。在庄严的国际歌声中，高一、高三年级学生瞻仰校园内的“四烈士纪念碑”，高二和初中学生瞻仰周恩来总理铜像。

（李德志　滑　娜）

【向玉树地震灾区捐款】 2010 年 4 月 16 日上午开始，南开中学师生开展向玉树地震灾区捐款活动。副校长吕宝桐利用晨会时间做动员，号召全体教师和学生积极奉献爱心，支援灾区人民。德育处紧急召开各学生班长会议，通报玉树地区 4 月 14 日凌晨发生地震灾情和温总理赶赴灾区指导救灾等情况。学生会向全体同学发出倡议：伸出你的援助之手吧！你的一颗爱心就可能救助一位处于危难之中的玉树同胞！校团委也向学生团员进行布置。学生会《崛起报》立即更新橱窗，全体干事手工制作有关抗震救灾情况的宣传展板。灾情牵动南开师生的心，各班级学生踊跃捐款，教职员工也积极参与。截至 4 月 19 日上午，德育处募集到师生捐款总计 56682.20 元，当天下午送至天津市接收救灾扶贫捐赠工作站。事后德育处将捐款证书和收据，连同各班级和教职员工捐款明细，一并张贴在《崛起报》橱窗中公示。

（李德志　单巨兵）

【2009 级高一年级军训】 2010 年 5 月 10 日，高一年级全体学生进行为期一周的军训活动。该次军训除基本的队列训练，还进行拓展训练。军训期间，校党总支书记孙海麟和校长杨静武分别亲临实践基地，慰问参加此次军训的全体学生和带队教师。孙海麟还观看学生的会操表演，对军训成果表示满意。军训期间，学生举办联欢晚会，自编自演

文艺节目。

（赵　凯　滑　娜）

【2010届高三年级学生成人仪式暨毕业典礼】 2010年5月28日下午，高三学生成人仪式暨毕业典礼在瑞廷礼堂隆重举行。大会由副校长吕宝桐主持，校党总支书记孙海麟、校长杨静武出席。大会上首先举行高三年级学生成人仪式。学校向毕业生赠送《中华人民共和国宪法》单行本，以鼓励高三学生承担起成人的义务和社会的重托。会上，高三6班学生任静仪在党旗下进行庄严的入党宣誓，使这个特殊的日子更富内涵。毕业生代表向母校回赠图书，以表达对三年来母校教育培养的感激之情。在校学生代表杨啸宇、毕业生代表咸逸，以及毕业生家长代表先后发言，表达对高三毕业生真诚的祝福。杨静武向高三毕业学生表示祝贺，同时提出殷切期望，预祝大家高考取得优异成绩。大会的一项重要议程是，学生一一上台领取自己的毕业纪念册，象征着在南开中学圆满完成学业和全新学习生活阶段的开始。全体同学起立高唱校歌，“渤海之滨，白河之津……”的校歌经久不息地回荡在校园里，毕业钟声敲响，大会落下帷幕。会后老师们与学生一一握手道别。

（赵　凯　于　宁）

【南开特色的入轨教育】 2010年8月23日至27日，南开中学对入校的高一年级新生和初一年级新生进行富有南开特色的入轨教育。其目的是使学生适应南开中学的环境，在以后的学习生活中，更好地继承和发扬南开精神。南开中学理事会理事长、校党总支书记孙海麟为初、高一新生作关于南开校史的讲座。副校长吕宝桐介绍南开中学的概况、校训、校徽。德育处主任贺海龙、副主任张国发运用典型个案与规章制度相结合，对新生进行遵守校规校纪的教育。团委李德志老师为高一新生做党校动员。音乐教师宋彦平、张瑛教学生学习南开校歌。校学生会成员带领新生参观南开校园，包括校史馆、周总理宿舍、范孙楼等。8月25日，初、高一新生参加在瑞廷礼堂举行的学习研究周恩来小组成立暨以周恩来为人生楷模主题教育活动大会。高一新生还观看影片《与周恩来同窗的岁月》，进行心理健康教育，展开心理拓展训练，召开主题班会。

（赵　凯　滑　娜）

【高二年级学生学农劳动】 2010年10月11日至17日，德育处组织高二年级学生到天津市西青区中小学劳动教育基地，参加为期一周的学农劳动。一周之中，学生的主要活动有：家政训练，磨面，做豆腐，翻地锄地，搓玉米等。在田间除草、翻地，让学生体验农民简单而幸福的生活和对收获的企盼；通过家政训练、磨面、做豆腐，既提高学生的生活自理能力，又品尝到自己亲手做出的劳动果实；最后的学农联欢会，不仅是各班学生的才艺大比拼，班级活力、凝聚力的大比拼，更是激情口号与欢呼声的大比拼。在丰富多彩的学农活动中，学生品尝艰辛，更多的是学会合作，感受快乐，分享成功，成为一生中最珍贵的记忆。

（赵　凯　于　宁）

义工制

【简况】 2001年，南开中学根据当时社会环境和学生的实际情况，逐步创立“义工制”，即由在校中学生向社会（主要是社会公益组织或社会弱势群体）提供无偿服务，并将其作为学校的一项基本管理制度。南开中学是天津市实行中学生“义工制”最早的学校，到2010年已经坚持实行10年，义工活动相当成熟，学生从实践中得到锻炼，受到家长和社会的普遍欢迎。义工制的基本内容是：学生利用课余时间走出校园，在社会上开展义工活动。规定每名学生全年要完成50小时义工。具体时间分配为：每学期各8小时，暑假20小时，寒假14小时。“义工制”活动要求班班有基地，人人有岗位。通过实行学生联络员制、班级指导教师制及学分制，对义工活动进行管理。在“义工制”的实施过程中，一个班级的同学可以自由组合成几个活动小组，自主确立义工活动的内容和地点。每个活动小组选出一名责任心强、积极性高的同学任联络员，一方面组织本组学生自主选择和自行联系建立义工活动地点，另一方面负责与学校的沟通，及时反映学生活动中的状况。义工也可以由学生个人单独进行。德育处和各班主任担任辅导员，随时对班级学生义工活动给予指导和必要的检查。学校要求，学生每一次活动，要有活动时间、内容的记录和联络员的签字。联络员对小组内每个同学的活动表现要有阶段评价，同时每个义工活动地点要对学生的实际表现有阶段性的评价反馈。一般每阶段义工活动开展后，各班都要进行总结，学校内要相互交流，最后依据学生做义工的表现，学校给以相应的学分，实行学分制管理。义工活动与班级社会实践活动相比，最根本的不同在于除“体验社会”之外，更强调学生服务社会，能切实为社会公益组织和弱势群体贡献力量，具有实际价值。“义工制”的优势体现在：能够形成制度，简便易行；参加人覆盖面广，家住郊县及外省市的同学可以在当地实施“义工制”；学生主动性强，每个人都可以主动联系义工的项目和地点。在义工活动中，学生自主参与性很强，充分发挥各自的特点和优势，活动内容丰富，形式广泛。周邓纪念馆、平津战役纪念馆、图书大厦、天津图书馆、养老院、福利院、汽车站以及居民社区，都能经常见到学生的身影，这些地方成为学生长期坚持的服务基地。原高二12班同学在鹤童养老院做义工，曾被中央电视台《新闻联播》节目报道。原高二文科班利用春节传统节日，在天津市文庙进行中国传统文化宣讲活动，在社会上引起广泛好评。

（贺海龙　赵　凯）

【“朝花夕拾”团队入选“全国十佳”】 2010年8月13日至15日，南开中学原高一8班义工小组“朝花夕拾”团队，在指导教师周英英的带领下，参加在北京瀚通誉智会议中心举行的为期三天两夜的“天使夏令营”活动。该项活动由中国青少年发展基金会小天使行动基金特别为A－Action中国青少年公益创想展示“全国十佳优秀团队”组织。经过专家评审委员会的评选，在该基金资助的全国100多个项目中，南开中学“朝花夕拾”团队脱颖而出，被评选为A－Action中国青少年公益创想展示“全国十佳团队”。“朝花夕拾”团队的八名学生，先是在5月份通过考察天津市五家敬老院，选择欣园养老院作为活动基地。之后在三个多月时间里，该小组成员坚持定期到欣园敬老院开展各种献爱心活动：给老人过生日送蛋糕，送水果，赠送收音机，让老人体会到更多的人间温情；适逢盛夏，细心的小组成员还给每位老人赠送背心及夏季防暑的日用品。帮助养老院打扫卫生，了解到劳动者的艰辛与无私，从而懂得珍惜他人的劳动成果，养成帮助父母分担家务的习惯；自编、自导、自演的小型联欢晚会，博得老人们的阵阵掌声。学生用真心问候、悉心照顾和亲切陪聊，换得老人幸福的笑脸，实践并真正学会“老吾老以及人之老”，也从中学到老人们的人生经验，得到老人们的喜爱与支持。他们的事迹被网络媒体天津网即时报道，并被多家网络媒体转载。

（李德志　于　宁）

【到博物馆和名人故居做义工】 2010年，南开中学高一3班、高一10班、高二8班、高二12班学生选择周恩来邓颖超纪念馆、曹禺故居博物馆、梁启超纪念馆、格格府等博物馆和名人故居作为各自班级长期的义工实践地点。在上述义工实践地点，学生从事清扫场馆、检票指路、接待访客、展馆讲解等内容的活动。通过长期实践，学生感到自己的语言表达能力、组织协调能力、人际交往能力都有较大提高，由于参与讲解各个场馆的内容，个人的历史文化知识得以丰富，自觉地以历史名人奋斗事迹作为学习的榜样，激发为传承天津历史文化贡献力量的热情。

（贺海龙　赵　凯）

【到敬老院做义工】 2010年，南开中学高一3班、高一4班、高一6班、高一8班、高一9班、高二4班、高二5班、高二8班等班级部分学生选择到天津市各个区县的养老院进行义工实践活动。包括天津市第一敬老院、晟世老人院、康寿园养老院、富康养老院、鹤寿老人院、天津市养老院、翊康养老院、长寿养老院、一星养老院、天拖南养老院、华美老人院等。学生利用周末、节假日、寒暑假时间到敬老院，通过清扫卫生、帮老人收拾房间、为老人捶背、与老人话家常、开展联欢活动等内容的义工实践活动，深切感受到参加社会公益劳动能够实现个人价值，加深对于社会的认识。

（贺海龙　赵　凯）

【到第四医院耳鼻喉科做义工】 2010年，南开中学高一3班学生分批到天津市第四医院耳鼻喉科做义工。学生在这里熟悉耳鼻喉科病房环境，了解病人入院、治疗程序，协助护士打制各种消毒包，领取各种一次性医疗用品及卫生用品、打印品；帮助病人办入院手续，协助护士准备病人床位，引领病人熟悉病房环境，介绍入院须知，带领病人做各项检查；为耳鼻喉科病房打扫卫生，擦病区窗玻璃；在护士的指导下，为病房留院病人做节前健康教育，特别是对一位急性会厌炎的先天性白化病病人进行心理疏导。由于亲身体验社会，进一步了解社会，学生在实践中增长见识，锻炼才干，培养韧性，认识找自身不足和差距所在。

（贺海龙　赵　凯）

【到公益性场馆场所做义工】 2010年，南开中学高二6班、高二7班、高二8班、高二10班学生分别到长虹公园、文庙博物馆、天津自然博物馆、广东会馆做义工。义工实践活动主要是美化公园、清扫场馆、在展馆做讲解等。学生从中体会到：义工实践活动开阔个人视野、丰富人生阅历；做义工贵在“坚持”与“用心”，注重在实践中磨炼个人意志，在活动中体验快乐成长；做义工能够带动和影响更多的社会爱心人士加入到义工队伍，帮助更多需要帮助的人。

（贺海龙　赵　凯）

【到天津儿童福利院做义工】 2010年，南开中学高一3班10名学生组成爱心小组到天津儿童福利院幼教部和抚康部开展志愿服务。在幼教部，学生协助儿童福利院的老师组织小朋友完成联欢会的节目准备、彩排、现场剧务等工作。在抚康部，爱心小组成员协助福利院老师和工作人员照顾病残程度较重的小朋友恢复身心健全状态。志愿服务结束后，爱心小组的学生展开讨论，分享彼此在活动中的体会和心得，认为自己有责任去帮助那些有困难的和有需求的人，达到个人价值和社会价值的统一。

（贺海龙　赵　凯）

【到风荷新园社区做义工】 2010年10月，高一9班义工小组到南开区风荷新园社区进行社会实践。在社区，学生擦洗社区健身器材、为部分居民家擦玻璃、慰问军烈属和孤老户、听法律知识讲座、在公告栏张贴法律宣传单、协助社区居委会做各类调查统计、组织捐款捐物，深切体会到社区工作的繁琐性、复杂性，体验到集体策划的重要性；认为在社区做义工能够积累知识、增长才干，为个人角色转变、逐渐走向社会奠定良好的基础。

（贺海龙　赵　凯）

【到天津特教中心做义工】 2010年，高一11班部分学生随天津义工服务队工作人员到天津特教中心做社会实践活动。在这里学生认真听特教中心老师介绍特教工作情况，深入了解智力低下儿童、自闭症儿童，陪智障儿童散步、做游戏，给不能自理的儿童喂饭、穿衣等。学生通过该项为自闭症儿童、智障儿童服务的义工活动，用实际行动关爱社会弱势群体，社会责任感增强，体会到只有走进社会、了解社会、融入社会，才能实现个人的社会价值。

（贺海龙　赵　凯）

【到天津血液中心做义工】 2010年，经学校联系，南开中学学生会的梁思寒、刘超、杨晓蕾、穆唯雅、周凡煜、乔琦、李可纯、王新月八名学生组成爱心联盟小分队，在天津血液中心建立学生长期义工实践地点，开展长期的社会实践活动。每周的周六和周日两天，各有一名学生到天津血液中心做义工，八名同学轮流进行。学生在血液中心采血科为献血者拍摄冲洗照片，为献血者提供红糖水，递送献血证，为献血者引路，帮助采血工作人员传送化验单，学习有关采血、献血的常识等。学生通过实践丰富生活知识，提高服务本领，增长社会才干，感到机会难得。南开中学是第一个与天津血液中心建立合作关系，派送中学生到血液中心做义工实践的学校。

（贺海龙　赵　凯）

班主任工作

【简况】 2010年,南开中学共设有46个班级,其中高中36个班级,初中10个班级。学校高、初中各三个年级,每个年级安排一名年级主管(2010年,高一和高三两个年级各安排一名副主管)。每个班级安排一名班主任。班主任不仅是一个班级的组织者、管理者和教育者,也是一个班级所有任课教师开展教学和教育工作的协调人。根据学校工作需要和教师个人情况,年内对于个别班级班主任配置进行微调。此外,先后有六位教师担任见习班主任,其任务是协助所在班级的班主任进行班级管理工作。

(贺海龙　赵　凯)

【打造文化特色的合唱班】 高三3班,即2011届合唱班,建立于2009年9月。思维活跃、情感丰富、团结奋进、求实创新,体现在这届合唱班的学生身上。通过班主任组织引导,以学生为主体,把促进全体学生的和谐、可持续发展作为班级发展目标,在开发利用南开中学历史文化资源的基础上,以班级文化建设为载体,打造特色合唱班。合唱班每天设有值日小组,值日生各司其职,清扫环境卫生保证良好舒适的学习环境;在相应位置张贴班级合影、班徽、班训、奖状、奖旗、奖杯等,激发学生的集体荣誉感;用花草和书法作品装点教室,美化环境怡情养性;轮值班长每天在黑板上书写一条励志名言,激励大家有崇高的人生追求;布置富于个性和美感的宣传栏,张贴通知、温馨提示或优美隽永、富于哲理的剪报;设立"班级图书馆",形成学生好读书、读好书的习惯以营造浓厚的学习氛围;设置环保箱,分类回收易拉罐、矿泉水瓶、废旧报纸,从点滴小事培养学生的环保意识。学生根据班级特点,自发组织设计合唱班班徽,制定班训、班规、班级奋斗目标,实施"值日班长"制度和"操行评定量化"制度,使学生自主要求、自我约束、自我监督、自我管理,班级管理责权分明,班集体形成良好秩序,增强学生的自我管理意识和能力。每周班会时间,学生自主、精心地策划组织主题鲜明、形式新颖、内容充实的班会或团日活动。"以周恩来总理为人生楷模"成为合唱班学生自发的精神追求;"感动中国"年度人物颁奖典礼为学生树立人生楷模;"热议两会"教给学生关心社会发展,心系祖国建设;"莫以恶小而为之,莫以善小而不为"教育学生从点滴小事做起,形成良好的个人修养;"光荣与梦想"颁奖典礼让班内有各种特长的学生学会认识自己和赏识他人;"他山之石"学习经验交流会促进学生之间的交流,互帮互学,形成良好的学风。2010年,合唱班取得诸多荣誉:学校运动会高中组团体总分第一名;学校五项评比学期总评第十名;校级三好班集体、优秀团支部;天津市中小学校园文艺展演活动小合唱一等奖第一名;全国中小学生艺术展演活动合唱金奖等。多次被每日新报、天津教育报等媒体报道。班级文化的形成和发展,促使合唱班学生视野得到开阔,思想和心灵得到净化,性格和情操得到熏陶,素质和品味得到提升。

(林秋莎)

【高二5班"团结、自主、合作、创新"的班风】 高二5班2009年9月建立。班主任注重养成"团结、自主、合作、创新"的班风,以此开展各种班级活动。经过学生民主选举,选出责任心强、学习刻苦、工作能力强的10名学生组成班委会。在班主任指导下,班委会定期召开例会,制定"五班班规",商讨和组织各种适合学生年龄、贴近学生生活、受到学生喜爱的班级活动,充实学生的课余生活。学生根据班级特点自行设计意义鲜明、图形美观的班徽,并将歌曲《爱因为在心中》重新编词改写成为班歌。班级组织"我和你——学习共同体成立仪式"、"我的行为我做主"、"新老学子话成长"、"学习研究周恩来成果展示暨争做周恩来班动员会"等活动,不仅使学习生活更加丰富多彩,也进一步增强班级凝聚力。根据学生自身学习特点和班级实际状况成立"一帮一"互助小组,学习成绩领先的带一名学习成绩暂时落后的,互帮互助,共同成长,使得班级整体成绩有较大提高,班级形成良好的学习氛围和独具特色的学习体系,促进互助互爱、互尊互敬的良好风气。学生还在班委会的组织下积极实行义工制度,组成多个义工小组,先后在人民公园、幼儿园、医院、教堂等义工基地参加社会实践活动,磨炼意志品质，提高为社会服务的本领，增强人际沟通和交往能力。在班级日常管理上，以“五项评比”为切入点，通过自查“五项评比”的各项要求，规范学生的行为习惯。班级制定有关的奖惩制度，督促大家自觉遵守学校的各项规定，规范自己的行为，创造良好的学习生活环境。在2010年度的五项评比中，高二5班取得全校第四名的成绩，成为学生继续努力再创佳绩的动力。

（曹 喆）

【高二10班班级口号和优异成绩】 高二10班于2009年9月建立。全班共53名学生，52人是共青团员。建班之初，由于班主任的支持和引导，以“青春无畏，逐梦扬威”作为班级口号，以“笃信、博学、求实、创新”作为班风，并以此开展各项班级活动。学生根据班级特点自行设计以象征班级凌云壮志的云朵衬以桂冠的图形作为班徽。班委会通过演讲竞选的方式由学生民主投票选举产生，每个学期进行一次班委轮换。实行每周班委负责制，由一名班委负责管理一周内班中纪律、学习、卫生等方面。在班主任指导下，每周五召开班委会例会，总结一周班内出现的问题，制定相应的解决措施，安排下一周的工作。班委会经过协商制定班规和卫生管理条例，根据学生具体表现细化操行评定，以分数量化操行评比。班规和卫生管理条例的制定促使学生规范行为，明确各自职责，自觉遵守学校的各项规章制度，创造良好的学习生活环境。在2010年度的五项评比中，高二10班两个学期均取得全校第二名的成绩。班级按照学校的要求成立学习共同体，按照各个科目的具体情况分别自由结合，某一科成绩有优势的学生负责带动1－2名该科有差距的学生，互帮互助，共同进步。在各种检测和期中期末考试中，按小组成绩观察学习进步情况，形成合作学习和竞争学习的长效机制。分科目自由组合，打破固定结组的方式，避免出现小团体，使整个班级形成互敬互助的良好班风班貌。2010年的两次期中和期末考试中，高二10班均取得普通班第二名的好成绩。班委会精心策划学生喜欢的主题班会和民主生活，形成“寓教于乐”的活动风格。

（杨 倩）

【九年2班“笃学勤奋，积极进取”的班风】 九年2班班级成立之日，便提出“笃学勤奋，积极进取”的班风口号，并以此为目标制定相应的班级管理细则。经过两年的努力，该班级成为纪律严明、学风优良、勤奋进取的班集体。一批能力素质较高的学生，团结在班主任周围，组成班集体的核心。在班级管理上，形成以班主任为主导，以班委会为主体的管理体制。班级采用值日班长制，由常务班长总负责，五名班委轮换每周值日一天，负责自习课、卫生值日等班级日常事务，并在值班日志上记录下当天发生的大事小情，不仅便于班主任及时掌握班里的情况，更记录下整个集体的成长历程。学期初，每一位学生都要制定具体务实的中期短期学习目标，学习上做到有的放矢；开展“寻找榜样”、“寻找对手”活动，培养竞争意识，激发学习兴趣，营造浓厚的学习气氛。学期中，班里多次组织成绩优异的学生介绍经验，指导学习方法。该班级在八年级的地理、生物会考中，全班学生全优通过。班级利用晨会班会时间，组织召开“态度决定成败”、“团结铸造力量”、“让青春与责任同行”、“扬起自信的风帆”、“踏着伟人的足迹前行——以周恩来为人生楷模”、“熄灯一小时”、“世博知识我知道”等主题班会活动，以充分发挥班会作为德育教育主渠道的作用，结合学校的常规教育来规范学生言行，提高道德修养，塑造学生优秀品格。该班级还形成阅读广、爱表达、擅写作的长项。班里多位学生的文章曾被印成范文在年级展示；该班学生代表学校参加南开区中学生演讲比赛，获得二等奖；在学校开展的“以周恩来为人生楷模”初中组演讲比赛中，获得一、三等奖。在学校组织的每项活动中，该班级学生积极参与，目标一致，团结协作，努力拼搏，不断增强班级的凝聚力。2010年，获得学校“三六”杯足球比赛冠军；在学校秋季运动会上获得初中组团体总分第二名。

（李忠艳）

主题班会

【简况】 南开中学各个班级的主题班会,是由班主任根据德育教育要求和班级学生的实际情况确立主题,围绕主题而开展的学生自我教育活动与民主生活。通过主题班会来澄清是非,提高认识,开展教育,促进学生健康成长与和谐发展,以形成科学的世界观、人生观与价值观。学校规定,每周周五下午第三节课为主题班会时间。各个班级除学校规定的主题外,根据班级特点和实际,组织形式多样、内容丰富的主题班会。

(贺海龙 赵 凯)

【关注"两会"热点、学习"两会"精神主题班会】 2010 年 3 月 12 日,德育处安排各班级组织开展"关注'两会'热点,学习'两会'精神"主题班会。各班采取模拟"两会"现场、观看"两会"视频、时政热点辩论等多种形式展开学习和讨论。通过发言、问答和小组讨论,学生了解社会时政热点、国家面临的新形势和未来世界发展趋势等,从而感到身上所肩负的责任,更加坚定努力学习的信念,为国家建设和发展贡献力量。

(贺海龙 赵 凯)

【高一 12 班"开学过半,秀出精彩"主题班会】 2010 年,高一 12 班组织召开主题为"开学过半,秀出精彩"的班会。班主任杨倩老师提议,以寓教于乐的形式,本着自愿的原则,亮出自己的精彩,给每位同学提供展示自己才华的舞台和机会。学生李清洋用二胡演奏一曲《二泉映月》,拉开班会的序幕。姜蕴哲、刘宇鹏等表演的小品《幸运 250》笑料迭出,把班会引向小高潮。多名学生用唱歌、乐器演奏、诗歌朗诵等不同的方式进行自我才能展示。全班学生合唱《相亲相爱一家人》圆满结束此次班会。这次班会不仅使学生挖掘自身的潜能,也让大家看到其他同学身上的优点,班级的凝聚力和向心力得到加强。

(杨 倩 赵 凯)

【高一 5 班"行为习惯养成"主题班会】 2010 年 4 月 2 日,高一 5 班以"我的行为我做主"为题召开"行为习惯养成"主题班会。孙海麟、杨静武、吕宝桐等学校领导亲临班会现场,与学生一起讨论行为习惯的重要性。此前,为使学生更好地认识到良好行为习惯对一个人成长发展的重要性,高一 5 班学生在学校的"贴吧"上发起"行为习惯大讨论"的网络活动,为此次主题班会奠定基础。本次班会分为三个环节进行。一是学生上台表演生活中的一些行为。二是自由发言,谈第一环节表演中出现的行为是否合理。三是分小组讨论,针对第二环节提出的合理与否,阐述解决的办法。通过生动形象的表演和讨论,帮助学生认识到一些不良行为给自身成长带来的影响,启发学生借此机会自觉规范个人行为,做良好行为的主人。班会最后孙海麟做了总结发言,与学生一起探讨如何形成良好的行为习惯。最后,全班学生集体宣誓,并与学校领导共同在"我的行为我做主"横幅上签名。

(曹 喆 赵 凯)

【高一 6 班"模拟两会记者会"主题班会】 2010 年 3 月 12 日,高一 6 班召开题为"两会记者会"的主题班会。班会以模拟"两会"期间政府各部门领导人召开记者招待会的形式,由学生扮演政府发言人、中英文翻译和记者等角色,就两会热点话题进行问答。学生张恩泽介绍《政府工作报告》的主要内容后,由孙佳钰、刘鑫等七名学生扮演的中外记者,分别向刘畅、颜祥禹等七名学生扮演的政府部长就社会经济热点问题进行自由提问。尽管时间有限,但"部长们"认真负责的回答、"翻译们"严谨流利的翻译,以及"记者们"犀利的表达,都给人留下深刻印象。问答的内容有些是安排学生提前准备的,也有些属于临场发挥。学生积极准备和参与班会,关注社会热点,爱国情操及社会责任感表现得真实强烈,中英文口语表达能力得到锻炼。

(张 扬 赵 凯)

【七年 3 班"交通安全伴我行"主题班会】 2010 年 11 月 19 日,七年 3 班举行"交通安全伴我行"主题班会。班会第一阶段是交通安全知识竞赛,竞赛题型分为必答题和抢答题,全班学生分成四个小组，积极参与，踊跃发言，在回答问题和互动中了解许多出行、骑自行车以及开车驾驶时应该注意的问题，增长法规意识，拓宽知识面。第二阶段，各组小组长通过PPT、视频等形式，播放车祸发生前后的照片和情景，学生针对照片和视频中播放的内容展开讨论。该主题班会使学生交通安全防范意识和自我保护的能力得到提高。

（单巨兵　赵　凯）

【七年4班“爸爸妈妈我能行”主题班会】 2011年1月21日，七年4班举行“爸爸妈妈我能行”的主题班会，是针对当代中学生生活自理能力、自立能力较差的问题而设计的。班会由情景剧《爸爸妈妈我不行》拉开序幕。针对情景剧内容，学生畅所欲言，讲述生活中“我不行”的例子。老师引导学生列举南开中学校园内典型的事例，证明“我能行”。接着进行剪窗花和包饺子比赛，并让每一位选手畅谈自己的比赛感受，让学生们认识到自己动手和劳动的必要性与可能性。最后，幡然醒悟的“我不行”的小演员上台，再演情景剧“爸爸妈妈我能行”，令学生深受鼓舞，自信心得到提升。

（滑　娜　赵　凯）

心理健康

【简况】 南开中学十分重视学校心理健康教育，关注每一位学生的心理发展，通过开设心理健康课程、建立心理谈心室、开展团体心理辅导活动、建立心理档案等方式，建设和完善学校的心理健康工作，取得显著成效。中学时期是学生个体成长发育的高峰期，也是学生个体心理发展由“断乳期”逐步向“成熟期”的过渡阶段。这一时期学生个体会出现许多心理矛盾和冲突，加上国内国际大环境的影响，学生个体心理出现不同程度的问题。大量研究表明，中学生在心理发展中存在的问题，大部分集中表现在学习、交往（亲子关系、师生关系、友伴关系）、情绪状态（考试焦虑和其他情绪困扰）和社会适应性等方面，且多数属于发展性问题，少数属于障碍性问题。心理健康教育在学校整体教育中占有重要地位。

（于　宁　赵　凯）

【心理健康课程】 2010年，南开中学在高一年级继续开设《高中生心理适应能力培养》心理选修课。该课程包括适应新环境、快乐学习、了解自我和认识他人、职业生涯规划指导、人际关系与交往、笑对挫折与走向成功等多个单元，目的是向学生传授心理学的相关知识，帮助学生正确地认识自己和他人，使学生学会调控自己的行为，保持健康快乐的心态投入日常的学习和生活当中，最终达到让每一位学生对一般性心理困扰学会自助的目标。很多学生选修该课程并从中获益。

（于　宁　赵　凯）

【专题心理辅导活动】 南开中学每个学期通过心理知识讲座和专题心理辅导活动两大途径对在校学生进行心理健康辅导活动。每年新学期伊始，对新入校学生进行“如何适应高（初）中生活”为主题的心理辅导活动。在期中、期末考试前夕，对学生进行“缓解考试焦虑，轻松面对考试”的心理辅导。在期中、期末考试后，对有需求的学生进行“战胜挫折，奋勇前行”心理讲座。针对高三毕业班学生进行“体验高三，认识自我”、“调整心态，迎击高考”、“学会减压，轻松学习”等内容的辅导活动。此外还进行有关情绪调整、人际交往、自信心培养等内容的心理辅导活动。通过这些专题心理辅导，解决多数学生存在的共性问题，更好地发挥学生的潜能，使学生不断完善自我，学会与别人和谐相处，更好地适应学校生活。

（于　宁　赵　凯）

【阳光谈心室活动】 南开中学2004年成立的心理辅导专业机构——阳光谈心室，学校匹配专业老师对在校学生进行专业心理辅导和咨询。学校规定每周一至周五的中午12时30分至1时30分为阳光谈心室面向学生开放的时间。有需求的学生可以通过电话、信函、网络信箱等方式，与心理老师进行沟通和交流。通过个别心理咨询，心理老师可以及时地帮助学生调整心态，使学生能够身、心和谐发展、处于平衡状态，保持学生个体人格的完整性。

（于　宁）

【心理健康教育】 南开中学结合班会活动、课外活动、团体活动来开展心理辅导，落实发展与预防功能。在高一、高二年级的学工学农活动中，为学生做拓展训练，使学生在互帮互助、共同完成任务的过程中，增强彼此之间的认同感、信任感，增进学生相互之间的交流与协作，增强班级的凝聚力和创造力。此途径很好地把心理辅导与班级、团队活动以及学校的其他例行活动结合在一起，发挥这些工作在统一的育人活动中的整体功能。

（于　宁）

【在教学中渗透心理健康教育】 南开中学重视在校教师心理健康素质的提升。2005 年学校 251 位中青年教师参加 B 级心理健康教师资格的培训，并顺利通过考核。到 2010 年，先后有 40 余位青年教师通过南开区组织的 C 级心理健康教师资格培训。学校教师在教学过程中自觉地、有意识地运用心理学的理论与技术，帮助学生提高课堂学习活动中的认识、情感和行为水平。教师在课堂教学中有意识地运用强化理论激发学生的学习动机，结合教材进行记忆策略训练以提高学生记忆力，等等。学习是学生的主导活动，学生大量的心理困扰都产生于学习过程中。学科渗透心理辅导，既培养学生的智力因素，又培养学生的非智力因素，同时开发学生的学习潜能。

（于　宁）

【学校与家庭辅导网络】 家庭是学生成长的重要环境，南开中学通过家访、家长会和家长学校等多种形式，向家长讲解心理健康知识，帮助家长了解学生成长过程中特殊阶段的心理特点，提高家长对学生心理发展的认识。2010 年，高三 2 班班主任白露针对高三年级学生心理问题多发的情况，专门召开一次别开生面的家长会，向家长介绍相关的心理健康知识，以便更好地帮助学生解决心理健康问题，收到很好的成效，受到家长的好评。

（于　宁）

【南开中学学生心理健康辅导团】 南开中学学生心理健康辅导团 2006 年成立。辅导团开始时由 24 位心理辅导员组成，通过高一、高二年级各班班主任挑选一名对心理学感兴趣、对班级工作有热情的学生担任。2009 年起，则以社团的名义公开招聘。由于心理健康教育在学生中越来越受到重视，前来应聘的学生也越来越多，能够成为一名心理辅导员也成为学生感到骄傲的一件事。到 2010 年，心理健康辅导团已是一个拥有 99 位成员的大团体。各班心理健康辅导员在平时可以帮助心理辅导老师发现身边有心理健康问题的学生，并与心理健康老师取得联系，以便及时帮助这些学生消除心理健康的隐患。

（于　宁）

【心理健康宣传报《心桥》】 南开中学通过定期制作心理健康宣传报《心桥》，在每周五的中午播出《心情热线》，各班级建立《心园》等途径，使心理健康知识进一步普及，营造良好的校园心理氛围。经常性的心理健康宣传，陶冶学生情操，丰富学生情感，促进学生的心理健康，消除学生因学习和生活带来的疲劳、忧虑、压抑、失望、痛苦等消极情绪，使学生心情愉快，精神振奋，激发奋发向上的斗志，净化心灵。通过一系列心理健康教育教学活动和措施，学生的心理素质得到明显提高，教育教学保持良性发展态势。到 2010 年，没有一名学生因心理健康问题而发生严重偏差行为。

（于　宁）

【参加天津市第三届心理剧大赛】 2010 年 5 月 23 日，南开中学心理辅导社团参加天津市第三届学生心理剧大赛。该项大赛由天津市学生联合会、天津市未成年人心理自助互助协会主办，天津市青年宫、耀华中学承办，共有 27 个参赛剧目，分别来自天津市的 27 所学校。南开中学的参演剧目《我想握着你的手》在大赛中获得三等奖。

（于　宁）

艺术教育

【合唱团获全国比赛一等奖】 南开中学合唱团参加第三届全国中小学艺术展演活动,获得全国一等奖的佳绩,载誉而归。此次展演于2010年2月21日至3月1日由教育部、上海市人民政府共同举办。本届展演包括艺术展演类(声乐、乐器、舞蹈、校园剧)和艺术作品展演类(绘画、书法、摄影)共两大项七个小项的展示比赛。南开中学合唱团42名学生在副校长吕宝桐,德育处教师刘福林、宋彦平、徐锡玲、陈海龙和高二合唱班班主任林秋莎的带领下,代表天津市参加声乐专场的展演活动。比赛中,学生精神饱满,表现优异,从来自全国各地的51个参赛学校合唱团中脱颖而出,获得一等奖的佳绩。

(李德志　黄小虎)

【学生音乐创作模块成果汇报】 2011年1月20日下午,南开中学在瑞廷礼堂面向家长举行学生音乐创作模块成果汇报演出。学生代表共表演八首音乐作品,全都是学生自己谱曲作词。八首作品分别是《出航》《翰墨飞扬》《风》《快乐少年》《老师的话》《桃李满天下》(两首)《梦中的地方》。南开中学以课程为载体,自编自演自创曲目,在天津市尚属首次。参演学生表示,通过音乐创作模块的训练,学生音乐表现的自信心增强,学生的个性和创造才能得到展现,学生的创造意识和创作兴趣提高。演出结束后,家长对学生们的精彩演出报以热烈掌声,对南开中学进行创作模块训练的尝试表示肯定,期待国家教育改革进一步深化。

(黄小虎)

【荣膺全国学校艺术教育工作先进单位】 2010年10月,在吉林市举行的全国艺术教育工作经验交流会上,南开中学被教育部评为"全国学校艺术教育工作先进单位"。教育部副部长陈小娅出席会议并讲话。与会代表观摩吉林市中小学校的艺术教育现场,还围绕正在研制的《全国学校艺术教育发展规划(2011~2020年)》进行讨论。

(黄小虎)

教学教改

课堂教学与新课改

【班会展示课播出】 2011年2月4日(正月初二)晚6时25分,中国教育电视台春节特别节目“我们的故事——八个主题班会”栏目中播出南开中学七年级4班的主题班会《爸爸妈妈我能行》。班会由滑娜老师主持。该班会主要针对社会上比较关注的当代中学生生活自理能力、自立能力差的问题,用一个又一个鲜活的事例和生动的比赛,让学生们认识到动手、劳动的必要性和可能性。班会充分展现南开师生的独特风范。此次节目于2011年1月21日下午在天津市电化教育馆协助下录制完成。除在2月4日晚播出外,中国教育电视台还于次日上午8时、中午12时和12日中午12时重播。

(黄小虎)

【德育公开课】 2010年4月20日上午第三节课,高一1班班主任姚卫盛在学校机房围绕“创新教育”主题做一堂德育公开课。该课程系南开区德育研究室为推进国家教育科学“十一五”规划课题“和谐德育研究与实验”的实施而组织的实验教材研究课评选活动,以展示各实验校在课题研究、尤其是在课题实验教材《和谐成长》的使用与研究中取得的阶段性成果。该课程目的是使学生了解,随着世界政治、经济、科技、教育全球一体化进程加快,国与国之间的竞争空前激烈,而竞争实际上是创新意识和创新能力的竞争,是高素质创新型人才的竞争;该课程还要使学生明确,南开中学理科实验班学生的使命,就是不断开拓创新。公开课上,通过老师演示,引导学生展开讨论,激发实验班学生追求科学、追求真理的激情,纷纷表示要使自己向拔尖创新型人才方向发展,为国家建设和发展作贡献。学校许多班主任老师到现场观摩,还在课后热烈讨论,使公开课成为提高班主任工作水平的契机。

(黄小虎)

【政治课教学有效性探索】 2010年,政治学科积极开展教学研究,探索政治课教学规律,努力提高政治课堂教学有效性。特别是围绕新课标,继续研究中学政治课一节好课的标准。学科各位教师结合自身的教学实践,不断反思和总结,初步摸索出一些具有特色的教学理念和模式。曾获全国思想政治课教学大赛一等奖的教师崔勇锐,面对政治课教学的困境,在教学实践中总结出一节优秀政治课应具备的特征:时尚亲切、科学严谨、师生互动、启迪智慧。为达到一节好政治课的标准,崔勇锐根据建构主义理论,按照以人为本的理念和因材施教、学思结合的原则,在教学中尝试构建“同心圆”教学模式,即通过设计教学内容的“同心圆”,创设课堂参与的“同心圆”,实现教学目标的“同心圆”,从而使政治课更加精彩。崔勇锐将自身的教研成果渗透于教学实践中,2010年10月获得天津市中小学第七届青年教师“希望杯”创优课一等奖。

(王志辉)

【时事政治教育】 到2010年,政治学科教师10年间在高中政治课教学中,始终坚持每周组织学生进行课前时事演讲,取得良好效果,受到学生欢迎。具体做法是:成立学习小组,每组2-4人;每一次演讲,组内成员都要相互配合,共同搜集整理演讲素材;教师进行必要的指导,引导学生讲述、评论新闻要注意及时性、准确性、真实性。对学生的稿件、PPT 在期末给予加分奖励。进行时事演讲的意义：有利于拓展学生的视野，引导学生关注社会、关注生活，增强责任感；有利于培养学生养成善于思考的良好习惯，有助于学生综合能力的培养；有利于激发学生的兴趣，活跃课堂气氛，培养学生做到理论联系实际。

（刘　宁）

【政治学科选修课】 2010 年度，政治学科针对不同学生的爱好分别开设选修课。教师李德志开设选修课《法律之门》，选修人数 30 人。该课程通过法理学、宪法学、行政法学知识的学习，帮助学生成为懂法、用法的人。教师刘宁开设选修课《世界纵横谈》，选修人数 37 人。该课程立足当代世界政治、经济、军事格局，横向联系，纵向追踪，旨在开阔学生视野，启迪学生思维。教师贺海龙开设选修课《周恩来的人生智慧》，是南开中学首次在课程体系中专门设立关于学习研究周恩来总理的相关课程。

（黄小虎）

【语文教学展示课获奖】 语文教师滑娜荣获教育部基础教育课程教材发展中心主办的全国新课程初中语文课堂教学展示课一等奖，在“菁华杯”首届全国新课程中学优质课评选中获得优秀课例二等奖；《如何提高小学到初中学生的写作兴趣》一文，在第四届“语文报杯”全国初中语文教学论文大赛中获得一等奖。张扬的《新闻阅读与实践、开发与整合》在 2010 年中国中学语文教学论文（设计）大赛活动中获得论文一等奖；《对人教社高中语文必修教材‘定篇’类选文的分析和教学策略》获得中国教育学会第二十三次学术年会优秀论文二等奖。高宇鹏执教《古诗词吟诵》一课，在第五届全国中青年教师（基教）优质课大赛活动中获得二等奖；《关于课堂教学评估改革的两点思考》《古诗词吟诵教学刍议》两篇论文，在该项活动中分别获得二、三等奖。王蕊的论文《刍议中学艺术教育的人文性》，在第五届全国中青年教师（基教）优质课大赛活动中获得一等奖；论文《‘诗话语文’教学研究》，在该项活动中获得二等奖；论文《艺术教育的人文性体现——以中学艺术教育为例》获得天津市基础教育“教育创新”论文评选二等奖；《朱熹如何解释〈大学〉——关于高中选修教材中的儒道经典选读》获得第五届全国中青年教师（基教）优质课大赛二等奖，《诗经两首——比、兴手法的运用》获得二等奖，该课教案获得教案二等奖；《儒道经典选读——谈高中选修教材中朱熹对〈大学〉的解释》获得天津市基础教育教育创新论文评选三等奖，《中学语文诗意化教学研究》获得论文三等奖。单巨兵的《关于中学语文教学幽默的思考》在第四届“语文报杯”全国初中语文教学论文大赛中获得三等奖；2010 年 9 月荣获南开中学教学质量优秀课奖。李萱获得中国中学生作文大赛“恒源祥文学之星”优秀指导奖；在“大田杯”天津市中学生“好书伴我成长”读书活动中，获征文组辅导教师奖、绘画辅导教师奖。白璐《虞美人》一课，获得天津市“双优课”区级二等奖。李忠艳指导学生参加南开区演讲比赛获得优秀指导奖。高原的论文《艺术教育在语文教学中的渗透》获得天津市基础教育 2010 年教育创新论文三等奖。语文学科滑娜、杨倩、王蕊获得 2010 年南开中学优秀教学课件评比奖，刘树红、李萱、孙超获得 2010 年南开中学优秀教学论文奖。

（韩文霜）

【数学教育教学尝试】 为培养学生自主学习能力，探索适合南开特点的教育模式，开发南开的校本课程，2010 年数学学科进行两大项教育教学的尝试。一是在高中三个年级进行学案导学的编写和教学使用工作。导学学案每周编写一套，内容有知识要点导读、方法归纳总结、探究题目和目标检测四部分内容。二是建立和组织学习共同体。开展形式多样的学习模式的尝试，使学生之间相互交流，解决学习中的疑难问题，培养合作能力。

（侯卫平　宋振寰）

【参加天津市双优课评比活动】 2010 年 10 月，数学学科教师张广民参加天津市中小学青年教师“希望杯”创优课评比，获得一等奖。在比赛中，先进行教育理论和专业知识的笔试和说课比赛，从 87 人中选出 9 人，进入复赛。之后进行指定课题的做课比赛，评出一等奖。

（宋振寰）

【英语学科教研活动】 英语学科认真开展教研活动，以贯彻素质教育为目标，以提高学习有效性为主线，以提高学生综合语言运用能力为主攻方向，着力培养学生“自主学习能力”。教师的大教研活动通过“专家引领,行动研究,成果共享,内涵发展”,认真将理论研究和日常教学相结合,着力提高外语教育的有效性。在此基础上,教师积极参加市区教研活动和试题研究,业务水平不断提高,得到市教育招生考试院和市区教研室领导的高度评价。2010年,英语学科教师姚卫盛参加天津市中学信息技术与课程整合优秀课评比,获市级一等奖。赵淑玉参加天津市青年教师基本功大赛,获市级二等奖。李惠燕被南开区教育局聘为南开区2011届毕业班复习指导中心高中外语学科中心组成员,杜明环被聘为初中外语学科首席教师。

(李惠燕　姚卫盛)

【英语学科选修课】 英语学科开设选修课,力求体现“以人为本”思想,让学生有更多机会来充实自己,提高综合素质。根据新课标的要求,开设“Widen Your Horizon”的选修课,每周利用周三下午三、四节课开选修课程,作为日常课程的补充和完善。教师认真承担选修课的教学任务,通过选修课激发学生学习兴趣,开阔视野,深受学生的喜爱。

(李惠燕)

【创办高中英文报纸】 2010年,英语学科在2009年组织学生创办高中英文报纸 Nankai Highlights 的基础上,继续组织学生编辑英文报纸四期。南开中学英文报纸经过一年半的发展,在教师姚卫盛和聂信堃、单君翌等学生的共同努力下,基本形成完整的报纸采编队伍。办报过程中,师生克服种种困难,认真组稿审稿排版,同时自筹经费发行报纸,办报水平得到进一步提高。

(李惠燕)

【化学课堂导学学案】 2009至2010学年度,初三年级备课组教师张洪俊、汪斌完成《九年级上、下册化学课堂导学学案》的编写工作。2010年下半年,新一届初三备课组教师王大治、陶颖进一步改进完善《九年级上、下册化学课堂导学学案》。2008至2009学年度,张冠仁、张洪俊、邢亚孟、伊颖四位教师完成高一年级《必修Ⅰ、必修Ⅱ化学课堂导学学案》的编写。2009至2010学年度,张冠仁、曹喆、麻亚宁、高志伶四位教师对《必修Ⅰ、必修Ⅱ化学课堂导学学案》进行改进完善。2010至2011学年度,张冠仁、何文、李娜、王平、伊颖、高志伶、王浩安七位教师对《必修Ⅰ、必修Ⅱ化学课堂导学学案》进一步改进和完善。2010至2011学年度,张洪俊、曹喆、麻亚宁、汪斌四位教师完成《选修四化学反应原理化学课堂导学学案》的编写。

(张洪俊)

【“同课同构”教学研究】 2010年5月,高二年级备课组张占萍、邢亚孟、李娜、王红娜、伊颖五位教师进行“蛋白质的结构与性质”一节的校内同课异构教学研究课;下学期进行“同课同构”的教学研究。12月,化学学科在高二年级对“难溶电解质的溶解平衡”、“原电池”、“化学电源”、“电解池”四个单元进行“同课同构”教学研究。首先由主讲教师谈本节课的教学设计,如何创设教学情境,如何活化、深化教材,设计哪些教师实验和学生实验,如何改进实验,如何设计导读提纲引领学生自主学习,哪些部分组织学生合作学习,怎样让不同层次的学生参与到课堂中来,怎样设置习题体现不同的梯度,怎样处理一些细节问题,等等。其他教师提出改进意见,形成初案。一位教师设计教学课件,一位教师设计课堂导学学案,一位教师设计教师演示实验和学生动手实验;一位教师讲课,备课组其他教师去听课,课后进行评课,提出改进意见;再由一位教师讲课,其他教师听课、评课并不断改进。经过备课组教师的课堂教学实践,彼此间互相听课、交流,取长补短,对教学设计进一步优化。最后由一位教师在学科内做公开课并录像,全组教师听课、评课,形成大家最后公认的好课。12月6日教师麻亚宁在高二9班教室做“难溶电解质的溶解平衡”公开课。12月14日教师汪斌在高二3班教室做“原电池”公开课。12月20日教师曹喆在高二4班教室做“化学电源”公开课。12月22日教师张洪俊在高二10班教室做“电解池”公开课。

(张洪俊)

【说课与做课参赛】 2010年4月,徐宝华老师参加南开区“育贤杯”的做课比赛,通过初赛,同年9月参加“育贤杯”的说课比赛,通过复赛,同年12月参加“育贤杯”的做课决赛。2010年5月,教师曹喆参加天津市教研室组织的优质课评比并荣获一等奖,同年8月代表天津市赴内蒙古参加全国高中化学优质课(华北区)说课比赛并荣获二等奖,同年11月参加天津市双优课比赛,经过笔试、说课、做课比赛，荣获天津市双优课评比一等奖。2010年8月16日，教师王大治《绿色化学教学策略在有机化学实验中应用的初探》在全国新课程中学实验和实验教学研究成果交流暨培训会上荣获二等奖。2010年11月20日，教师麻亚宁参加南开区必修Ⅰ第三章第一节“金属的化学性质”说课交流活动。2010年12月25日，教师王平参加南开区必修Ⅰ“绪言”说课交流活动。

（张洪俊）

【课前演讲】 地理学科自2005年起，在文科班安排学生课前演讲的项目。2010年度，高二文科班学生在张慧、周英英两位教师安排下，继续实行每节地理课前五分钟演讲，演讲题目由学生自拟，以教学进度尽量贴近的地理内容为最佳。学生演讲的题目有中国文化遗产、旅游资源等。课前演讲活动锻炼培养学生获取地理信息的能力、整理梳理信息和准确的语言表达能力。学生演讲自然地理世界奇观，就要在众多的奇观中准确判断筛选出属于自然范畴的且具有震撼力的景观，翻阅查找资料分析其成因，再整理编制成课件，用简洁明了的语言，在五分钟内演讲结束，力求给听众留下深刻的印象，对学生确实是非常实际的锻炼。

（李美华）

【探究式地理教学】 2010年，地理学科在各年级继续推行探究式教学，张慧、贺伟国、周英英、邢文娟、梅宏柱、周顺心、孙国鑫等教师，从天津家乡地理环境、地理现象出发，整理案例，设置情境，引导学生主动探究，逐步将“讲堂”变“学堂”。通过天津小洋楼景观特色、空间分布，探究其形成原因，分析其保护意义、保护难度、保护措施，进而研究文化地域特色及其形成、保护、建设。唤醒学生自主学习意识，挖掘学生自主学习能力，主动关注、学习、发现自己身边的地理事物、地理现象。

（李美华）

【读图、绘图教学法】 读图绘图是地理学习的基本技能。高中地理课程内容较初中地理课程内容从信息量、系统原理都有很大的差异。2010年，教师李美华、张文静在高一地理课堂对学生进行读图填图基本功的训练。将教材中凡是能将文字表述转化成图示的内容设计成活动图片，在学生自学教材的基础上，分小组绘图，将自己所学内容通过交流、提炼，用简洁明了、生动活泼的一幅示意图表示出来，作为小组作业交给老师。结合教材补充各种地图，由学生将图中内容用语言文字表述出来。从而培养学生自学能力、合作创新意识。

（李美华）

【因材施教以学定教】 2010年，地理学科对起始年级做两项问卷调查。一是2010届高三毕业生的关于“2010年地理全国统一高考天津卷”答题情况问卷调查。二是2010年入校的高一新生的“南开中学学生初始学习能力和学习习惯问卷调查”。两份问卷分别由天津市教研室和南开中学地理学科教师设计。初步掌握学生的已有学习能力及待开发的潜能，有针对性地分年级进行教法的改革创新。高一年级主攻“读图绘图教学法”，同时将日常作业、课堂提问与期中期末考试成绩，按照3∶3∶4计入模块成绩，纳入评价体系。高二年级主攻“探究式教学法”，用身边的地理事件、地理现象作为案例，小组讨论共同探究。高三年级主攻“综合能力训练法”。

（李美华）

【编排历史课本剧】 2010年，历史学科在高一年级开展老师“给学生一片空间，一个舞台”新课改课堂教学模式的新探索。由老师指导，各班学生全体参与，结合教材和学生阅历，编排历史课本剧。在教师张力主持下，班级学生踊跃参与编排《雅典公民的一天》《科举制度》《马关条约的签订》《麦哲伦环球航行》《苏格拉底之死》等剧目。该项师生共同参与的教学方式，突出学生的主体地位和主体意识，使学生在自导自演的过程中体验和感受历史。学生认为，历史课本剧的编排，有利于发展创新意识和创新能力，激发对历史的兴趣和探究历史的激情。在编排历史课本剧的探索中，学生既轻松地掌握知识，又潜移默化地培养了能力，提高了整体素质，历史课堂也焕发出了应有的活力。

（万庆刚）

【制作教学模具】 历史学科教师利用假期，组织或技术指导学生进行古代农具的制作。学生通过上网查找相关资料，与教师协商确定模型方案，利用现有的材料进行加工制作，反复修改。学生制作的曲辕犁、翻车、筒车、风车等，不仅形象逼真而且还能机械转动。通过动手制作工具，学生了解到古人在与自然斗争中，所表现出的聪明才智和创新精神，学生对历史学习的兴趣和投入进一步加强，同时也培养学生动手实践的能力和审美水准的提高。学科利用橱窗对学生的作品给予展示，鼓励学生动手、动脑，用学到的知识转化为实践的成果。

（万庆刚）

【信息技术与课程整合优秀课获奖】 2010 年 3 月 23 日，英语学科教师姚卫盛和通用技术学科教师魏长童参加天津市 2010 年中学信息技术与课程整合优秀课评比，与全市各区县 100 位教师进行角逐。信息技术与课程整合是通过将信息技术有效地融合于各学科的教学过程来营造一种新型的教学环境，以实现一种能充分体现学生主体地位的以“自主、探究、合作”为特征的新型的教与学方式，使传统的以教师为中心的课堂教学结构发生根本变革。经过说课评比、教学设计方案评比、课堂教学实施效果评比等环节，以及相关答辩、专家提问等过程，经过初评、复评，姚卫盛、魏长童分获得该项评比一、二等奖。

（李　晖）

学科建设

语文学科

【简况】 语文教学以奠定学生语言基础和学习运用语言为目标，着重培养学生“语言的实际应用能力”。2010 年，学科共有教师 32 名，担负着全校语文教学任务。高中语文教师 18 名：程滨、赵岩、高原、赵鸣芳、田玉彬、李俊晔、马西超、韩文霜、张扬、谢明、杨倩、潘印溪、何士龙、王学刚、史红、杨劼、李耕漪、白露。初中语文教师 5 名：滑娜、单巨兵、李萱、刘敬华、李忠艳。孙超、高宇鹏、王蕊 3 名教师在翔宇学校高中任教，刘树红、常虹、郑玉芬、吴鹏 4 名教师在翔宇学校初中任教，李爽、张旆在复读班任教。语文学科教师服从学校工作安排，认真备课并上好每一节课，细心批改学生作业，完成所任年级的教学任务，并能参加市、区和学校的教研活动，不断提高自身业务水平。初、高中毕业生的中考、高考语文成绩在全市名列前茅。

（韩文霜）

【语文选修课程教学与研究】 2010 年，高一年级在进行必修课程教学的同时，开设校本选修课程的教学，每周利用周三下午三、四节课开选修课程。高二年级在完成必修 5 的教学以后，使用全部课时教授选修课程，开设的选修课程有《中国古代诗歌散文欣赏》《中国现代诗歌散文欣赏》等。教师高原完成 18 万字的《中国现代文学中的南开作家群》校本选修教材的编写任务；张扬完成 10 万字的《新闻采访与写作》校本选修教材的编写任务。5 月 28 日天津市教研室中学语文教研室在实验中学召开天津市高中课程改革试验语文学科课程总结大会，语文学科派教师代表参加大会，韩文霜以《校本选修课程的开发与教学策略》为题代表南开中学作会议典型发言。

（韩文霜）

【语文教师教学研究成果】 语文学科教师在认真进行教学的同时不忘教研，利用课余时间撰写论文发表，表明对于教育科研用心竭力。王蕊在《汉语学习》上发表《仿语的特点及其与熟语的区别——以建国以来产生的仿语为研究对象》一文，在《天津师范大学学报》上发表《论鱼玄机爱情诗歌中的功利主义思想倾向》一文。马西超在《语文报》发表《2010 年高考天津卷作文评析》一文，在《中国社会科学报》发表《切入中国现当代文学生态的问题》一文，在今晚报发表《观察之同与感悟之翼》一文，在 2010 年第 2 期《作文通讯》上发表《长歌短吟托山水——作文微观训练点之二：意象妙用》一文，在 2010 年第 3 期《作文通讯》上发表《云想衣裳花想容，青山白水无限情——谈抒情散文的语言》一文，在 2010 年第 5 期《作文通讯》上发表《登山则情满于山，观海则意满于海——关于抒情的复习总结》一文。李俊晔在2010年第1期《作文通讯》上发表《探得深海觅骊珠——作文微观训练点之一：细节描写》一文。高原在2010年第5期《作文通讯》上发表《惊涛拍岸千堆雪——作文微观训练点之三：论证语言》一文。张扬在2010年第12期《作文通讯》上发表《万象得因‘我’而生——作文微观训练点之四：用好记叙文中‘我’的视角》一文。

（韩文霜）

英语学科

【简况】 2010年，英语学科共有35名教师，承担全校英语教学任务。在高中任教的有17名教师：担任高三年级英语教学的张虹、李士明、段胜利、周彤、王紫凝、李健；担任高二年级英语教学的姚卫盛、李惠燕、赵淑玉、王雅莹、韩珀培；担任高一年级英语教学的刘静、张妍、孙立鑫、姬红颖、唐小莉、陈平平。在初中工作的有6名教师：担任初三年级英语教学的卢秋丰、齐振强；担任初二年级英语教学的裴爽、张继文；担任初一年级英语教学的杨丽珍、李静。张建伟、柴广敏、张光玲、邵秀美、张继红5名教师在翔宇学校高中任教；杜明环、史明伟、王瑾、刘丽4名教师在翔宇学校初中任教；教师林露在复读班任教。教师冯锴被派往德国从事汉语教学。外籍教师南希担任高一口语教学。

（李惠燕）

【教学特点】 英语学科以课改精神和新课程改革教育理念为指导，牢固树立科研兴教、科研兴师的观念，以整体推进课程改革为中心，以课题研究为主线，以深化课堂教学为重点，切实提高教科研工作水平。规范教学行为，通过常规与创新的有机结合，促进教师严谨、扎实、高效、科学的良好教风，以及学生严肃、勤奋、求真、善问的良好学风的形成。全体教师敬业爱岗、教育得法，以高尚的师德和严谨的治学态度赢得学生的认可尊敬，从而提高学生对英语学习的兴趣。外语学科通过健全制度，详尽规划；优化课堂教学，促进学生全面发展。2010年，外语学科坚持集体备课制度，至少每周活动一次。参与市、区教研活动。教研活动有记录。备课组、任课教师工作有计划、有目标。月考、期中和期末考试有详细的质量分析，期末有总结。全体教师注重教学反思，认真参加学校组织的研修活动，教师知识结构不断优化，理论素养不断提高。

（李惠燕　姚卫盛）

【科研论文】 2010年，英语学科教师认真学习教育教学理论知识，与教育教学工作实际紧密联系，开展教学与德育研究，有效地提高教育教学质量。共完成10篇论文并获奖。杜明环撰写的论文《在角色表演中提高学生的综合能力》在第四届全国初中英语教师教学基本功大赛暨教学观摩研讨会中获一等奖。姚卫盛撰写的论文《新课改背景下高中英语自主学习能力培养的教学策略》在第五届全国中小学英语教育教学优秀科研成果奖评选中被评为二等奖，论文《德才兼备，以德为先——通过德育课程探讨拔尖创新型人才培养途径》被评为2010年南开区中小学德育年会征文二等奖。姬红颖撰写的论文《英语文化对高中学生性格形成的影响》获2010年天津市基础教育“教育创新”论文三等奖。赵淑玉撰写的论文《浅议高中英语写作教学策略》获“创新杯”区级论文评选二等奖，论文《班主任工作与批评教育初探》获市级德育学术论文评选三等奖。王雅莹撰写的论文《爱心、责任、个性、沟通——浅析班主任专业素养与我的班主任工作》获天津市2010年度德育论文三等奖。张妍撰写的论文《雨润心田》获德育论文二等奖。李健撰写的论文《集体主义教育——师生成长必修课》被评为2010年南开区中小学德育年会征文三等奖。

（李惠燕　姚卫盛）

数学学科

【简况】 2010年，数学学科有专职教师35名。其中，在高中任教的有18名教师，康玥、邵德彪、王彬（文科）、周峰、林秋莎、程斌担任高三年级数学教学，侯卫平、孙力、刘四化、赵书乐、李游担任高二年级数学教学，曹宝树、刘秋昭、张广民、安大源、宋振寰、周贵宾、王桂玥（高一选修课）担任高一年级数学教学。在初中任教的有4名教师，毕伟、明桂芹担任初一年级数学教学，刘涛、刘志明（兼）、张国发（兼）担任初二年级数学教学，杨冠明、吴汉臣（返聘）担任初三年级数学教学。另有7名教师在翔宇学校高中部任教，1名教师在复读班任教，5名教师在翔宇学校初中部任教。侯卫平、张广民担任天津数学学会理事，侯卫平担任南开区教研员、高三备考指导小组成员，孙力担任《中等数学》杂志编委，中国数学奥林匹克高级教练员。康玥被评为2010年度南开区校级优秀党员。曹宝树、刘秋昭获2009－2010年教学质量优秀奖。林秋莎《建设班级文化，提升管理水平》论文获市级二等奖，康玥《营造恰当的班级理念——我的班主任工作体会》论文获市级三等奖。

（侯卫平）

物理学科

【简况】 2010年，物理学科共有教师23人。其中，高中教师15人，初中教师3人；有5位教师在翔宇学校工作。物理学科教学以新课标理念为指导，深入研究教材，着眼于学生未来的发展，注重探索适合南开学生特点，具有鲜明南开特色的教学模式。教学内容灵活，基本功扎实，有一定的深度和广度；培养学生思维能力与创新意识；重视动手能力的培养，强调理论联系实际；在特长生培养方面有独到的方法。把学科教研作为学科建设的重要阵地，坚持每周一次的备课组教研，将理论研究和日常教学相结合，交流教学心得，共享教学资源。2010年，教师完成论文23篇，并有9位教师参加课件评比。吕万华在重庆举办的第九届全国物理青年教师教学大赛上荣获一等奖，是物理学科第5位获得这一奖项的教师。“现代多媒体技术在初、高中物理教学衔接中的重要意义及其应用”、“分析利用高考数据，引导提高高中物理教学效益”两个课题，获得学校小课题研究立项。

（叶　远）

化学学科

【简况】 2010年，化学学科共有教师20人。其中党员15人；博士学历2人，硕士学历8人，南开大学研究生课程班毕业8人；35岁以下青年教师15人，女教师10人，是一支老中青结合的团结向上的队伍。化学学科崇尚“踏实、朴实、务实”的风气，教研氛围浓厚，以建设优秀学科为目标，围绕教育教学中心，有针对性地加强自身建设。教师坚持高标准严格要求自己，努力开拓创新，为全面提高教育教学质量而努力工作。化学学科2006年7月被评为区级优秀党支部；2007年1月被评为区级文明学科组；2008年3月被评为局级巾帼文明先进集体；2008年5月被评为天津市文明职工小家；2008年9月被评为南开区优秀学科组。2010年3月被南开区教育局评为巾帼文明先进集体。

（张洪俊）

【荣誉称号】 2009年9月王大治被评为天津市师德先进个人、南开区教育系统第四届师德先进个人、“三青三名教育专家工程”区级优秀班主任。2009年9月张洪俊被评为“三青三名教育专家工程”区级学科带头人，2010年3月被评为南开区巾帼文明先进个人，同年7月被评为南开区教育系统校级优秀共产党员。2009年9月谢家明被评为“三青三名教育专家工程”区级学科带头人，2009年9月被评为区级优秀教师，2010年7月被评为南开区优秀共产党员，同年12月被评为新疆喀什地区“援疆干部先进个人”。2009年9月何文被评为“三青三名教育专家工程”区级优秀班主任，“三青三名教育专家工程”校级学科带头人，校级优秀教师。2009年9月徐宝华被评为“三青三名教育专家工程”区级优秀班主任。2009年9月曹喆被评为“三青三名教育专家工程”校级学科带头人。2009年9月高志伶被评为“三青三名教育专家工程”校级学科带头人。王平被评为中国教育学会“十一五”重点课题“整体构建学校、家庭、社会和谐德育体系研究与实验”2010年度先进工作者。

（张洪俊）

【教育教学获奖】 2010年5月曹喆获天津市优质课评比一等奖，8月获全国高中化学优质课（华北区）说课二等奖，11月获天津市双优课评比一等奖，《“角色扮演”在班主任工作中的应用》论文获天津市德育论文三等奖。徐金波在2009全国高中学生化学竞赛决赛学生培训工作中取得优异成绩，受到中国化学会表彰，2010年获全国化学竞赛二等奖指导教师奖。何文在2009全国高中学生化学竞赛决赛学生培训工作中取得优异成绩，受到中国化学会表彰，2010年获化学竞赛全国决赛金牌、铜牌指导教师奖，高三育人成果奖。邢亚孟《浅谈如何培养建构培养创新能力的化学教学模式》获市中小学教研教改成果二等奖、教育创新论文评比三等奖，

2009年获全国化学竞赛省级赛区成绩表彰，获2010年化学竞赛全国二等奖指导教师奖。汪斌获2010年全国初中化学竞赛(天原杯)园丁奖。张洪俊获2010年全国初中化学竞赛(天原杯)园丁奖，同年8月所指导的课程“最简单的有机物——甲烷”在2010年度全国(华北区)中学化学优质课观摩评比暨教学研讨会上荣获二等奖，同年10月在天津市第七届中小学“双优课”活动中获化学学科指导奖。王大治《金属开发利用》2009年8月获第二届全国化学教育硕士教学技能大赛(决赛)特等奖，论文《初中学生的认知方式与化学学习效率关系研究》获二等奖，2010年4月论文《我的教学方法：创设教学情境提高化学课堂教学有效性》获南开中学2010度论文报告会优秀论文，论文《绿色化学教学策略在有机化学实验中应用的初探》获全国新课程中学实验和实验教学成果交流二等奖。高志伶获天津市青少年科技创新大赛二等奖，2010年初中天原杯化学竞赛园丁奖，论文《单亲家庭子女心理分析及应对手段》获天津市德育论文三等奖。徐宝华2010年3月“盐类的水解(第一课时)”一课在中国基础教育研究会主办的第十届全国中青年教师(基教)优质课活动中荣获二等奖。徐宝华的论文《新课程习题与三维目标的现状的调查》获2010天津市基础教育创新论文二等奖。张占萍的论文《我的教学法—化学概念策略的研究》获2010天津市基础教育创新论文二等奖。谢家明2009年度在新疆维吾尔自治区高中化学竞赛中，所辅导的学生王镜翔等多名获得高一年级一等奖，被新疆化学教育学会授予园丁奖，化学课件《铁的重要化合物》被评为自治区二等奖，2010年获全国初中化学竞赛园丁奖。王平的《消失的假条》一文2010年9月入选南开区《智慧的爱——教育三十六计》，论文《学校德育和家庭教育融合方式初探》获中国教育学会“十一五”课题优秀成果，论文《在网络课程中培养学生化学学习能力的调查研究》获2010年天津市(电教)二等奖。伊颖的论文《我的教学方法》2010年被评为年度优秀论文。徐宝华在2010年南开区育贤杯优秀课评比中荣获一等奖。

(张洪俊)

地理学科

【简况】 地理学科具有寓教于学的优良传统，地理教学以培养、训练学生地理能力、地理思维为基础，在师生共同学习过程中渗透“环境、社会、经济的可持续发展”观念，注重帮助学生建立“可持续发展”的价值体系。2010年，地理学科在校任教11人，其中退休返聘特级教师2位，承担着全校初、高中地理教学任务。初中1人：贺伟国，同时担任年级主管兼班主任工作；高中6人：张文静、李美华、周英英、张慧、周顺心、刘森甲(退休返聘)，周英英、张慧同时担任文科班班主任工作。翔宇学校高中3人：孙国新、邢文娟、梅宏柱，均同时担任班主任工作；复读班1人：邸敏。

(李美华)

【全国高中地理教学设计评比与说课比赛】 2010年11月10日至13日，为总结地理教材新课程改革的成功经验，扩大教学成果交流，中国地图出版社在浙江省宁波市举办2010年全国中学地理教材(中图版)研讨会暨教学设计与说课比赛，北京、天津、广东、陕西、山东、湖北等13个省市的教研员、教师代表150余人参加。南开中学地理学科教师梅宏柱作为天津市青年教师代表参加该项活动，获得教学设计评比组一等奖和说课比赛组一等奖。梅宏柱的教学设计“农业区位因素”，采用天津市蓟县农业活动的鲜活案例为背景，结合媒体的使用，创设环节清晰的活动情境，通过充分调动学生积极性进行主动探究，落实教学目标。该教学设计，注意教材内容与学生生活和社会发展的联系，注重学生学习的自主性、主动性和师生、生生之间的互动，极具创新性、实效性和可操作性，符合有效教学和整体优化的要求，获得与会专家评委首肯。在说课比赛环节，梅宏柱表达流畅，教态自然大方，感染力强，回答专家提问完整、准确，赢得评委好评。比赛准备过程中，学科组长李美华，特级教师刘森甲、邸敏给予特别指导。通过参加该项比赛，展示南开中学地理新课程改革的成果，也是学习地理新课程改革的契机，有利于促进学校高中地理新课程改革向纵深发展。

(李美华)

【课堂开放相互观摩】 课堂开放、自觉听课是地理学科的一贯传统。学科特级教师刘森甲、邸敏，高级教师李美华、张慧、贺伟国等老教师课堂开放，年轻教师自觉做到“同头课节节听，非同头课有空必听”。听课后相互交流，及时传递各自对教材的理解、学科知识结构的再认识，以及对学生知识能力挖掘过程中的处理手法，促进学科教学、教研的整体提高。

（李美华）

【教研活动主力相互促进】 2010年，地理学科教师贺伟国、邢文娟、李美华被南开区教育中心聘为地理学科中心组成员。4月，李美华在南开区教育中心为南开区高三教师做高考复习专题讲座，获得老师们的好评。贺伟国、李美华在南开区“育贤杯”教学比赛中担任评委工作；在天津市中小学教育教学研究室组织的天津市第七届中小学“双优课”活动中，参与南开区参赛选手王瑾、李红的备课、听试讲、指导设计思路等工作。王瑾、李红两位教师分获一、二等奖。贺伟国、李美华获得地理学科指导奖。地理学科教师积极参与市区教研，促进地理教研水平的发展和提高。

（李美华）

【继续教育和研修】 2010年4月，李美华参加由英国大使馆文化教育处和中国科学技术交流中心在北京联合主办的“气候酷派”培训活动。10月，张慧、邢文娟代表地理学科参加在北京召开的海峡两岸四地地理教学研讨会。11月，张慧代表地理学科与梅宏柱一同参加中国地图出版社在浙江省宁波市举办2010年全国中学地理教材（中图版）研讨会暨教学设计与说课比赛，带回大量图文资料。11月，周顺心参加天津市教委、天津科技馆举办的天津市天文科学课程教师培训活动。

（李美华）

【教研任务】 2010年，地理学科教师李美华、周顺心、周英英参加课程教材研究所承担的国家社会科学基金“十一五”规划（教育科学）国家级课题“中小学生学科学业评价标准的研究与发展”（课题号BHA060030）地理学科子课题部分研究工作。8月，李美华承担静海县教育局举办的“静海县教师暑期教材教法大培训”主讲教师的工作。

（李美华）

【获奖情况】 2010年，地理学科教师贺伟国的《初中地理高效课堂教学一例》获得校优秀论文奖。周英英的《激励成就进取》获天津市德育论文三等奖。梅宏柱在“2010年全国中学地理教材（中图版）研讨会暨教学设计与说课比赛”中获得教学设计评比一等奖、说课评比一等奖。贺伟国、李美华在天津市中小学教育教学研究室组织的天津市第七届中小学“双优课”活动中，获得地理学科指导奖。

（李美华　梅宏柱）

历史学科

【简况】 历史学科有初高中历史教师共8人。2010年，该学科教师所带班级高考重点率100%，会考和高考成绩位于市区首列。全组教师均担任过各年级的班主任，多名教师成为区级学科带头人、区级优秀班主任以及区级高考复习首席教师。学科倡导“学习、务实、提升”之风，业务功底扎实，学术水平不断提升，承担市区新课程改革和科研课题，教育教学成绩斐然。结合学生特点，制定高中各年级不同的教学规划，并给予落实和督查；教学采用多种形式师生双互动的模式，提高课堂效率；建立学科内电子书库，编写校本教材和学生课余读物；共开设校本选修课程10余门，高一、高二开设研究性课题；组织专题报告会；发挥学科教学优势，参加市区组织的支教活动。

（万庆刚）

生物学科

【简况】 2010年，生物教学以培养学生能力，提高学生生物科学素养为目标，着重锻炼学生动手能力。生物学科是年轻、充满活力，能够脚踏实地、乐于奉献的集体，在常规教学中，教师长期承担满课时、超课时工作任务，12名教师担负29个教学班的课堂教学任务。中老年教师充分发挥引领和指导作用，年轻教师则努力学习不断提升个人素养。经过共同努力，全学科教师在学业水平考试和高考中取得优异的成绩。教师兢兢业业地进行生物奥赛辅导，取得天津市联赛一等奖1名，二等奖14名，三等奖14名的成绩。积极开展校本教学，为学生提供更加丰富的知识平台。

（王　健）

政治学科

【简况】 政治学科有教师15人。其中,在高中任教的有8人,初中任教的2人;在翔宇学校任教的5人。35岁以下的青年教师占60%。13名教师是共产党员,其他2名为入党申请人。教学与管理工作"双肩挑"的教师占绝大多数。其中,有6人参与学校管理工作,有6人分别兼任年级主管、班主任、德育调研员。学科教师秉承南开传统,勤奋工作,在工作中发挥积极作用,是团结协作、敬业、求实、奋进的教师集体。高中思想政治课的课程性质和根本任务决定学科工作思路是:突出"实"字,并坚持与时俱进。2010年度,学科注重发挥各备课组作用,保证日常教学工作的有效进行;开展时事教育,引导学生关注社会,提高分析问题的能力和社会参与的自觉性;学科教师投身新课改,转变教学方式和理念,并在区市教研中发挥积极作用;努力构建和谐学科。政治教师敬业爱生、扎实工作,认真履行教书育人的神圣职责,受到学生的肯定和尊重,在历次教学反馈中都能得到学生的较高评价。

(王志辉)

【围绕教育教学撰写论文】 刘宁:《对高中生进行时政教育的探索》。王志辉:《在活动中提升学生的人文素养——以上学期高二11班参加合唱活动为例》。朱爱武:《充分发挥课前演讲的教育功能,促进学生成长》。徐广玉:《如何在思想政治课教学中培养学生创造能力》。杨晓坤:《新课标下提高政治课堂实效的策略研究》。薛伟:《浅谈思想品德课会考复习》。张小虎:《青春期学生健康成长的过程中不能忽视家庭教育》。

(王志辉)

【在区市教研中发挥作用并获奖】 2010年,朱爱武任天津市教研室政治兼职教研员,被市教委、市教研室聘为"265农村骨干教师培养工程"中学政治学科教学模块授课教师。崔勇锐、王志辉在2009-2010、2010-2011年度分别被聘为南开区高三复习指导组首席教师。贺海龙、王志辉被聘为南开区政治教育学会常务理事。刘宁、崔勇锐、黄小虎等教师分别被聘为区教研室年级中心组成员。崔勇锐获天津市教育科研管理先进工作者、校级优秀党员、市中小学第七届青年教师"希望杯"创优课一等奖。王志辉被评为区局级优秀共产党员。李德志负责的校团委被评为天津市优秀团组织。杨晓坤被2010年全国和谐德育年会暨第十三届学术研讨会(中国伦理学会德语专业委员会第六届学术研讨会)评为先进工作者。

(王志辉)

信息技术学科

【简况】 2010年,信息技术学科有教师4名,其中中学高级教师3名,中学一级教师1名。学科教师承担全校初、高中信息技术教学任务。学科以提升学生信息素养为出发点,促进学生全面而富有个性的发展为目标,探索培养学生创新精神与实践能力的有效方法与实践模式,使学生在信息的获取、加工、管理、表达和交流过程中,掌握信息技术,感受信息文化,增强信息意识,内化信息伦理,使学生发展为适应信息时代要求的具备良好信息素养的合格公民。构建基于南开学生发展和社会需求的信息技术课程模式,为学生应对未来挑战,实现终身发展奠定基础。基于上述理念,学科的课程设置除开设必修、必选课程以外,高中利用校本选修课开设信息学奥赛、数据库管理与应用;初中开设算法与程序设计社团。2010年信息学奥赛提高组获得全国一等奖5名,市级一等奖24名;普及组获得全国一等奖1名,市级一等奖6名。学科组承担全国"十一五"教育技术研究课题"高中信息技术教育的现状、发展前景及对策研究——南开中学信息技术教育调查与分析",以及校级课题"提高课堂教学有效性的实践与研究"。2010年教师参与高中信息技术教材《信息技术基础》《数据管理技术应用》《算法与程序设计基础》的编写与修订工作。同年完成校本教材《PASCAL算法与程序设计应用》的编写。王铮撰写的论文获2010年天津市教育技术评比一等奖。学科教师岗位明确,职责分明,既是设备的使用者,同时又是设备的管理和维护者。学科对于已有规章管理制度做进一步的修改和完善,包括学生机房使用制度、计算机学科设备管理制度、机房管理员制度、财产保管员制度、机房赔偿管理方案等。2010年学科组圆满完成学校布置的各项工作。组织科技特长生考试,高考英语专业口语测试,高考志愿输机填报等。

(马　艳)

学术交流

【高中生物有效教学观摩展示课】 2010年4月7日上午,由天津市教育教学研究室主办的“高中生物有效教学观摩展示课”活动在南开中学举行。来自市内各区县的教育教学专家、区县教研员、各中学的学科带头人共160人前来参加活动。南开中学高二年级生物教师杨振作一节“生长素的发现”展示课。南开区教研员王霞点评,认为这节课是经典生物学实验的再现,突出培养学生的探究实验能力。高三年级生物教师唐延稚做一节“高三生物专题复习——调查类实验”展示课。红桥区教研员、特级教师李新花点评,认为这节课构思巧妙,体现新课程理念,对重难点内容的教学有一定的突破。展示课后两位教师进行说课,参加活动的专家和教师就生物有效教学进行研讨,气氛热烈,对南开中学青年教师的教学水平给予高度评价。两节公开课在教育部基础教育课程教材发展中心举办的“菁华杯”首届全国新课程优质课评选活动中,分别荣获教学设计一等奖和课例二等奖。

(王　健)

【参加教学做课】 2010年4月17日上午,地理学科教师梅宏柱代表天津市参加三省区“聚焦课堂,同课异构”现场交流活动。该活动由南开区中小学教育教学研究室地理学科室和天津市中小学教育教学研究室地理学科室组织,由天津中学承办。来自三省区的中学地理学科教师同场竞技,共有四位教师参加交流,讲授“农业区位因素”内容。该活动特别邀请教育部基础教育课程教材发展中心主任刘坚教授和上海高中《地理》教材副主编、特级教师黄昌顺两位专家。黄昌顺对四位教师的课进行精彩点评,充分肯定新课程改革下教师教学方式的变化。刘坚教授高度评价梅宏柱的公开课,特别肯定其巧妙的教学设计,尤其是“土地竞标活动”贯穿课堂始终,充分展示教师对课程改革的理解,以及把身边地理事实引入课堂,充实教材内容。

(李美华)

【接待学访】 2010年,地理学科接待天津大港三中地理学科组长听课、教研。该校教师来学校进行一周学访,分别听取学科高中三个年级地理课,对学校的地理教学给予充分的肯定,表示受益匪浅。特级教师刘森甲接待青年教育家听课并辅导。

(李美华)

【研讨新课程改革】 2010年5月26日上午,天津市教研室历史学科主任戴羽明和塘沽区教研室主任王海军带领塘沽区24名历史教师到南开中学进行学习交流。历史学科教师于宁做观摩课“华盛顿”,受到参加活动教师的好评。课后教师们进行交流。教学处副主任王莉英介绍了南开中学近期发展规划。于宁谈备课思路和授课体会。万庆刚做重点发言,根据实践经验谈新课改中历史教学的几点做法,得到同行的肯定,感到很受启发。戴羽明充分肯定历史学科集体备课的做法和培养学生自主学习能力的方法,希望加强与南开中学教师的交流,共同提高,共同发展。

(万庆刚)

【观摩洋思中学课堂教学改革】 2010年10月23日至27日,由教学处副主任王莉英、数学学科教师曹宝树、英语学科教师李惠燕、语文学科教师马西超等四人组成的南开中学访学团参加在江苏省扬州市召开的“新课改下的教学改革暨洋思教学模式观摩研讨会”。访学团旁听语、数、英、政等课程共十余节,近距离地感受洋思中学“先学后教,当堂训练”的课堂教学模式。洋思中学的教学模式是以学生自主学习为中心的课堂教学模式,在实践性极强的教学理念指导下,教师根据学生学习的情况修改课前制定的教案,明确学习目标并制定合理合量的自学指导方法,使得学生每节课都有15－20分钟甚至更长的时间进行练习,从而改变教师课上满堂灌、学生课下作业多的弊端,学生也因此形成一种主动学习状态下所产生的思维积极性,有效地达到“课上紧张学习,课外减轻重负”的教改目标。洋思中学还把诸多从教学实践中摸索出来的教育观念凝练为格言“每个学生都是一座金矿”,“没有差生只有差异”,“堂堂清、日日清、周周清”等,遍布在校园的各个角落,着力打造属于洋思特色的校园文化。访学团还观看中央电视台制作的关于扬州梅岭中学"生活碰碰车"的电视访谈介绍,听取梅岭中学原校长王力耕作关于"尊重人、发展人、完善人"的报告,了解校园文化对学生自我性格塑造的重要性。通过学访活动开阔视野,感受各地优质学校在课堂教学模式上的改革创新,运用到南开特色的高效课堂教学中来。

(王莉英)

【津京教师研讨语文教学】 2010年11月15日,天津市教研室赵福楼、刘克强、张妍老师,南开区教研室王寿松老师到语文学科组进行语文教学研讨。11月19日,来自北京语文教研室、北京语文特级教师工作站的教师,与天津语文教研室主任赵福楼、副主任刘克强和张妍老师,南开区教研室主任韩锋、王寿松老师一起,莅临南开中学语文学科组指导教学工作。当天共听取语文学科教师单巨兵的《羚羊木雕》、滑娜的《散步》、杨倩的《咬文嚼字》三节课堂教学,并就这几节课的收效、改革和教法问题,深入地进行研讨。市区教研室领导一周之内两次到语文学科指导工作,促进教师提高教学水平。11月23日,语文学科亦借机组织教研活动,开展专题教研,对三位教师进行评课,并就语文教法问题展开深入讨论。

(韩文霜)

【承担南开区教研活动】 2010年11月20日,高一年级备课组在组长何文精心组织下,由王平、李娜、高志伶、伊颖、王浩安五位教师,面向南开区百余位高中化学教师,分别做题为"氢氧化铝的性质探究"的公开观摩课。几位教师在集体备课时勇于创新,大胆实践,集思广益,相互取长补短,设计出最佳方案。该节课教师始终贯穿两条主线:一条"知识线",以探究氢氧化铝的制取方法,总结归纳出氢氧化铝的性质,使学生对氢氧化铝的两性有深刻认识,最后学以致用解决实际问题;另一条"方法线",在传授知识的同时更关注学生学习方法的训练和能力的培养,学习以实验为基础的探究方法,通过对实验现象的推理分析,培养学生一切从实际出发,由表及里,以严密的逻辑推理得出结论的思维方法。课程设计的整体过程,是从生活到化学课堂,再从化学课堂走进社会。首先从邀请学生参与魔术表演"火烧棉花"引入,对其中的一块棉花进行处理,添加阻燃材料氢氧化铝,从而引出本节课的主题,让学生体会到生活中到处都有化学,激发学生的学习兴趣。最后的环节是学以致用,设计用氧化铝制取氢氧化铝的实验方案。该课程设计集学科教师的智慧,具有新意,脉络清晰,达到设计的初衷,符合新课改的理念。由于准备充分,收到良好的教学效果,得到听课教师的一致好评。课后研讨会上,五位教师分别进行课后反思,学科组长、备课组长以及区教研员分别点评,高度评价几位教师的教学水平和教研成果。

(张洪俊)

【校校联合教研活动】 2010年12月14日,语文学科高中组教师在翔宇楼三楼会议室召开"校校联合教研"活动,与育红中学教务处和语文组教师一起,探讨高中作文教学的新途径、新方法。语文学科教师韩文霜首先就新课改教学实践中的写作环节提出一些想法,并就草拟的《高中语文写作教程》(讨论稿)做有关说明,认为广大教师依据教程但不必拘泥教程,应有创造性地结合本校、本班实际,开展扎实且有成效的写作教学活动。育红中学语文学科组长以及高三年级组长介绍在语文写作教学中,如何帮助学生整理教材中的素材,如何从中提炼观点、总结方法等做法。语文学科教师程滨、何世龙、谢明、马西超相继发言,就如何提高学生写作水平,加强素材积累,重视写作修改,提高对范文的学习能力等,提出很好的设想和操作方法。

(韩文霜)

【接待与学访活动】 继2009年接待云南省腾冲县教育局教师的学访活动后,2010年上、下半年南开中学又接待来自腾冲的教师穆成龙和赵一枝、张丽红。其间,几位教师在政治学科广泛听课并参加有关的教研活动。作为首次交流活动的回访,政治学科教师朱爱武于2010年1月访问腾冲,作"新课程你我同行"的报告。2010年4月8日,政治学科接待来自香港特区的经济学科教师和中文教师,就两地的经济学教学内容和高考的相关事宜进行交流。6月,政治学科接待重庆南开中学教师王晓鸥,就新课改及教师发展等问题进行交流。

(朱爱武)

【与内蒙古学访教师开展教研活动】 2010年

11月16日至12月16日，内蒙古巴彦淖尔市教育局选派五名教师到南开中学语文、数学、英语、历史、政治学科进行为期一个月的教育教学交流。在此期间，历史学科全体教师与巴彦淖尔中学教师共同备课，并多次献课，以新课改的理念展示不同年级和不同风格的课堂教学；与该校教师围绕新课改形势下的教学方式，多次进行探讨，在课堂教学模式、多媒体运用、教材延伸教学、课堂练习及课下阅读等方面达成共识，对彼此推动学科建设和培养不同类型的人才都互有借鉴。其他各个学科也热情接待、同样开展各种有效的教研实践活动。

（万庆刚）

【开展大教研活动】 2010年12月，外语学科在108教室开展年度大教研活动。包括专家讲座和来年工作布置。北京外国语大学教授、博士生导师韩宝成进行中国基础英语素质教育途径与方法的专题讲座，通过大量的研究数据和案例，引领英语教师就基础教育阶段英语教育性质和目标、教育内容、教学方法以及教学研究等问题进行反思。教师们认真聆听讲座，积极思考并回答讲座中提出的问题。通过讲座，教师对语言教育的理解加深，对语言教育的认识提高，表示要将教研活动与学校小课题研究相结合，探索符合本校学生特点的英语教育途径和方法。英语学科主管李惠燕结合具体工作布置下一阶段任务。外语学科的大教研活动以"专家引领，行动研究，成果共享，内涵发展"为主题，希望使教师提高对语言教育的认识，落实到日常教学，提高外语教育的有效性。

（李惠燕）

【新疆少数民族双语骨干教师教学实习】 2010年3月15日，新疆六位物理教师来南开中学作为期8周的教学实习，受到热情接待。这些教师实习的目的，一是通过教学实践，提高汉语言水平和使用汉语言进行本学科教学的能力，二是提高学科教育教学的能力和教科研水平。学校以高度的政治责任感和认真负责的态度做好这次教学实习工作，安排教学实习工作负责人为教务处主任潘印溪，联络人为教学处主任助理刘莉。物理学科组长叶远负责学科实习的具体工作。还为实习教师配备王文惠、刘俊贤、王向群三名指导教师，做好"传、帮、带"，帮助实习教师切实提高教学理论水平、教学能力和汉语应用能力。

（刘　莉）

【云南教师教学实习】 2010年4月16日，云南腾冲教育局书记赵家汉、腾冲一中校长罗仁幸一行到南开中学参观访问。根据南开中学与腾冲县教育局协议，4月中旬腾冲县教育局选派七位老师到南开中学学访，为期两个月。11月中旬，腾冲县教育局选派八位教师来南开中学进行为期两个月的学访。实习教师被安排到语文、数学、英语、物理、化学、政治六个学科进行教学实习。

（刘　莉）

教学科研

【基础教育教学成果评选】 2010年，在天津市基础教育教学成果评选中，南开中学教师上交论文及各项成果34篇。8月20日，获市级认定的29篇、区级4篇。未发现论文有不诚信现象。认定成果的论文中给予市级认定的，语文8篇、德育7篇、外语3篇、数学2篇、历史1篇、物理3篇、化学2篇、地理1篇、信息技术1篇、通用技术1篇。天津市开展基础教育教学成果评选，是为肯定广大教师在实施素质教育过程中教育科研工作取得的成绩，推动教育科研工作的深入开展，由天津市教育学会每年5、6月份组织天津市基础教育教育教学成果认定工作，规定凡天津市从事基础教育工作的单位和个人（含合作者）的教育教学成果，包括学术性的论文、专著、实验报告、调研报告、教材、讲义、计算机教育教学软件、教具、科普读物等均在认定之列。该项工作由学校科研信息技术中心负责，将参与认定的教师科研成果统一收集整理，按要求统一分类编号上交。

（李　晖）

【2010年论文报告会】 2010年4月20日，南开中学2010年度论文报告会在翔宇楼报告厅举行。学校领导和全体教师参加大会。为促进教师从事教育教学研究，学校于每年年底启动年终论文评比活动，要求全校教师每人上交一篇论文参与评比，成为学校的一项常规工作和特色科研活动。为举办好本次论文报告会，学校组织教科研人员和各学科组长进行论文筛选，对论文的质量和诚信程度进行细致严格的把关。最后，从全体教师的年终论文和参加本年度天津市“教育创新论文评选”获奖的论文中，选出24篇优秀论文，在报告会上予以表彰。由王蕊、张广民、张占萍、李德志、王德义、刘静六位教师代表获奖论文作者在报告会上进行论文宣讲，将论文研究成果与平日教学实践相结合，毫无保留地交流自己的心得和经验，受到全体教师的好评。科研信息技术中心副主任崔勇锐在会上介绍该次论文报告会的筹备情况。副校长马健对教师积极参与教科研工作提出希望。

（李　晖）

【2010年优秀论文作者与篇目】 语文学科王蕊《艺术教育的人文性体现——以中学艺术教育为例》，语文学科杨劼《会选择，有智慧——关于语文教学任务和教学方法的一点感悟》，语文学科高原《我的教学方法：高三语文的几点高效复习法》，语文学科何士龙《我的教学方法：养成创造的快乐——高一年级作文教学反思》。数学学科张广民《我的教学方法：提高教学效率，减轻学生负担》，数学学科常永盛《我的教学方法：初中数学的落实》，数学学科谭毅《我的教学方法：数学教学中的一点理解与体会》，数学学科康玥《实例之于教学——关于几年教学的心得体会》。英语学科杜明环《在角色表演中提高学生的综合能力》，英语学科姚卫盛《我的高三英语教学方法：讲其所需适时重复》，英语学科刘静《高三启示录——写给高一的班主任》。物理学科夏慈伟《我的教学方法：在教学中渗透思维方法》。化学学科张占萍《我的教学方法：化学概念教学策略的研究》，化学学科王大治《我的教学方法：创设教学情境，提高化学课堂教学有效性》，化学学科伊颖《我的教学方法：<炔烃>教学案例》。生物学科尤智杰《我的教育方法：谈学生德、智、体综合发展》。政治学科崔勇锐《我的教学方法：构建“同心圆”，让思想政治课更加精彩》。历史学科马丽坤《我的教学方法：优化课堂教学方法，提高课堂教学效率》。地理学科贺伟国《我的教学方法：初中地理高效课堂教学一例》。体育学科王德义《在体育与健康课程标准下——对中学生推实心球技术教学的实验研究》。信息技术学科王铮《有效教学策略中教学评价的研究与应用》、《我的教学方法：分层教学，讲练结合，自主学习，综合评价》。国际部赵颖《我的教学方法：合理应用多媒体教学，提高国际部学生英语听说能力》。德育处李德志《我的教学方法：五位一体课堂有效性控制》。

（李　晖）

【天津市“十一五”规划课题结题】 2010年5月15日，由副校长吕宝桐承担的天津市教育科学“十一五”规划课题“艺术教育渗透于整体高素养教育过程，促进师生共同发展的实践研究”课题（课题批准号：ZZZ006），经过专家组的鉴定，顺利结题，并被评为A级课题。该课题研究筹备自2006年9月开始。2007年1月6日课题立项审批。4月25日，开题报告会在南开中学举行，天津市教科院专家和领导出席。2008年11月27日，举行课题的中期检查推动会，邀请南开区艺术教育专家对课题的研究进行中期评估。该课题以南开中学整体高素养教育这一个案为研究载体，将艺术教育的研究具体化、实用化和可操作化。通过对艺术教育在南开中学整体高素养教育中的实践，探索艺术教育的途径和功效，归纳总结出南开中学艺术教育特色与成功经验，为素质教育的进一步发展提供典型经验，对于中学的艺术教育具有普遍的推广价值。本课题取得的研究成果包括：研究报告《艺术教育渗透于整体高素养教育过程，促进师生共同发展的实践研究》，实验报告《天津市南开中学高中合唱班与其他类型班级学生部分人格特征的对比研究》，论文集《南开中学艺术教育的实践与思考——教师篇》，个案集《南开中学艺术教育的实践与思考——学生篇》等。

（崔勇锐）

【国家“十一五”课题结题】 2010年11月14日，校长杨静武主持的国家“十一五”重点课题《基于网络环境的教育资源建设与应用研究》通过中央电教馆的专家审评，顺利结题。该课题围绕教育部在“基础教育课程改革纲要”和国家教育中长期发展规划中提出的关于信息技术在基础教育教学中的应用问题展开研究，结合南开中学的应用与探索的实际，对课题的各个方面进行具体做法的分析和实施可行性的研究。课题研究的价值在于充分有效地利用学校内外的网络资源，优秀教师人力资源，促进教育方式的整合和提高，促进课堂学习模式的转变和教学效率的提高。课题列举困扰学校在基础教育进行信息化应用时的普遍问题，提出思路和解决策略，实施中的经验和教训，为其他学校提供可参考的解决办法和信息化资源应用的实施途径，也为南开中学“十二五”期间的信息化教学研究打下坚实的科研基础。

（魏长童）

【2011年“教育创新”论文评选】 2010年11月30日，天津市基础教育“教育创新”论文评选活动启动。南开中学教师积极参与，共上报论文49篇。经过评审，共有39篇论文获奖。其中，张扬的论文《利用文本空白，确定探究主题》获得一等奖，吕宝桐的《以艺陶情、以艺寓德、以艺益智、以艺健体》等8篇论文获得二等奖，崔勇锐的《中学班会课德育功能的实现途径》等30篇论文获得三等奖。该次评选从报送论文的数量、获奖论文的比例，以及论文获奖的等级等方面，均是近年来的最好水平。

（崔勇锐）

【“小课题研究”启动】 2010年12月1日，副校长马健召集教学处、德育处、国际部等职能处室主任和各学科主管在翔宇楼会议室召开“小课题研究”启动会。科研信息技术中心副主任崔勇锐布置“小课题研究”工作。为促使教师深入反思教学教法，进一步提高教育教学的有效性，增强学校的科研氛围，提升学校科研工作的质量和水平，学校决定自2011年开始，开展“小课题研究”工作。小课题研究由科研信息技术中心组织管理，课题研究周期为一年，课题负责人须具备中级以上职称，课题组规模为3－5人。申报的课题需要具有正确的政治方向，反映最新的教育教学动态，具有创新性，不得是已在其他地方申报的重复立项课题；同时申报的课题研究必须具有可行性，必须与本人的实际工作相结合。截至2011年1月21日，共收到课题申请34项。经过评审，共批准《南开中学政治学科国家必修课程的校本化研究》等24项课题立项。

（李　晖）

【天津市第十三届教研教改成果评选】 南开中学教师踊跃参与参加天津市第十三届教研教改成果评选活动，共有28位教师报送论文，申报数量较往年有较大增长。学校经过邀请有关专家进行严格评选，推荐10篇论文参加市级成果评选。张扬《如何确立语文教学内容》，刘敬华《在教学中弥补人教版初中语文新教材编撰的失误和缺漏》，陈平平《高中生英语词汇自主学习模式初探》，吕宝桐《中学生考试焦虑的调查及对策研究》，赵颖《合理应用多媒体教学提高初中生英语听说能力的研究》，唐延稚《关于高中生物模拟实验的教学实践研究》，王大治《运用概念图策略进行初高中化学知识点衔接的初探》，高志伶《合作学习在化学选修课中的应用实践研究》，崔勇锐《构建“同心圆”让思想政治课更精彩》，徐宝华《初高中化学教材内容衔接的研究》等论文入选。

（李　晖）

选修课程

【法律之门】 法律是人类社会得以维系和发展的重要保证，与道德共同构成了人类社会行为规范的准则。学习和探究法律是许多仁人志士、许多想要经国济世的栋梁之才的不懈追求。本课程将带领学生进入神奇的法律之门，使学生能有独立的视角审视社会，成为懂法的人、会用法的人；成为睿智的人，成为生活的智者。课程设置：法理学、宪法学、刑法学、民法学和合同法、行政法学、环境法学、国际法学、法医学及司法精神病学（视学生的兴趣程度选择安排其中的几块课程）。任课教师李德志。

【高中学生心理适应能力培养】 心理适应能力,又称心理适应性,指的是个体各种特征互相配合以适应周围环境变化的能力,是一种综合性的心理特征,是心理素质的核心内容之一。心理适应能力对一个人的为人处世和健康愉快地生活都有重要影响。在建设社会主义和谐社会的新的环境中,高中学生由于生活习惯、学习内容及方法、人际关系、自我意识等方面的变化,产生强大的心理压力,形成不良的社会适应性,使学生感到自卑和自信心不足。本课将通过一个个心理活动,教学生接受环境、了解环境;正视自己、面对现实,笑对人生、走向成功;提高心理适应能力,培养良好的心理素质。该课程设置14次课。围绕适应新环境、人际交往、了解自我、学习指导、人际关系、笑对人生、迎接未来、走向成功等8个主题展开。任课教师金福芹。

【红楼梦诗词鉴赏】 学习并鉴赏《红楼梦》中的部分诗词作品,并从形式、内容、作用、意义等方面进行赏析,从而了解并熟悉诗歌的内涵及其在此部小说中所承载的意义。因为课程的主要内容是针对小说中的诗词进行赏析,而不是对《红楼梦》的介绍,所以最好在熟悉小说内容的基础上进行学习。要求学生自备《红楼梦》一套,版本及出版社均不限,并且熟悉《红楼梦》这部小说,对其有一定了解。任课教师杨倩。

【好玩的数学】 该选修课的总题目依据数学大师陈省身的题词确定,内容包括数学的方方面面,生动有趣,激发学习数学的兴趣,培养数学思维能力,提高学生的数学品质的素养。选修课包括:数学是绚丽多彩的(视频);专家谈:黄金分割值之美;数学小游戏;美丽的分形(视频);几何画板的应用;数学家的故事等。任课教师王桂玥。

【英美概况】 英语学习离不开文化的了解,尤其是英美文化。英语学习受到英美文化的制约,英语语言的学习与英语文化的学习紧密相连,人们越来越认识到文化学习对语言学习的重要性。为给学生提供必需的语言学习文化背景知识,提高英语的理解能力和使用能力,提高文化修养,此课程对英美两国的政治、经济、文化、民俗等方面进行介绍,进而使学生更好地了解两国的文化背景,对平时的英语学习大有帮助。任课教师韩珀培。

【趣味化学实验】 化学是一门在实验基础上建立起来的科学,有明显的实验现象,才会根据这些现象做出合理的科学解释。但是,人们往往认为实验只是在科学实验室里由科研人员来完成,似乎是那么遥不可及,而这些科研院所又不可能随便进出,从而也就使很多化学爱好者们无法亲身体验实验的乐趣。出于让同学们通过实验的趣味性和知识性达到让更多的学生体会到"寓教于乐,其乐无穷"的目的,开设选修课——趣味化学实验。趣味化学是一门集趣味、开发、实用于一体的化学实验课程。其主要目的是通过实验操作,培养学生化学方面的浓厚兴趣及独立设计、思考和开发的能力。任课教师麻亚宁。

【化学与生活】 随着生活水平的提高,人们越来越追求健康、高品位的生活,化学与生活的联系也日趋密切,形形色色,无所不在,使人类社会的物质生活丰富多彩。放眼四顾,在厨房、餐桌、农田、厂矿,都会看到各种各样的化学变化、五光十色的化学现象。可以说,生活中处处有化学。本课程的设置主要增强化学教育的实践性,体现STS的理念,培养学生对自然、社会的责任感和正确的价值观,提高公民的科学素质。任课教师高志伶。

【生命世界探趣】 古代生物当真绝迹江湖?现代生命的发展是踏上蓬勃的快速路,还是搭上走向灭绝的"动车组"?生活中,人们早已习惯的存在是否意味着合理?这里没有深奥的理论,这里没有枯燥的说教;这里有丰盛的视觉大餐,这里有大家忽视的生活误区,这里有生动的评述讲授,这里有已知的200多万种生物给人们"撑腰"!这里等待你的参与。任课教师吴相琰。

【历史探秘】 历史是一个亘古常新的话题,需要随时代的发展而发展,从而得出新的结论。读史,研究历史,就是人类研究过去的活动,只有更好地认识这些活动,才能自觉地、准确地把握现在和将来,以求达到更好的发展。历史是今人与古人沟通的渠道,其背后隐藏着一种神秘的力量,历史里还有许多生动的故事,以及至今未能解开的谜团,等待人们进一步的发现。任课教师于宁。

【电子管功放制作】 电子管(也称真空管、港人称胆)在历史上曾经有过辉煌的黄金时期,现在民用领域很少见到它的身影,但在一些特殊领域(电台发射,飞机、导弹等大功率强辐射应用)还有其不可替代性。近年来,在高级音响领域电子管的应用也占有一席之地,学习电子管对理解晶体管的工作原理也有很大的帮助。该课程是以动手制作为主、原理为辅,以课外活动小组形式进行的选修课,地点设在三楼精密实验室内。通过本课程的学习,既能培养动手能力,同时拓宽知识面,还可以作为将来的兴趣爱好。任课教师王文惠。

【其实你不懂广东人】 借用叶曙明先生的书名作为本选修课的课名,以一个土生土长的广东人的身份讲述这片孕育自己成长的土地,聊以作为力求客观的个人想法。任课教师吕万华。

【德语】 德语在欧盟被广泛使用,尤其是在德国、瑞士和奥地利。作为使节主要语言之一,它拥有1.05亿母语使用者和8000万非母语使用者。它在经济领域有重要影响,因为德国仍为世界上最大的出口国。在德语选修课中,学生将着重学习用简单句子进行口语交流。教师将教授主要的语法规则。对中国学生来说,德语发音并不困难。任课教师是一位有着丰富经验的在非德语国家教授德语的德国教师。任课教师MEUSS。

【计算机网络应用探索】 以计算机为核心的信息技术主要指多媒体计算机、教室网络、校园网和因特网等。作为新型的教学媒体,如今计算机网络辅助教学的活动正越来越深刻地影响着教育界。现代教育技术主要是指以计算机技术为核心的信息技术在教育教学领域中的运用。随着全面推行课程教材改革,教学手段的现代化成为当前实施素质教育、提高课堂效率的一个重要方面。网络教学软件进入课堂给教师教的过程和学生学的过程都带来新的变革,激发学生的学习兴趣,加强学生对所学知识的理解和记忆,促进教学过程的优化和教学效果的提高。在网络领域中Internet的持续发展令人瞩目。仅仅十多年的发展,它已成为一个连接世界各大洲数亿人的通信系统,而且还继续以迅猛的速度发展下去,世界各地到处都兴起让计算机和网络进入学校的热潮。目前,发达国家都在大力开展基于Internet的多媒体教学应用,这是网络教学应用中一个十分明显的发展趋势,也是当前发展最快的一个趋势。本课程将围绕着网络对于高中学生的教育作用,以及引导学生在家中合理健康使用网络展开教学,在培养学生学习网络知识的同时,努力培养学生的信息化意识和合理使用网络的观念,对提高学生的德育观念也起到一定的促进作用。任课教师魏长童、吴培。

【软式垒球】 棒、垒球运动是一项集体的对抗运动,比赛时,进攻与防守截然分开,运动量有张有弛,技术动作难度适当,具有游戏性、竞赛性、灵活多变和集体性等球类运动的共同特点。适合各种年龄和不同性别的人参加。经常参加棒、垒球运动,可以发展传、投、击、跑、等人体的基本活动能力,全面均衡地发展身体机能,增强体质,促进健康。培养勇敢拼搏、灵活机敏、坚毅顽强、机智果断的优良品质,树立团结友爱、互相帮助、协调一致的团队精神。软式垒球运动是棒、垒球运动的启蒙运动,是运用球棒击打固定球的方法进行比赛,降低了棒、垒球运动的难度。一经推出,在全球得以迅速普及,美洲、亚洲、欧洲、澳洲已有多个国家将软式垒球引入中小学课堂,成为青少年最喜闻乐见的运动之一。任课教师关军。

【陶艺】 陶艺是一种文化,一种既年轻又古老的艺术。年轻是因为现代陶艺的独立和发展,古老是因为它伴随着人类文明史,透着原始的魅力。陶是土的艺术,火的艺术,其实更是人生艺术。亲自动手,或拉坯,或捏塑,一件件作品从自己的手中诞生,带着泥的味道,更透出你的个性。从杀泥(练泥)开始,盘余,泥扳,捏塑,拉坯等技法的应用,一件件艺术品从自己的手中诞生出来,装点自己美丽的生活。该课程讲述陶艺发展史,陶艺作品欣赏,制作陶艺基本技法;学生摹仿制作;教师辅导、学生创作。任课教师回向琨。

【硬笔书法】 书法艺术是中华文明的瑰宝,而近年来所发展起来的硬笔书法艺术源于传统的书法艺术,且又具有现代属性的一门书法艺术的分支。其实用便学,是传统毛笔书法所无法比拟的。在现代生活中,对其作用之估量是如何也不为过的。正如过去对人的基本素质的直观评判就是:第一，一笔好字；第二，一口京腔；第三，通晓京剧。现在对比“标准”，其合理性如何，占多少比例，暂且不论。但这其中所预示的字与人的素质高低的评判是相辅相成、成正比的，这是显而易见的。任课教师王增多。

【水污染危害及其治理】 20世纪以来，科学技术进入有史以来发展最快的历史时期。各种新技术迅速地改变着世界的面貌，推动着社会的进步。科学技术突飞猛进发展的同时，人类现行生存方式与地球的生命支持能力相悖的矛盾日趋加剧，致使环境危机日益严重，很多环境问题现状让人触目惊心。人类是环境问题的制造者，也是环境问题的受害者，更是环境问题的治理者。人们需要且必须要清楚地了解这些环境问题的现状和治理的措施，本课程在介绍主要环境问题的同时，主要关注环境问题中的水污染问题，着重介绍水污染带来的危害，水环境监测手段、方法和治理的对策。任课教师周英英。

【中国地域文化与环境】 本课程结合实例了解文化与环境的关系，包括聚落、建筑、服饰、习俗、艺术、语言、宗教等方面内容，以中国为例，分专题讲解各种地理环境与文化的关系。学生通过学习，了解文化地理的基本理论知识的同时，能够深入社会生活去仔细观察，并用所学理论进行具体分析；能够分析不同环境下会产生不同的文化现象或文化事物，提高学生的分析问题的能力。培养学生理论联系实际的观点与方法，并把实际生活中得到的经验，上升到一定的理论高度，增强学生的应用能力。任课教师周顺心。

【中国现当代文学中的南开作家群】 在南开中学校史上出现过作家群，包括在南开做过教师的老舍、何其芳等；在南开度过学生时代的曹禺、端木蕻良、王辛笛、周汝昌、黄裳、靳以等。这些是课程主要研究对象。在课程内容上，分为两个研究方向：(1)作家思想研究，南开作家群的创作和民族、时代密切相关，风格沉郁，反映了自中国近代以来对民族、生命、战争、人性的广泛思考，可以开阔中学生的精神视野，增加人文修养；(2)经典文本鉴赏，包括鉴赏小说——老舍的《正红旗下》《骆驼祥子》《四世同堂》等，接触话剧——老舍《茶馆》、曹禺《雷雨》《日出》《北京人》等，阅读诗歌——穆旦的诗歌。五四运动后的现代诗歌，是高中阶段的课本中严重欠缺的，穆旦是新诗的主要代表，值得中学生关注。课程的主要形式有：文本精读课、讨论交流课、话剧作品观摩课、诗歌朗读课等。课程考查形式有：研究性学习报告、话剧展演、诗歌朗诵会、自主创作小说、诗歌等。授课教师高原。

【昆曲、京剧的欣赏与演唱】 课程主要研究对象：作为文人精神为主体的昆曲与大众审美为主体的京剧的异同。在课程内容上，分为两个研究方向：(1)案头戏曲。把戏曲作为案头文学进行赏析，分析其中的人物性格、章法技巧等。(2)舞台艺术。把戏曲作为舞台艺术进行学习与表演，教授大家简单的戏曲程式与唱段。与京剧社活动相结合，在条件允许的情况下，排演小型剧目。课程的主要形式有：剧目欣赏、剧本赏析、戏曲化妆、戏曲服饰、戏曲演唱、剧目排演等。课程考查形式有：剧目分析、戏曲程式表演、戏曲选段演唱、小型演出等。授课教师程滨。

【周恩来的人生智慧】 本选修课试图通过周恩来在行政、经济、军事、统战、文教、外交、处世等方面的超人智慧来展现这位伟人的特殊魅力，希望同学们通过学习和思索周恩来的智慧，可以从中获得许多有益的启迪。本课程适宜对象：学生干部；入党积极分子；我校学习研究周恩来小组成员；其他对周恩来总理的人生智慧及政治、管理感兴趣的同学。授课教师贺海龙。

【法律基础与中学生领导力培养】 该课程分为两个模块，一是法律基础，一是领导力培养。法律基础方面会讲述法理学、宪法、刑法、民法等部门法的基本知识，与学生一起探讨法律与正义、自由与公平等问题，生动的内容和形式，有趣的案例将开拓学生的视野，让大家学会用法的视角来看待和分析问题，使大家具备法的智慧和哲学。领导力培养关注的是学生的组织能力、调控能力、自我领导能力、关注力、表达力等方面的能力，会有不同形式的授课方法带领大家进行各方面能力的提升，经过课程学习，来发现、发展全新的自我。人数不超过40人。授课教师李德志。

【世界纵横谈】 立足祖国，放眼世界，把当代世界的政治、经济、军事、文化和风土人情尽收眼底，是当代青年的宽阔胸襟，是21世纪栋梁之才的伟大情怀。蓬勃发展的市场经济，涉及的知识有诸多领域：你想知道市场经济协作维系着的大国之间微妙的关系么？你想了解和感悟世界文化绚丽与魅力么？欢迎你参加世界纵横谈，定能丰富你的知识，开阔你的眼界。授课内容：第一讲中美关系（上）；第二讲中美关系（下）；第三讲中日关系；第四讲朝核问题；第五讲台湾问题；第六讲中俄关系，中国和欧盟，东盟等；第七讲巴以问题；第八讲世界宗教概况；第九讲法律知识讲座（一）；第十讲法律知识讲座（二）；第十一讲时事知识竞赛；第十二讲专题辩论会。授课教师刘宁。

【英语国家面面观】 本课程将学习英语作为一门语言发展的历史，并讨论对英语有影响的其他语言和文化。课程中包括英国的历史，尤其是其西至美国、东至非洲亚洲和太平洋扩张的历史。本课程将会调查英国对英语语言国家所遗留下来的影响，特别是在语言、科学、工程、革新、运动、人口迁移和移民以及文化和医疗等方面。沿此研究方向，本课程会更深入地学习十个英语国家，并将以学生们个体的视角了解那里人们的生活方式，看到这些国家是怎么发展的，追随他们摆脱殖民，走向独立的进程。关于澳大利亚的特别研究会占到本课程相当大的一部分，会放眼澳大利亚的环境和地理，它的移民历史、土地权利、当地的风土人情、国家标志和俚语谚语，等等。每节课都会分为历史部分和当代部分。授课教师南希。

【生命世界探趣】 在高一年级尚未开生物必修课的背景下，该选修课旨在承上启下，希望激发出学生对生物学的兴趣，培养观察生活、思考生活的习惯。内容方面重广不重深，侧重科普性和趣味性，不要过深过难的晦涩理论。力图使同学们在一个轻松氛围下，积极参与，发挥主动性，去探索一些常识、知识、原理，对生活现象和一些误区提出来加以讨论，了解生命世界形形色色的趣闻，开阔大家的视野。也为高中必修课和竞赛的学习打下基础，授课形式：实验动手、参观（如标本室、校园植物等）、多媒体、讲述。授课教师吴相琰。

【旅游中的历史】 一起走进商代都城遗址殷墟，一起走进被誉为“世界第八大奇迹”秦始皇陵兵马俑，一起走进马王堆汉墓……共同领略中华文明的博大精深。这个舞台也属于你，把你旅游中的所见所闻所思所想和大家一起分享。走进历史，历史不能忘记。授课教师张力。

【物理竞赛班】 该课程的目的是提高能力，发现人才。适合于对物理有浓厚兴趣的优秀学生参加，课程着眼于加强基础、提高素质、开阔视野，力求使学生加深对基本内容的理解、掌握和灵活应用，养成良好的思维习惯，同时发现和培养有突出才能的人才，引导学生献身科学、报效祖国。物理竞赛的理论部分是以解题为主要形式和内容的，提高解题能力至关重要。如何提高解题能力呢？解题无非是分析、表达和演算，而核心是分析——重在分析，务求透彻，从而举一反三、触类旁通。授课教师叶远。

【物理奥林匹克竞赛辅导】 该选修课以因材施教和学有余力为原则，通过对物理特长生的培养，使学生对物理知识的兴趣得到进一步培养与发展，使学生对物理概念的理解，在课堂教学的基础上得到进一步深化，解决物理问题的能力得到进一步训练和提高。意在为国家培养具有较高物理修养的理科后备人才。主讲教师李伟。

【科普天文学】 该选修课主要对天文学基础知识进行科普教学，在大学天文学的基础上，结合高中生现有知识结构和认知情况，简要对天文学知识进行科普性的教学。该选修课主要包括以下几部分内容：（1）前言，简要介绍；（2）天文的观测；（3）太阳；（4）恒星结构与演化；（5）恒星行程；（6）宇宙学。该课程主要目的是开拓学生视野，让学生对天文学有初步了解，使其对天文科学产生一定的兴趣并由此加深其学习高中物理的兴趣。授课教师薛铮。

【奥林匹克竞赛化学基础（物质结构及有机化学）】 南开中学每一届学生中都有一些学有余力，并且对化学科学兴趣浓厚的学生。他们有参加国家奥林匹克化学竞赛的愿望，但仅靠高中化学课本介绍的化学知识很难应对这种级别的考试，为使学生在比赛中取得良好的成绩，决定面向高一学生开设本选修课——奥赛化学基础（物质结构及有机化学），主要针对高中化学教科书中内容较为浅显的有机化学及物质结构部分作必要的强化和深化。有机化学部分系统归纳烃类（包括烷烃、环烷烃、烯烃、二烯烃、炔烃、芳香烃等）、烃的衍生物（包括醇、酚、醚、醛、酮、酸、酯等）、杂环类化合物的分子结构特点、物理、化学性质，并简单介绍有机合成的基本思想和方法。物质结构部分主要介绍原子核外电子排布规律、分子结构、价键理论、杂化轨道理论、价层电子对互斥理论、等电子体原理以及晶体的结构与特征等内容。希望本课程能够帮助欲参加奥林匹克化学竞赛的学生取得满意的成绩。授课教师何文。

【化学在现代农业中的应用】 该课程使学生初步了解化学在改善农作物的抗病性能和保护农作物免受有害生物危害、促进农业增产方面起着重要的作用，在解决人类未来的粮食问题中仍将发挥重要的作用。课程内容：(1)化学肥料的生产和使用（以土壤为基础，以植物营养为中心，以肥料为手段，综合研究三者之间的关系，最后达到使作物增产的目的，主要使用磷肥、氮肥、钾肥和微量元素肥料）；(2)植物化学保护（有害生物的控制是农业生产中的重要问题，农药主要包括杀虫剂、杀菌剂、杀螨剂、除草剂）；(3)植物生长调节剂（调节植物生长发育的一类农药，包括人工合成的化合物和从生物中提取的天然植物激素）；(4)负面影响（环境污染、农药残留）。授课教师王浩安。

【数据管理技术】 每个同学都有网上搜索信息的经历，但是你是否了解搜索引擎呢？在网络信息遍布方方面面的今天，你了解数据库系统支撑的强大搜索能力吗？本课程带你了解数据库与数据库管理系统。学习数据库的各种数据操作（如查找、修改、插入、删除等），并初探数据管理了解数据模型和数据规范化。学会使用E－R图来完成数据库概念模型的设计。授课教师马艳。

【素描】 狭义上的素描，专指用于学习美术技巧、探索造型规律、培养专业习惯的绘画训练过程。美术是表现事物的一种手段。美术的基础是造型，艺术造型是人按照自然方式进行的复杂劳动，是一项需要长期训练才能形成的特殊技能。艺术造型不只是塑造孤立静止的物体形态，更重要的是表现物体中各种形式的有机关系。掌握艺术造型的方法，需要恢复人的自然思维方式和操作方式，需要研究自然物体的形式特点和认识它的变化规律及条件。素描是解决这些造型问题的最佳途径，这在艺术造型的实践中得到了完全证明，因此，素描被称为“造型艺术的基础”。授课教师陈海龙。

【篮球】 篮球运动是一项集体性、综合性的活动性游戏。篮球技术包括持球、运球、传球、投篮基本手法，也包括跑站立起动、跑跳、急停转身、防守步法等基本步法，还包括策应、掩护、突分、传切的基本进攻配合和盯人、紧逼、联防等基本防守配合，还有整体性的进攻防守战术。通过篮球技术教学，可以有效地发展学生的速度、力量、耐力、柔韧性、协调性和弹跳等素质，提高学生的运动能力，让学生在掌握运、传、投等基本技术的基础上，了解传切、掩护等基本战术，熟知和运用规则，使学生具备参与比赛，欣赏国内外篮球比赛的能力，并在教学比赛中达到愉悦身心、锻炼身体的目的。授课教师刘日。

【游泳】 游泳运动是一项体育竞技运动项目，在奥运会奖牌数量中仅次于田径运动项目，同时游泳也是一项人们在日常生活中的一种运动技能与生活能力，是一项非常有益，历史最为悠久，群众性最为广泛，深受人们喜爱的一个运动锻炼项目，与其他项目相比，具有更强的健身性、健美性和社交性。本课程主要是为满足喜爱游泳运动的学生，提高运动技能、适应自然界生存能力的需要开设的一门选修课。目的是推动游泳运动的开展，帮助学生形成良好的体育意识，达到终身受益。本课程内容主要以教授蛙泳为主，通过学习本课程能基本掌握、巩固和提高蛙泳的技术，并学习自由泳。授课教师王德义。

【“空中课堂”选修课】 “空中课堂”选修课是天津市教委对普通高中基础教育教学方式和教学理念的重大突破。在市教委直属的五所重点中学开通“天津市普通高中选修课程空中课堂”，这样学生将体验一种完全不同于传统的教学方式。通过网络空中课堂，不用跑到其他学校，就可以通过网络选修别的学校自己感兴趣的课程，成绩合格则算作自己的选修课学分，学生们的学习视野将彻底被打开，学习方式将全面革新。这是打破校际界限进行跨校选课，实现优质教育资源共享的一项新举措。“空中课堂”拥有天津市31所学校提供的48门选修课程，均为各学校制作的有特色的优势选修课程，学期内每名学生限选1至2科课程。学生从学期初在网上登陆选修感兴趣的课程，然后在学期中进行网上上课。网络将即时记录学生的上课和下课时间。每节课后，学生可以在网上进行课后练习和测验，并即时获得成绩。学生还可以与教师进行实时网上交流。学期末，教师在网上对学生进行结业考核，最终根据学生的考核结果、平时测验和上课时间给予最终成绩。最终成绩将经由网络反馈到学生所在学校，由学校根据本校学分制定标准给予学分认证。为保证空中课堂的网络安全，所有学生的学籍号码和相关信息都已输入网络资源库，学生登陆需认证身份。授课教师张久清。

【数学竞赛班】 数学是思维的体操，数学竞赛是展示数学才华的舞台。开设数学竞赛辅导课程，有利于进一步培养学生的数学素养，激发数学创造力，使人聪明、灵活。让学有余力的学生得到进一步提高，让对数学感兴趣的同学找到拓展的空间。本课程通过定期专题讲解和赛题强化训练，使同学们获得能力的提高，并且帮助同学们在联赛中取得理想成绩，实现心中梦想。授课教师张广民。

招生考试改革

【创新人才早期培养实验班】 2010年南开中学决定在初中开设“创新人才早期培养实验班”。通过在校园内外网和媒体刊登招生简章，要求报名者5月28日前将简历邮寄到学校。学校组织专人，对报名材料进行认真审查，根据招生条件，从中遴选综合素质较高、具有发展潜能的300名学生，参加学校组织的综合能力测试。2010年6月5日，学校进行拔尖创新后备人才测试、面试（小升初），经过综合能力测试，择优录取80名小学应届毕业生。

（刘　莉）

【2010届高中学生高考成绩】 南开中学2010届高三学生实际参加高考总人数为460人，其中文科74人，理科386人。高考分数600分以上人数：理科203人，占参加考试人数比例为52.6%；文科38人，占参加考试人数比例为51.4%。文理共计241人，占参加考试人数比例为52.4%（2009届考试人数为460人，600分以上总人数共计227人，占参加考试人数比例为49.4%）。文科平均分601.7分（天津市平均分462.71分，文科一本线519分）；理科平均分602.5分（天津市平均分446.64分，理科一本线509分）。

（刘　莉）

【2010届初中学生中考成绩】 南开中学2010年中考，年级总平均分为532.82分，再次稳居南开区第一。其中语文平均105.66分（区平均97.14分）；数学平均104.16分（区平均93.81分）；外语平均114.17分（区平均99分）；物理平均92.18分（区平均82.64分）；化学平均94.53分（区平均86.89分）。中考成绩达560分以上的高分段学生，市内六区共24人，南开区7人。南开中学有4名学生达560分以上，占学校毕业生总数的3.13%（市内6区和南开区的比例分别为0.11%和0.17%），约占市内6区高分段学生总数的17%。毕业生刘若佳中考成绩567分，是南开中学高中录取学生的最高分。

（毕　伟）

【2010年初升高招生情况】 2010年，南开中学计划生录取最低分546.7分，择校生录取最低分542.8分（2009年计划生录取最低分533分，择校生录取最低分529分）。当年中考总分584分。市内560分以上125人，550分以上313人，547分以上552人，546.5分以上608人，543分以上1019人，542.5分以上1074人。招收高一新生各科平均分数（特长生除外）：语文107.9分，数学108.4分，

外语 116.3 分，物理 96.49 分，化学 97.67 分，文化总分 549.1 分。

（刘　莉）

【河南省 40 名学生获南开中学高中录取资格】 2010 年 7 月 12 日，根据南开中学与河南省郑州市教育局教育交流协议，副校长吕宝桐带领王莉英、贺海龙等 11 名赴河南招生组成员抵达郑州。2010 年 7 月 13 日，由郑州市教育局推荐 125 名优秀应届初三毕业生，参加南开中学外省招生测试。经过严格的笔试、面试，录取 40 名学生。

（刘　莉）

【内蒙古自治区 20 名学生获南开中学高中录取资格】 2010 年 7 月 29 日，根据南开中学与内蒙古巴彦淖尔市教育局教育交流协议，副校长马健带领王莉英、张国发等 7 名招生组成员赴内蒙古。2010 年 7 月 30 日，由巴彦淖尔市教育局推荐 50 余名优秀应届初中毕业生参加南开中学外省招生测试。经过严格的笔试、面试，录取 20 名学生。

（刘　莉）

体卫教育

体育与健康教学

【简况】 2010年,体育教学以促进学生身心全面发展为目标,着重培养学生自主健体发展能力。全学科12名教师,担负46个教学班、共104课时的课堂教学任务。开展经常性的体育活动和健康教育,同时组织学校春季和秋季运动会,带领体育训练队参加各种体育竞赛21次。突出抓规范体育教学的基础上,组织教师积极参加市区教研活动,教师业务水平不断提高,得到区教委和教研室领导的高度评价。全学科教师参与国家体育课题的研究工作,并多次在全国、全市体育论文评比中获奖。从2008年起,初升高增加体育分数,经过两年封闭考试,初三年级学生体育考试成绩有较大提高:2008年学生考试满分率达到82%,2009年满分率达到80%;女生柔韧类、速度类考试满分率达到100%,在全市处于领先位置。

(王肇敏)

【游泳课教学】 在阳光体育"2+1"工程实施办法指导下,从2004年起,南开中学将游泳作为必修内容,并提出学生必须掌握一种游姿的要求。学校每年5月对各年级开展游泳课的教学工作,每年7月份举行游泳比赛。比赛采用以班级为单位、每班8人(男4,女4)水下出发50米蛙泳接力的方法进行。旨在检验学生掌握技术的效果,以及课堂教学的不足,以使游泳课程教学更好地开展。经过坚持几年组织游泳教学和比赛,学生学习游泳本领的兴趣大大提高。到2010年,南开中学毕业班的蛙泳技术掌握率达90%以上。

(王肇敏)

【体育选修课】 2010年,高二、高三年级设置选修课课程:男女排球、男女羽毛球、男女乒乓球、男女软式垒球、男女篮球。高一年级选修课课程:男女游泳、男女软式垒球、男子篮球。初一年级选修课课程:男女羽毛球、男女乒乓球、男女软式垒球。选修课共有1364名学生参加。学科组织教师完成校本教材的编写,分别为游泳、健美操、羽毛球和软式垒球,提供各选修课使用。

(王肇敏)

【体质健康标准测试】 对在校初、高中学生进行体质健康标准的测试,并完成数据上报的任务。通过测试整理,输入学生姓名、性别、出生日期、家庭住址等基本信息,即可呈现身高、体重、肺活量等身体形态信息,耐力项目、柔韧力量类项目、速度灵巧类项目等身体素质信息。

(王肇敏)

【体育教研论文】 2010年11月,南开中学体育组教师完成的4篇论文获奖。王肇敏、刘日的论文《关于不同气质类型高中女生排球技术掌握情况的差异性研究》和卫恒的论文《关于中学生体质现状及对策的研究》,分别获得第18届中国教育学会体育与卫生分会14城市学校体育研究会论文评比一等奖。甄伟的论文《关于中学生足球运动员模式的研究》获得二等奖。王德义、王肇敏、刘日的论文《在体育与健康课程标准下——对中学生推实心球技术教学的实验研究》获得天津市中小学体育论文三等奖。王肇敏主持中国教育学会"十一五"科研规划"中小学《体育与健康》新课程资源应用与推广研究"课题结项材料经专家组审核讨论通过予以结题。

(王肇敏)

体育训练队

【简况】 南开中学有体育训练队9个，参加学生116人。学校重视加强运动队的建设管理，不断规范、完善各项规章制度，专门成立领导小组，每年召开两次会议，专题研究运动队的建设与管理，并制定学籍、训练竞赛、日常管理等相关规定，为教练员、运动员学习、训练、生活营造良好的环境，确保运动队健康的发展。

（王肇敏）

篮球队

【高中篮球队】 南开中学篮球队是一支具有光荣历史的球队。早年的“南开五虎”威震海内外，曾经给国人带来太多的惊喜。1987年学校重新组建篮球队，秉承“南开五虎”精神，经过多年刻苦训练，稳健发展，逐步确立在天津市教育系统的领先地位。学校高中男子篮球队在发展过程中，不仅注重队员的技战术水平和身体素质的提高，同时更加注重队员文化课学习和综合素质的发展，近些年先后有多名队员被北京大学、天津大学、南开大学、中国民航大学等著名高校录取。

（刘　日）

【初中篮球队】 初中篮球队秉承“南开五虎”精神，以培养队员的篮球兴趣为主，注重学生运球、传球、投篮等技术的练习，打下坚实的基本功，经过多年的刻苦训练，在天津篮球传统学校中的地位得到巩固。在篮球训练中注重学生综合素质的发展，部分队员球技与学习均排在年级前列。2009－2010学年度，初中篮球队13名队员中，有10名队员获得初中毕业体育优秀生资格；5名队员被南开中学高中部录取，其中有3名队员考入南开中学高中部，2名队员以体育特长生进入南开高中部，继续代表高中队参加各项赛事；其他3名队员均考入天津市直属重点校。

（卫　恒）

足球队

【高中足球队】 高中足球队由学习成绩及身体素质较好，热爱足球运动的普通高中学生组成，每周业余训练2－3次。足球队从2007年起，共培养国家二级运动员25名；参加天津市高中足球比赛，取得一次第一名，两次第三名，一次第五名的成绩。2009年，南开中学被评为“天津市足球运动示范学校”。2010年4月，在天津市高中足球比赛中取得第五名。

（甄　伟）

【初中足球队】 初中足球队成立于2009年7月，坚持“文体并进”的教学方针，经过两年的训练与比赛，在天津市初中学生足球比赛中获得较好成绩。球队队员经过报名选拔，共39人组成，注重身体素质训练并且重视文化课学习。2010年，在天津市第十二届运动会足球比赛中，代表南开区获得男子乙组第四名；队员中有16人获得初中毕业升学体育优秀生资格。

（甄　伟）

田径队

【简况】 学校田径运动队有运动员20多人，利用课余时间训练。经过教练员与运动员的共同努力，在2010年天津市重点校田径运动会上，取得团体总分第二名。崔晓雨获得高中男子标枪第二名、铅球第六名；傅艾卿获得1万米第七名；王洪星获得1万米第八名；杜淼获得1500米第六名、800米第八名；赵晨获得5000米第六名。在2010年南开区中小学田径运动会上，获团体总分第二名。

（吴梦昀）

乒乓球队

【简况】 南开中学乒乓球队成立于2006年7月，训练活动和有关管理制度逐步完善。队员作风严谨，训练刻苦，在比赛中顽强拼搏，体现南开学子的优良品质。自组队至2010年共培养出22名国家二级运动员。在市级比赛中多次取得优异成绩。

（陈立刚）

健美操队

【简况】 南开中学健美操队成立于2004年，队员是经过学生自愿报名后选拔确定。多次代表学校参加全国比赛和天津的比赛，都取得较好的成绩。此外，还多次在学校运动会、开学典礼等活动中进行表演，受到全校师生的好评。队员们平时刻苦训练、作风严谨，在健美操选修课中也发挥骨干的作用。2010年6月12日，健美操队参加在天津二中举行的天津市中小学校园青春健身操比赛，荣获高中甲组拉拉队套路第二名的成绩。队员有俞畅、杨紫怡、李心哲、徐宇擎等。

（甄　伟）

游泳队

【简况】 游泳队成立于2006年，2010年有队员12人。每周保证5次训练，每次2小时以上。队员秉承南开传统，训练刻苦，学习积极，多次代表学校参加市级比赛及全国比赛，取得100多个市级冠军，3个全国冠军的成绩。现有国家一级运动员8人，二级运动员4人。2010年，杨澜被北京石油大学面试录取；刘通在天津大学体育特长生测试中获免试资格。

（王德义）

羽毛球队

【简况】 南开中学羽毛球对成立于2008年。教练李忠。队员经过学生报名后选拔组成。几年来在天津市中学生比赛中取得一定成绩，并为学生羽毛球运动的普及提供多名骨干。

（甄　伟）

国术社

【简况】 国术社成立于2010年，是新兴的特色社团。利用课余时间开展活动，学习中国传统四大国粹之一的传统武术，主要教授传统套路和传统武术的实战防身技能。旨在锻炼学生意志、斗志，培养学生爱国精神，把培养武术技能、习武强身，作为传承中华传统文化精神和爱国主义教育的一部分。国术社在高一、高二年级采取自愿报名的形式，入选爱好者。在册成员有于明哲、黄玉姝、唐荣蕴、李浩、张呈尧等10名学生。国术社的指导教师李晖，自幼习武，精通形意、太极、八卦等中国传统拳术，曾作为全国知名专家受邀参加国家体育总局主办的12届国际太极拳年会。

（甄　伟）

体育竞赛

【南开中学运动会】 南开中学运动会每年举行两次。春秋两季均有不同形式的比赛，春季是趣味运动会，秋季是田径运动会；部分项目教工与学生共同完成。运动会促进学生素质的全面提高，丰富学生、教职工业余文化生活，增强学校的凝聚力，深受师生欢迎。通过运动会推动学校体育事业的发展，挖掘更多的优秀运动健儿加以培养，参加市区级比赛。2010年10月23日秋季运动会采用网上报名方式，运作组织更加规范严谨。开幕式上，各个班级由27人组成入场式方阵，步伐整齐，精神焕发。各班级的运动健儿尽情地展示体育的魅力，心靠得更近，手握得更牢，用力与力的较量，心与心的交流，筑成绮丽的风景线。

（吴海明）

【“五虎杯”篮球赛】 南开中学“五虎杯”篮球赛是一项传统赛事，在每学年的第二学期举行。目的是全面提高学生的身体素质，培养学生吃苦耐劳、团结合作的优良品质。近年随着阳光体育活动在校园的开展，“五虎杯”篮球赛更成为学校体育文化的传承。整个赛事完全由学生组织、编排和管理，比赛场次和参与人数增加，依然成为南开中学最具影响力的学生活动。2010 年 3 月 15 日第 24 届“五虎杯”篮球比赛举行，整个比赛历时两周，共计 82 场比赛，参加人数 500 多人。经小组赛、八分之一决赛、半决赛和决赛，高一 1 班、高二 5 班分别获得高一年级男子组、高二年级男子组冠军。

（刘　日）

【冬季小型多样体育比赛】 南开中学冬季小型多样体育比赛是冬季固定的体育赛事，学生参与度高。2010 年 12 月，在体育教师组织指导，学生会及大量学生裁判的协助下，比赛在南院篮球场顺利完成。其中，跳绳项目参赛人数众多，集体长跳绳 12 人，一跳一摇 4 人，一跳双摇 4 人，极大地鼓舞学生的练习兴趣和比赛热情。该次比赛共有 1000 余人参加。

（刘洪芬）

【“三六杯”球类比赛】 南开中学“三六杯”球类比赛由 1936 届校友创办，自恢复已成功举办了 23 届。“三六杯”球类以班级为单位、以男子足球和女子排球比赛的形式进行，平均每届参与比赛的人数在 800 人左右，成为南开校园规模最大、参与人数最多、最受学生喜爱的体育活动。2010 年“三六杯”从 11 月 15 日至 30 日，历时 16 天。其中，男子足球冠军班级为：高三 8 班、高二 1 班、高一 10 班、九年 2 班、八年 3 班、七年 3 班；女排冠军班级为：高三 9 班、高二 10 班、高一 10 班、九年 3 班、八年 1 班、七年 4 班。

（甄　伟）

【世界垒球日庆祝活动】 2010 年 6 月 13 日，南开中学举办世界垒球日庆祝活动。体育学科负责组织该项活动。高中各个年级的学生积极参与并完成传球、跑垒等比赛。体育学科以参加国家级科研课题“阳光校园.体育新课程资源开发与推广研究”为契机，大胆改革课程模式，大胆创新教材内容，把学生喜爱的软式垒球作为规定的新教材内容，引入高中选项课课堂。以培养学生专项体育技能和兴趣为切入点，努力将新运动竞技内容课程化、教学内容游戏化，探索高效率的体育课堂教学模式和学校体育活动模式。使课堂教学与课题研究有机地结合起来，在促进课题研究上新台阶的同时，促进软式垒球运动在全校的普及和推广。通过教学，师生普遍认为，软式垒球课程教学内容丰富，活动类型生动有趣，能够激发学生的学习热情，教学效果显著。

（甄　伟）

【篮球队获奖】 2010 年，南开中学篮球队在天津市组织的比赛中，共获得两项冠军、两项亚军。4 月 11 日至 14 日，在由天津市教委、天津市体育局共同组织的天津市第十二届运动会篮球比赛预赛暨天津市青少年篮球锦标赛中，获得男子甲组冠军。2010 年 7 月 20 日至 24 日在由天津市体育局组织的天津市第十二届运动会篮球比赛中，获得男子甲组第二名。2010 年 9 月 18 日至 11 月 16 日在由天津市教委、天津市体育局组织的天津市中小学（中职学校）篮球比赛中，获得高中男子组第二名。2010 年 11 月 26 日至 29 日，在由中国中学生体育协会、中国篮球协会主办、天津市教委中小学体育协会、天津市体育局篮球协会承办的 2010 – 2011 赛季全国高中篮球联赛天津赛区比赛中获得冠军；同时获得代表天津市参加于 2011 年 3 月 1 日至 9 日在西安举行的第二阶段北区大区赛的资格。2010 年篮球队参加比赛人员：领队李宝贵，教练刘日，队员李宏宇（2011 届 6 班）、张翰（2011 届 5 班）、王宏达（2011 届 9 班）、王垚（2011 届 5 班）、崔晓雨（2012 届 10 班）、姚崇（2012 届 11 班）、王瑞腾（2012 届 6 班）、贾人恺（2012 届 9 班）、孙博文（2012 届 10 班）、徐志卓（高一 7 班）、樊晟（高一 6 班）、陈肖鹏（高一 4 班）、范江磊（高一 8 班）、孙盛东（高一 5 班）。以上队员中，有六人获得篮球国家一级运动员称号。

（刘　日）

【乒乓球队获奖】 2010 年，南开中学乒乓球队参加市级比赛取得优异成绩。2010 年 2 月，参加天津市第六届青少年体育俱乐部乒乓球比赛，侯喆、刘琪获高中组男子双打第一名，刘琪获高中组男子单打第二名，高侯喆获中组男子单打第三名，杨旸、许纳获高中组女子双打第三名。2010 年 8 月，参加“92”全国中运会乒乓球选拔赛暨 2010 年天津市中小学乒乓球比赛，侯喆获高中组男子单打第二名，侯喆、齐浩明获得高中组男子双打第二名，赵天元、魏建旭获初中组男子双打第二名；其中侯喆、马奔滕、齐浩明入选天津集训队。2011 年 1 月参加天津市第七届青少年体育俱乐部乒乓球暨冬季乒乓球锦标赛，齐浩明、赵天元获得高中组男子双打第一名，齐浩明、杨旸获得高中组混合双打第一名，马奔滕获高中组男子单打第二名，杨旸、许纳获高中组女子双打第二名，侯喆、许纳获高中组混合双打第二名，王永岩获高中组男子单打第三名。2010 年度参赛人员：领队李宝贵，教练陈立刚，队员侯喆、马奔滕、齐浩明、刘琪、魏建旭、王永岩、赵天元、杨旸、许纳。

（陈立刚）

【游泳队成绩优异】 南开中学游泳队在 2010 年天津市第十二届运动会游泳决赛上取得优异成绩。刘通（高三 6 班）获 100 蝶、200 蝶金牌。孙瑀濛（高三 9 班）获 100 蛙金牌、200 蛙铜牌。刘通、王洪星（高三 7 班）、傅爱卿（高三 8 班）、高志华（高二 7 班）获男子 4×100 自由泳金牌。刘通、王洪星、李鸿运（高二 5 班）、杨澜（高三 10 班）获 4×100 混合泳金牌。孙瑀濛、杜森（高三 11 班）、赵晨（高三 9 班）、李萏（高一 10 班）获女子 4×100 自由泳、4×100 混合泳金牌。2010 年度参赛人员：领队李宝贵，教练王德义，队员杨澜、刘通、王洪星、傅爱卿、高志华、李鸿运、张琦、魏文浩、孙瑀濛、杜森、赵晨、李萏。

（王德义）

【羽毛球队获奖】 2010 年，南开中学在天津市中小学羽毛球比赛中，学生范学义、赵向超、潘思宁、王汉卿组成的高中男子羽毛球队，获得高中男团第二名；吴雯玥、刘墨涵、杨小玥、崔琦组成的高中女子羽毛球队，获高中女团第二名；吴佳伦、杨家琛获初中男子双打第一名；范学义、赵向超获高中男子双打第二名。学生吴佳伦在 2010 年天津市第十二届全运会比赛中，获得初中乙组男单第一名，吴佳伦初中乙组男子双打第二名。

（李　忠）

学生自主活动

日常管理

【班级五项评比标准】 为了更好地贯彻教育部制定的《中学生日常行为规范》，南开中学德育处2005年9月修订的《南开中学班级五项评比标准》，到2010年施行五年。该项评比标准共涉及校园纪律，早、晚自习，升旗、课间操，卫生管理和宿舍管理五大项内容。其中每项内容又包含若干小项，总计35条。该标准无论对班级整体还是学生个体都起到导向、激励和监督作用。评比结果也为评选“周恩来班”、“三好班集体”及学生个人操行评定等级提供重要依据。

（贺海龙　赵　凯）

【班级卫生管理细则】 为营造文明和谐的校园氛围，创设整洁高雅的南开校园环境，进一步完善《南开中学班级五项评比标准》，德育处于2009年3月制定《南开中学班级卫生管理细则》，试行一年。该细则内容涉及讲桌、黑板、板槽、黑板灯、卫生工具箱、纸篓、窗台、杂物、电视柜、桌椅、地面、墙壁、张贴、玻璃、前后门、卫生区等方面，对于整洁程度做出具体规定，要求各班卫生做到一天两大扫、一小扫，保证早晨和午自习前的打扫，注意下午放学的保洁要求。2010年3月，学校正式施行该管理细则。

（贺海龙　赵　凯）

【班干部轮换制】 南开中学规定，学生班干部采取轮值制，每学期轮换一至二次。可根据本班实际，采取全部轮换或部分轮换。该项制度的目的是使大多数学生在学期间都有做学生干部的经历，经受锻炼，培养组织能力、领导能力和管理能力。2010年9月，为进一步规范班干部职责，加强对学生干部的管理，德育处制定《南开中学学生干部任职说明书》，规定每班干部人数及其各自职责。其中，班长1名，生活委员1名，学习委员1名，文体委员2名（男女生各1名），团支部书记1名，团支部组织委员1名，团支部宣传委员1名，总计8名。

（贺海龙　赵　凯）

【学生辅导员制】 南开中学实行学生辅导员制由来已久。新生入学时，学校选派一定数量的高年级学生干部担任低年级新生班级辅导员。辅导员主要任务是帮助新生了解学校历史和各种规章制度，介绍在南开学习、生活的经验，帮助组织建立少先队、共青团组织、学生会组织等。2010年，学校为16个初始年级班级共安排16名辅导员。其中，高一年级12个班每班安排1名辅导员，初一年级4个班每班安排1名辅导员。

（贺海龙　赵　凯）

【学校管理班制】 南开中学管理班制自20世纪90年代初建立，以班级为单位，轮流担任学校学生的日常管理工作，每次一周。主要职责是管理校内学生每日生活秩序，包括早晨学生入校的礼仪、自行车的规范摆放、各班卫生区的清洁、学生出勤情况、遵守校园纪律等方面的学生日常行为；检查评价学生个人及班集体操行状况，记入学校五项评比成绩；负责组织该周升旗仪式、晨会讲评等常规性的学校教育活动；协助校长接待访问学校的来宾等工作。每周结束后，值周班级将在次周周一晨会上，总结上一周值周时存在的问题，并为下一个值周班提出值周的建议。2010年共有31个班级担任学校管理班，协助学校进行学生日常行为的管理。

（贺海龙　赵　凯）

【学生任校长助理制】 各班担任学校管理班值周工作时，有一名学生担任校长助理，协助校长管理学校。主要职责是：带领值周班学生管理校内每日学习生活秩序；主持升国旗仪式；协助校长接待外来参观、访问；晨会讲评上一周学生行为表现情况；代表校长征集学生对学校工作的建议；向校长提出工作建议等。学校在每周周一升国旗时，由学校校长向校长助理颁发聘书，以兹任命。

（贺海龙　赵　凯）

学生社团

【简况】 南开中学学生社团活动具有悠久历史。1914年周恩来求学期间，组织创办敬业乐群会，该社团结构完备，主旨积极，影响深远。同期还有南开新剧团，成为中国北方话剧的摇篮。学校历来十分重视学生社团的建设和发展，积极鼓励学有余力的学生参加社团活动，通过社团锻炼和培养个人的能力。截至2010年底，学校共有合唱团、民乐队、话剧社、南熏社、电声乐队、相声社、动漫社、语艺社、模联社、辩论协会、心理社、电视台、校报记者团、红学社、爱心联盟、生物社、舞蹈社、英语报等18个学生社团。学生社团主要利用中午及下午放学后等课余时间活动，常年参加社团活动的学生有300余人，占在校学生总数的六分之一。2010年10月，南开中学学生社团联合会成立，进一步整合社团资源，丰富学生的文化生活。10月25日，七、八年级开设11个社团，学生选课参加社团活动。

（李德志）

【学生社团联合会成立暨社团风采展示活动】 2010年10月22日下午，南开中学团委在翔宇楼报告厅举行学生社团联合会成立大会暨社团风采展示活动。团市委副书记史庆伟、团市委学校部副部长时胜强、南开区团委书记李强、南开区教育局党委副书记兰锋、南开区教育局团委书记周政等参加此次活动。副校长吕宝桐、德育处主任贺海龙接待来宾并一同出席大会。南开区各中学中职的团委书记也到场参加观摩活动。会上，校团委李德志老师首先汇报南开中学社团工作。新任社团联主席刘超大会发言。团市委副书记史庆伟为社团联团总支授旗。在社团风采展示活动中，电声乐队演奏乐曲《旅行》，辩论协会展示平时训练的节选场景，相声社负责人袁野表演相声《八扇屏》的贯口“莽撞人”片段，红学社献上《红楼梦》片段“妙玉品茶”情景表演，英文模拟表演联合国大会场景，京剧社演出京剧唱段，话剧社再现曹禺经典话剧《雷雨》片段。此外，淡墨青岚书画社、轻空动漫社、语艺社、校园电视台、NANKAIHIGHLIGHT英语报等社团也表演各自节目。展示活动以心理社和爱心联盟学生合唱的歌曲《明天会更好》结束。

（李德志　黄小虎）

话剧社

【简况】 南开话剧社是南开中学历史悠久的社团组织，其历史可以追溯到张伯苓校长时代。1909年，张伯苓校长自编自导自演话剧《用非所学》。学生时代的周恩来参演话剧《一元钱》在津京有广泛影响。曹禺、黄宗江等热爱话剧艺术的学子自南开新剧团走出，为中国戏剧艺术史画上绚烂鲜艳的一笔。该社团一直坚持和长足发展，致力于传播话剧文化，为校园增添文化氛围，用丰富的话剧演出和详尽的话剧知识丰富学生的课余生活，为学生提供展示才能的舞台，唤起对话剧的热情，增进对南开园的自豪感。在一位又一位校友的努力下，南开话剧的剧目变得多元，演出场次变得频繁，规模更是逐渐扩大。南开话剧社已成为继承、创新、热情、专业的代名词，成长为学校最具特色和代表性的学生社团。2010年，话剧社有指导老师1名，社长2名，社员76名，其中高一年级社员43名，高二年级社员31名。

（单巨兵）

【排演经典剧目《一元钱》】 2010年新年伊始，话剧社12名成员与天津人民艺术剧院的邱国强导演和两位演员合作排练经典剧目《一元钱》。在顺利完成期末考试后，话剧社进行为期20多天的高强度排练，学生每天准时到学校参加排练。在导演的指导下，热情学习表演技巧，了解话剧艺术的真谛，话剧社的实力和水平达到新高度。1月30日上午9点，瑞廷礼堂里掌声雷动，演员们将自己调整到最好的状态，用激情带领观众领略人性的真善美，将一个关于诚信与爱的故事演给广大师生与家长。重演经典话剧《一元钱》，得到学生家长和剧院老师的赞赏，也为"纪念南开中学话剧百年"系列活动画上完美的句号。人民网、北方网等媒体均对该活动进行报道。

（单巨兵）

【重排经典剧目《雷雨》】 2010年9月，话剧社与天津人民艺术剧院的导演合作，重新排演经典剧目《雷雨》，纪念曹禺先生诞辰100周年。参加演出的部分学生经过《一元钱》剧目的排练演出成长迅速，表演更加成熟。所有演员出于对戏剧大师曹禺校友的尊敬，都对自己能成为《雷雨》剧组的一员感到荣幸，热情空前高涨，仅用11天就圆满完成排练。9月21日下午，话剧社在瑞廷礼堂向高一年级学生展示排练的成果，观众被演员们精心的准备和精湛的演技所感动，一致给予肯定和赞扬。10月8日，话剧社将排练成果带入曹禺先生的故居，在新落成的曹禺小剧场隆重上演《雷雨》，用真诚与热忱为纪念曹禺先生诞辰百年系列活动献上独特的厚礼。许多观众慕名来到剧院观看演出。之后，话剧社学生演员接受多家媒体的采访，其访谈在天津电视台《新闻60分》栏目中播出，今晚报、天津日报等多家媒体均有相关报道。10月22日，话剧社在南开中学学生社团联合会成立大会上演出《雷雨》，受到团市委书记及其他领导的表扬。

（单巨兵）

【话剧社当选2010年天津市优秀学生社团标兵】 2010年11月19日，话剧社参加由团市委、市学联举办的2010年天津市优秀学生社团标兵评选活动，在30个优秀社团的竞争中脱颖而出，以票数第一的好成绩，取得"优秀社团标兵"的称号。评选比赛在天津市青年宫小剧场举行。话剧社采用演讲和话剧展示的形式参与评比，取得良好的效果，尤其是话剧展示部分赢得全场的掌声和喝彩。随后，在天津人民广播电台生活频道的"青苹果"栏目中，再次展示南开话剧社的优秀成果。参与评比和展示的话剧社成员有：高一2班杨义豪、高一5班赵乙潼、高二1班赵悦明、高二2班孙婧宇、高二3班丁阳、郭启文、高二5班赵梦、高二11班朱丽琨、谷荣、高二12班荆堃。

（单巨兵）

合唱团

【简况】 南开中学合唱团是天津市历史悠久、较有影响的学生合唱团体之一。2010年，有成员100余人。南开中学合唱团建立后，曾经连续在天津市中小学歌咏比赛中获得一等奖。历届参加过合唱团的毕业生全部考入清华、北大等重点大学，重点本科率达到100%。南开中学合唱团在学校的教育活动中起着重要的作用，在学校百年校庆、开学典礼、毕业典礼、成人仪式、迎接中外宾客等重大活动中以及天津市的大型活动中，演唱中外歌曲，用美妙的歌声展示南开学子的精神风貌。2月，合唱团参加全国第三届中小学文艺展演，获得声乐组一等奖。

（单巨兵）

电声乐队

【简况】 南开中学电声乐队成立于2001年，是学生乐队社团。社团包含高一年级电声乐队和高二年级电声乐队两支乐队。指导老师一名。乐队内设有吉他手、贝司手、主唱、键盘手和鼓手。2010年，乐队成员共19名，均为高一和高二各年级爱好音乐的学生，由指导老师选拔进入乐队。社团每学年纳新一次。乐队成员中的高二年级学生升入高三年级时自动退队。乐队成员每周利用午休时间排练一次，排练中每位乐手都全神贯注演奏好自己手中的乐器，把乐谱上的一个个音符串联成美妙的乐曲。一次次排练培养了成员之间的团结与默契。

（单巨兵）

【电声乐队演唱会】 2010年9月21日，电声乐队高三成员举办秋季告别演唱会。共演唱《曹操》《红色高跟鞋》《小宇》《yellow》等12首歌曲，演出时间一个半小时。演出中数次全场合唱，学生反响热烈，欢呼声此起彼伏。演出后半段，还请当时的学生会主席杨啸宇作为嘉宾献唱一曲《说谎》，将演唱会推向高潮。12月27日，电声乐队迎新年演唱会在翔宇楼报告厅举行。该演唱会是高二乐队独挑大梁策划编排的第一场演唱会。有些学生为一睹乐队的风采，下课后早早来占好座位，演出前5分钟已经座无虚席，过道里也站满观众。演唱会在一首《摇滚怎么了》中拉开序幕，强烈的节奏点燃学生的热情。而后的《温柔》《young for you》《爱之初体验》等12首炙手可热的歌曲更是受到学生欢迎。演唱会请来往届主唱、就读于斯坦福大学的宋歌担任嘉宾，与乐队主唱合唱歌曲《倒带》《Iamyours》。演唱会后半段的歌曲学唱，新年礼物派发，将现场气氛推向高潮。

（单巨兵）

动漫社

【简况】 南开中学动漫社始建于2004年11月11日，以"发展成员的原创才能"为宗旨，给学生提供展示自我的空间。社团下设同人部、绘画部、CV部三个部门，每部各有部长2名，并从其中产生当届社长。同人部设有写手、策划等岗位；绘画部设有画手、电脑绘画等岗位；CV部设有配音、监督、制作、后期等岗位。2010年，动漫社有高一学生成员28名，高二学生成员10名，高三学生成员7名，共45人。活动时间为每周四的午休时间。社团招新会设于每年9月，新成员按照个人兴趣及能力特长自由选择岗位和职务，提交作品，并经各部部长审核批准。

（单巨兵）

【组织校内公放活动】 定期举办校内公放活动是动漫社的一项传统，一般每学期组织一次，目的是为学生的学习生活增添一些乐趣，增进学生对该社团的了解。2010年元旦前后组织公放活动，在原阶梯教室放映《海贼王剧场版——绽放在寒冬的奇迹烟花》。11月11日和11月25日，在美术教室分两次放映《名侦探柯南剧场版——天空的遇难船》，得到很多学生的大力支持。两部作品都是经过社团成员讨论后精选出的优秀动画电影，在一定程度上启发观看者对于友情和梦想的追求。

（单巨兵）

【《This And That》创刊号】 2010年9月，动漫社出版社刊《This And That》创刊号。创刊号为32开全彩印刷，55页。其中包括2篇文章，6篇短漫画，全部内容均为社团成员的原创作品。社刊的创办宗旨在于为社员提供展示自我的平台。尤其是对于从事文字创作的同人部成员和从事绘画创作的绘画部成员，通过社刊中收录精心完成的作品，反映成员对写作和绘画的热爱，诠释对于动漫文化形式的理解。该社团的社刊坚持定期出版。

（单巨兵）

乐群相声社

【简况】 乐群相声社始建于2005年，社名源于《礼记》中的"一年视离经辨志，三年视敬业乐群"。2010年初，相声社成员共20人，新学年换届后人员扩充至33人。辅导老师孙颖剑，社长袁野。相声社坚持以继承传统艺术、弘扬传统文化为宗旨，以给学生带来轻松和欢乐为行动指南，与时俱进，不断发展壮大，逐渐成为学校骨干社团之一。

（单巨兵）

【校内公开演出】 2010年，乐群相声社创作多项原创作品，于5月、9月和12月三次在校内公开演出，上演《学歌曲》、《文训徒》等相声作品。2月9日，相声社代表与天津市90弘艺阁艺术团、耀华中学心理健康使者团、实验中学相声社等多个学生艺术团体一道，到天津电视台警卫部进行慰问演出，表演相声《行酒令》，受到好评。相声社借此机会与上述学生团体形成良好的合作关系，外联工作迈出重要的一步。12月26日，《今晚报·华夏未来艺术周刊》刊登对南开中学乐群相声社的报道。

（单巨兵）

爱心联盟

【简况】 南开中学爱心联盟成立于2008年11月，是在悠久良好的义工基础之上，为给学生提供多种奉献爱心、参与公益活动的机会，丰富学生的课余生活和社会经历,提升学生的道德情操而组建的。爱心联盟成立以来,曾多次成功举办与福利院的联谊活动、捐书活动、毕业生回校讲座等。2010年,爱心联盟内部组织架构完整:社长傅若金,副社长刘喆;下设5部;共有高二骨干成员5名,高一成员20名。在2010－2011学年,除日常会议外,共组织全校范围活动三次。

(单巨兵)

【“书香筑梦”书籍募捐活动】 2010年12月9日至15日,由爱心联盟发起的“书香筑梦”大型捐书活动再次在南开园举行。其中,12月9日至12日开展宣传工作,12月12日至15日进行书籍的打包和邮寄工作。该次活动在爱心联盟与星火助学小组(非营利性的捐书助学组织)的共同努力下进行,由爱心联盟负责书籍的筹集工作,星火助学小组负责学校的联系以及资金的支持。活动取得圆满的结果,总共募得图书1200余本(其中高一募得700余本图书,高二募得400余本图书,其余年级募得100余本图书),全数捐予湖南省安仁县龙市乡中心小学。12月28日,来自湖南省的感谢信说:“孩子们从来没有见到这么多的书,满心的高兴和惊奇。”爱心联盟成员表示,能让孩子们开心是自己最大的幸福。

(单巨兵)

【“自闭症”宣传周】 爱心联盟社员参观天津市梦工场儿童助长中心并近距离与自闭症患儿接触后,受到很大震动,当即决定为孩子们做一些事情。几经筹备,2010年12月20日至24日,爱心联盟与天津市梦工场儿童助长中心的老师们携手在学校举办“走进他们的世界——自闭症宣传周”活动,通过播放电影“海洋天堂”,进行自闭症知识的普及讲座,展示自闭症知识展牌,宣传自闭症常识,使广大师生了解自闭症,呼吁更多的人关注、关爱自闭症儿童。活动收到良好效果。

(单巨兵)

【讲座活动】 2011年1月20日,爱心联盟承办清华大学情系母校讲座活动。旨在搭建毕业生与在校学生沟通的桥梁,以传授相关经验。活动为期一天,共举办讲座两场。讲座在翔宇楼报告厅举行。来自清华大学2010级的各位南开中学优秀毕业生,毛祥芸、王迪、刘文月、高伟豪、杨成、常雨时、刘卓等,与到场的200余名学生分享关于高中生活、文理分科、学科竞赛等方面的体验,介绍清华大学丰富多彩的学习生活。到场的学生积极提出和咨询有效承压、提高效率等各种问题,有获益匪浅的感觉。讲座后还分发本次活动的纪念品——清华大学纪念书签。讲座活动在轻松温馨的氛围中圆满结束。

(单巨兵)

青春海洋心理辅导社

【简况】 青春海洋心理辅导社2006年成立。2010年,社长为沈悦、张可心,共有81位社员。日常活动主要有:定期制作心理健康宣传报《心桥》;每周五的中午播出《心情热线》广播;定期进行系统的心理学知识和理论的学习;每班建立《心园》心理知识宣传站;积极组织学校心理知识讲座和心理辅导活动;定期排练心理剧并为同学们演出等。早在天津市未成年人心理自助互助协会成立之初,南开中学青春海洋心理辅导社就已经入会,使南开中学成为协会成员校之一。

(单巨兵)

【参加天津SOS儿童村主题活动】 2010年2月4日下午,南开中学心理社在天津市学生联合会、天津市未成年人自助互助协会的组织下,到天津市SOS儿童村进行“关爱他人”义工活动。活动前,该社成员通过上网查资料对SOS儿童村有一定的了解,决定用自己的方式送去温暖。进了儿童村,心理社成员与儿童一起游戏,输了的人就要出节目,唱歌或者跳舞,很快与儿童们打成一片,度过和谐愉快的时光。心理社成员还开展主题为“畅游理想之路,找寻成功珍宝”的活动,将关怀之手伸向孤儿,洒下爱心,给孩子送去快乐,启发孩子畅谈各自的理想。心理社这次主题活动受到儿童村领导的一致好评和热烈欢迎。

(单巨兵)

【参加天津市第三届青少年心理剧大赛】 2010年5月,心理辅导社代表南开中学参加天津市第三届青少年心理剧大赛。心理社成员在一周之内写出《我想握着你的手》剧本,讲的是一个心中无爱的孤儿被人领养后心中之爱被唤醒的故事。社员争着报名成为演员，最终筛选出六位符合人物性格的学生，进行为期一个多月、每天牺牲大课间与中午休息时间的排练。没有成为演员的学生也积极到场加油鼓劲。5月29日比赛时，演员凭着对人物情感丝丝入扣、细致入微的表演，赢得观众掌声雷动和评委的一致好评。经过激烈角逐，最终获得三等奖及最佳编剧奖。在天津市学生联合会下属的青少年自助互助协会的年终总结会上，南开中学青春海洋心理辅导社辅导老师金福芹荣获优秀指导教师称号，沈悦、张可心荣获优秀学生干部称号。在颁奖大会的联欢会上，该社六位学生表演诗朗诵《青春》。

（单巨兵）

Nankai Highlight 社团

【简况】 NANKAI HIGHLIGHT 是南开中学唯一的综合性英语社团，主要产品为 NANKAI HIGHLIGHT 英文报纸，同时在校园内举办英语活动，以创造英语学习氛围。2010年4月，NANKAI HIGHLIGHT——南开中学第一个英文社团在学校正式注册。历经一个学期的努力，与 NANKAI HIGHLIGHT 开始走向正规化。2010年9月，社团进行改组，单君翌任社长，朱丽琨任副社长，吸纳一些新高一的学生。社团分为编委会、记者团、活动部和宣传部四个部门。

（单巨兵）

【编辑英文报纸和英语角活动】 在社长聂信堃带领下，2010年 NANKAI HIGHLIGHT 分别编辑了第三期和第四期英文报纸。经过全体成员的努力，第五期英文报纸于期中考试后编辑完成并发行于高一、高二两个年级24个班。同时 NANKAI HIGHLIGHT 社团活动部还组织了两周一次的英语角。

（单巨兵）

【表演与联欢活动】 NANKAI HIGHLIGHT 活动部于2010年11月、12月分别组织 Improv 即兴话剧表演和英语单词游戏，并于12月30日组织面向全校的新年联欢活动。

（单巨兵）

学生电视台

【简况】 南开中学学生电视台成立于2004年，是集摄影、采访、视频制作等完备流程于一身的校园社团之一。每学期期末，学校电视台都会对本学期点点滴滴的校园生活素材加以整理修饰，串联、编辑成片，供全校师生和家长观赏。经过六年成长，学生电视台不断发展完善，制作的视频在天津市中小学生文艺展演活动中多次获得优秀奖。

（单巨兵）

模拟联合国社团

【简况】 南开中学模拟联合国社团，简称模联社，是以开阔学生国际视野，培养领导力为宗旨，以国际知名的模拟联合国活动为依托的社团。2010年3月成立，首任社长姚远。第二届模联社团于2010年9月完成纳新，由刘喆、冷亚美负责，招收高一新生60名。新成员均具有良好的英语表达能力和缜密的逻辑思维能力，对时政问题有着自己独到的见解。

（单巨兵）

【社团会议活动】 2010年4月9日，模联社团派出10名代表前往天津市实验中学参加天津市第一届中学生模拟联合国大会，该次会议邀请原外交部长李肇星出席并做精彩讲座，会议代表们均表现十分出色。2010年8月，模联社团又派出两名代表赴北京参加云集全国30多所名校的模联会议（GLMUNC），在会议期间与各模联先进校取得联系，分享经验。2010年9月，第二届模联活动开始运作，模联社团先后参加天津市首届中学生模拟联合国大会、天津外国语大学附属外国语学校模拟联合国大会。冷亚美等9名学生于寒假前往上海参加 BDMUNC 会议。学生刘喆于2011年1月前往美国参加第58届哈佛大学模拟联合国会议。2011年1月，南开中学模拟联合国大会开始筹备。

（单巨兵）

辩论协会

【简况】 2010年6月，南开中学辩论协会成立。负责人为杜瑀、郎克宁、祝安琪。2010年9月初，辩协吸收第二届会员，通过两轮选拔，共有16名思维缜密、语言流畅、风格独特的高一年级新生脱颖而出，与高二年级会员一起，组成共有26名会员的辩协大家庭。

（单巨兵）

【天津市高中生辩论赛夺冠】 2010年11月7日至28日，由辩论协会祝安琪、张涵、郎克宁、杜瑀4名辩手组成的南开中学辩论队，在天津市学联举办的天津市第二届高中生联盟杯辩论赛中，先后力克四十五中学、天津中学、天大附中队闯入决赛。在与天津二中队的决赛中，南开中学辩论队成员发挥出色，获得冠军。

（单巨兵）

红学社

【简况】 南开中学红学社是以研究《红楼梦》为主的学生社团。2010年上半年社长为蔺承琳，下半年社长为戴碧华，还有副社长、社员等。其中社长、副社长为高二年级学生，社员为高一年级学生。2010年3月10日，红学社社员就《红楼梦》中琴棋书画的相关内容查找资料并进行分享展示。4月20日，红学社邀请南开大学教授冯尔康进行《红楼梦》习俗知识讲座。5月8日，与南开大学红学社在水上公园举办联谊活动。10月17日，红学社与南开大学红学社在南开大学合作进行《红楼梦》的知识宣传与实践活动。10月27日，邀请南开中学教师程斌主讲《红楼梦》诗词知识讲座。

（单巨兵）

【短剧《妙玉献茶》】 2010年11月26日，红学社社员在南开中学社团联合会成立大会上，根据《红楼梦》相关情节，自编自导自演短剧《妙玉献茶》。尽管在大会前三天才接到排演节目的通知，时间仓促，但是全社团成员齐心协力，从妆容服饰到演技发挥，每个细节都不放过，终于成功表演该部短剧。在场观众近200人，包括各级领导、社团负责人以及初中部学生。伴随着清脆的笛声，所有人被带入红楼梦境里，体味着剧中人细腻的心思变化。在剧末宝玉与妙玉意味深长的对话中，哀婉悠扬的笛声与歌声幽幽响起，两位社员的表演将人物的神态发挥到极致，观众无不为其动容，报以热烈的掌声。

（单巨兵）

南熏社

【简况】 南熏社，原名南开中学京昆社，是历史悠久的学生社团，最早成立于南开中学建校初期。2004年由台湾南开校友廖焕之提议恢复，不断发展壮大至今。京昆社先后聘请过刘铁杰、卢松、姬鹏等专业演员作为指导教师，还曾邀请老校友刘炳辉对社员进行指导。2010年，京昆社更名为南熏社，取“熏风南来”之意。南熏社现任指导教师程滨，社长方宁宇、邹宛桥，成员有高二年级学生10名，高一年级学生11名。2010年9月，社团吸收新成员，新高一学生的加入，使京昆文化在南开中学代代传承。10月起，南熏社进行改革，将选修课京昆艺术课程与社团活动相结合，开创社团活动新形式。

（单巨兵）

【校内演出】 南熏社延续每年进行校内演出的传统，于2010年3月10日至12日，连续三日在瑞廷礼堂上演《击鼓骂曹》《捉放曹》《监酒令》《沙桥饯别》四出戏，邀请在校同学和校外人士观看。南熏社改革后，增加中国传统艺术昆曲的教学与赏析，在教师程滨的指导下学习《琴挑》《弹词》《惊梦》等经典唱段，并于2010年10月在南开中学社团展演中演出《弹词》。12月起，社团着手新一年校内演出准备，开始进行京剧《连升店》的排练。

（单巨兵）

生物社

【简况】 2010年12月1日，新视界南开生物社正式成立，成为南开中学众多学生社团中的新成员。社长郑翔宇。指导老师吴相琰。共有成员40余名，分为四个大组，每组各有两名负责人，形成比较完备的联络网和组织体系。生物社成立后，紧紧围绕生物和环保的主题，开展了绘制生物手抄报、亲手制作叶脉书签等活动。

（单巨兵）

书画社

【简况】 2010年9月，南开中学书画社成立，是以增加校园艺术氛围，丰富师生课余生活为宗旨的新生社团。下设国画组、硬笔书法组和软笔书法组。社长林仲玮、孙艺华，副社长王旭、莫谨如。学校为该社聘请两位辅导教师进行专业辅导。2010年10月中旬，为增加校园书画氛围，书画社在南开中学翔宇楼中厅举办书画作品展示活动，展出社员书画作品40余幅；在学校举办的社团展示会中，书画社作为代表社团，展示现场作画书法。12月初，邀请专业教师为社员进行专业书画知识讲解。

（单巨兵）

语艺社

【简况】 语艺社，全名语言艺术社团，创立于2010年9月9日，其意在学习和传播语言的艺术。语艺社有辅导教师1名，社长1名，副社长2名，社团内设活动组织部门、校内互动信件部门、刊物编辑部门等。各部门设有管理人员1至5名不等。2010年，语艺社发起第一次吸纳新成员的活动，开始第1期、第2期《风华语艺》刊物的编辑工作。

（单巨兵）

舞蹈社

【简况】 2010年11月，南开中学舞蹈社成立。成员有37人。社团下设舞者部、后援部和宣传部3个部门。舞者部以朝气蓬勃的舞蹈爱好者为主要成员，参考网络视频，学习各种舞蹈；后援部负责在社团公演、纳新等事务中出谋划策，为舞者化妆等工作；宣传部负责在社团公演、纳新等其他活动时，为社团进行校内宣传或网络宣传等工作。2010年12月31日，舞蹈社在校内新年联欢活动中，进入各班级巡演舞蹈《Hoot》。

（单巨兵）

文娱活动

【第三届全国中小学艺术展演活动】 2010年2月21日至3月1日，由教育部、上海市人民政府共同主办的第三届全国中小学生艺术展演活动在上海举行。南开中学合唱团参加本届展演活动获得一等奖。本届展演包括艺术展演类（声乐、器乐、舞蹈、校园剧）和艺术作品类（绘画、书法、摄影）共两大项七个小项的展示比赛。南开中学合唱团代表天津市参加声乐专场的展演活动。副校长吕宝桐、德育处教师刘福林、宋彦平、徐锡玲、陈海龙和高二合唱班班主任林秋莎带领高二年级合唱团42名同学赴上海参加展演比赛。

（李德志　滑　娜）

【红五月合唱节】 2010年4月15日、16日下午，南开中学“红五月合唱比赛”预赛举行。高一、高二年级分别在礼堂和报告厅开展预赛。孙海麟、吕宝桐等学校领导同志观看高一年级的合唱预赛。本次两个年级的比赛由年级主管、各位班主任和音乐学科教师担任评委工作。红五月合唱节于4月30日举行决赛。合唱节比赛是南开中学一年一度的传统活动，也是2010年“红五月系列活动”之一。

（李德志　滑　娜）

【天津市中小学生合唱比赛】 2010年9月20日，南开中学师生参加由市委教育工委、市教委、团市委、市广电集团联合主办的天津市大中小学迎国庆歌咏大会。市委常委、市委教育工委书记苟利军，市人大常委会副主任李亚力，市政协副主席陈永川出席。歌咏大会以“歌颂伟大祖国，认清肩负使命”为主题。市领导为天津城建学院“歌唱祖国广场”揭幕。来自22所学校的大中小学师生6000多人放声高歌，共同庆祝新中国60华诞。南开中学高一年级400名学生参加本次歌咏大会，演唱歌曲《同一首歌》。副校长吕宝桐担任南开中学合唱团领队。高一年级全体班主任老师参加本次歌咏大会，教师刘福林、高一年级主管教师徐金波负责组织协调，教师宋彦平担任指挥，学生任雪钢琴伴奏。

（张久清　张　喆　滑　娜）

【首届英文话剧节暨英文话剧展演活动】2010年10月，南开中学首届英语话剧节拉开帷幕。学校德育处和团委组织配合，学生会学习部精心安排，英语学科教师陈平平认真指导，高一年级12个班学生参与。各班成立英语话剧编排小组，参与人数达到各班人数一半以上。学生排练的剧目包括世界名著《哈姆雷特》《罗密欧与朱丽叶》《傲慢与偏见》《项链》和《仲夏夜之梦》，也有根据电影改编的《公主日记》《真爱之吻》《音乐之声》《歌舞青春》，还有童话《海的女儿》，风靡全球的《老友记》，原创剧《新荆轲刺秦王》等。12月10日，英语话剧节决赛在瑞廷礼堂举行。孙海麟理事长和学校领导、高一年级班主任和英语教师参加此次活动。师生来宾近千人观看展演活动。决赛邀请来自澳大利亚的 JaeCroshaw 和 MsDateenahHorden，以及学校聘任的外教 NancySchaffner、特级教师马桂芝、英语学科主管李惠燕、高级教师周彤等七位教师作为评委。决赛评选结果：高一2班的《新荆轲刺秦王》获得一等奖；高一10班《公主日记》和高一9班《罗密欧与朱丽叶》获得二等奖；高一4班《仲夏夜之梦》、高一6班《海的女儿》和高一12班《老友记》获得三等奖；高一3班《歌舞青春》获得最佳舞台表现奖。最后，外教 Nancy 就每一个班的演出、演员的表现等进行全面点评，充分肯定学生在语言表达、舞台表现上作出的努力。鼓励学生加强口语锻炼，增强学习英语兴趣，多听多练多说多读，全方位提高英语水平。该届英语话剧节活动在全市引起良好的反响，一些兄弟学校主动到英语学科学习经验。

（李德志　滑　娜）

【中文话剧节决赛暨展演活动】 2010年12月3日下午，由南开中学学生会文艺部承办的高二年级中文话剧节决赛暨展演活动在瑞廷礼堂举行。副校长吕宝桐观看比赛，高二年级主管教师徐金波和各参赛班级的班主任担任评委，师生共600余人观看展演。经过之前11月26日、29日、30日三场预赛，高二1、2、3、8、10、11等6个班级晋级决赛。决赛当天，评选出高二3班演出的《一元钱》、高二1班演出的《四世同堂》获得一等奖；高二2班演出的《原野》、高二11班演出的《红岩》获得二等奖；高二8班演出的《天堂隔壁是疯人院》、高二10班演出的《弃婴》获得三等奖。

（李德志　滑　娜）

【南开区"校园情景剧"比赛】 2010年12月14日下午，南开中学初中七年五5名学生在老师的带领下，参加在南开区少年宫举行的南开区第一届"小习惯大道理"校园情景剧比赛，获得第四名。该项比赛分为预赛和决赛两个阶段。预赛阶段，参赛学校把学生排演的话剧制作成光盘参评。大赛评委会从30多个参赛学校中选出12支代表队进入决赛。之后，12支代表队现场表演。南开中学的参赛作品为《两个瓶子引发的事件》，该剧目由单巨兵和滑娜两位教师指导。参加决赛的学生以出色的表演获得好评。

（单巨兵　于　宁）

竞赛活动

【2009年全国高中数学竞赛优胜学生】 2010年"三五"表彰竞赛优胜学生。在2009年全国高中数学竞赛中，南开中学高三1班学生高伟豪获得一等奖，并入选国家集训队。参加2009年全国高中数学联赛天津赛区获奖学生：一等奖12人（高二1班于浩成、黎静北；高三1班高伟豪、李晓澄、王轶凡、崔亚飞、李想；高三2班蔡珑、娄馨宇、李晟航、高晗、杨成）；二等奖37人（高二1班安洪伟、冯文胜、刘栐杉、汪寰、尹鹏飞；高二2班李晋轩、孙晔、钱桥、王牧、张翱；高三1班常雨时、胡麦、刘嘉轩、孙振轩、王迪、温佺、肖霄、许乐平、杨光、杨欢、杨硕、于钟海；高三2班窦博达、韩天璞、黄居伟、李乐、李晓鹤、李元浩、刘小溪；毛祥荟、孟繁易、庞昊、咸逸、张爱玲、张庆旭、张田）；高二1班姜文睿等16人获

三等奖。

（李德志）

【第二十六届全国中学生物理竞赛优胜学生】 2010年"三五"表彰竞赛优胜学生。在2009年第二十六届全国中学生物理竞赛中，南开中学高三2班李晟航、张梦石获二等奖。高三1班范雨晨、许乐平获三等奖。参加第二十六届全国中学生物理竞赛天津赛区获奖学生：一等奖13人（高二1班王宏达；高三1班范雨晨、许乐平、於冰宇、刘穆清、高伟豪、宋凌南、于钟海；高三2班张梦石、李晟航、朱锦华、李玮、刘卓）；二等奖41人（高二1班陈鸣、米巨峰、王梦夏、尹鹏飞、钟楠；高二2班吴梦、薛伊冰；高二6班张剑锋；高三1班毕达、常雨时、王岩岱、高烨、郝鹏、胡麦、肖霄、李想、李晓澄、林昕宇、刘一伟、王朝、王迪、王曦、温佺、徐继恺、杨光；高三2班蔡琛、咸逸、黄居伟、鞠广凯、李玮、李妍、刘小溪、宋宇宸、王梦璐、王圣杰、吴佳宁、张爱玲、周子中、杨成；高三7班尹晴；高三10班王大涛）；高一1班贺心蕊等2人获三等奖。

（李德志）

【2009年全国高中化学竞赛优胜学生】 2010年"三五"表彰竞赛优胜学生。在2009年全国高中化学竞赛中，高三7班李卓获一等奖并入选国家集训队，高三2班郑德荣获三等奖。参加2009年全国化学竞赛天津赛区获奖学生：一等奖6人（高三7班李卓；高三1班孙振轩；高三2班郑德荣、咸逸、朱桐；高三5班孙雨辰）；二等奖28人（高二1班于浩成；高二2班黄哲、徐越、杨啸宇、姚远、叶亦欣；高二4班李琪、习少飞；高二6班刘凤斌、李双；高三1班杜玥、高伟豪、刘铸、许乐平；高三2班鞠广凯、蓝睿智、刘卓、毛祥荟、庞昊；高三10班高大亮、金大海、王南；高三5班刘益宾、徐金达；高三6班么立新、孙岚；高三8班邵文婷；高一2班宋涛）；高二10班白清予等9人获三等奖。

（李德志）

【2009年全国高中生物联赛优胜学生】 2010年"三五"表彰竞赛优胜学生。在2009年全国生物联赛中，南开中学高三4班周泮获二等奖。参加2009年全国高中生物联赛天津赛区获奖学生：一等奖2人（高三4班周泮；高三7班李卓）；二等奖17人（高二1班黄一轩、张芮、王迪、刘一伟；高二2班只璟泰；高二5班胡沛然、庄晓军、董玲玉、郝梦笔、周云洁、王小玢；高二7班董彦；高二8班张雯婧、李喆明、王欣可、郭峰；高二10班王南）；高二1班王欣等29人获三等奖。

（李德志）

【NOI2009年全国青少年信息学奥林匹克竞赛优胜学生】 2010年"三五"表彰竞赛优胜学生。在NOI2009年全国青少年信息学奥林匹克竞赛中，南开中学高三1班杨欢、高二1班李冠儒、高二2班钱桥获银牌。参加分区联赛获奖学生：一等奖7人（高二1班李冠儒；高一1班刘洪轩；高三1班杨硕、范雨晨；高三10班王安然；高二2班李聃绰、徐越）；高一1班雷阆玮等10人获二等奖。

（李德志）

【2009年全国中学生英语能力竞赛优胜学生】 2010年"三五"表彰竞赛优胜学生。在2009年全国中学生英语能力竞赛中，南开中学10人获得一等奖（高一1班单君翌；高一2班吴家笑；高一3班冷亚美；高一9班刘玉涵；高一11班杨博进；高二1班王梦夏、王红玉；高二7班陈培培；高三4班滕斯瑶；高三6班周千慧）。

（李德志）

【参加学科全国竞赛活动成果汇总】 2010年1月24日至25日，南开中学高三1班高伟豪参加在重庆南开中学举行的第25届中国数学奥林匹克（CMO）暨2010年中国数学冬令营，获得一等奖并入选国家集训队。在第26届全国中学生物理竞赛中，高三2班李晟航、张梦石获二等奖；高三1班范雨晨、许乐平获三等奖。在全国高中化学竞赛中，高三7班李卓获一等奖，并入选国家集训队；高三2班郑德荣获三等奖。在全国中学生生物联赛中，高三4班周泮获二等奖。在NOI全国青少年信息学奥林匹克竞赛中，高三1班杨欢获银牌。另有多人分获天津市各学科竞赛一、二、三等奖。

（李德志）

【参加物理竞赛获奖】 2010年物理世界杯比赛（IYPT）中，南开中学高二1班王梦夏经选拔入选国家队，由物理学科教师张汉泉担任带队教师，于7

月7日至16日赴维也纳参加比赛。经过五轮比赛，中国队最终获得第10名（铜牌），比2009年成绩提升一位。物理世界杯比赛（IYPT）每年举办一次，每年每个国家或地区派一支代表队参赛，每支代表队由5名参赛队员组成。10月30日，在厦门举行的第27届全国中学生物理竞赛上，南开中学学生王宏达获得三等奖，指导教师夏慈伟。钟楠、李立中、于浩成、付晓君、朱兆轩5名学生获得天津市一等奖，指导教师夏慈伟、李伟。

（李德志）

【参加学科全国初中竞赛活动成果汇总】 2010年，南开中学初三2班冯春晗、初三4班马斯娇在全国初中数学竞赛中，获得市级一等奖。在全国初中应用物理竞赛中，初三4班周小洲获得市级一等奖。在全国初中数学竞赛中，初三4班周小洲获得市级一等奖。在全国初中信息学竞赛中，初三3班高怡和李城宏获得市级一等奖。

（李德志）

【第十五届“谁与争锋”校园辩论赛】 2010年4月16日中午，南开中学第十五届“谁与争锋”校园辩论赛高一年级组决赛在学生热情的期待中展开角逐。这是一场新生之间的青春较量，一场华文思辨的校园比赛。此前经过激烈的预赛，高一10班（正方）和高一9班（反方）脱颖而出，晋级决赛。该场比赛的辩题是“教育改革应不应该取消文理分科”。整场比赛双方选手慷慨陈词，唇枪舌剑，一展南开学子的风采。反应敏捷、回答机智、英姿飒爽的高一年级新生令在场评委和观众耳目一新。最终，高一10班（正方）以更加出色的表现赢得比赛的胜利；同时，最佳辩手分别归属于正方4辩和反方2辩。至此，南开中学第十五届“谁与争锋”校园辩论赛高一组决赛圆满落幕。

（赵　凯　于　宁）

【英语辩论赛】 2010年4－5月间，高一年级三个班级举行英语辩论赛。其中高一3班出两个队，另外两个班各出一个队。共进行两场比赛，题目分别为“Should students go abroad or stay in China for college”和“Should students wear uniforms everyday”。学生在比赛内容、语言和辩词等方面积极进行准备，并向自己的英语教师直接请教，比赛中都充分地发挥了自己的水平。赛场上气氛热烈，双方利用赛前准备好的论点和论据，用英语进行阐述和相互辩驳，充满幽默感。李惠燕、马桂芝、周彤三位英语教师和几名学生应邀担任评委，普遍感觉学生有很强的参与热情和很好的英语表达及应变能力，可以将该项比赛作为学校英语教学活动的重要组成部分加以推广。

（李惠燕　陈平平　周　彤）

【参加全国中学生英语能力竞赛】 2010年，南开中学学生参加全国中学生英语能力竞赛。共有12人获奖。其中，高一年级一等奖1人，指导教师张妍；二等奖7人，指导教师陈平平、孙立鑫、张妍；高二年级一等奖2人，指导教师姚卫盛；二等奖1人，指导教师赵淑玉；高三年级一等奖2人，指导教师段胜利和李健。全国中学生英语能力竞赛（National English Proficiency Competition for Secondary School Students，简称NEPCS），是经教育行政部门批准的中学生唯一的全国性英语学科竞赛，是面向全国中学生举办的综合性英语能力竞赛。南开中学英语教师历来重视组织学生参与该项比赛，并承担培训工作。同时，英语学科教师积极拓宽学生参与各项活动的途径。同年，高一学生贺心蕊参加中央电视台英语演讲风采大赛，获天津赛区高中组二等奖，辅导教师姚卫盛。高二学生孙佩林参加“21世纪杯”英语演讲大赛，获天津赛区高中组三等奖，指导教师李惠燕。

（李惠燕　姚卫盛）

【参加亚运会青年营】 2010年11月9日至22日，高二4班学生马明参加第16届广州亚运会青年营活动，圆满完成全部活动和任务。作为天津市两名青年学生代表之一，马明在14天时间里，在亚运会会旗下，与29个国家和地区的153名优秀青年代表进行学习交流、文化体验等活动，增强成长进步的愿望，开阔视野，收获友谊。以“传播亚运精神，展示岭南文化，增强亚洲友谊”为目的的第16届亚运会青年营的主题口号是“你好，未来！”本届青年营活动主要围绕参与赛事，体验文化和互动交流三条主线展开，使营员更好地理解中国的传统文化与现代发展情况，创造交流与学习的机会。

（李德志）

【模拟联合国大会(TJMUNC 2010)活动】 模拟联合国(Model United Nations)简称MUN,是模仿联合国及相关的国际机构,依据其运作方式和议事原则,围绕国际上的热点问题召开的会议。由学生扮演不同国家的外交官,作为各国代表,参与到“联合国会议”当中。该项活动有助于开拓青年学生的国际视野,营造国际化交流的环境,为“未来领袖”提供成长平台。2010 年 11 月 27、28 日两天,在模拟联合国社团英语指导教师李惠燕、邵秀美带领下,包括社团负责人刘喆、冷亚美在内的来自高一、高二年级的 20 名学生,参加由天津市教委主办的、天津外国语大学及其附属外国语学校承办的天津市首届中学生模拟联合国大会(TJMUNC 2010)。会议过程中,南开中学各位代表充分发挥自己的逻辑思维能力、英文演讲能力,在一轮轮的辩论与游说中展现出南开学子的风采。会议结束后,南开中学代表赢得主席团的高度评价,并获得最佳风采(Best Style)和最佳合作(Best Cooperation)两个奖项。通过该项活动与多所学校的模联社团取得联系,分享经验,收获颇多。

(李德志)

【辩论队获“联盟杯”冠军】 2010 年 11 月 28 日,在天津市学联举办的第二届“联盟杯”中学生辩论赛决赛上,由南开中学辩论协会四名辩手:高二 11 班祝安琪(一辩)、张涵(二辩)、高二 7 班郎克宁(三辩)、杜瑀(四辩)组成的辩论队战胜天津二中代表队,获得冠军。此前在本届辩论赛中,南开中学辩论队在 1/8 决赛、1/4 决赛和半决赛中,先后力克四十五中、天津中学和天津大学附属中学代表队,闯入决赛。决赛中,南开中学四名辩手发挥出色,各具风格:一辩祝安琪立论富有气势、层次清晰;二辩张涵语言流畅且富有感染力,赢得观众、评委共鸣;三辩郎克宁风格独特、理性犀利,沉着冷静应对对手的问题;四辩杜瑀逻辑思维清晰,结辩时将辩题升华,富有现实意义。在自由辩论阶段,四名辩手配合默契、贯穿两条主线攻击对手,效果显著,最终在这场“环境保护应以人为本/以自然为本”的辩论中,坚持自己观点“环保应以自然为本”,获得最终的胜利。南开中学辩论协会是 2009 年新成立的社团,第一次参加“联盟杯”这样的市级大赛就取得了优异成绩。

(李德志　于　宁)

校园刊物

天津南开中学报

【简况】 天津南开中学报于 2007 年 10 月 31 日复刊,与《新敬业》等学生刊物互相补充,共同成为宣传南开中学的平台。校报全面贯彻党和国家的教育方针,把握正确的舆论导向,立足于“面向学生、面向教师、面向家长、面向校友”的办报宗旨,紧密围绕学校的中心工作,全面报道学校校情,及时准确地发布信息,积极宣传学校,充分发挥其在全校师生、校友、家长之间的桥梁纽带作用,促进校园文化的建设和发展。校报每年选拔一定数量的学生担任记者,组织学生踊跃来稿,成为学生从事新闻实践活动的课堂。校报复刊后经过三年多的探索和实践,到 2010 年共出版 27 期,总字数 40 余万字。2010 年度,校报出版第 20 期至第 27 期共 8 期,受到师生和社会人士的好评。

(马　玥)

【获最佳校报特等奖】 2010 年 12 月 11 日至 12 日,教科研中心副主任崔勇锐参加在成都召开的全国中小学校内报刊与校园文化建设研讨会。会上,天津南开中学校报因内容丰富、版式美观、师生参与度高等特色,荣获第五届全国中小学优秀校内报刊评选最佳校报特等奖。

(马　玥)

【新一届校报记者团成立】 2010 年 9 月 21 日中午,在图书馆 108 室隆重举行新一届校报记者团成立大会。副校长马健,教科研中心副主任崔勇锐、教师马玥,高中三个年级的校报记者,以及高一年级各班的班长和宣传委员参加会议。会议由马玥主持。校报记者团进行严格有序的纳新工作，经过作品筛选和两轮严格面试，高一2班宁雪，高一8班杨晓晴，高一9班毛东屿、郭鹏、宋婧宜，高一10班李可纯、刘玉钏，高一11班汪裕，高一12班赵楚伊等9名高一年级学生，被选拔为新记者，进入校报记者团。马健在讲话中对新一届记者团提出要求，希望记者团的学生辛勤工作，为南开中学校报开拓更广阔的天地贡献出自己的力量。学生记者团纳新后，记者团成员利用课余时间开展学习活动15次。

（田米豆）

新敬业

【简况】 南开中学校刊《新敬业》隶属于学校学生会，致力于向社会宣传南开中学。2010年共出版总第25期、总第26期。12月，《新敬业》团队应聘《今晚报》小编辑，并成为天津市唯一应聘成功的校刊校报编辑团队。陆续在今晚报发表《南开义工在行动》《话剧，我的舞台》《文学雏凤欲凌空》等七篇文章。

（李德志）

【《新敬业》总第25期】 2010年4月，《新敬业》总第25期由主编凌菲彤同学及12名干事编写。主要报道南开中学105周年校庆、60周年国庆活动、梁思礼校友报告会、南开中学校友文物征集展、“纪念南开话剧百年”话剧节等内容；撰写《风雨同舟六十载，南开祖国共峥嵘》《育创新人才，看青春南开》《梁氏父子同台讲，跨越百年意更高》等文章。

（李德志）

【《新敬业》总第26期】 2010年11月，《新敬业》总第26期由主编穆唯雅同学及10名干事编写。为响应南开中学学习研究周恩来小组成立，本期开辟了“学习研究周恩来专栏”，报道“周恩来的人生智慧选修课”，以及“周恩来班”高三4班事迹，南开校史研究中心成立暨纪东将军报告会等。开辟“公能讲坛”专栏，报道历次公能讲坛盛况，并采访周恩来秘书纪东将军，中央电视台著名主持人白岩松、敬一丹，市政协副主席何荣林，复旦大学校长杨玉良，国防大学教授金一南，美国未来学家奈斯比特夫妇等。开辟“环球视野”专栏，报道南开中学赴国外学访活动，邀请美中友协主席李娟女士和休斯敦政府官员 StephenBarr 先生写来寄语。开辟“天涯海角南开人”专栏，采访兰州市委常委周学海学长及就读于北大、清华等大学的校友。刊登国际部韩国学生的投稿。同时，报道运动会、话剧节等重大活动。

（李德志）

崛起报

【简况】 该报是南开中学学生会主办的宣传阵地。2010年上半年度，《崛起报》主编由学生叶津炜担任。另有九人分别担任文字编辑、摄影、记者、排版等工作。每周举行一次例会。日常宣传主要配合校团委工作，在翔宇楼前公告栏中展出各类公告，内容包括新年贺词、纪念南开四烈士、玉树地震捐款等，以及五项评比统计。2010年下半年，《崛起报》主编由学生张心仪担任。《崛起报》版面由喷绘版改为手绘版。继续配合校团委工作，对校庆、校运会、亚运会、三六杯、话剧节、平安校园等活动进行报道。

（黄小虎）

南开中学校园动态

【简况】 该刊物由南开中学科研信息技术中心主办，2010年3月11日出版第1期。为高效率、高质量对学校信息进行整合，提高学校宣传工作的质量和水平，学校建立信息报送的长效机制。2010年3月起，在科研信息技术中心的组织下，实施报送信息审核制度、重要信息约稿制度、信息采用情况每月通报制度和信息报送评比表彰制度。科研信息技术中心对各部门报送的信息审核备案，经过编辑整理，创办每周一期的《南开中学校园动态》，以快速准确地反映学校各部门的工作情况，使之成为学校领导进行决策的依据、师生全面了解学校发展的重要载体。2010年，该刊物共出版21期。

（李　晖）

共青团组织

【简况】 截至2010年3月统计，南开中学共有共青团员1932人。校团委下辖42个班级团支部、15个社团团支部、1个教工团支部；有学生团委委员6名，学生团干部114名。校团委认真组织团员和青年学习党的基本理论，学习党的路线、方针和政策；宣传、执行团市委学校部、团区委和校党总支的指示和决议；了解和反映学生团员的思想，维护他们的权益；开展少年团校工作，进行经常性发展团员工作；对团员进行教育、管理和服务；开展青年党校培训，推荐优秀团员作为党组织的发展对象；指导学生会和社团工作等。校团委坚持过组织生活，每周二中午为校团委班子例会时间；同时，各团支部每月利用班校会时间召开一次生活会。作为学校学生工作的重要组织和阵地，校团委对促进全校学生青年的成长成才发挥着不可替代的重要作用。

（李德志）

【少年团校】 少年团校是南开中学团委培养选拔优秀少先队员的有效方式，也是对少先队员进行思想教育和引领的重要载体。每年上半年，校团委在初一年级统一建立少年团校，所有初一年级少先队员成为少年团校学员；以班级为单位，为初一每班配备一名辅导员，由辅导员利用午休等课余时间为少先队员进行授课。学期末，为考试合格者颁发少年团校结业证。2010年3月，校团委在七年级开设少年团校，聘请高一年级学生干部路絮、刘敬德和李逸凡担任初一年级三个班的辅导员。经过三个月对团章、团史等理论知识的培训，6月初一年级少年团校114名成员成绩合格，顺利结业。

（李德志）

【发展团员】 南开中学团委重视团员的发展和培养，严把新团员发展质量关。校团委坚持在初一年级开展少年团校工作，对全体少先队员进行培养；另一方面，结合五四青年节和六一儿童节等教育契机，进行发展新团员的具体工作。2010年全年共发展团员205人。上半年发展团员161人：高中部发展3人，九年级发展91人，八年级发展58人，七年级发展9人。下半年发展团员249人：高中部1人，九年级28人，八年级15人。

（李德志）

【荣膺全市学校系统共青团工作先进单位】 2010年3月11日至12日，团市委召开2010年天津市学校系统共青团工作会议，总结2009年全市各级学校共青团工作，部署2010年工作。会上，南开中学被授予“2009年天津市学校系统共青团工作先进单位”称号并受到表彰。团市委领导对学校共青团工作给予肯定，并拟在南开中学开展共青团基层组织建设和基层工作试点工作。

（李德志）

【纪念五四运动91周年暨表彰先进大会】 2010年5月4日下午，南开中学团委在翔宇楼报告厅召开纪念五四运动91周年暨表彰先进大会。与会的有高一、高二年级团员代表，共计280余人。校党总支书记孙海麟、副校长吕宝桐、德育处主任贺海龙、副主任张国发参加大会。会上表彰过去一年来在学校共青团工作中涌现出来的先进集体和优秀个人，由吕宝桐宣读表彰决定，校领导为获奖的团支部和优秀团员代表颁发奖状和证书。获得校“十佳优秀共青团员”的高二4班学生凌菲彤代表受表彰优秀团员发言。八年级15名新入团的学生在团旗下郑重地举行入团宣誓仪式。孙海麟向受到表彰的集体和个人以及新团员表示祝贺，并向全校共青团员提出三点希望和要求：一要努力培养社会责任感和使命感，树立远大的理想和抱负；二要努力培养自身的科学文化素质和思想道德品质，做一个全面发展的人；三要珍惜荣誉，再接再厉。与会的共青团员深受鼓舞，纷纷表示不辜负党组织和校领导的期望，认真刻苦学习，全面发展自己，用实际行动为南开争光、为团旗添彩。

（李德志　黄小虎）

【团委学生委员换届选举】 2010年9月中旬，南开中学团委组织开展学生团委委员的换届选举工作。校团委严格按照组织程序，公开、公正地进行高一年级新团委委员的选举，稳定有序地进行高三年级团委委员的换届工作。经过选举，高一5班团支部书记丁宁、高一9班团支部书记葛岱、高一11班团支部书记郑翔宇等三名学生当选为校团委委员。杨啸宇、姚远、张悦、王璟璇、褚萌萌等高三学生不再担任校团委委员。校团委肯定五名高三离任团委委员两年来的工作和付出，对三名新任校团委委员提出希望和要求。

（李德志）

【少先队大队成立】 2010年10月8日，南开中学少先队大队建队仪式在报告厅隆重举行。七年级全体学生参加建队仪式。副校长吕宝桐、德育处副主任张国发和校团委李德志老师参加会议。建队仪式由七年3班学生杨棻主持。七年4班学生刘睿代表全体少先队员发言。大队辅导员滑娜在讲话中对学生提出希望，大会还选举产生南开中学少先队大队长和大队委员。会议气氛热烈，全体同学立志要把少先队的光荣传统和南开精神紧密结合，争创南开中学历史上最优秀的一届少先队。

（李德志　黄小虎）

【杨啸宇当选天津市十佳中学生】 2010年7月，团市委、市学联会同市委教育工委、市教委联合开展第十一届“十佳中学生”的评选活动。8月底初评工作结束，23个区县和市属重点中学根据初评结果，共推荐38名候选人参加市级复评。经过专家评委的认真遴选，复评阶段从38名候选人中评选出20名正式候选人，进入9月11日在天津一中举行的市级终评决赛。20名候选人通过演讲、多媒体展示等形式进行最后角逐。最终，南开中学高三2班的杨啸宇等10名中学生被评为“十佳中学生”。杨啸宇是南开中学学生会主席、校团委委员，凭借出众的实力和出色的演讲当选，为学校争得荣誉。

（李德志）

学生会组织

【简况】 南开中学学生会是校团委领导下的群众性学生自治组织。学生会负责进行学校和学生之间、师生之间、校际之间的联络和沟通；组织各类文体活动，丰富校园文化生活；关注学生的需要，维护学生的权益。学生会设置学习部、外联部、文艺部、体育部、生活部和宣传部六个部门（宣传部下辖阳光驿站广播站、《崛起报》和校刊《新敬业》）；各部配有部长1－2人，干事10人左右；上一届学生会主席为杨啸宇。2010年6月，学生会换届；9月召开新一届学生会成立大会，产生学生会主席1人、副主席1人、正副部长10人，干事71人。南开中学学生会在天津市中学学生会组织中较有影响。

（李德志）

【参加全国学联第二十五次代表大会】 2010年8月22日至26日，南开中学学生会主席杨啸宇作为天津市学生代表，赴北京参加全国学联第二十五次代表大会。会上，中共中央政治局委员、中央书记处书记、中组部部长李源潮宣读胡锦涛主席的贺信；团中央书记处第一书记陆昊代表团中央，中国科协党组书记、常务副主席、书记处第一书记邓楠代表各人民团体，中共中央政治局委员、全国人大常委会副委员长王兆国代表党中央分别向大会祝词。大会听取全国青联第十届常委会工作报告、全国学联第二十四届委员会工作报告，并一致通过《中华全国学生联合会第二十四届委员会工作报告》和《关于<中华全国学生联合会章程修正案〉的决议》。团中央书记处第一书记陆昊就学联、学生会组织的性质以及工作发表讲话。

（李德志）

【新一届学生会成立大会】 2010年9月30日，2010年南开中学学生会成立大会在翔宇楼报告厅举行。会议由新一届学生会副主席刘超主持。德育处主任贺海龙、团委李德志老师、教师赵凯出席大会。会上，上一届学生会主席杨啸宇发言，贺海龙为新一届学生会干部颁发聘书。随后，学生会各部在新部长带领下作展示；新任学生会主席梁思寒做演讲。

南开中学学生会干部名单

职务设置		负责人姓名	所在班级	部门人数
学生会主席		梁思寒	高二2班	1人
学生会副主席		刘超	高二1班	1人
学习部部长		马明	高二4班	9人
生活部部长		刘超	高二1班	9人
外联部	部长	路絮	高二1班	11人
	副部长	李硕	高二5班	
文艺部	部长	高兴	高二3班	11人
	副部长	姜洪亮	高二1班	
体育部	部长	祈宇	高二6班	11人
	部长	吕纯祎	高二10班	
宣传部	阳光驿站	杨晓蕾	高二4班	10人
	《新敬业》	穆唯雅	高二12班	11人
	《崛起报》	张心怡	高二11班	10人

（李德志）

【校园百科知识竞赛】 2010年5月，南开中学学生会组织开展南开中学校园百科知识竞赛活动。该次比赛的题型丰富，包括天文、地理、文学、历史等多个方面。各班均挑选出最优秀的选手参赛。比赛采取团队形式，每班3人。比赛中，主持人与场下观众不时问答互动。高一3班代表队在比赛中脱颖而出，以绝对优势获得该次竞赛的冠军。

（李德志）

【学生会外联部】 2010年上半年，学生会外联部由王璟璇担任部长，陈可意担任副部长，有干事15人。2010年3月，外联部代表学校接待香港领袖生一行；4月至5月，组织第十五届“谁与争锋”辩论赛高一、高二组系列比赛；5月，参与接待加拿大高校校领导，并引领来宾参观校园。2010年下半年，学生会外联部由路絮担任部长，李硕担任副部长，有干事9人，多次参与学校来宾接待工作。2010年9月，参与接待清华大学原校长王大中院士和敬一丹、白岩松的工作；10月，参与校庆日接待工作；11月，参与接待纪东将军和济宁一中来访师生工作；12月，参与接待复旦大学校长杨玉良和金一南将军工作。12月，外联部组织第十六届“谁与争锋”辩论赛初中组比赛和初中组演讲比赛。

（黄小虎）

【学生会体育部】 2010年上半年，学生会体育部由张绮佳担任部长，孙梦担任副部长，有干事10名。2010年3月，体育部配合学校组织举办“五虎杯”篮球比赛；4月，配合学校组织举办春季趣味运动会。2010年下半年，体育部由祁宇担任部长，吕纯祎担任副部长，有干事10名。2010年10月，学生会体育部协助学校举办秋季运动会；11月，协助学校举办“三六”杯足球比赛；2011年1月，协助学校举办跳绳比赛。

（黄小虎）

【学生会生活部】 2010年上半年，学生会生活部由刘永旭担任部长，侯振凯担任副部长，有干事7人；2010年下半年，由刘超担任部长，有干事8人。生活部每天进行五项评比检查监督工作；每周配合德育处检查各班大扫除情况，并在周五完成一周五项评比分数核算、记录和存档；每周一晨会安排一名干事向全校广播上一周五项评比成绩并进行小结。

（黄小虎）

【学生会文艺部】 2010年上半年，学生会文艺部部长由周冠男担任，有干事9人。2010年5月，在校团委的领导下，学生会文艺部主办“红五月”合唱节。2010年下半年，学生会文艺部由高兴担任部长，姜洪亮担任副部长，有干事9人。2010年9月，学生会文艺部组织举办高二年级中文话剧节。

（黄小虎）

【学生会学习部】 2010年上半年，学生会学习部由郭嵩担任部长，有干事8人。2010年3月至4月，为学校春季运动会提供协助；5月，举办知识竞赛。2010年下半年，学生会学习部由马明担任部长，有干事8人。2010年11月，为学校秋季运动会提供协助；12月1日至3日，组织举办第一届英语话剧大赛预赛；12月10日，举办英语话剧大赛决赛。

（黄小虎）

国内外交流

国内来访

【台北私立复兴实验高级中学访问团来访】 2010年1月27日，南开中学副校长马健、国际部主任马桂芝、主任助理张庆民等接待台北私立复兴实验高级中学访问团。该团来访120人。这是自2007年两校建立交流关系以来，台北私立复兴实验高级中学首次派出师生访问团对南开中学进行访问。访问团师生先在报告厅听取马健介绍南开中学校史和悠久文化，然后分成三个小组，由南开中学教师陪同讲解，分别参观学校的范孙楼、伯苓楼、礼堂、周总理宿舍等。访问团领导对本次访问和南开中学的接待表示非常满意，并盛情邀请南开中学师生到台北私立复兴实验高级中学参观考察。

（张庆民）

【南开区领导陪同客人参观南开中学】 2010年3月6日上午，外交部厅司局领导一行10余人，在南开区副区长牛清报陪同下莅临南开中学校园参观。3月7日下午，黑龙江伊春市政府领导一行10余人，在南开区委副书记王宝安陪同下参观南开中学校园。

（乔慕英）

【香港圣保罗男女中学代表团来访】 2010年4月2日至8日，香港圣保罗男女中学访问团到南开中学参观考察。在南开中学国际部教师的陪同下，访问团先后到天津博物馆、天津市规划展览馆、古文化街和蓟县黄崖关长城等处参观游览。香港圣保罗男女中的学生感到，通过这次交流访问，扩大了视野，丰富了知识；表示通过与南开中学学生们一起上课、生活，拉近彼此之间的距离，两校间的友谊得以深化。

（宋　畅）

【香港大学生法律政经学术交流团来访】 2011年1月7日，香港大学、香港中文大学、香港城市大学联校法律生法律政经学术交流团一行30人到南开中学交流访问。南开中学教师代表与访问团学生代表进行深入、热烈的讨论。该学术交流团参观了南开中学校园、周恩来青少年活动展览和求学时的教室、宿舍，留下深刻的印象。

（张　旭）

【澳门基本法导师代表团来访】 2011年1月12日，国务院港澳办公室率领澳门基本法导师代表团一行20余人到南开中学参观学习。该代表团成员都是在澳门中小学负责教学基本法的科任老师。南开中学副校长马健向客人们介绍了学校的基本情况，并就客人们关心的学校教育和发展问题与来访教师亲切交谈。代表团参观了南开中学校园、周恩来求学时的教室和宿舍。客人们纷纷表示，要进一步加强澳门学校和南开中学之间的互访交流。

（张　旭）

师生出访

【高二学生杨翘楚访问英国唐桥中学】 2010年1月17日至2月12日，高二年级学生杨翘楚到英国私立名校唐桥中学(TonbridgeSchool)访问。这是两校自2008年建立友好关系后，学校首次派出学生到唐桥中学进行短期学习。杨翘楚除在英国学校伙伴学生班内按照自己的兴趣和志愿选择听课以外，还参加社区服务、体育活动、歌唱训练等活动。这次出访活动帮助学生了解英国学校的教育制度、体验英国文化、开拓国际视野，也为两校之间的友好交流奠定良好的基础。

(张庆民)

【访问德国波登湖中学】 2010年1月24日至2月16日，南开中学教师李美华、李惠燕带领17名学生前往德国波登湖中学进行海外研修。这是南开中学自2002年与波登湖中学建立交流互访关系后第五次出访。访问期间，学生在伙伴学生班内听课，参加课余活动，参观当地市容和文化名胜。在结束对波登湖中学的访问后，师生还对德国的斯图加特、特里尔等城市以及法国、比利时、卢森堡等国家进行文化考察。通过这次海外研修活动，学校师生开拓国际视野，领略欧洲文化，进一步加深与友好学校之间的友谊。

(张庆民)

【访问澳大利亚悉尼长老会女子中学】 2010年1月27至2月21日，南开中学4名学生到澳大利亚悉尼长老会女子中学进行海外研修。这是南开中学自2007年与长老会女子中学建立友好关系后第三次访问该校。学生在澳大利亚伙伴学生班内听课，参加学校活动，进行城市观光，与接待家庭一起郊游等。通过三周的海外学习生活，学生亲身体会澳大利亚学校教育，学习了先进的教育理念，同时也提高英语水平。

(张庆民)

【访问美国休斯敦拉泼尔高中】 2010年1月28日至2月9日，南开中学教学处主任潘印溪、总务处副主任刘世璐、教师赵颖带领22名学生到美国休斯敦拉泼尔高中进行海外研修。这是南开中学自2008年与拉泼尔高中建立交流互访关系后第三次访问该校。访问活动内容包括在美国伙伴学生班内听课，参观哥伦比亚大学、纽约大学、美国航天中心、休斯敦港口，职业日体验，参观市容，观看休斯敦火箭队NBA比赛，参加拉泼尔音乐节等。通过该次海外研修活动，师生开拓国际视野，了解美国的教育制度，领略美国文化，提高英语水平，并与美国师生建立深厚的友谊。

(张庆民)

【访问加拿大萨迪斯中学】 2010年1月29日至2月17日，南开中学副校长李宝贵带领16名学生赴加拿大萨迪斯中学进行海外研修。这是学校自2001年与该校建立互访交流关系后第九次访问该校。萨迪斯中学是最早与南开中学进行定期互访活动的学校之一。访问活动内容丰富，包括在加拿大伙伴学生班内听课、游览城堡公园、访问不列颠哥伦比亚大学(BC大学)、参观人类学博物馆、参加领导力活动、参加图书馆研究项目、郊游、滑雪、参观土著文化中心、参观皇家博物馆、立法大厦等，学生反映收获颇丰。两校的友好交流也得到进一步巩固。

(张庆民)

【访问美国东洛杉矶学院】 2010年1月29日至2月12日，南开中学教师徐金波、毕伟带领35名学生到美国东洛杉矶学院进行海外研修。这是南开中学2007年与该校建立交流关系后第四次访问该校。访问期间，学生在东洛杉矶学院聆听了由美籍英文教师讲授美国概况及加利福尼亚州的人文、历史、地理，美国中学、大学的教育制度等讲座，参观了美国当地中学，以及南加州大学、加州大学洛杉矶分校、斯坦福大学、伯克利大学、加州自然历史博物馆、硅谷、英特尔公司等，并游览了当地一些景观。通过该海外研修活动，师生开拓国际视野，领略美国文化，增强跨文化沟通的能力。

(张庆民)

【访问香港圣保罗男女中学】 2010年2月1日至7日，南开中学国际部副主任杨洋带领7名学生到香港圣保罗男女中学进行参观学习。南开中学于2007年开始与该校进行师生互访交流。此次是学校组织的第四次访问香港圣保罗男女中学。访问期间，学生随同接待伙伴深入其学校生活，随堂听课，参加兴趣小组和各种比赛演出等活动。学生们还参观了香港科技馆、自然博物馆等，领略香港教育、文化的独特魅力。在总结会上，学生们畅谈体会，香港圣保罗男女中学校长陈黄丽娟为南开中学每位到访学生颁发游学纪念证书。

（杨　洋）

【访问日本静冈学园】 2010年2月2日至8日，南开中学教师贺海龙、薛宁、魏长童、滑娜、张占萍、韩祖茂、徐广玉、杨晓庆带领144名学生到日本静冈学园进行海外研修。该项访问是南开中学2006年与静冈学园建立交流互访关系后的第六次访问。活动内容包括与静冈学园师生交流，参观岚山周恩来诗碑，以及大阪造币局、大阪公园、松下电器中心等。通过该项海外研修活动，学校师生对日本的教育制度、文化有初步的了解，并寻访周恩来总理在日本生活、战斗的足迹。

（张庆民）

【赴台参加亚太青年科技研讨会】 2010年5月9日至16日，南开中学国际部主任马桂芝、教师徐建朴带领7名学生参加台湾台中市私立晓明女子高级中学主办的亚太青年科技研讨会。此次研讨会主题是 Nurturing Nature: Respect, Restore, Renew（与自然和好：尊重，复原，永续利用）。南开中学学生以“天津中新生态城”为题，展示关于中新天津生态城的调查报告。通过这项活动，加深学生们的环保意识，培养严谨的治学态度，促进分析问题、解决问题以及用英语表述的能力，进一步增进与交流学校师生的友谊。

（杨　洋）

【访问澳大利亚悉尼长老会女子中学】 2010年7月16日至8月14日，南开中学两名女生到澳大利亚悉尼长老会女子中学进行海外研修。这是南开中学2007年与长老会女子中学建立友好关系后的第四次访问。学生在澳大利亚伙伴学生班内听课，参观校园，参加学校活动，城市观光，参观农场，和接待家庭一起郊游等。通过三周的海外学习生活，学生亲身体会澳大利亚的学校教育、领略澳大利亚文化。

（张庆民）

国际和地区交流

【加拿大萨迪斯中学来访交流】 2010年3月5日至3月19日，加拿大萨迪斯中学一行15人来南开中学进行交流访问。在学校国际部的安排下，萨迪斯中学4名教师、11名学生与学校学生共同上课、参观校园；学习篆刻、书法、太极拳等中国传统文化，了解中国悠久的历史；游览长城、古文化街、石家大院、天津市规划展览馆，领略天津的高速发展。通过此次交流访问活动，南开中学和加拿大萨迪斯中学的联系和友谊得到加强，为中加两国学生之间的交流搭建良好的平台。

（张　旭）

【美国拉泼尔高中代表团来访】 2010年6月8日至13日，美国休斯敦拉泼尔高中代表团（包括副校长1人，其他老师5人，美中友协工作人员1人，学生20人）对南开中学进行访问，这是拉泼尔高中2008年与南开中学建立交流互访关系后的第三次来访。活动内容包括学生在南开中学伙伴学生班内听课，学习书法，学习太极拳，参观天津博物馆、天津市规划展览馆、意式风情街、古文化街、石家大院和滨海新区规划展等。这次活动帮助美国师生了解天津的发展，领略中国历史文化，深化了与南开中学师生的友谊。

（张　旭）

【美国费城男童合唱团来访】 2010年8月9

日，美国费城男童合唱团一行90余人来南开中学访问，并与南开中学合唱团同台演出。费城男童合唱团成立于1968年，以其杰出的音乐才华和高超的音乐表现力广受赞誉，是美国乃至世界上最成功的男童合唱团之一，一直致力于打破社会、政治、文化壁垒的束缚，不断创新，被称为“美利坚的歌唱大使”。通过此次活动，促进中美学生在艺术方面的交流，提升南开中学合唱团的表演水平。

（张庆民）

【英国唐桥中学师生代表团来访】 2010年10月22日，南开中学副校长马健、国际部副主任杨洋、主任助理张庆民接待英国唐桥中学3名教师、24名学生来访。马健介绍南开中学的办学历史、育人成果，并和来访师生就关心的问题进行交流、座谈。座谈会后，代表团参观南开中学校园，周恩来求学时教室、宿舍等。

（张庆民）

【巴黎让松－德萨伊中学校长一行来访】 2010年10月23日，南开中学理事会理事长孙海麟、校长杨静武等接待法国巴黎让松－德萨伊中学校长安妮女士和法国教育部巴黎学区汉语教学督学尹文英女士。双方就建立友好交流关系事宜进行会谈，表示愿意建立友好交流关系，初步约定一些交流事宜。

（杨　洋）

【加拿大学院校长访问南开中学】 2010年11月3日，南开中学校长杨静武、副校长马健等接待来校访问的加拿大 Upper Canada College 的校长 Jim Power 先生和副校长 Innes Van Nostrand 先生。该校是一所历史悠久的男生学校。双方校长就中学生教育中的性别差异及中学生领导力的培养问题展开深入讨论，并在一些教育理念上达成共识。座谈后，两位校长参观校园，表示南开之行收获颇丰。

（杨　洋）

【新加坡教育部客人访问南开中学】 2010年11月5日，南开中学理事会理事长孙海麟、副校长马健等接待新加坡教育部学前教育处助理司长方陈永华女士一行。双方在座谈中交流各自的教育经验。方陈永华女士表示，愿意帮助南开中学在新加坡扩展对外交流的渠道，促进两国之间教育的进一步交流。

（杨　洋）

【新加坡华侨中学和南洋女中代表团来访】 2010年11月16日和12月28日，新加坡华侨中学和南洋女中12名教师、161名学生分两次到南开中学参观访问。来访师生与学校学生共同上课，感受学校课堂气氛，体会学校课程内容，到校史馆和周恩来求学时的教室和宿舍参观。通过参观访问活动，增强南开中学和新加坡华侨中学的联系和友谊，来访师生表示，南开中学的历史和传统值得人们学习、继承，愿意再来学习。

（杨　洋）

对外汉语推广

【筹建南开中学首个孔子课堂】 2010年3月至5月，南开中学国际部主任助理张庆民赴意大利威尼斯马可·福斯卡里尼中学，进行学校首个孔子课堂揭牌仪式的筹备，以及孔子课堂教学工作。按照意方学校安排，每周教授汉语和太极拳课程。学习汉语和太极拳的学生包括小学生、高中生和成年人，年龄跨度大，学生学习兴趣浓厚。张庆民通过积极与各方联络，完成邀请重要嘉宾出席孔子课堂挂牌仪式等任务。

（杨　洋）

【赴德国教授汉语】 2010年暑期，外语学科教师冯锴参加由孔子学院总部举行的为期两个月的国家公派教师岗前培训，并顺利通过考试，取得任教资格。冯锴于10月2日赴德国慕尼黑担任对外汉语教学工作，是继马桂芝、杨洋、王紫凝之后，南开中学派出的第四任教师，将继续受德国巴伐利亚教育部之邀，在慕尼黑及周边的中学教授汉语选修课。

（杨　洋）

国际学生

【简况】 南开中学国际部设在校园南院南英楼，拥有独立的教学区并配有先进的多媒体教室，有设施齐全的生活区、舒适的学生公寓。1987 年接收第一批外籍学生，进行初、高中学历教育，并开设短期汉语培训课程。2010 年，国际部开设初中、高中各三个年级，同时为汉语零基础的学生开设一个学期的汉语强化基础班课程。日常教学方面，根据学生汉语水平相应开设 A、B、C 三个等级的汉语课程，且有专门的 HSK 考试指导课程；并行开设的课程还有数学、英语、历史、地理、物理、化学、生物、体育、音乐、美术等。与此同时，开设独具特色的中国文学欣赏课、太极、书法、绘画、剪纸等中国文化课，以加深外籍学生对中国文化的了解；根据学生汉语水平和个体需求，择优安排到中国班试听上课，与中国学生一起，感受中国文化，学习文化知识。2010 年，国际部有 64 名学生，来自韩国、日本、越南、加拿大、美国、英国、葡萄牙、澳大利亚、新西兰、新加坡等国家。师资队伍由专业对外汉语教师为骨干的中、高级教师组成。共有教师 15 人。其中，汉语教师 4 人，数学教师 2 人，英语教师 3 人，历史教师 1 人，地理教师 1 人，物理教师 2 人，化学教师 1 人，生物教师 1 人。此外聘有来自德国、澳大利亚和韩国的外籍教师 3 人。2010 年，国际部留学生高考再创佳绩。毕业生共计 24 人。其中，考入北京大学 2 人，清华大学 2 人，中山大学 1 人，中国政法大学 1 人，南开大学 11 人，天津大学 1 人，北京对外贸易大学 1 人，天津中医药大学 1 人；3 人考入韩国大学，1 人考入日本大学。

（宋　畅）

【征文大赛获佳绩】 2010 年 5 月 8 日，南开中学国际部 6 名学生参加“在华韩国体育会”主办的征文大赛并表现突出，获得优异成绩。该次比赛共有来自 7 所学校的百余名学生参加。国际部学生金和英获得“国会议员奖”、印廷宰获得“外事处奖”、李明佺获得鼓励奖。

（宋　畅）

【国际部毕业典礼】 2010 年 5 月 21 日，南开中学国际部举行“再接再厉”2010 年高、初三年级毕业典礼。出席典礼的有天津市教育委员会副巡视员、国际交流处处长张向阳，天津市教育委员会国际交流中心主任李连义，天津市公安局出入境管理局科长冯辉，天津大韩体育会会长李润洛，天津韩国人（商）会副会长申光龙，南开中学校长杨静武。与会领导和毕业生代表、在校生代表分别发表热情洋溢的讲话。国际部师生表演精彩的文艺节目。

（杨　洋）

【国际部学生运动会】 2010 年 10 月 15 日，南开中学国际部学生秋季运动会开幕。该运动会的内容、流程、形式等，全部由国际部学生自行设计规划并实施，以充分锻炼学生的组织能力、协调能力、应变能力和交际能力。运动会上，学生奋勇争先而又不失友谊第一，勇敢拼搏而又不失智慧取胜，既树立坚持天天锻炼身体的思想意识，又使学生增强日日共处的深厚友谊。学生热爱学校的热情高涨，表示希望有更多的类似活动来展现青春朝气和才能。

（宋　畅）

【参加天津市外国学生文化才艺比赛】 2010 年 10 月 22 日，南开中学国际部李舒基、李韩美、钱诺言、金秀玟、张善佑、孙晓凡、裴珉梯等 7 名学生参加天津国际韩国青少年活动中心举办的外国学生文化才艺比赛，在唱歌比赛中展现青春的蓬勃朝气和艺术才华。该次参赛学校还有韩国国际学校、南大附中、天津四中、英华中学、梅江中学、天津中学等。

（宋　畅）

【天津市外国学生文化作文比赛获奖】 2010年10月23日，南开中学国际部学生在天津国际韩国青少年活动中心举办的外国学生文化作文比赛中脱颖而出，获得佳绩。该次比赛共有来自韩国国际学校、南大附中、天津四中等七所学校的100余名学生。国际部5名学生的作文立意新颖、文笔流畅，其中，金和英、李韩美、朴之贤获得韩国仁川市长奖，印廷宰获得韩国国会委员奖，李恩圣获得驻华韩国领事奖。

（宋　畅）

【参观滨海新区】 2010年11月19日，南开中学国际部组织全体师生前往天津滨海新区参观极地海洋馆和滨海新区规划展览馆。为使学生有目的地参观极地海洋馆，生物课教师在参观前专门给学生布置作业。通过参观，学生对于很多海洋生物有新的认识和了解，更加热爱生活、热爱大自然，运用汉语的能力也得到增强。在滨海新区规划展览馆，学生充分了解天津发展状况和未来，感受近年天津城市建设的巨大变化，觉得越来越喜欢中国、喜欢天津。一些来自韩国、日本、加拿大的学生表示，愿意将来继续在中国读书或工作，为中韩、中日、中加友谊奉献力量。

（宋　畅）

国际部管理工作

【“插班学生联系卡”管理制度】 2010年9月，南开中学国际部为加强对插班学生的管理，加强与学生所在班级班主任老师的沟通，及时了解学生在班中的状况，对插班学生实行“插班学生联系卡”管理制度。插班学生联系卡，由国际部请插班学生所在班的班主任根据实际情况填写，统计学生在纪律方面的表现和参加班级与学校活动的情况，用于国际部掌握学生状况，对学生加强管理和教育，同时，联系卡作为对插班学生各月评比“文明学生”的主要依据。“联系卡”制度实施以来，受到老师和家长的普遍认可，学生的在校表现有明显进步。

（徐建朴）

【外籍专家聘请工作流程】 2010－2011学年第一学期起，为使聘请外籍教师工作的管理科学化，国际部先后出台《天津市南开中学外籍专家延期聘请工作流程》《天津市南开中学外籍专家转聘工作流程》《天津市南开中学外教聘任流程》等相关管理制度。将外籍专家管理工作细化到每一个环节，逐层划分各类外籍专家的聘请，统筹安排外籍教师聘请工作的具体安排，做到依法管理、科学管理、人性管理、最优聘请。

（张　旭）

【留学生证件办理工作流程】 2010－2011学年第一学期，为加强对就读的外籍学生护照、签证等工作的管理，本着严格遵守法律法规和对在读学生负责的态度，南开中学颁布《天津市南开中学留学生证件办理工作流程》。该工作流程的颁布，引起学校国际部各专管人员对于外管工作的高度重视，为学生办理签证、居留许可的申请延期提供便利条件。

（张　旭）

【外国留学生签证和居留许可管理办法】 2010－2011学年第一学期，国际部按照天津市教委、天津市公安局出入境管理局对于各院校外管工作的要求，结合南开中学对外籍学生管理工作中总结的经验，出台《南开中学国际部外国留学生签证、居留许可管理办法》。这一管理办法的颁布使外籍学生对于中国法律法规的认识得到加强，同时对于学校协助上级主管部门掌控天津市留学生流动情况提供有力的支持。

（张　旭）

【完善外籍住宿学生管理规定】 2010－2011学年第一学期，国际部对外籍学生进行安全意识教育。由国际部领导、宿舍老师和班主任一起检查宿舍安全和卫生，收缴违规用品，特别是对存在安全隐患、易造成人身伤害的物品进行收缴、统一存放、禁止使用。适时推出并完善《南开中学国际部外籍住宿学生管理规定》,对宿舍安全卫生、作息时间、晚自习纪律等做出详细规定。外籍住宿学生签订承诺遵守本规定的承诺书后方可入住。国际部定期进行安全教育和检查,师生共同营造安全、和谐的校园环境。

(宋　畅)

教师队伍

师资培训

【青年教师暑期培训】 2010年7月23日至30日，南开中学组织全体35岁以下青年教师及部分中年骨干教师，利用假期时间，在大港全行滨海会议中心举行为期八天的封闭培训。该项培训是学校近数十年来一次大型的正规的系统的教师集体活动。培训活动的特点是：培训人数最多，共有青年教师120多人参与；培训内容丰富，包括南开校史、教育理论、国家教育方针、教学改革；培训形式多样，包括讲座、自学总结、小组讨论、拓展训练和文体休闲等。所有课程均聘请国内知名学者和行业资深专家授课，其中包括教育部基础教育二司课程发展部柳夕浪主讲《深化课程改革的几个问题》，天津市教育科学研究院研究员孟育群主讲《亲子关系与孩子成长》，华东师范大学教育科学学院教授熊川武主讲《自然分材教学》，天津教育科学学院院长张武升主讲《创新人才培养与人才培养体制改革》，华东师范大学教育科学学院教授皇甫全主讲《课程改革深化背景下教师教学方式研究与创新》，天津教育科学研究院研究员王毓珣主讲《名师发展规律与名师成长途径》，人民教育出版社吕达主讲《课程发展趋势与创新人才培养》，南开大学历史学院教授侯杰主讲《南开学校百年辉煌与巍巍我南开精神》，等等。南开中学理事会理事长、校党总支书记孙海麟，校长杨静武带领中层以上领导和学科骨干全程参加培训。教师们普遍反映，通过学习培训，开阔眼界，提升能力，收获新知和教学方法，作为南开人的自豪感和归属感增强。

（马　玥）

【青年教师五年发展规划】 2010年7月23日，在青年教师假期培训的动员会上，校长杨静武号召全体参与教师在培训结束后上交个人未来五年的发展规划，旨在激发青年教师抓住未来五年的事业发展黄金时期，确立前进目标，按部就班地履行设计，充实自我、提升水平；结合学校的“十二五”规划和《南开中学中长期教育改革发展规划》，推进学校的整体跨越发展。培训结束后，教学处组织落实南开中学青年教师发展规划的工作，共收集教师个人规划95篇，其中语文学科10篇、数学学科14篇、外语学科11篇、物理学科12篇、化学学科15篇、生物学科6篇、历史学科2篇、地理学科3篇、政治学科4篇、音美学科1篇、体育学科7篇、通用技术2篇，国际部5篇、其他3篇。

（马　玥）

师资建设

【选拔任用三位年轻干部】 按照上级党委的要求，南开中学领导班子从制度建设入手，搞好学校中层干部队伍建设，制定《南开中学中层干部选拔和任用的办法》。2010年度，通过岗位公示、民主推荐、考察选拔、网上公示等项程序，选拔任用三位中层干部。原德育处副主任贺海龙任德育处主任；原教科研和信息技术中心主任助理崔勇锐和魏长童任教科研和信息技术中心副主任。通过一年的工作锻炼,三位年轻干部在各自岗位上积极发挥骨干作用。

(段胜利)

【未来教育家奠基工程第二批学员】 2010年1月10日,数学学科教师林秋莎经学校推荐、全市统一考试、专家审核,被评为未来教育家奠基工程第二批学员。未来教育家奠基工程由天津市教委主办,旨在充分利用本市及外省市优秀教育资源,大力培养天津市的优秀教师、杰出校长,进一步促进天津市教育发展。工程由本岗实践、基地实践、外省实践三方面组成,为广大学员聘请天津市名教师做导师,并邀请外地名校长、名教师做专题讲座。林秋莎凭借优良的业务能力,成为未来教育家奠基工程第二批学员,将在基地进行为期三年的学习。

(刘志明)

【12名教职工退休】 2010年2月,南开中学5名教职工办理退休手续,他们是:数学教师胡珊,物理教师李世岭,总务处副主任刘士璐,校办工厂厂长刘英利,总务处张秋芬。8月,7名教职工办理退休手续,他们是:人事干部王德华,数学教师李贵生,英语教师王娜茹,英语教师李士明,教务处王丽,图书馆王增多,总务处韩志远。

(刘志明)

【奖励性绩效工资分配方案实施】 2010年3月,南开中学奖励性绩效工资发放方案,经行政会研究、骨干研讨、校长办公会决策、教代会通过,并上报天津市教委批准后实施。中小学教师实行绩效工资是2006年事业单位推行工资改革的重要组成部分。绩效工资分为基础性绩效和奖励性绩效。按照市教委统一部署,基础性绩效工资已于2009年兑现完毕。

(刘志明)

【招聘九位青年教师】 2010年7月,新教职工招聘工作完成。有九位新教工从众多名应聘者中脱颖而出,进入南开中学工作。他们是,化学教师王浩安,南开大学农药学博士研究生;化学教师陶颖,南开大学物理化学专业博士研究生;物理教师薛铮,南京大学微电子学与固体电子学专业硕士研究生;英语教师陈平平,天津外国语学院英语语言文学专业硕士研究生;英语教师李静,天津外国语学院英语语言文学专业硕士研究生;化学实验员王海毅,天津师范大学化学、国经贸双学士;图书馆馆员张楠,南开大学档案学专业学士;办公室宋海涛,南开大学马克思主义哲学专业硕士研究生;教科研中心马玥,天津师范大学中国古代文学专业硕士研究生。

(刘志明)

【徐锡玲晋升高级政工师】 按照天津市教育系统政工职评工作领导小组《关于做好教育系统2010年政工职评工作实施意见》的要求,学校党总支加强组织领导,把握政策精神,严格评审步骤。经过个人申报,召开述职会,进行网上公示和学校考核推荐,并经天津市政工职评办评审通过,德育干部徐锡玲同志晋升高级政工师。

(段胜利)

【定岗定编工作】 2010年11月,南开中学根据天津市教委人事处的部署,平稳有序地推进定岗定编工作。领导班子和骨干队伍深入学习文件,理解此项工作的意义;定岗方案设计自下而上、自上而下充分酝酿,为实施方案奠定良好的基础。实施阶段,在利益面前主要领导干部率先垂范,将基层骨干放在优先考虑的位置。所有人员的定岗、公示工作顺利完成。

(刘志明)

【援疆支教工作】 2010年11月,根据天津市委组织部的部署和市教委的统一安排,南开中学圆满完成赴新疆和田地区支教的教师动员与派遣工作。英语学科教师张建伟、周彤先后赴疆支教。南开中学还圆满完成第六批援疆支教工作,化学学科谢家明和王文昌二位教师赴喀什二中支教,被市委组织部授予"天津市优秀援疆干部"光荣称号。

(刘志明)

【专业技术职务晋升工作】 2010年12月,经过个人申报,民主测评,学校推荐,20位教职工通过相应级别的职称考试和专家评审,并经天津市教委职称办公室批准,顺利晋升高一级职称。高级:赵淑玉、王瑾、刘静波、夏慈伟、曹喆、贺伟国、杨延侠、马紫红。中级:杨劼、白璐、张扬、康玥、邵秀美、王紫凝、赵颖、杜江龙、徐宝华、张玉彩、魏长童、陈立刚。

（刘志明）

【先进工作者】 2010年6月，崔勇锐获天津市教育科研管理先进工作者称号。9月，王伟被评为天津市教育系统老干部工作先进个人；魏长童获天津市教育技术先进个人称号。

（马 玥）

师德风范

【教师谢家明援疆支教】 2010年1月，化学学科教师谢家明圆满完成援疆支教任务。该同志响应中央关于实施西部大开发和人事部关于要把西部人才开发同西部大开发战略结合起来的决策，克服孩子小且体弱患有哮喘、父母年迈多病等困难，于2008年8月起作为天津市第六批首批援疆干部赴新疆喀什二中支教一年半。其间，先后担任高一、高二年级的化学教学，兼职教研员。谢家明针对大部分学生学习基础和学习习惯较差的情况，从培养学生记笔记、完成课后作业、课前简单复习或预习等处抓起，在课堂教学中尽量把基础知识落实到位，使学生化学成绩和学习热情有较大幅度提高。谢家明在教学中善于捕捉契机对学生进行爱国主义教育，抓住细节彰显教育智慧，进而潜移默化地影响学生及其家人。2008—2009学年谢家明被评为喀什二中优秀教师，天津援疆工作组优秀个人。他利用每周日休息时间义务辅导近20名少数民族学生，被《喀什日报》报道。2009年度新疆维吾尔自治区高中化学竞赛中，他所辅导的王镜翔等多名学生得获得高一年级一等奖；他本人被新疆化学教育学会中学化学教学研究会授予园丁奖。他多次担任公开课及论文评选组长工作，多次做示范课受到领导和老师一致好评，化学课件《几种重要的金属化合物——铁的重要化合物》被评为自治区二等奖；独立编写《初三化学全程导学》作为喀什二中校本教材，深受同仁的好评。2010年谢家明被评为新疆喀什地区援疆干部先进个人。

（张洪俊）

【教师王文昌援疆支教】 2010年3月，化学学科教师王文昌作为天津市第六批援疆干部和第二批轮换干部，赴新疆喀什市喀什二中支教一年。支教之前王文昌因鼻窦炎住院并手术，在新疆克服干燥和沙尘天气等重重困难，圆满完成支教任务。王文昌担任喀什二中高一年级三个大跨度而非平行班级的化学课教学，使学生成绩有很大提高。该校高一年级共31个教学班，有10余位化学教师，王文昌担任备课组长，组织教师每周四开展大备课活动，并带领教研组编写一整套符合学生水平的学业水平测试单元复习资料。王文昌负责指导研究小组进行“喀什文化路口机动车车流量的调查”，带领全组教师立项“高中生化学学习习惯和学习成绩的相关性研究”的校本课题，进行课题研究。利用集体备课、观摩课和公开课时间给青年教师做实际示范，提升青年教师的动手操作能力。还义务辅导基础薄弱的学生，利用中午时间给学生集体补课，利用周六周日或平时放学后辅导部分薄弱学生，从未间断。2010年王文昌被中共喀什地区委员会、喀什地区行政公署授予“喀什地区优秀援疆干部”。

（张洪俊）

党组织建设

组织建设

【简况】 2010年，南开中学党总支共有党员214名。其中在职党员145人，退休党员69人。2010年新发展党员3人，其中教师2人，学生1人。学校党总支共有15个支部，含离退休支部1个。党总支委员会由7人组成。党总支书记孙海麟，副书记杨静武，副书记兼纪检委员吕宝桐，统战委员李宝贵，宣传委员马健，组织委员段胜利，青年委员张洪俊。

（段胜利）

【党总支每月例会学习和研究重大事项制度】 为加强党组织建设和领导班子思想建设，科学决策，协调工作，南开中学党总支建立每月例会学习和研究重大事项制度。2010年4月至2011年1月，校党总支共召开七次总支委员会或委员扩大会议，学习胡锦涛、温家宝和张高丽等领导同志的讲话，学习全国教育工作会议精神，研究校党总支的工作以及学校建设发展中的重大事项，及时交流情况，统一思想认识。

（段胜利）

【两名教师加入中国共产党】 2010年12月27日、29日，外语党支部和教务技术中心党支部分别召开党员大会，讨论李惠燕、潘印溪两位教师的入党申请，经表决一致同意接收2人为预备党员。2011年1月11日经校党总支委员会研究，同意外语支部和教务技术中心党支部意见，批准李惠燕、潘印溪为中共预备党员。

（段胜利）

【学生任静仪加入中国共产党】 2010年4月14日，德育党支部召开支部党员大会，讨论高三6班学生任静仪的入党申请。会议在伯苓楼二楼周恩来总理当年上课的教室举行。德育支部全体党员教师和入党积极分子代表30人参加会议。会上，按照讨论发展党员程序，任静仪宣读入党志愿书；副校长吕宝桐和教师李德志作为介绍人分别汇报培养工作情况；贺海龙主任汇报综合考察情况；党员教师在发言中对任静仪各方面表现给予肯定，也指出不足；任静仪发言表达对党组织关怀培养的感激之情，表示虚心接受党员教师的意见。在充分讨论的基础上，与会党员采取不记名投票的方式表决，一致同意接收任静仪为中共预备党员，并形成支部决议。入党积极分子代表纷纷发言，表示以任静仪为榜样，努力进取，全面发展，争取早日加入党组织。副校长吕宝桐对入党积极分子提出殷切希望。5月25日，经校党总支委员会研究，同意德育党支部意见，批准任静仪为中共预备党员。

（段胜利　李德志）

【表彰优秀共产党员】 2010年7月1日，在南开区教育系统纪念建党89周年暨表彰大会上，南开中学教师谢家明被表彰为区级优秀党员；王健、吕宝桐、王志辉、王文昌等4位教师被评为南开区教育局局级优秀党员。高宇鹏、滑娜、杨静武、康玥、刘静波、赵淑玉、邵秀美、夏慈伟、叶远、张洪俊、崔勇锐、马丽坤、邢文娟、吴海明、乔慕英、孙博、杨洋、张旭、贺海龙等19位教师被评为校级优秀党员。

（段胜利）

思想建设与党组织生活

【党总支委员扩大会议】 2010年4月8日，校党总支书记孙海麟主持召开党总支委员扩大会议。传达学习胡锦涛总书记在参加十一届全国人大三次会议天津代表团审议时的讲话，温家宝总理《政府工作报告》中关于全面实施科教兴国战略和人才强国战略的论述，市委书记张高丽在天津市领导干部会议上的讲话，以及市委关于认真学习领会全面贯彻落实胡锦涛总书记重要讲话精神的通知。会议审议通过党总支2010年工作要点。

（段胜利）

【争先创优主题党课】 2010年5月11日，校党总支书记孙海麟以“增强党性，争先创优，再促发展”为主题，给全体党员和入党申请人讲党课。孙海麟从加强党性修养、发挥党的先进性，开展争先创优、发挥党的凝聚力、战斗力，创新体制机制，促进学校内生发展等三个方面，论述开展“创先争优”活动的重大意义，深刻剖析党员和干部在党性修养方面存在的主要问题，提出努力方向。

（段胜利）

【第三次党总支委员会议】 2010年6月24日，校党总支书记孙海麟主持召开本年度第三次党总支委员会议。会议听取各位总支委员的工作报告，初步审议通过党总支《关于开展创先争优活动的实施方案》，下发《国家中长期人才发展规划纲要》材料，并且安排组织学习活动。

（段胜利）

【开展创先争优活动】 2010年7月，校党总支围绕“挖掘继承南开传统，稳步推进教育创新，再创南开第二个百年辉煌”主题，制定“总支带支部，干部带党员，全员参与，共同实践”工作思路，通过丰富载体，组织党员开展创先争优活动。（1）开办“先锋讲坛”，创设思考、研究和交流的思想载体。围绕教育创新，组织党员和积极分子开展讨论，共收到文稿155篇，其中党员123篇，申请人32篇。各个支部均以组织活动方式展开内部交流，统一思想，启发思考，发挥党员积极性和先锋模范作用。（2）开展“看天津，知发展，鼓干劲，敢创新”的参观学访活动，创设开阔视野、激发干劲和奋勇争先的激励载体。学校专门安排经费，由各支部组织党员和入党申请人开展天津市内的参观访问，参观天津滨海新区规划展览馆、天津市城市新貌、现代工业农业园区等，引导党员和教师走出校园，融入社会实践，深刻认识肩负的育人重任。（3）校党总支在教学和德育部门配合下，在党员教师和入党申请人教师中开展“党员献课”和主题班会展示活动，率先兴起探索课堂教学改革、提高课堂效率之风，带动教学出经验，出特色，出思想。

（段胜利）

【参观天津市建设成就】 2010年9月29日下午，校党总支组织部分干部和党员开展“看天津城市建设新貌，勇于承担育人创新责任”的主题实践活动。参加活动的干部和党员先后参观天津市城市规划展览馆、海河两岸建设新貌、天津站后广场建设工程、天津文化中心建设工程以及梅江会展中心。参加活动的同志感受到天津城市建设的快速发展，为广大城市建设者的拼搏精神所感染，愿意为南开、为天津更好的发展作贡献。

（段胜利）

【孙海麟听取支部工作汇报】 2010年10月21日下午，校党总支书记孙海麟主持召开南开中学党总支所属14个支部的工作汇报会。校党总支委员马健、张洪俊、段胜利参加会议。会上，各个支部书记分别汇报了本支部工作及有关建议。孙海麟认真听取与会同志发言和意见，深入了解支部建设中遇到的难点和问题，针对各个党支部的情况交换意见，进行分析总结，并分别就各个支部的工作和发展提出建设性意见。

（段胜利）

【领导班子和干部队伍建设主题党课】 2010年11月2日，校党总支书记孙海麟以“建设一支敢于担当，善于思考，忠于实践，勇于创新，奉献南开，团结协作的高素质学习型领导班子”为主题讲党课，全体党员和入党申请人参加。孙海麟从提高认识，树立目标，剖析问题，确定方向等方面，就搞好领导班子建设和干部队伍建设的重要性，从理论和实践上做了深刻的阐述；提出班子建设和干部队伍建设的标准和目标，指出当前存在的突出问题，明确班子建设和干部队伍建设的方向。孙海麟在党课中还结合学校制定《中长期改革和发展规划》，就改善教职工生活，深化“以周恩来为人生楷模”主题教育，激励学生、教师和家长都做学习周恩来的模范等工作的实际，提出指导性意见。

（段胜利）

【关心教职工的工作生活和发展】 校党总支组织全体教职工学习全国教育工作会议精神和国家中长期教育改革发展规划纲要，提高教师进行教育改革创新的责任感。切实关心教职工生活，聚焦教职工关切，2010 年暑假后，改进教职工就餐方式，进一步开放体育设施和场馆，开展多种多样的教职工业余文化活动，受到教职工的欢迎。

（段胜利）

学校管理

理事会

【天津市教委批复同意成立南开中学理事会】 2010年6月11日,天津市教育委员会发出“关于同意成立天津市南开中学理事会的批复”(津教委「2010」101号)。文件写道,自天津市南开中学理事会筹备组组建以来,经过紧张和积极有效的工作,成立天津市南开中学理事会的条件已经具备,同意你校成立天津市南开中学理事会和孙海麟同志任理事长。

(乔慕英)

【南开中学首届理事会会议】 2010年7月2日,南开中学首届理事会会议举行。7月1日晚,市委书记张高丽会见理事会全体成员,祝贺理事会的召开,希望理事会认真学习贯彻《国家中长期教育改革和发展规划纲要》,把南开中学办成全国教育改革创新的示范校。市委常委、市委教育工委书记苟利军,市委常委、市委秘书长段春华,副市长张俊芳参加会见。

首届理事会会议由南开中学理事会筹备组组长、校党总支书记孙海麟主持。理事会筹备组推荐的首届理事会成员参加会议。会议选举产生南开中学首届理事会理事;聘任荣誉理事、顾问;审议并原则通过理事会章程。会议对理事长、副理事长、理事的建议名单逐一进行表决。选举孙海麟为天津市南开中学理事会理事长;程津培、于再清、王静康为理事会副理事长;张元龙、张大宁、靳润成、陈洪、廖理、王博、杨静武为理事会理事。会议对荣誉理事和顾问建议名单进行讨论,一致同意王大中为天津市南开中学理事会荣誉理事长;申泮文、杨志行、叶笃正、梁思礼为理事会荣誉理事;赵启正、顾明远、吴敬琏为理事会顾问。

会上,新产生的南开中学首届理事会对拟定的《天津市南开中学理事会章程》(讨论稿)进行讨论。理事会法律顾问、市政府法制办公室主任矫捷宣读该章程的讨论稿。理事会成员就《章程》中提出的理事会的成立背景、工作宗旨、组织构成、议事规则,以及学校的培养目标、发展道路等问题提出建设性的意见和建议。理事讨论提出,教育改革要适应国家经济社会管理体制改革的要求。教育要面向现代化,面向世界,面向未来。教育要培养学生德智体美劳全面发展。要以育人为本,注重培养学生综合素质,使学生成为社会主义建设事业的优秀人才。要逐步建立中国特色社会主义教育体系,把继承优良传统与发扬时代精神结合起来。要在贯彻规划纲要方面走在全国前列,做教育改革创新的试验校、示范校,努力争取成为教育改革特区。经过充分讨论,会议决定原则通过《天津市南开中学理事会章程》,同时将根据理事会成员提出的建议对章程进行修改完善,经理事认可后授权理事长签发。校长杨静武发言表示,南开中学全校师生将团结一致,积极参与改革,为基础教育的发展做出更多更大的贡献。

最后,理事长孙海麟讲话表示,当选理事会理事长倍感荣幸又责任重大,一定要高质量地完成市委市政府决定在南开中学成立理事会的战略部署,贯彻“先行先试”的改革要求,积极探索学校教育管理体制创新,推进并完善理事会领导下的校长负责制,带领广大师生推动南开中学更好更快发展。同时,理事会要加强自身建设,更好地肩负起作为学校领导机构的职责,努力把自身建设成为一个学习型、研究型的理事会。孙海麟提议:理事会成立大会于2010年9月举行,届时理事会成员与全校师生见面，同时邀请王大中荣誉理事长和顾明远顾问给师生做报告；理事会聘任现任学校领导班子，任期5年；理事会授予曾担任南开中学校长26年的杨志行荣誉理事为天津市南开中学终身名誉校长。上述提议得到理事会成员的一致同意。

（崔勇锐）

【南开中学理事会组成人员】 2010年7月2日，南开中学首届理事会会议表决通过天津市南开中学首届理事会成员名单：

荣誉理事长　王大中
荣誉理事　申泮文　杨志行　叶笃正　梁思礼
顾　　问　赵启正　顾明远　吴敬琏
理事长　孙海麟
副理事长　程津培　于再清　王静康
理　　事　张元龙　张大宁　靳润成　陈　洪　廖　理　王　博　杨静武

（崔勇锐）

【南开中学理事会关于聘任校长副校长的决定】 2010年8月31日，南开中学理事会根据理事会章程的有关规定，经研究决定：自2010年9月1日起，聘任杨静武为天津市南开中学校长，聘期5年；聘任吕宝桐、李宝贵、马健为天津市南开中学副校长，聘期5年。

（崔勇锐）

【南开中学理事会关于聘请终身名誉校长的决定】 2010年8月31日，南开中学理事会根据理事会章程的有关规定，经研究决定：聘请杨志行为天津市南开中学终身名誉校长。

（崔勇锐）

教育基金会

【筹备和成立】 2010年3月，南开中学理事会筹备组在筹备建立理事会期间，酝酿调动社会力量，广募基金，为南开中学教育增添活力。4月，成立基金会筹备组，抽调工作人员，认真学习有关文件精神和相关单位先进经验，开展各项筹备工作。经过天津市教委同意，天津市社团管理局批准，2010年7月27日南开中学教育基金会登记注册成立，并于当日召开第一届第一次理事会议，选举产生第一届理事会。

南开中学教育理事会由理事长1名、副理事长2名、秘书长1名、理事11名组成。同时选举产生由8名学校各级负责人组成的监事会。当晚，天津市长黄兴国接见南开中学教育基金会全体理事、监事，表示感谢各位理事的慷慨义举，明确支持南开中学推出的一系列改革举措，对教育基金会的发展提出殷切的希望。

南开中学教育基金会的成员是，理事会理事长孙海麟，副理事长杨静武、李宝贵，秘书长武佩铃，理事白少良、张荣华、张今威、单昶、谷雷、张锦珠、贾长华、刘春海、苏兆宏、唐承锋、田树宏；监事会主席吕宝桐，副主席马健，监事乔慕英、段胜利、贺海龙、潘印溪、王志刚、王伟。

（陈桂君）

【规范管理提高效能】 南开中学教育基金会注重依法管理，狠抓制度建设。根据学校实际情况和发展需要，制定《财务管理暂行规定》《财务管理细则》《会议管理制度》《印章使用管理暂行办法》《重大活动事先报告制度》《证书使用管理办法》《档案管理暂行办法》等七项规章制度，以保证基金会依法运作，促进高效化、规范化、科学化，按照“开拓创新，广募基金，保值增值，支持教育”的思路积极开展工作。

（陈桂君）

【教育基金募集】 南开中学校基金会精心运作，广开渠道，得到社会各界热心教育事业的企业家和单位的理解支持，截至2010年底，接受捐资人民币4800余万元，为基金会进一步发展奠定基础。本着“积极、稳妥、高收益、低风险”的原则，经过对天津市五家商业银行进行调研、比较和洽谈，基金会确定资金运作的初步方案。

（陈桂君）

【全体理事会会议】 2010年11月2日，南开中学校基金会召开全体理事会议。孙海麟理事长介绍理事会成立后三个月开展的相关工作，邀请理事参观学校的教学环境、校史馆，以及周总理、温总理在校时住过的寝室，使各位理事对学校有了较为全面的了解，增强了责任感、自豪感和归属感，增加了对捐赠资金使用的信心，扩大了基金会的影响力。

（陈桂君）

学校行政工作

全校性工作

【校长分工】 校长杨静武，管理学博士，高中化学特级教师，主管学校全面工作；副校长吕宝桐，教育管理学硕士，主管德育工作；副校长李宝贵，体育特级教师，主管体育、后勤工作；副校长马健，教育管理学硕士，生物高级教师，主管教学、初中部、国际部和工会工作。

（李　晖　赵　凯）

【毕业班领导小组】 2010年3月8日，南开中学毕业班领导小组成立。校长杨静武任组长。成员有潘印溪、王莉英、毕伟、贺海龙、张国发、王平、王琳。成立该领导小组旨在将初中毕业班管理工作和高中毕业班管理工作整合在一起，提高学校对毕业年级的管理效率。

（李　晖　赵　凯）

【南开中学中长期教育改革和发展规划】 2010年10月12日，由教科研中心副主任崔勇锐牵头，协助校领导起草《南开中学中长期发展规划纲要》。经过两轮征求意见、收集汇总后上报学校修改。其间，特别邀请南开中学理事会副理事长程津培院士听取规划，提出修改意见。经过八稿修改后，送交中国教育学会会长、南开中学理事会顾问顾明远先生审议。

（李　晖　赵　凯）

【2010届高三年级总结暨表彰大会】 2010年10月22日，学校在翔宇楼三楼会议室召开2010届高三总结暨表彰大会。高三年级全体教师参加会议。会上，年级主管介绍高考成绩，详细分析各项指标以及各班的完成情况；高三年级领导小组总结关于高三毕业班一年的工作；王莉英宣读表彰名单。校长杨静武向获奖的高三年级班主任和任课教师颁发荣誉证书，发表讲话对2010届高三年级的工作给予充分肯定，提出新的工作要求。

（李　晖　赵　凯）

德育工作

【简况】 2010年，德育处坚持学校基本的德育工作框架和日常管理制度，一如既往地开展传统学生活动，强化班主任管理和学生社团建设，开设德育校本课程，在学生心理健康、科技艺术、三结合教育方面做大量工作。三个方面重点工作有所创新。一是，借力教育体制机制改革，通过多机构协同推动德育工作再上新台阶。特别是学习研究周恩来小组、南开校史研究中心的成立和公能讲坛的创办，使得德育工作有更加丰富的载体。二是，学生的义工活动结合新课程改革的要求，有进一步的发展，实现预期的目标。三是，组织学生英语话剧展演和学生歌曲创作汇报演出等富有新意的文艺活动。在赵启正校友的倡议下，在传统的话剧节之外，将话剧表演与英语口语结合，组织学生英语话剧展演。英文话剧演出作为有益的尝试，有力地推动南开中学话剧艺术的长足发展和学生英文口语表达能力的提高。下半年德育处将近几年学生自己作词作曲的原创歌曲进行整理，由学生组织、学生演唱，向家长献上一台精彩的汇报演出，得到家长的一致好评。2010年,学校德育工作在天津市、南开区各项评估和评比中取得了优异的成绩。荣获全国德育科研先进校、全国中小学文艺展演优秀组织单位、天津市德育工作先进校、天津市未成年人思想道德建设先进集体、天津市中小学行为规范示范校、天津市艺术教育先进校、科技活动先进校、优秀家长学校、关心下一代工作先进集体等称号。

(贺海龙)

教学工作

【简况】 2010年,教学处根据学校整体工作求和市区教育行政部门的布置,以新课程理念为指导,以全面推进素质教育,强化教学过程管理,转变教育观念为切入点,以高效、实效的工作作风,完成全学年教学计划和各项工作任务。(1)大力增强师资的可持续发展,促进教学水平不断提升。有针对性开展教师能力提升,为不同层次的教师搭建良好的成长平台。继续坚持"双导师制度"、"助教制"。通过学科大教研活动提升教师的教学能力。提高教师终身学习意识和教学反思能力。加强对教师的业务考核力度,加强教师继续教育的管理,规范校本研修,鼓励教师参加有利于自身专业发展的各类进修。寒暑假分别进行大规模青年教师培训学习。结合毕业年级的教育教学工作总结,编辑印刷《温故集》,使教师的教学反思逐渐由被动要求转化为自觉行为。(2)积极投身基础教育课程改革,注重课堂教学效率的提高。根据新课程改革的需要,制定《南开中学学分管理认定工作方案》,结合新课程改革,建立《学生综合素质评价网络化管理方案》。同时,为实施教学的过程管理,建立健全教学反馈制度、学生作业检查制度、备课检查制度、教案检查制度等,以推进教学管理的实施。全学年教学处共进行四次教学反馈、学生作业检查、备课记录检查、教案检查,并将反馈情况登统,及时反馈给教师。对个别反映意见较大的教师,教学处主任都一一谈话,并多次听课,商量改进措施,收到较好效果。(3)积极探索具有南开特色的教学模式。根据新课程改革的需要,认真探索高效教学模式,实验设计高效教学系统,在数学、物理、化学等学科进行"学案导学与学习共同体"教学模式的课题研究。其中,数学学科设计的"周练教学反馈模式"、化学学科设计的"学案导学系统"等实践,在实际教学中均取得显著效果。2010年在竞争激烈的情况下,南开中学中考、高考依然很好地完成各项育人指标,获得南开区重奖。

(潘印溪)

【部署学期教学计划】 2010年3月15日下午,教学处在含英楼三楼会议室召开学科组长会。潘印溪主任就学期教学计划做具体部署。要求搞好第一轮新课程改革总结,系统地开展实践探索所形成的课程开发成果及教学改革实验成果,学期内各学科要拿出质量较高的课程改革教学研究成果,包括课题研究、论文、教学案例、课件、软件等。数学、物理、化学三个学科,整理编写"学案导学",暑假期间出版《南开中学学案导学丛书》。在多年开发和实施校本课程的基础上,各学科把校本选修课整理成册,教学处统一版式,完成编写、整理、规范、成型的工作,暑期出版。学期内召开"理科实验班工作研讨会"。各学科做大教研计划,期中考试前后各一次。根据教育改革发展的需要,为深化人才培养模式的改革,学校与国内一些名牌高校协商,联合探索培养拔尖创新型人才模式的实验。

(潘印溪)

总务工作

【简况】 2010年,总务处坚持为教育教学服务、为教科研服务、为师生服务,着力加强规范管理,努力提高服务意识和服务质量,确保总务后勤工作保障有力。优化校园环境,为师生创造优质的工作、学习和生活环境。做好年度预算,依法理财,勤俭节约。完成校区景观提升改造工程。实施平安校园工程。配备专职保安值班人员,巡更系统、视频系统、电脑自动记录报警系统投入运行。推动食堂服务质量上水平。

(王志刚)

【校舍安全工程检查】 按照天津市教委有关认真贯彻《国务院办公厅关于印发全国中小学校舍安全工程实施方案的通知》(国办发〔2009〕34号文件)的要求,南开中学总务处制定相应的管理措施,成立以总务处主任为组长的校舍管理小组,建立校舍房屋管理档案。设立《校舍管理检查台账》,由专人负责,每月对校舍的安全进行一次检查,发现问题,及时处理,并记录在案。要求全校教职工协助总务处做好工作,发现有楼房、校舍出现门窗破损、漏气漏水以及其他危险情况,及时报告,及时处理。2010年3月6日,校舍管理小组对范孙楼屋面进行检查,发现该楼的女儿墙外檐表层出现松动脱落,有落下伤及行人的危险,立即进行处理,拟定维修计划并向学校领导汇报。

(高荣庭)

【卫生防病工作】 2010年,南开中学认真贯彻《学校卫生工作条例》,进行健康教育,利用板报、广播及讲座培训等形式使学生了解常见病、多发病的预防知识,提高自我保健意识,做到出现疫情早发现、早报告、早隔离、早治疗。积极开展传染病防控。定期对全校进行全面消毒,从源头控制传染病的传入。落实乙肝疫苗的接种工作。年内圆满完成初一年级学生乙肝疫苗接种工作,以及初二年级学生的乙肝疫苗补种工作。共接种学生188人。教职工查体共306人次,女教职工妇科查体124人,并做好查体后的统计、总结和分析,及时上报。2010年,南开中学获得南开区计划生育工作先进单位的称号。王晓燕获得天津市学校健康教育优秀教学展示三等奖。

(王晓燕)

【学生身体健康检查】 2010年,南开中学认真组织学生体检,并进行统计总结与分析,按时上报统计结果。共检查在校学生1428人,检查人数比例达到99.7%。其中,沙眼患者123人,占总人数的8.6%;龋齿患者102人,占总人数的7.1%;贫血患者5人,占总人数的0.35%。开展了保护学生视力的宣传教育和学生视力普查工作。3月、9月进行两次视力检查,共检查学生4610人。学生视力不良率从87.33%下降至82.95%。视力不良率和新发病率得到有效控制。

(王晓燕)

【检查指导食堂安全卫生】 2010年9月19日,天津市教委后勤处处长靳建新一行来南开中学检查指导后勤食堂安全卫生工作。校长杨静武、副校长李宝贵、总务处主任王志刚、副主任孙博陪同察看南、北校区的食堂,介绍学校情况,汇报食堂工作。靳建新对学校后勤食堂工作给予充分肯定,并就食堂安全卫生工作提出要求。

(高荣庭)

【西楼教工食堂启用】 2010年11月1日,经过总务处和食堂员工精心筹备,学校西楼教工食堂开始接待教职工就餐。西楼经过暑假进行的内外装修工程,焕然一新。食堂购置崭新的自助餐设备,包括快餐炉、汤煲等配套设施,以及最新引进的自动化餐盘、餐具消毒清洗机,人性化加温、保温餐盘保洁柜,内含紫外线消毒的筷子洁净盒等。餐厅清洁明亮,窗明几净,整洁清新,教职工进餐环境得到较大改善。

(高荣庭)

科研与信息工作

【简况】 2010年,科研信息技术中心围绕学校的整体工作,坚持"信息整合、科研服务、技术支持"的工作思路,进一步建立健全工作制度,细化过程管理,提高工作效率,寻求创新突破,全方位为教育教学服务,促进学校的内涵发展。(1)信息整合。落实信息报送制度,规范信息报送流程,完善信息报送的评估制度。向市教委报送信息140余条,被市教委网站、动态采用22条,在同类校中排在第一位。高效率、高质量对学校信息进行整合,对各部门报送的信息经过审核备案,第一时间发布在校园网上。保证每周一期出版《南开中学校园动态》,共出版21期。编辑出版8期《天津南开中学报》,15万余字,对校报的内容和形式进行调整。丰富内网平台信息,完善相关栏目的内容设置,对外网网页改造进行前期设计。编写提供学校各方面的宣传资料。完成校长的相关文字工作。参与学校中长期发展规划纲要的制定,经过9轮修改,共计文字量9万余字。(2)科研服务。根据校情,制定科研课题管理办法。启动"小课题研究"工作,共上报小课题研究项目34个。认真开展科研课题研究,做好课题的组织管理。完成天津电教馆"十一五"规划课题"基于网络环境的教育资源建设与应用研究"和"国际学生教育中校本课程开发与信息技术结合的研究"课题的结题工作。组织34篇论文参加2010年天津市基础教育教学成果评选,其中获市级认定的29篇、区级4篇。做好各类论文评选的组织和报送工作。邀请教科院专家从28位老师报送论文中选出10篇报送市教研室举办的“第十三届中小学教研教改双成果论文评选”活动；组织上报49篇论文参加天津市教育学会“教育创新”论文评选；征集年终论文219篇，积极准备论文报告会。多渠道宣传优秀的科研成果，进行归档整理，向核心教育期刊推荐发表；完成对获得教育硕士教师毕业论文的整理，完善科研工作的激励机制。开展课件评比活动，促使教师将信息技术和学科教学紧密结合。负责第四周期继续教育工作。（3）技术支持。配合总务处实施平安校园工程。组织实施教室多媒体教学设备的改造升级工程，开展调研、方案设计、组织招标、施工、验收、制定制度和检查。实施校园网络核心机房的设备测试，完善主体出口能力上升1个数量级（从10M到110M）。服务各项教育教学活动，配合教务处完成2010年度的高考报名及摄像工作，配合德育处进行重大活动的摄影摄像。配合信息学科进行2间机房的采购招标工作。

（李　晖）

【建立政务信息报送机制】 2010年3月5日起，科研信息技术中心启动信息报送制度。根据市教委政务信息报送工作要求，内网信息更新形成制度化，将学校的信息报送、信息发布审批等工作规范化。教学处、德育处、总务处、校长办公室、国际部、科研信息中心、体卫学科、党总支办公室等8个职能处室各确定信息员1－2名。信息员随时将本部门一周的工作总结形成文字，报送科研信息技术中心。再由中心专人负责汇集整理，经主任和主管校长审阅，形成《南开中学校园动态》，分发给校领导和各职能处室主任，并在校园内网上增设《校园动态》专栏，以便于了解掌握学校整体工作情况，作为决策参考。与此同时，将各部门上报的学校工作信息及时准确地向天津市教委报送。该项制度实行后，南开中学每月信息报送量和被市教委工作动态、网站的采用量，在市直属单位中屡获第一。为加大信息汇集和上报的力度，信息中心还建立部门信息报送评分制度，对每月各部门报送的信息质量和数量进行评分考核。

（李　晖）

校长办公室工作

【简况】 2010年，校长办公室服务学校中心任务，全面履行各项职能，积极主动、周到细致地做好领导交办事项，较好地完成各项工作。宣传南开，做好接待。年内接待来自全国各地的学访团、海内外客人和各届校友共计30余批次，5000余人次。认真参加学校各种会议与活动的组织，做好各类会议的安排准备。参与筹备理事会、教育基金会、校史研究中心、学习研究周恩来小组、校友会的成立和会务工作，以及参会人员的接待。做好学校各类文书文件的处理。年内共接收天津市教委和南开区教育局文件240余份，上行文件17份。进一步规范档案管理工作。接收各部门档案，做好档案的搜集、整理、归档。做好接待室、会议室的管理。认真组织协调、推动联系，完成学校领导交办的具体工作。

（宋海涛）

工会工作

【参加南开区教育系统运动会】 2010年4月中旬，南开中学工会与体育组联合举办选拔赛，为南开区教育系统运动大会从南开中学教师中选拔运动员。根据《南开区教育系统运动会章程》要求，由体育组教师组成裁判组，对于报名参加选拔赛的130余位教师进行评判。经过努力训练和激烈竞争，30多位选手脱颖而出，代表学校参加南开区比赛。同时，选出近百名教师组成方队，经过艰苦训练，参加南开区运动会入场式表演。5月8日上午，南开中学百余名教职工运动员参加“全民健身与祖国同行”南开区教育系统运动会。在入场式表演中，南开中学教职工运动员是第一个经过主席台接受检阅的代表队，教职工方阵整齐划一、口号洪亮。在团体广播操表演中，南开中学运动员动作规范、节奏明快、动作舒展、刚柔相济，赢得全场热烈掌声。在紧张激烈的田径比赛中，参赛的运动员发扬不怕吃苦、不怕流汗、勇于拼搏、永争第一的精神，充分体现南开人团结、拼搏的精神风貌。

（王　伟　张　旭）

【慰问初、高三毕业年级教师】 2010年5月10日，南开中学工会王德华、王伟陪同校长杨静武慰问正在积极备战中、高考的初三、高三毕业年级全体教师。学校领导与各年级组长、学科组长、任课教师进行座谈，听取各位教师在备考期间的计划安排，询问教学工作中的重点、难点，同时了解和解决毕业班年级教师在家庭生活上的困难与意见。教师在座谈中提出很多有利于备考工作的意见与建议。慰问活动对于初三、高三毕业班教师迎接中、高考收到稳定军心、树立决心、凝聚信心、体现爱心的积极效果。

（王 伟 张 旭）

【离退休老教师贺寿活动】 2010 年 5 月 14 日，按照尊老敬老"逢五逢十，为老教师贺寿"的惯例，南开中学工会协助学校领导举办的离退休老教师贺寿活动在学校食堂三楼餐厅举行。孙海麟理事长在讲话中充分肯定老教师对于南开中学发展建设的奉献和举足轻重的作用，明确提出"老教师们的今天，就是我们的明天"，贺寿活动要办，而且要年年办，办出新意，办出精神。老教师代表借此机会对学校领导和工会的关心表示感谢。工会退管会在此次活动中付出大量的辛劳和努力。

（王 伟 张 旭）

【慰问独生子女家庭教师】 2010 年 6 月 1 日，南开中学领导和工会共同慰问独生子女家庭教师。慰问期间就各位教师在日常教学工作与家庭生活协调方面的问题，听取意见与建议，为各位独生子女家庭教师发放慰问补助，并指导暑期的文化娱乐生活。被慰问的教师对学校领导和工会的关心表示感谢，他们请学校放心、请学生放心、请学生家长放心，一定努力做好工作。慰问活动凝聚了全校教师的向心力，也有利于增强教师爱岗奉献、敬业乐群的精神。

（王 伟 张 旭）

【组织全体女教职员工体检】 2010 年 6 月 10 –11 日，南开中学工会组织全校女性教职员工在医务室进行身体健康检查。体检由学校工会联系水阁医院医生协同校医开展，进行三大项、五小项妇科常规检测。体检得到女性教职员工的响应与配合，大家感谢工会的关心与爱护，认为这对于女教师具备良好的体质，对学校教学活动都是有力的保障。

（王 伟 张 旭）

【成立伙食委员会】 2010 年 9 月 21 日，南开中学恢复成立伙食委员会，以期对食堂工作进行有效监督，将教职工用餐中的问题和合理化建议及时反馈给学校领导，提升和改善教职工就餐质量，为教职工创造更好的生活环境。工会委员贺伟国负责伙委会组织工作，宋海涛、张楠、周彤、李忠、黄小虎、孙铎声、周贵宾、曹喆、陈海龙、张旭、杨震（回）、白露被聘请为伙委会委员。副校长马健为委员颁发聘书。工会副主席王伟希望伙委会为改善学校教职工就餐起到良好的监督作用。伙委会委员表示，将积极反映大家意见，为全体教职工服务。

（王 伟 张 旭）

【教师节和新年联欢会】 2010 年，南开中学工会分别于 9 月 10 日教师节和 12 月 30 日新年前夕，两次在报告厅组织全校教职员工联欢会。联欢会上，教师代表、学生代表同台奉献精彩的文艺演出。学校领导为大家祝福新年，为教职员工现场抽奖，工会精心准备的丰富奖品令教职员工颇为感动。联欢会的欢声笑语，丰富了教师的文化生活，增加了教师之间的友谊，密切了干群关系。

（王 伟 张 旭）

【订制工装】 2010 年 9 月 16 日，南开中学工会为全体教职员工订制统一的校服工装，以改善和规范教职员工的工作着装。该项工作得到学校理事会的大力支持，对于工装的材质、款式，领导同志广泛征求意见，并深入研究服装的舒适度、认可度。工会经过多方商讨，数次与厂家磋商，最终敲定工装的款式与生产厂家等细节问题。工会委员、工会组长乃至工会主席、副主席多次进行工装的发放和调整工作，做到"让每一个人放心，让每件衣服合适"。

（王 伟 张 旭）

【安排体检】 2010 年 10 月 25 至 27 日，工会安排全体教职员工、离退休老领导、老教师到南开医院进行身体常规检查。工会多次与南开医院体检部门磋商，拟定体检时间、场所、项目，使体检工作有条不紊地顺利进行。工会委员也安排班次，提前到岗，引导老师有序进行检查。此次体检共进行四大项、二十小项的检查，得到教职员工的一致好评。

（王 伟 张 旭）

【免费开放羽毛球馆、游泳馆】 为丰富教师文化体育生活，增强教师体质，2010 年 11 月 24 日，南开中学工会经与南开五虎体育俱乐部协商，确定为全校教职员工免费开放羽毛球馆、游泳馆。每周一中午 12 时 30 分至 13 时 30 分，教师可以到羽毛球馆免费活动；每周一、周四中午 12 时 30 分至 13 时 30 分或下午 17 时 30 分至 18 时 30 分，教师可以到游泳馆免费游泳。该项福利措施受到教职员工欢迎，认为此举不但可以增强教职员工的身体素质，丰富大家的业余生活，同时可以加强教职员工之间的团结合作精神。

（王　伟　张　旭）

平安校园

安全保卫

【简况】 遵循预防为主、常抓不懈的方针，学校加强安全管理，明确校长作为安全工作第一责任人，成立安全工作领导小组和“预防和处置突发事件领导小组”。牢固树立安全第一的责任意识，建立安全责任管理网络，做到责任到位，检查到位，监管到位，处理到位。坚持实行“人防、技防、物防”相结合的安全管理形式，安装校园安防数字监控系统，实现全天候、全时段数字化安全实况监控，视频监控点 193 个，覆盖南北校区校园、校舍重要部分。聘用专职保安人员 20 名，对校区实行 24 小时巡防、巡控；安装夜巡系统，保安人员定点、定时、定路线进行夜巡，实施规范化安全管理。完善安全防范和保护机制，建立安全事故应急处理体系，结合学校实际，制定安全事故应急处理预案共 14 件，全面提升处置突发事件的能力和抵御风险的能力。努力实现防控结合，分工严密，指挥有力，协调有序，信息畅通，反应快捷，处置得当，控制可靠，建设平安校园、和谐校园。

（韩祖茂　张津生）

安全教育

【消防安全课外辅导员】 2010 年 3 月 19 日下午，校德育处利用班校会时间，邀请南开消防支队副支队长张盛在礼堂对高一、高二年级全体学生进行消防安全教育。11 月 19 下午，南开中学聘请消防课外辅导员暨知识讲座活动在翔宇楼报告厅举行。被邀请为消防安全课外辅导员的，是南开消防支队政委陈树前、支队长张盛和处长杨晓树。教育活动由德育处主任贺海龙主持，副校长吕宝桐出席会议并为南开消防支队的三位辅导员颁发聘书。杨晓树处长通过播放视频、讲授消防安全知识等方式，对于初一、初二年级全体学生进行消防安全教育。

（赵　凯　滑　娜）

【住校生安全教育和疏散演习】 2010 年 4 月 20 日下午 6 时，按照德育处开展安全教育的部署，南开中学西楼住宿办在北楼大教室召开全体住校生参加的安全教育会。会上总结开学后宿舍入住情况和安全形势，表彰好人好事，并安排演习事宜。根据安排，4 月 23 日中午 12 时 40 分，全体住校生进行突发事件疏散演习，近百名住校生在听到哨声后，按照指定的疏散路线迅速有序撤离，整个疏散演习从开始到结束持续 10 分钟，其中撤离过程只用 3 分钟时间。演习活动结束后进行总结。

（黄小虎）

学生宿舍管理

【简况】 作为百年名校的南开中学，学生宿舍也是培养学生成才的摇篮之一，许多栋梁人才青少年时期曾在学校宿舍留下足迹。南开中学学生宿舍虽经多次扩建和改造，严格管理的传统依然保留。校内学生宿舍分为南北两院。北院在西楼 3 至 5 层，共有房间 48 间，床位 156 张；2010 年实住学生 138 人。南院在综合楼 B 座 3 至 5 层，共有房间 65 间，床位 340 张；2010 年实住学生 208 人，其中外省市学生68人。宿舍楼内每层配有洗手间和卫生间各两间,并配有24小时冷热水,基本满足学生生活需要。每层楼配有电控柜,符合消防规范。2010年,南北两院共有宿舍管理教师15名,安保教师3名,职责是指导学生生活和保证学生安全,24小时全程服务。经过完善制度和探索和创新,学校对于宿舍管理人员的招聘条件提高标准,要求应聘人员具备大专以上学历,有较高师德素养,具有宿舍管理经验,本人子女须有大学本科以上学历或者企业精英。受聘后进行岗前培训,加强责任心、爱心、细心的培养,对学校历史沿革的了解,激发爱岗敬业的奉献精神,为履行岗位职责进而培养住校生的生活自理能力打下良好基础。学校每月开展优秀学生宿舍及个人选评活动。宿舍共设有宣传栏六块,用于对住宿学生的文体活动和好人好事及时进行报道,公示选评活动情况。

(王　立)

【宿舍思想品德生活安全老师职责】 为促进宿舍管理人员队伍的整体素质的提高,调动和发挥宿舍思想品德生活老师的积极性、主动性、创造性,提高教育管理水平和服务质量,学校制定《南开中学宿舍管理人员职责》。要求热爱学生,关心学生,有奉献精神,严格遵守师德规范,处处做学生的表率;具有较强的管理学生的能力,能达到学校的要求,保证宿舍秩序。熟悉《宿舍管理条例》,并以《宿舍管理条例》《中学生日常规范》《住宿学生须知》严格要求学生,能认真做好对住校生的管理、教育、服务工作;掌握教育学、心理学的基本理论,能够对特殊学生进行个别教育。具有与家长进行良好沟通的能力,与家长的接触中做到实事求是;注意自己的职业形象,着装符合教师身份,礼貌用语,热情待人,展示南开中学教师的良好精神面貌;具有处理突发事件的能力;具有起草一般书面材料的能力。要求热爱本职本岗工作,积极主动地创造性地完成本职工作。服从德育处的领导,超出执业范围内的应急事情请示德育处领导。积极主动与班主任保持联系,及时将学生在宿舍的表现,思想状况反馈给班主任、德育处。热情接待各方面来访,并认真做好记录。发现宿舍设施如有损坏情况及时与有关部门联系,保证维修及时,不耽误宿舍工作的正常运转。早、中、晚值班人员要做好交接班工作,做好每班的情况记录,不得疏漏。要高度重视宿舍的安全工作,经常巡视,注意防火、防盗,夜班尤其应保持清醒,不能睡觉。如果学生夜间发生疾病或其他意外情况,首先应通知家长,在力所能及和不影响整体工作的情况下给予配合。

(王　立)

教学设施管理

信　　息

【开通中国基础教育全文数据库】 2011年,南开中学开通《中国基础教育全文数据库》。该数据库包括《中国基础教育期刊全文数据库》《中国工具书网络出版总库(中小学版)》《中国基础教育博硕士学位论文全文数据库》《中国基础教育报纸全文数据库》《中国基础教育会议论文全文数据库》等多个子类的基础教育电子数据资源。其中,《中国基础教育期刊全文数据库》囊括国家公开出版的基础教育类和相关期刊2000多种;《中国工具书网络出版总库(中小学版)》精选基础教育类词典、专科辞典、百科全书、鉴赏辞典、图谱1800多种,配备拼音、部首、笔画等多种检索输入方法,适合中小学师生学习使用;《中国基础教育博硕士学位论文全文数据库》精选中国180多所著名大学和师范院校的优秀博硕士论文,有文献3万册,每月更新;《中国基础教育报纸全文数据库》精选基础教育类和重要综合类报纸近300种,摘录精品文章近50万篇,每日更新,同步服务教学,内容实用;《中国基础教育会议论文全文数据库》精选在中国召开的国际、国内重要基础教育学术会议的论文2万多篇,每月更新,汇集前瞻性研究观点。这项数据库的开通,极大地丰富了教师教学、科研的知识获取途径,提供了广阔的教育教学新理论、新观点、新方法的学习、交流、沟通的渠道,为教育教学创新改革发展提供良好的资源平台。

（魏长童）

【《中学学科网》资源库上线】 2010年，经过对于各大教育资源类网站的内容资源、价格等方面的考察，南开中学开通《中学学科网》的教学资源库。提供中学阶段初高中各年级的教学教案、课件、试题的参考，将各省份教学资源整合到同一平台，方便教师利用这一平台了解其他省份各校的教学开展情况和备课、课堂教学、课后反思等教学环节，丰富了教师的教学手段和各学科教学参考的资源，提供了与教学课程密切联系的第一手资料，为更好地开展教学提供了切实的数据资源保障，得到教师的普遍认同。

（魏长童）

【多媒体教室建设项目】 9月下旬，南开中学启动教室多媒体教学设施建设项目。在多媒体教室内召开现场会，请各学科主管、年级主管及各部门领导参加，由技术中心介绍教室多媒体建设项目的相关情况；经过公示收集意见，确定施工方案；经过市财政局采购办规范的审批程序，项目由天津市政府采购中心按照转为开标项目招标书，在招标期内向全社会企业开放。经规范投标，确定中标企业。工程于11月份开始，12月21日竣工，并通过验收。

（魏长童）

【教室多媒体设备更新改造】 2010年12月，南开中学翔宇楼教室的多媒体设备改造基本完工。该次改造将教室内原有的投影机、投影幕、34寸CRT电视等设备统一合并功能，更换为60寸夏普液晶平板电视设备，解决教室内34寸电视设备过小、投影机灯泡老化、投影效果不佳、维护成本过高等问题。同时，为节省投资，保留原有木质音箱、多媒体讲桌、实物投影仪及相关线缆，使此次改造在保留原有投资的基础上提升教室内的音视频教学环境，对利用多媒体设备进一步达成更高的教学效果起到良好的保障和促进作用。

（魏长童）

图书馆

【简况】 南开中学图书馆早期馆址位于校园南斋东端。经数十年累积，渐成规模，藏书近10万册。抗日战争期间，南开中学被侵华日军轰炸、占领，图书馆亦未幸免。抗战胜利后，南开中学于津门原址复校，图书馆设于东楼（今伯苓楼），接收了原中日中学全部图书。一些南开师生基于爱校之情，于地摊、书肆搜集购置散佚之书捐赠于学校，加之校方经年购置，遂又成规模。至20世纪50年代，藏书10余万册，其中线装古籍万余册，《有资治通鉴》、《二十四史》、《古今图书集成》、《太平广记》、《四部丛刊》、《四库备要》、《通考》、《通典》等，版本珍贵，为一般中学所罕见。1976年，劫后余生的图书馆迁至中楼，经十余年。2001年，天津市政府拨专款修葺范孙楼，正式建为南开中学图书馆，建筑面积近3000平方米，藏书10万册。一楼设有古籍书库、闭架书库借书处、学术报告厅；二楼设有开架书库借书处、电子查询室、电子阅览室、教师阅览室；三楼设有学生阅览室、期刊室、综合档案馆。整座图书馆既古朴典雅，又充分运用计算机网络等现代信息技术，成为信息收集、贮存、交流的中心。

（张　楠）

【杨志行、王淑玲老校长赠书】 2010年10月25日，南开中学原校长王淑玲向学校图书馆赠书124本。11月29日，南开中学原校长杨志行向学校图书馆赠书31捆。两位老校长关心学校的发展，关心学生的学习情况，为了拓宽师生的阅读空间，从自己的藏书中精心挑选出适合师生阅读的书籍赠予学校图书馆。两位老校长对全校师生寄予深切的期望，他们希望师生们利用课余时间多读有益的书籍，在陶冶情操的同时扩大知识面，以良好的精神风貌面对每一天生活。图书馆已将两位老校长的赠书妥善保管于借书处，供全校师生阅读。

（张　楠）

实验室

【政府“仪器配送工程”】 2010年,根据《初中物理仪器配备标准》,由政府“仪器配送工程”配送的初中物理教学仪器部分仪器配送到南开中学物理实验室。配送仪器共计45种737件,全部由实验室教师马紫红、黄晓翔核对、分类、记账、编号、入柜。该配送仪器的投入使用,使初中物理课堂教学实验更加丰富,可为学生提供更多的动手实验机会。

(刘　莉)

【高中物理实验学业水平考试】 2010年1月,南开中学高二年级物理实验学业水平考试在南开中学翔宇楼物理3实验室和4实验室进行。考核实验为“验证力的平行四边形定则”,共计12个班级、500多名学生参加此次考核。由教务处组织,物理学科教师监考,实验室教师辅助。学生全部顺利完成考核。

(刘　莉)

【辅助教师公开课】 2010年10月,化学试验室辅助化学学科教师曹喆参加第七届天津市中小学青年教师“希望杯”创优课比赛,并荣获一等奖。11月,辅助高一年级王平、高志伶、李娜、伊颖、王浩安等5名教师参加南开区公开课展示。

(刘　莉)

【高二年级生物实验考查】 2010年5月,按照学校统一部署,经过教学处的合理有序安排,生物实验室顺利进行高二年级学生的生物实验考查工作。由于教师和学生的积极配合与努力,实验考查的通过率达到100%,成绩在南开区名列前茅。

(刘　莉)

【生物实验室检查验收】 2009年9月,天津市教委安排“义务教育学校标准化学校”评估验收组对南开中学进行评估验收,生物实验室按照“标准化”要求,一次性通过验收。随后一年中,生物实验室按照“标准化”要求合理安排学生实验,按“标准化”要求管理实验室,使实验室在“标准化”的制度中平稳运行。2010年12月,生物实验室再次顺利通过“义务教育学校标准化学校”检查组回头看的验收工作。

(刘　莉)

【配合高中生物有效教学观摩展示课】 2010年4月,生物学科教师唐延稚、杨振进行全市高中生物有效教学观摩展示课,生物实验室的人员配合教师们的教学活动,动手自制实验教具,并反复进行试验和改进,该教具在观摩课上得到前来观摩教学的各区学校教师的高度评价。

(刘　莉)

场　馆

【简况】 南开中学体育馆、室外足球篮球场地,始建于2003年,2004年4月28日投入使用。周一至周五18－20时,周六、日8－22时对社会开放。体育场馆坚持走体教结合的道路,通过大力组织学生开展丰富多彩的体育活动,培养青少年的锻炼意志,造就品学兼优的体育后备人才。通过建立会员制度,广泛吸纳周边单位及居民参加体育活动,赢得社会广泛好评。体育场馆不断提高管理水平,努力打造品牌。始终遵循安全第一,管理上水平的原则,建立健全各项规章制度、章程和标准,均已装订成册。狠抓管理和服务人员的综合素质,要求按规定上岗服务,形成系统科学管理模式,确保安全、和谐、健康有序地发展。2010年6月9日,天津市全民健身周——天津荣钢男篮走进南开中学活动在体育馆顺利进行。

(王肇敏)

【游泳馆】 南开中学游泳馆是中国游泳协会指定的市级游泳馆。总面积3000余平方米;泳池为50×21米,8条泳道。泳池两边二楼设有环境优雅的休闲厅和观摩台,能容纳200余人。主馆高11米,采用先进的空气转换系统。游泳馆每天6－21时开放,总共近15个小时。2004年投入使用后,游泳馆为天津游泳队输送15名运动员,4名入选国家集训队,4人达到健将标准。共接待泳客上百万人,培养儿童游泳班80多期,使5万儿童学会游泳。体育场馆在保证教学的基础上对社区开放，每年接待锻炼人数高达30万人次，承接大型比赛20余次，得到社会的认可和好评。2005年至2009年连续五年被评为天津市优秀游泳馆。2010年4月13日至16日，由国家体育总局游泳管理运动中心主办的“全国先进游泳馆”表彰发奖大会在深圳召开，南开中学游泳馆在全国近两万个游泳馆中脱颖而出，荣获第八届“全国先进游泳馆”光荣称号。

（王肇敏）

校园建设

历史建筑保护

【简况】 南开中学作为天津市历史建筑保护单位,2010年在南北校区校舍总建筑面积60289平方米中,南开学校旧址历史建筑面积8077平方米。在历史建筑中,伯苓楼961.9平方米;范孙楼2991.2平方米;瑞廷礼堂2292.7平方米;北楼1204平方米;一、二排平房627.3平方米。2010年度,由于学校和总务处重视历史风貌建筑的使用和维护,南开中学获得天津市国土和房屋管理局颁发的"天津市历史风貌建筑保护工作先进单位"称号。

(韩祖茂　高荣亭)

【伯苓楼】 伯苓楼位于南开中学北院东部,原名东楼,是南开中学的第一座建筑物。1906年,严修、张伯苓得邑绅郑菊如捐地,由严修、王益孙、徐菊人、毛宝君、卢木斋、严子均等捐建新校舍。1907年学校迁此,始以地名称校,改名私立南开中学堂,1912年起又称南开学校。张伯苓办公室曾在此楼,周恩来曾在二楼上课。现在二楼原样复制了周恩来求学时的教室。该楼在1976年地震中损毁严重,1977年由天津市政府拨款,天津市建筑设计院设计,按原貌重建。1978年至1998年间曾辟为"周恩来同志青年时代在津革命活动纪念馆"。1999年4月5日,适逢张伯苓先生诞辰123周年纪念日,为缅怀张伯苓功业,正式命名为伯苓楼。南开中学1935届校友、中国科学院士、南开大学教授申泮文为伯苓楼撰写楼志。

(冯　笪)

【北楼】 北楼位于南开中学北院北端,始建于1906年,当时称一斋。1913年改建,增加上下走廊。北楼最初为教室,周恩来曾在此上课。北楼与其西部二斋相接,二斋为学生宿舍。为便于管理,北楼部分教室曾改做学生宿舍。20世纪60年代中期北楼曾作局部修缮,将二楼走廊木制护栏更换成铁制护栏。1976年因地震受损严重,1991年由天津市政府拨款按原貌落地重建,并将二楼开放式走廊改建成封闭式走廊。现在北楼的楼名和楼记均为南开中学1966届校友王增多书写。

(冯　笪)

【范孙楼】 范孙楼位于南开中学北院东南部,始建于1922年4月。由校友及在校学生两千余人捐资兴建。该楼由著名建筑师、南开中学1912届校友严子亨设计,1930年9月15日竣工。该楼筹建期间,1929年3月15日南开校董严修病逝,海内外南开校友深念严修创办南开之功业,尊称严修为"校父",一致决定以其字"范孙"作为楼名。范孙楼为罗马式建筑,共有三层,门庭正面安放着汉白玉的严修半身雕像。20世纪后半叶,学校生物、化学、物理实验室均设于此,珍贵的鸭嘴兽标本就陈列在生物实验室中。2001年,财政部、天津市政府拨款大修该楼,同年10月竣工。现为南开中学图书馆。学校的主会客室设在一楼。现在的范孙楼名和楼记均由南开中学校友王增多书写。

(冯　笪)

【瑞廷礼堂】 瑞廷礼堂位于南开中学北院中部。此址原有礼堂,1907年由曾任"中华民国大总统"袁世凯捐建,因其字慰亭,时称慰亭堂。1934年,章瑞廷捐资3万银元在原址重建,竣工后称为瑞廷礼堂。1935年张彭春执导南开新剧团在此首演《财狂》,瑞廷礼堂曾被誉为"中国第一话剧舞台”。1951 年 2 月 24 日，周恩来总理回母校，在此向全校师生发表讲话。1957 年 5 月 4 日，学校在此举行“红五月大联欢”，周恩来亲笔写信祝贺。1983 年 9 月，全国政协主席邓颖超视察南开中学，在此做重要讲话。2001 年，天津市政府拨款对瑞廷礼堂加固大修。瑞廷礼堂记由校友王增多书写。

（冯　笪）

【思敏室】 思敏室位于南开中学北院瑞廷礼堂西侧，是为纪念教师严智惺而建。严智惺，字约敏，系严修之侄，深受严修器重，深受学生爱戴。为纪念严智惺，1913 年乃建思敏室，当时原址为慰亭堂。1934 年建瑞廷礼堂，思敏室保留。20 世纪 50 至 60 年代，南开中学美术社、器乐组曾在此活动。

（冯　笪）

【西斋】 位于南开中学北院西南部，俗称“四排房”，始建于 1914 年 10 月。原为木结构平房，从南向北，序建四排，每排十间房，各为独立小院，室外有廊，院植槐柳，曾为住校学生宿舍。二排 9 室、四排 2 室曾是周恩来求学时的宿舍，二排 4 室则是 1959 年 9 月至 1960 年 7 月温家宝读高三年级时住过的房间。20 世纪 90 年代在校园建设中“四排房”格局有变，三排、四排被拆，保留一排和二排。建筑格局虽变，古朴风貌和神韵犹存。2010 年 3 月南开中学办学体制机制创新后，新成立的南开中学理事会、南开中学教育基金会、学习研究周恩来小组、南开校史研究中心和换届的南开中学校友会的办公处所都设在二排。

（冯　笪）

【大操场】 位于南开中学南院校区，南开中学创建初期该操场就初具规模。操场北边为篮球场，著名的“南开五虎”曾在此打球。中部是足球场，张伯苓曾在此为学生足球赛开球。南边是垒球场。西南部还设有冰球场，校史资料中有南开学生在此打冰球的照片。抗日战争期间，日寇轰炸南开中学，大操场亦遭荒废。20 世纪 50 年代初，大操场一度改为南开区体育场。90 年代初，经天津市政府研究确定，将大操场归还南开中学。随即，大操场修葺一新。北部依旧是篮球场，东侧新建游泳馆，中部是足球场，环绕足球场铺设塑胶跑道，足球场西侧是观礼台和看台，每年的学校运动会在此举行。如今，南开中学南院与北院之间，架有横跨南开二纬路的过街天桥，南开学子健身锻炼更为方便。

（冯　笪）

【含英楼】 含英楼位于南开中学北院南侧。建于 1964 年，1965 年正式使用，为三层教学楼。由于启用时没有为此楼命名，师生们在建楼后的 30 年间俗称为“新楼”，大多数“老三届”校友均在此楼上过课。直到 20 世纪 90 年代才命名为含英楼，楼名由校友王增多书写。该楼是南开中学唯一没有楼记的教学楼。

（冯　笪）

【翔宇楼】 翔宇楼位于南开中学北院西端，是一座现代化的教学楼。1995 年 10 月 17 日奠基，1997 年 7 月 1 日落成。时任中共中央总书记、国家主席江泽民题写楼名。翔宇楼主楼为五层，两侧设有附楼，主楼大门面东，总建筑面积 15500 平方米，现为南开中学主要教学场所。翔宇楼由天津建筑设计院设计，主建筑师为王振岗，由天津第一建筑工程有限公司承建。主楼右侧勒石刻书翔宇楼记，由南开中学教师傅越秋撰文，校友郭锡英书写。

（冯　笪）

【情系南开钟碑】 位于南开中学北院翔宇楼前广场南侧，建于 1999 年 3 月。时值南开中学建校 95 周年，由 1960 届高三 4 班校友首倡，深合 1951 届至 1980 届各届南开校友之心，遂有百名校友联名致贺，共襄盛举。该钟碑基座系三角形，造型为三根象征手臂的支柱托起三面时钟。正面碑面镌刻“情系南开”四字，左侧碑面镌刻碑文：“九十五载南开巍巍，树木树人英才有为。学子抚昔师恩萦回，馨香祷祝愿报春晖。含英咀华心驰神追，代代奋进钟声长催。励志报国中华腾飞，南开精神青史永垂。”右侧碑面镌刻署名致贺的百名校友姓名，其中包括 1960 届校友温家宝。正面题字和两侧碑文、署名均由 1966 届校友曹柏昆书丹。在设计校友署名排序时，温家宝同志曾嘱，要按届来排，不要把自己排在前面。

（冯　笪）

平安校园工程

2010年7月20日至10月19日,南开中学平安校园工程建设顺利完工。该项工程经天津市公安局的指导和协助,在监控、防护、报警等安防设施的应用上,进行充分的调研和方案探讨,结合上海、北京、天津的校园安防实施标准,参考国内30余所大中院校的安防方案,并且经过专家论证,通过招标过程,从具备"天津市安防系统建设一级资质"的厂商中,确定施工经验丰富、技术方案适用、所报价格最低的公司实施项目。

项目建设以"应用为主,性价比高,操作简易,适度超前,质量可靠"为基本出发点,综合考虑施工、维护及操作因素,并为今后的扩建、改造、与常规网络的融合及"三网融合"等因素留有余地。项目中考虑预埋的并排三根大口径管材,可以保证校园10年内基本不用破路穿线施工,为日后的改扩建提供充分的空间。经过一个多月的施工建设,校园里建成分层防护体系,其范围覆盖学校南、北两院各个重要部门,为实现平安校园目标,大跨度提升校园安全防护级别,提高校园安全管理和师生安全水平提供了有力的保障。

(魏长童)

校园景观提升和基础改造

2010年7月,校园基础改造工程施工。为使作为百年名校和天津对外开放窗口的南开中学基础设施和环境更加完善,更加美观,学校在天津市规划局、市容委的大力支持下,聘请天津建筑设计院专家对于学校北校区的整体校容校貌进行认真设计,以周恩来总理铜像为中心,重新布局,提升长廊以东主景区的绿化结构。改造工程为:(1)将学校独具特色的长廊修葺恢复为相对完整的一体,改变此前破旧残损的模样。整修一排、二排平房。(2)全校绿化大范围改造升级,新植若干高大名贵树木。在原纪念园的草坪上种植高大粗壮的落叶乔木。草坪东部,面向校门处安置一座刻有校训的泰山石景观石,来人走进校门首先映入眼帘的是郁郁葱葱的树木和"南开校训"。(3)纪念园中部的周恩来总理铜像背景墙,由绛红色改为白色大理石为底,上面镶嵌金字。周总理铜像前的走道左侧添置休憩座位,右侧镶嵌反映周总理一生光辉业绩的铜板浮雕。(4)翔宇楼前废除水泥地面,改为大理石地面。(5)将原来坐落在学校西南角的四烈士墓,移至含英楼南侧,扩建为南开校友英烈纪念碑。(6)校园内安装景观路灯、园林灯、地射灯三个层次的夜间照明设施。

(王志刚　高荣庭)

西楼建筑装修和外檐改造

2010年9月20日,西楼建筑装修和外檐改造工程完成。1989年建成的西楼,由于建筑年代的局限,其建筑风貌极其简单,没有特色。而南开中学早期建筑以欧式为主,具有古朴、典雅、庄重等建筑风貌特点,成为校园景观的亮点。为使学校的建筑风格统一,使西楼与学校的整体风貌融为一体,此次校园改造工程中将西楼建筑的外檐改造为与范孙楼相仿的样式。对西楼内部的配电系统、给排水系统部分更新。首层学生餐厅和二层教工餐厅进行整体装修。学生宿舍各自然间及走廊、楼梯间等公共区域内涂粉刷,地坪楼梯踏步等铺装复合塑胶板,内门外檐窗全部更新。该项改造工程得到天津市建交委、市燃气集团、市建工集团的大力支持。

(王志刚　高荣庭)

首届毕业生纪念井恢复重建

2010 年 10 月 14 日,在校园内伯苓楼东南角处,恢复建立由南开中学首届毕业的南开学子捐建的纪念井。该纪念井是由梅贻琦、张彭春等校友于 1918 年毕业 10 周年之际为母校捐建的,寓意饮水思源,感念母校的教育栽培之恩。该井高约 40 厘米,圆形,井口直径约 50 厘米,水泥砌成,井台正西面由右至左雕刻有"纪念井"三个篆体字,井后靠墙矗立牌坊,其上书有"光绪三十四年第一班学生毕业纪念"15 个字。恢复后的纪念井后侧的铜牌上,镌刻着南开中学首届 33 名毕业生的名字。

(张　喆　高荣庭)

校友英烈纪念碑恢复扩建

2010 年 7 月,南开校友英烈纪念碑恢复扩建工程在含英楼南侧施工。该工程于 9 月 7 日完工,10 月 14 日,举行了纪念碑恢复扩建落成仪式。该纪念碑初名为四烈士纪念碑,由薄一波题写碑铭,是为纪念在民族解放战争中为革命献身的南开学子田文莼、张炳元、岳岱、吴祖贻四烈士而立的,一度迁移到校园的西南角。此次将纪念碑迁回原址,并加以扩建,围筑陪基底座,将五四运动以来的马骏等 42 位南开校友英烈的生卒年月和光辉业绩镌刻其上,以激励当代学子向革命先烈学习,为国家和民族无私奉献。

(王志刚　高荣庭)

校友活动

天津南开中学校友会理事会换届

2010年10月16日上午，南开中学召开第六届校友会理事会。校友会理事和各届校友代表共计80余人参加会议。在该次会议上，校友会顺利完成换届选举工作。

新当选的天津南开中学校友会第六届理事会成员名单如下：

理事长　张元龙

副理事长　杨静武　吕宝桐　周鸿飞　龙以明　武佩铃　方嘉珂

秘书长　乔慕英

副秘书长　刘森甲　云　铮　施殿奇　钱　刚

常务理事　张国贤　周九皋　梁秉彝　肖春生　刘宝坤　周　强　施殿奇　李　溥　云　铮　周鸿飞　龙以明　武佩铃　沈少良　赵伯勋　张元龙　刘森甲　方嘉珂　房　娜　郑瑞来　李振江　孙振昆　钱　钢　赵春玉　李　远　李　信　潘天佑　杨静武　吕宝桐　乔慕英

理　事　赵润生　纪　芮　张国贤　肖　荻　叶春霖　杨启勋　周九皋　梁秉彝　肖春生　王仲悌　高同和　陈维仁　刘宝坤　张世铎　李绍曾　杨鑫森　杜学武　周　强　张　泰　施殿奇　贾培起　李　溥　井印涛　李占欣　王宏绪　刘津解　云　铮　周鸿飞　刘森甲　程新建　龙以明　武佩铃　沈少良　张元龙　王增多　冯　笪　田美华　赵伯勋　郑振海　刘兴民　方嘉珂　王德华　李建成　房　娜　霍秀兰　徐淑梅　姜家起　郑瑞来　张一龙　靳学东　丁连发　李振江　常子奎　刘凯华　孙振昆　钱　刚　李　远　路艳青　樊　晶　赵春玉　石　更　卜一梅　赵志勇　陈景欣　刘　健　杨　洋　李博扬　王文昌　史东玥　殷　悦　宏　图　刘　岩　范　晔　陈　鹏　魏　迪　张　梅　韩　旭　桑　卓　李　信　潘天佑　邢金华　杨　松　杨静武　吕宝桐　乔慕英

特邀理事　严文蔚（1956届南开女中校友，严修后代）
王之朴（1950届南开中学校友，王奎章后代）

（乔慕英　李德志）

联系校友

【孙海麟看望申泮文、杨志行先生】　2010年3月15日，即将到南开中学工作的孙海麟同志，在天津分别看望慰问了94岁高龄的南开中学1935届校友、中国科学院院士、南开大学教授申泮文和90岁高龄的联合国亚太地区普教专家、天津市教育局原副局长、南开中学原校长杨志行。孙海麟听取了两位先生关注南开中学发展的见解，祝福他们健康长寿。此后，孙海麟陆续看望慰问了曾在南开中学工作过的老校长、老干部、老教师、老校友。

（周鸿飞）

【孙海麟看望王大中院士】 2010年4月17日，南开中学理事会筹备组组长、校党总支书记孙海麟赴清华大学看望慰问了南开中学1953届校友、中国科学院院士、清华大学原校长王大中。孙海麟带去全校师生对王大中院士的问候，向老校友介绍南开中学的发展情况，邀请王大中院士在适当的时候回母校指导工作。王大中院士十分高兴并愉快地接受邀请，感慨地表示，南开中学是自己的母校，自己对学校的教育改革一直非常关注，对南开中学的发展寄予期望，希望南开中学能继续为国家培养更多的高水平人才。

（乔慕英）

【孙海麟看望叶笃正院士】 2010年4月20日，南开中学理事会筹备组组长、校党总支书记孙海麟赴北京看望慰问了南开中学1935届校友、中国科学院原副院长、2005年度国家最高科学技术奖获得者叶笃正院士。孙海麟带去全校师生对叶笃正先生的问候，并向老校友介绍了南开中学的发展情况。叶笃正院士对孙海麟一行的到来非常高兴，深情地回忆南开教育对他的影响。他十分感谢南开中学对自己的教育，说叶家兄弟五人都是从南开中学毕业的，对南开中学有着深厚的感情。南开中学对自己影响最大的两个方面，一是教育学生要爱国，二是教育学生要学习爱国的本领。自己的成绩都是南开中学给的。叶笃正院士还回忆起张伯苓老校长和当时的“四大金刚”对南开中学发展做出的突出贡献，对南开中学很高的工作效率有着深刻的印象。他表示将继续关心母校的发展，愿为母校的发展做出自己的贡献。

（乔慕英）

【孙海麟看望王静康院士】 2010年5月4日，南开中学理事会筹备组组长、校党总支书记孙海麟看望慰问了天津市科协主席、国家工业结晶技术研究推广中心主任、中国工程院院士、天津大学教授王静康。王院士的父亲王恩明先生是20世纪20年代初的南开中学毕业生，1955年王院士毕业于南开女中，她的儿子也毕业于南开中学。祖孙三辈同受南开教育，这让王院士感到自豪与荣耀。同时，她从自己的经历中深悉人的一生从接受小学教育到中学、大学、研究生，是一个系统工程，而中学是人生成长的重要阶段，她主张中学改革与大学改革不能脱节，教育改革还有广阔的天地，要致力培养出开拓创新的人才，为此她愿意为母校的教育改革出力。孙海麟向王静康院士介绍了南开中学办学体制机制改革的进展，邀请王院士参加南开中学理事会的工作，王院士欣然接受了邀请。

（周鸿飞）

【吕宝桐看望卞慧新先生】 2010年6月3日，南开中学副校长吕宝桐一行看望慰问了1931届校友、98岁高龄的卞慧新先生。卞先生向吕宝桐详细介绍南开中学首届毕业生梅贻琦（曾任清华大学校长）、金邦正（曾任清华学校校长）、李麟玉（曾任中法大学校长）、张彭春（曾任南开学校中学部主任兼大学部教授）、喻传鉴（曾任南开中学教务主任）、卞肇新（隆顺榕成记中药店总经理、曾任天津中央银行经理）、卞藩昌（曾主持创建天津私立蒙养园）等人的情况，以及1918年首届毕业班毕业10周年之际为感念母校培育之恩，在东楼前建造纪念井的情况。卞先生还向母校赠送自己出版的新书《陈寅恪先生年谱长编》。吕宝桐代表学校领导和全校师生向卞先生表示感谢，祝愿卞先生健康长寿。

（张　喆）

【孙海麟看望吴敬琏先生】 2010年6月8日，南开中学理事会筹备组组长、校党总支书记孙海麟赴北京看望慰问了重庆南开中学校友、著名经济学家吴敬琏先生。抗日战争期间，吴敬琏在重庆南开中学求学，张伯苓校长在开学典礼时所做“我为什么办南开”的演讲，深深地印在吴敬琏的脑海里，影响了他的人生。改革开放以来，吴敬琏先生以其深刻的理论建树，为推动市场经济的发展作出了贡献。近年来，吴敬琏先生还以理论家的良知，对教育改革中出现的某些不健康倾向发表看法。孙海麟向吴先生介绍南开中学的发展情况，邀请吴先生担任南开中学理事会顾问。吴先生为南开中学的发展感到高兴，欣然接受邀请。

（杨　弘）

【孙海麟看望梁思礼院士】 2010年6月24日，南开中学理事会筹备组组长、党总支书记孙海麟赴北京看望慰问南开中学校友、中国科学院院士梁思礼先生。梁先生是近代著名思想家梁启超之子。南开中学创办初期，梁启超曾应邀到校演讲，当时由周恩来担任记录。梁思礼先生在南开中学求学期间，正逢日寇飞机轰炸南开大学、南开中学，对那段历史记忆犹新。1949年9月，梁思礼从美国留学回国报效祖国，轮船快到香港时，听到新中国成立的消息，他与同船的中国留学生一起，在想象制作的五星红旗下开了庆祝会。回国后，梁思礼成为导弹运载火箭专家，为中国“两弹一星”事业做出了贡献。孙海麟向梁先生介绍了南开中学的发展情况，邀请梁先生担任南开中学理事会荣誉理事。梁先生欣然接受，并祝愿母校兴旺发展。

（李　峰）

【吕宝桐参加黄宗江遗体告别仪式】 2010年10月18日，著名剧作家、表演艺术家、南开中学1938届校友黄宗江在北京病逝，享年89岁。10月28日，南开中学副校长吕宝桐、校长办公室主任乔慕英专程参加在北京八宝山革命公墓举行的黄宗江先生遗体告别仪式，并向其家属带去学校领导及校友会的问候。黄宗江在南开中学读书期间，深受张彭春和南开新剧团的影响，由于他在话剧活动中经常饰演女性角色，与周恩来、曹禺一起被誉为南开的“三大女演员”，体现出他与南开中学、与戏剧的不解之缘。黄宗江是一位极具天赋和才情的艺术大师，10岁时即以“春秋童子”的笔名在《世界日报》发表独幕剧，其创作历程达80年之久，创作出大量令人耳熟能详的优秀作品。

（宋海涛）

【吕宝桐看望方圻先生】 2010年12月17日，南开中学副校长吕宝桐、德育处主任贺海龙、校友会理事冯笪，受南开中学理事会理事长孙海麟的委托，到北京看望慰问北京协和医院名誉院长、南开中学1937届校友方圻先生，带去全体师生和广大校友的诚挚问候。方圻先生曾担任周恩来总理的保健医生，特别是在周恩来总理生命最后的一年零八个月，一直守候在周恩来总理身边。吕宝桐介绍南开中学管理体制改革的举措与成效。方圻先生和夫人张福萱热情接待来自母校的客人，对南开中学的发展感到欣慰。

（冯　笪）

南开校友作序、编著《津门女排魂》

2010年11月，记录天津女排从成长到辉煌历程的新书《津门女排魂》在天津出版发行。该书由南开校友孙海麟作序，南开校友周鸿飞、武佩铃编著，天津人民出版社出版，是南开学子担当社会责任的又一实践。

屡夺全国冠军的天津女排，是天津体育战线最具影响力的旗帜，是天津的城市名片。天津市委书记张高丽同志概括的“锐意进取，迎难而上，顽强拼搏，争创第一”的天津女排精神，已成为天津的城市精神。在2010年3月天津女排第七次夺得全国女排联赛冠军后，两位南开校友开始着手这本书的编著。通过多方走访，整合资料，当年秋天完成书稿。这本书全景式、立体化地记录了天津女排的成长历程，融纪实性、史料性、思辨性于一体，站在时代高度，贯穿人文精神，洋溢写作激情，成为一本适时解读天津女排精神的可读之作。

现任南开中学理事会理事长、校党总支书记孙海麟在天津市委、市政府、市人大常委会任职期间，曾经主管天津体育工作，为培育和打造天津女排精神倾注心血。《津门女排魂》完稿后，孙海麟为该书撰写序言。序言中写道：“编著《津门女排魂》的两位作者，是我的母校天津南开中学的校友。我的人生经历中，草原情结、奥运情结、南开情结，让我永远无法割舍。我体会，南开精神与女排精神有相通之处，都是以国家和民族的利益为重，用脚踏实地的奋斗，践行着人生的社会责任。我对两位校友说过，要用女排精神做南开工作,用南开精神写天津女排。”

(李　群)

南开校友承编《南开校史研究丛书》

天津南开校史研究中心成立以后,在筹备开展南开校史研究工作的过程中,首先酝酿编辑出版《南开校史研究丛书》。该丛书以发掘校史资源,服务教育事业为宗旨,立足天津南开中学,面向南开系列学校,力图为关心南开、关心教育事业的教育工作者和各界人士提供可资借鉴和思考的阅读文本,是为传播南开办学理念和经验应运而生的文化载体和交流平台。该丛书将围绕社会关注的内容和话题,组织和汇编相关研究成果,具有史籍性、思辨性、实践性等文化特点和以史为鉴、温故知新的传播价值,努力对促进现阶段教育改革,推动国家教育事业的中长期发展起到积极作用。2010 年 12 月,该丛书第一辑编辑完成。承编该选题图书的系南开校友和本校教师。

(冯　笪)

天津南开中学校友通讯

《天津南开中学校友通讯》由南开中学校友会主办,宗旨是联系联络广大校友,传承“允公允能”的优良传统。南开中学历史上曾办有旨在联络校友的期刊,但在新中国成立后创办这类刊物还是首次。该刊创办于 2009 年,暂定每年一期。2010 年期于 10 月出刊,内设校园时讯、南开人物、历史回眸、交流空间和思敏室等栏目。文章内容既展现母校蒸蒸日上的新面貌,也采撷南开历史的精彩瞬间,同时反映校友的工作、学习与生活。2010 年期《校友通讯》由南开中学 1952 届校友主办,南开人物与历史回眸栏目中更多介绍的是这一届校友的事迹与生活。

(程新建)

1960 届校友纪念毕业五十周年

2010 年 12 月 30 日上午,30 余名 1960 届校友聚首在熟悉的天津南开中学校园,纪念毕业五十周年。1960 年夏,50 多名青年学生怀着对未来的憧憬,踏上各自的奋斗征程。他们经历了社会变革和人生坎坷,已届古稀之年,今又聚首,感慨万千。这届高三 1 班的学子在 1957 年入学时有 55 人,至今仍有 40 多人保持联络,时有聚会。他们分布在海内外,多事业有成,时至今日仍有多人继续在岗位上为社会服务,其中包括温家宝同志。

本次聚会由旅居美国的曹士和校友资助,由杨春宁、周强、王延忠、王凤文、徼燕光、朱景辰等校友组织安排,制作了纪念品、会标、照片、通讯录等,发放给联络到的同学。聚会得到南开中学校友会的大力支持。大家在曾求学的范孙楼贵宾室聚会,参观了校园新貌,在学校食堂的帮助下聚餐,与母校互赠纪念品。大家互相勉励,祝愿健康快乐地活着,毕业六十周年时再聚首。南开中学理事会理事长孙海麟、校长杨静武到会看望大家。

(周　强　朱景辰)

1980 届校友相聚南开校园

2010 年 10 月 17 日，南开中学 1980 届校友，在离别母校三十周年之际相聚母校。当天，当年 480 余名毕业生中的 200 余名，从海内外各地回到母校。此时恰逢南开中学建校 106 周年校庆。有校友赋诗记录了本次聚会的盛况和感受：“一别母校三十载，黄口小儿长成人，诸行百业弄潮儿，无忘师生情谊真。四百八十小儿郎，今有贰佰会兰亭，即也寻找旧时光，还言母校需共襄。耄耋志行老校长，学兄海麟理事长，诸位教师与同窗，同聚南开大礼堂。海麟详讲昔与今，志行谆谆嘱语长，同学代表谢恩师，海归学友叙还乡。离别事诉不尽，师生情愈加深，今相约再相聚，祝母校更娇人。”

（蒋伯英）

综合统计

学校领导与职能处室负责人

理事会理事长　孙海麟

校党总支书记　孙海麟(兼)

校　长　杨静武

副校长　吕宝桐　李宝贵　马　健

校长办公室主任　乔慕英

党务干部　段胜利

人事干部　王德华　周　晓

德育处主任　贺海龙　副主任　张国发

教学处主任　潘印溪　副主任　王莉英　王文昌(兼)

总务处主任　王志刚　副主任　孙　博

教科研中心主任　王文昌　副主任　崔勇锐　魏长童

国际部主任　马桂芝　副主任　杨　洋

2010年南开中学在校教职工名单

理事会　孙海麟

理事会办公室　李　峰　崔勇锐　胡圣杰

校长室　杨静武　吕宝桐　李宝贵　马　健

校长办公室　乔慕英　段胜利　王德华　周　晓　韩健美　张　清　刘志明　惠培强　宋海涛

德育处　贺海龙　张国发　刘福林　徐锡玲　王　立　李德志　赵　凯

教务处　潘印溪　王莉英　刘　莉　丁树猛　杨延侠　马紫虹　李光明　朱咸权　赵　桓　王海毅　张　楠　王　丽　王增多

总务处　王志刚　孙　博　李淑荣　吴玉平　王　彤　宋世超　赵芙颖　孙富强　李津德　张　跃　张连起　荆宝瑞　李福元　潘俊杰　李宝光　王进喜　张学元　龚万群　申　强　李建国　孙立华　高铁春　马志刚　高荣庭　牛宝钢　陈国华　肖茆娣　张毓仓　王长兴　邢殿富　黄寿成　徐明昆　白尚励　刘士璐　张秋芬　韩志远

医务室　王晓燕

信息中心　王文昌　魏长童　张　喆　张久清　李　晖　马　玥　王恩荣

国际部　马桂芝　张庆民　杨　洋　张　旭　卢　僎　韩春姬　赵　颖　蔡　娜　闫春雨

焦鹏 徐建朴 宋畅
政治学科 王志辉 刘宁 朱爱武 刘凤立 黄小虎 薛伟 杨晓坤 陈玉 潘岱忠
王劼 张小虎 徐广玉
语文学科 韩文霜 赵岩 史红 张旆 何士龙 程滨 赵鸣方 杨倩 李耕漪
李俊晔 白璐 杨劼 谢明 田玉彬 张扬 高原 马西超 李萱
滑娜 刘敬华 李忠艳 单巨兵 郑玉芬 刘树红 常虹 孙超 王蕊
高宇鹏 吴鹏
数学学科 侯卫平 王桂玥 邵德彪 刘秋昭 王彬 周峰 孙力 周毅 曹宝树
林秋莎 张广民 刘四化 康玥 程斌 宋振寰 赵书乐 李游 周贵宾
安大源 毕伟 明桂芹 杨冠明 刘涛 潘志宇 沈凯 张连营 崔家福
刘静波 韦海柱 刘东华 郜晓惠 常永盛 谭毅 任倩 张常军 胡珊
李贵生
英语学科 李惠燕 林露 刘静 周彤 张虹 赵淑玉 孙立鑫 姚卫盛 李健
王雅莹 冯锴 韩珀培 姬红颖 王紫凝 唐小莉 张妍 陈平平 裴爽
张继文 卢秋丰 李静 杜明环 柴广敏 张建伟 刘丽 王瑾 张光玲
邵秀美 史明伟 张继红 王娜茹 李士明
物理学科 叶远 王学森 刘俊贤 王琳 傅娟 贾双 王文惠 李伟 夏慈伟
吕万华 于俊生 孙铎声 王向群 朱楠 王萍 薛铮 马振波 殷悦
张汉泉 解英 刘嘉然 李丽丽 杜江龙 于德水 李世岭
化学学科 张洪俊 徐金波 张占萍 何文 曹喆 马红艳 王平 邢亚孟 麻亚宁
伊颖 谭旭 汪斌 王红娜 高志伶 李娜 王浩安 王大治 陶颖
谢家明 徐宝华
生物学科 王健 崔丽筠 乐建峰 吕成 唐延稚 刘洋 尤智杰 杨振 张懿
邹扬 吴相琰 薛宁
地理学科 李美华 张慧 张文静 周顺心 周英英 贺伟国 邢文娟 梅宏柱 孙国新
历史学科 万庆刚 张力 马丽坤 张玉彩 于宁 郭晶莹 牟爱华 杨晓庆
体育学科 王肇敏 王伟 李忠 刘日 王德义 刘洪芬 吴海明 陈立刚 卫恒
吴梦昀 甄伟 孙西英
信息技术 马艳 滕伟 王铮 王勇
校办工厂 刘英利 王向学 刘雅敏 王秀云 张连红 姜秋玲 张佩霞 张慧英(集体编制)

(注:以上名单中,包括2010年2月、8月办理退休手续的教职工)

2010－2011学年各年级任课教师

高一年级

政治 刘宁 崔勇锐 黄小虎
语文 赵岩 程滨 高原 赵鸣方 田玉彬 潘印溪
数学 张广民 曹宝树 宋振寰 刘秋昭 周贵宾 安大源
英语 刘静 孙立鑫 陈平平 唐晓莉 张妍 姬红颖
物理 叶远 王琳 王文惠 薛铮
化学 何文 王平 高志伶 王浩安 李娜 张冠仁 伊颖

历　　史　王莉英　张玉彩　张　力　周　晓
地　　理　张文静　李美华
信息技术　马　艳　滕　伟
通用技术　魏长童　张久清　王恩荣
音　　乐　张　瑛
美　　术　回向琨
体　　育　王德义　刘洪芬

高二年级

政　　治　朱爱武　刘凤立　李德志　贺海龙
语　　文　韩文霜　马西超　杨　倩　谢　明　张　扬
数　　学　刘四化　侯卫平　孙　力　李　游　赵书乐
英　　语　李惠燕　韩珀培　姚卫盛　王雅莹　赵淑玉
物　　理　李　伟　贾　双　王学森　王　萍　朱　楠
化　　学　徐金波　曹　喆　麻亚宁　汪　斌　张洪俊
生　　物　吕　成　唐延稚　乐建峰　刘　洋　邹　扬　吴相琰
历　　史　万庆刚　于　宁　马丽坤
地　　理　张　慧　周英英　周顺心
音　　乐　宋彦平
美　　术　陈海龙
体　　育　吴海明　李　忠

高三年级

政　　治　王志辉
语　　文　白　璐　史　红　王学刚　何士龙　李耕漪　杨　劼
数　　学　程　斌　康　玥　周　峰　邵德彪　林秋莎　王　彬
英　　语　张　虹　周　彤　王紫凝　李　健　段胜利　李士明
物　　理　夏慈伟　刘俊贤　王向群　于俊生　孙铎声
化　　学　邢亚孟　张占萍　王红娜　马红艳　谭　旭
生　　物　王　健　尤智杰　杨　振　崔丽筠
历　　史　马丽坤　于　宁
地　　理　刘森甲　周顺心
体　　育　吴海明　李　忠

七年级

政　　治　薛　伟
语　　文　单巨兵　滑　娜
数　　学　明桂芹　毕　伟
英　　语　李　静　焦　鹏　杨丽珍
物　　理　马振波
生　　物　张　磬
历　　史　马　越
地　　理　贺伟国

音　　乐　张　瑛
美　　术　回向琨
体　　育　卫　恒　王肇敏

八年级

政　　治　薛　伟　杨晓坤
语　　文　单巨兵　李　萱
数　　学　张国发　刘志明　刘　涛
英　　语　张继文　裴　爽　焦　鹏　赵　颖　马桂芝　卢秋丰
物　　理　殷　悦　张汉泉
生　　物　张　懿
历　　史　马　越
地　　理　贺伟国
音　　乐　宋彦平
美　　术　陈海龙
体　　育　吴海明　王　伟

九年级

政　　治　杨晓坤
语　　文　刘敬华　李忠艳
数　　学　杨冠明　吴汉臣
英　　语　卢秋丰　杨丽珍　齐振强
物　　理　马振波　穆永利
化　　学　陶　颖　王大治
历　　史　郭晶莹
体　　育　陈立刚　卫　恒

2010～2011 学年班级设置与班主任

2010～2011 年度第一学期班级与班主任名单（2010 年 8 月）

高一年级主管　王　平

高一 1 班　叶　远　高一 2 班　何　文　高一 3 班　黄小虎　高一 4 班　李　娜
高一 5 班　赵鸣方　高一 6 班　伊　颖　高一 7 班　宋振寰　高一 8 班　孙立鑫
高一 9 班　高　原　高一 10 班　刘秋昭　高一 11 班　周贵宾　高一 12 班　王　琳

高二年级主管　徐金波

高二 1 班　姚卫盛　高二 2 班　李　伟　高二 3 班　乐剑锋　高二 4 班　韩文霜
高二 5 班　曹　喆　高二 6 班　张　扬　高二 7 班　朱爱武　高二 8 班　王雅莹
高二 9 班　谢　明　高二 10 班　杨　倩　高二 11 班　周英英　高二 12 班　张　慧

高三年级主管　夏慈伟

高三1班　王　健　高三2班　白　露　高三3班　林秋莎　高三4班　李耕漪
高三5班　张占萍　高三6班　李　健　高三7班　尤智杰　高三8班　杨　劼
高三9班　康　玥　高三10班　马红艳　高三11班　马立坤　高三12班　于　宁

七年级主管　滑　娜

七年1班　明桂芹　七年2班　张　懿　七年3班　单巨兵　七年4班　滑　娜

八年级主管　贺伟国

八年1班　李　萱　八年2班　张汉泉　八年3班　贺伟国

九年级主管　杨晓坤

九年1班　卢秋丰　九年2班　李忠艳　九年3班　王大治

见习班主任　王浩安　薛　铮　陈平平　李　静　陶　颖

2010～2011年度第一学期班级与班主任名单(2010年11月)

高一年级主管　王　平

高一1班　叶　远　高一2班　何　文　高一3班　黄小虎　高一4班　李　娜
高一5班　赵鸣方　高一6班　伊　颖　高一7班　宋振寰　高一8班　孙立鑫
高一9班　高　原　高一10班　刘秋昭　高一11班　周贵宾　高一12班　王　琳

高二年级主管　徐金波

高二1班　姚卫盛　高二2班　李　伟　高二3班　汪　斌　高二4班　韩文霜
高二5班　曹　喆　高二6班　张　扬　高二7班　朱爱武　高二8班　王雅莹
高二9班　谢　明　高二10班　杨　倩　高二11班　周英英　高二12班　张　慧

高三年级主管　夏慈伟

高三1班　王　健　高三2班　白　露　高三3班　林秋莎　高三4班　李耕漪
高三5班　张占萍　高三6班　李　健　高三7班　尤智杰　高三8班　杨　劼
高三9班　康　玥　高三10班　马红艳　高三11班　马立坤　高三12班　于　宁

七年级主管　滑　娜

七年1班　明桂芹　七年2班　张　懿　七年3班　单巨兵　七年4班　滑　娜

八年级主管　贺伟国

八年1班　李　萱　八年2班　张汉泉　八年3班　贺伟国

九年级主管　杨晓坤

九年1班　卢秋丰　九年2班　李忠艳　九年3班　王大治
见习班主任　王浩安　薛　铮　陈平平　李　静　陶　颖

2010年保送学生名单

编号	高校	班级	姓名
1	北京航空航天大学	10	王安然
2	北京大学	1	李晓澄
3	北京大学	1	王轶凡
4	北京大学	2	李　玮
5	北京大学	2	咸　逸
6	北京大学	2	朱锦华
7	北京大学	2	朱　桐
8	北京大学	7	李　卓
9	北京大学	10	王大涛
10	对外经济贸易大学	7	张冠楠
11	复旦大学	4	周　泮
12	南开大学	1	李　想
13	清华大学	1	高伟豪
14	清华大学	1	孙振轩
15	清华大学	1	于钟海
16	清华大学	2	刘　卓
17	清华大学	2	杨　成
18	清华大学	2	张梦石
19	上海交通大学	1	范雨晨
20	上海交通大学	1	刘穆清
21	上海交通大学	1	许乐平
22	上海交通大学	1	杨　欢
23	上海交通大学	1	杨　硕
24	上海交通大学	2	蔡　珑
25	上海交通大学	2	高　晗
26	浙江大学	1	崔亚飞
27	浙江大学	1	宋凌南
28	浙江大学	1	孙　妍
29	浙江大学	2	李晟航
30	浙江大学	3	乔　桥
31	中国科学技术大学	1	於冰宇
32	中国科学技术大学	7	李　越
33	中山大学	4	唐晓轩

2010届高中毕业生去向

考号	姓名	专业	学校
10120104950001	常雨时	建筑学	清华大学
10120104950002	崔亚飞	工科试验班类	浙江大学
10120104950003	范雨晨	理科试验班类	上海交通大学
10120104950004	高伟豪	计算机科学与技术	清华大学
10120104950005	高　烨	电子信息科学类	天津大学
10120104950006	郝博韬	数学类	南开大学
10120104950007	郝　鹏	电子信息科学类(电子与计算机)	北京大学
10120104950008	胡　麦	数学类	南开大学
10120104950009	李　想	数学类	南开大学
10120104950010	李晓澄	数学类	北京大学
10120104950011	刘穆清	理科试验班类	上海交通大学
10120104950012	刘英璘	工业设计	天津大学
10120104950013	刘　铸	信息工程(仪器光电)	北京航空航天大学
10120104950014	孙振轩	环境工程	清华大学
10120104950015	王　朝	物理学类	北京大学
10120104950016	王　迪	土木工程	清华大学
10120104950017	王　曦	生物技术	南开大学
10120104950018	王轶凡	地球与空间科学	北京大学
10120104950019	温　佺	计算机软件	清华大学
10120104950020	肖　霄	飞行器设计与工程	北京航空航天大学
10120104950021	徐继恺	机械设计制造及其自动化	天津大学
10120104950022	许乐平	理科试验班类	上海交通大学
10120104950023	杨　光	土木工程	天津大学
10120104950024	杨　欢	理科试验班类	上海交通大学
10120104950025	杨　硕	电气信息类(中外合作办学)	上海交通大学
10120104950026	于钟海	数理基础科学	清华大学
10120104950027	於冰宇	物理学类	中国科学技术大学
10120104950028	赵　巍	国际经济与贸易	天津财经大学
10120104950029	只璟泰	临床医学	天津医科大学
10120104950030	毕　达	社会科学试验班	浙江大学
10120104950031	杜　玥	电气信息类	上海交通大学
10120104950032	林昕宇	工业工程	南开大学
10120104950033	刘一伟	数学类	北京大学
10120104950034	刘　玥	自动化	厦门大学
10120104950035	宋凌南	工科试验班类	浙江大学

10120104950036	宋阳冬	数学类	南开大学
10120104950037	孙　妍	理科试验班类	浙江大学
10120104950038	王　佳	生物技术	南开大学
10120104950039	王　欣	管理科学与工程类	南开大学
10120104950040	王宇航	经济学类	北京交通大学
10120104950041	王岩岱	经济学	南开大学
10120104950042	张　芮	工业工程	南开大学
10120104950043	朱清晓	应用物理学	天津大学
10120104950044	刘　卓	自动化	清华大学
10120104950045	郑德荣	会计学(国际会计方向)	南开大学
10120104950046	庞　昊	地球与空间科学	北京大学
10120104950047	咸　逸	生物科学	北京大学
10120104950048	李　玮	经济学类	北京大学
10120104950049	李元浩	理科试验班类	浙江大学
10120104950050	孟繁易	网络工程	北京邮电大学
10120104950051	种义仑	光电子技术科学	南开大学
10120104950052	杨　成	生物科学	清华大学
10120104950053	蔡　珑	理科试验班类	上海交通大学
10120104950054	高　晗	航空航天工程	上海交通大学
10120104950055	李晟航		
10120104950056	窦博达	生物科学	吉林大学
10120104950057	黄居伟	环境科学与工程	上海交通大学
10120104950058	田　庄	经济学类	北京大学
10120104950059	朱锦华	电子信息科学类	北京大学
10120104950060	许金珅	临床医学与医学技术类	内蒙古医学院
10120104950061	王圣杰	电气信息类	上海交通大学
10120104950062	韩天璞	数学类	南开大学
10120104950063	鞠广凯	环境工程	南开大学
10120104950064	毛　磊	微电子学	南开大学
10120104950065	崔春河	经济与金融(国际班)	清华大学
10120104950066	张栩川	生物技术	南开大学
10120104950067	秦　昕	生命科学与技术基地班	武汉大学
10120104950068	张　田	经济学类(中外合作办学)	西交利物浦大学
10120104950069	蓝睿智	数学类(数学与应用数学)	南京大学
10120104950070	吴佳宁	自动化	哈尔滨工业大学
10120104950071	周子中	信息管理与信息系统	中山大学
10120104950072	宋宇宸	土木工程	同济大学
10120104950073	王　凯	英语(医学方向)	天津医科大学
10120104950074	张梦石	电子信息科学类	清华大学

10120104950075	刘庆涛	生物科学	清华大学
10120104950076	张庆旭	工科试验班(工学)	浙江大学
10120104950077	王梦璐	电子信息工程	北京航空航天大学
10120104950078	娄馨予	光电子技术科学	南开大学
10120104950079	朱　桐	环境科学类	北京大学
10120104950080	刘小溪	基础医学(本硕连读)	哈尔滨医科大学
10120104950081	司雨琪	生物技术	中山大学
10120104950082	刘璟彤	土木工程	华中科技大学
10120104950083	毛祥荟	电子信息科学类	清华大学
10120104950084	张爱玲	车辆工程	清华大学
10120104950085	张　爽	信息管理与信息系统	天津财经大学
10120104950086	李晓鹤	临床医学	厦门大学
10120104950087	李　乐	财政学	中国人民大学
10120104950088	李　妍	船舶与海洋工程	天津大学
10120104950089	王颞颐	保险	天津财经大学
10120104950090	徐芳超	管理科学与工程类	南开大学
10120104950091	陈宏威	工程力学	河北工业大学
10120104950092	崔彦博	电气信息类	天津大学
10120104950093	韩子钰	测控技术与仪器	天津大学
10120104950094	李桃源	材料成型及控制工程	天津大学
10120104950095	李一非	化学工程与工艺	天津大学
10120104950096	乔　桥	工科试验班类	浙江大学
10120104950097	邱宇凡	临床医学	天津医科大学
10120104950098	田百里	环境工程	北京化工大学
10120104950099	王居立	生物工程(微生物工程)	天津科技大学
10120104950100	王　义	信息工程	天津大学
10120104950101	王卓然	飞行器动力工程	北京航空航天大学
10120104950102	肖汉雄	工业工程	南开大学
10120104950103	闫　珅	电子信息科学类	复旦大学
10120104950104	于一淼	机械设计制造及其自动化	西南林业大学
10120104950105	于　泽	化学(师范)	首都师范大学
10120104950106	苑　洋	智能科学与技术	北京邮电大学
10120104950107	张子傲	材料成型及控制工程	北京理工大学
10120104950108	周　行	管理科学与工程类	南开大学
10120104950109	左冠宇	飞行器动力工程	北京理工大学
10120104950110	毕丝湉	软件工程(日语强化)	大连海事大学
10120104950111	蔡飔萌	会计学(注册会计师专门化)	中央财经大学
10120104950112	戴思宇	英语(国际新闻)	天津外国语大学
10120104950113	丁婧雯	化学	南开大学

10120104950114	付图南	日语	中国海洋大学
10120104950115	高文怡	土木工程	同济大学
10120104950116	纪　艺	化学工程与工艺	天津大学
10120104950117	李梦野	管理科学与工程类	南开大学
10120104950118	刘皓然	电子科学与技术	南开大学
10120104950119	冉　苒	通信工程	北京邮电大学
10120104950120	任乃馨	软件工程	南开大学
10120104950121	孙立方	电气信息类	中国农业大学
10120104950122	孙苡铭	日语	厦门大学
10120104950123	王超凡	会计学(国际会计方向)	南开大学
10120104950124	王　菁		
10120104950125	王美智	金融工程	南开大学
10120104950126	王　蕊	软件工程(电子政务)	中山大学
10120104950127	王潇靓	金融工程	南开大学
10120104950128	王小玢		
10120104950129	邢秋阳	环境科学类	山东大学
10120104950130	徐　行	空间信息与数字技术	武汉大学
10120104950131	闫长诗	统计学(精算与风险管理)	天津财经大学
10120104950132	杨　菲	经济学类	华北电力大学(北京)
10120104950133	于冬青	金融学	中国人民大学
10120104950134	张力嘉	金融学	天津财经大学
10120104950135	张艺嘉	药学	北京大学医学部
10120104950136	赵羽佳	临床医学	南开大学
10120104950137	周禾欣	金融学(房地产金融)	天津财经大学
10120104950138	安　博		
10120104950139	陈震宇	自动化	哈尔滨工业大学
10120104950140	李奕臻	生物科学	南开大学
10120104950141	刘国栋	经济学类(经贸类)	北京工商大学
10120104950142	刘　凯	金融工程	天津财经大学
10120104950143	刘晓蕤	法学	中国政法大学
10120104950144	律宇丰	化学类	北京航空航天大学
10120104950145	马　磊	数学类	南开大学
10120104950146	马雨晨	飞行器制造工程	中国民航大学
10120104950147	宁伟晨	电子信息工程	北京航空航天大学
10120104950148	唐晓轩	软件工程	中山大学
10120104950149	王　储	地理信息系统	武汉大学
10120104950150	王　岩		
10120104950151	王研超	光信息科学与技术	北京理工大学
10120104950152	武　洋	生物工程	天津大学

10120104950153	杨璟林	遥感科学与技术	武汉大学
10120104950154	张　燊	预防医学	东南大学
10120104950155	张　宇		
10120104950156	郑天翔	自动化(信息与控制系统)	北京信息科技大学
10120104950157	邹　珉	化学	南开大学
10120104950158	祖　萌	工科试验班(工学)	浙江大学
10120104950159	蔡　昱	工科试验班(工学)	浙江大学
10120104950160	方　越	生物技术	南开大学
10120104950161	冯韩美皓	法学	中国政法大学
10120104950162	郝旭阳	电子商务	天津财经大学
10120104950163	纪　然	工业工程	南开大学
10120104950164	李　响	金融学	天津财经大学
10120104950165	刘东辉	公共事业管理(体育管理方向)	北京体育大学
10120104950166	马星宇	数学与应用数学	天津大学
10120104950167	钱琪瑶	生物科学	清华大学
10120104950168	邱昕彤	会计学(国际会计)	天津财经大学
10120104950169	尚　侠	电气信息类	天津大学
10120104950170	史　扬	金融学	北京航空航天大学
10120104950171	孙晓予	管理科学与工程类	南开大学
10120104950172	滕斯瑶	物理学类	北京大学
10120104950173	王殷识	给排水科学与工程	湖南大学
10120104950174	杨　明	工业工程	南开大学
10120104950175	杨晓宇	保险	南开大学
10120104950176	于　蕾	市场营销	天津财经大学
10120104950177	张　帆	电气信息类(中外合作办学)	上海交通大学
10120104950178	赵明月	信息安全	华北电力大学(北京)
10120104950179	赵煜嘉	软件工程	天津大学
10120104950180	周　洋	生物科学类	复旦大学
10120104950181	安　楠	应用心理学	南开大学
10120104950182	陈鑫麟	机械工程及自动化	北京航空航天大学
10120104950183	陈杨修齐	电子科学与技术(固体电子与微电)	天津大学
10120104950184	郝梦笔	英语	山东大学威海分校
10120104950185	贺治钧	理科试验班(中法工程师学院)	北京航空航天大学
10120104950186	李　楠	船舶与海洋工程	天津大学
10120104950187	李轶艾	临床医学(本科硕士连续培养)	天津医科大学
10120104950188	李昀桥	预防医学类	中南大学
10120104950189	李　喆	生物医学工程	天津医科大学
10120104950190	凌　霄	会计学(国际会计方向)	南开大学
10120104950191	刘翔宇		

10120104950192	刘益宾		
10120104950193	曲兆策	工业设计	天津大学
10120104950194	任　栋	网络工程	天津财经大学
10120104950195	田　禾	金融学	天津财经大学
10120104950196	徐金达	环境工程	兰州大学
10120104950197	徐　源	日语(国际商务)	天津外国语大学滨海外事学院
10120104950198	于　洋	电子信息科学类	天津大学
10120104950199	张光宇	木材科学与工程	西北农林科技大学
10120104950200	张华君	应用物理学	河北工业大学
10120104950201	张俊楠	船舶与海洋工程	中国石油大学(北京)
10120104950202	包健华	信息与计算科学	天津财经大学
10120104950203	曹以萌	化学	南开大学
10120104950204	陈清华	保险	天津财经大学
10120104950205	陈伊蒙	电子商务	天津财经大学
10120104950206	党若今	计算机科学与技术	南开大学
10120104950207	丁凡琳	经济学类	中国农业大学
10120104950208	董玲玉	统计学	中央财经大学
10120104950209	韩　婧	公共管理类	天津商业大学
10120104950210	郝博雅	国际经济与贸易	天津财经大学
10120104950211	郝昱舒	韩国语	中央民族大学
10120104950212	胡沛然	工科试验班(信息)	浙江大学
10120104950213	季金乐	信息与计算科学	湖南大学
10120104950214	久元溦	工商管理类	哈尔滨工业大学
10120104950215	兰　帅	建筑学	天津大学
10120104950216	李　佳	临床医学	南开大学
10120104950217	王迪静	会计学(会计与信息管理)	天津财经大学
10120104950218	王敬瑜	经济学类	北京大学
10120104950219	王静雯	生物技术	天津科技大学
10120104950220	王　梓	信息管理与信息系统	对外经济贸易大学
10120104950221	张冠瑛	环境科学	郑州大学
10120104950222	周云洁	财务管理	天津大学
10120104950223	庄晓军	物流管理	南开大学
10120104950224	盖睿德	公共管理类	对外经济贸易大学
10120104950225	郭蔚华	分子科学与工程	天津大学
10120104950226	李　鑫	经济学	天津财经大学
10120104950227	刘凯希	过程装备与控制工程	天津大学
10120104950228	刘朱宇		
10120104950229	毛相睿	人力资源管理	西南财经大学
10120104950230	么立新	电子信息科学类(试点班)	上海交通大学

10120104950231	潘　博	人力资源管理	天津财经大学
10120104950232	庞　博	计算机科学与技术	北京航空航天大学
10120104950233	沈　昂	信息工程	天津大学
10120104950234	沈昊澎	金融学(房地产金融)	天津财经大学
10120104950235	石金蓬	交通运输	北京航空航天大学
10120104950236	王　珂	材料科学类	山东大学
10120104950237	吴时彦	计算机科学与技术(中外合作办学)	天津理工大学
10120104950238	项石虎	质量与可靠性工程	北京航空航天大学
10120104950239	徐　涛	自动化	西安电子科技大学
10120104950240	阎德麟	机械工程及其自动化	国防科学技术大学
10120104950241	杨　飞	油气储运工程	中国石油大学(北京)
10120104950242	尹　晴	土木工程	天津大学
10120104950243	张　驰	国际商务(通关方向)	上海海关学院
10120104950244	张　烨	信息安全	南开大学
10120104950245	赵保磊	船舶与海洋工程	天津大学
10120104950246	方　奥	宝石及材料工艺学	中国地质大学(武汉)
10120104950247	高鹤群	测控技术与仪器	天津大学
10120104950248	胡斯浠	工商管理类	同济大学
10120104950249	黄静琳		
10120104950250	李晨菲	会计学(注册会计师)	天津财经大学
10120104950251	李　双	财政学	南开大学
10120104950252	刘　姗	金融学(国际金融)	天津财经大学
10120104950253	任静仪	经济学类	北京大学
10120104950254	孙　岚	分子科学与工程	南开大学
10120104950255	田琦程	会计学(财务会计)	天津财经大学
10120104950256	王　芳	食品科学与工程	天津大学
10120104950257	王　雪	化学工程与工艺	天津大学
10120104950258	颜晓畅	工业工程	南开大学
10120104950259	殷仲墨	化学	南开大学
10120104950260	张美琪	法学	北京理工大学
10120104950261	张　依	临床医学(本科硕士连续培养)	天津医科大学
10120104950262	张斯莹	应用化学(工)	天津大学
10120104950263	张晶然	信息管理与信息系统	天津理工大学
10120104950264	张　妍	自动化	北京航空航天大学
10120104950265	张逸荻	环境科学类(环境科学与工程)	天津大学
10120104950266	张　玓		
10120104950267	支玉然	旅游管理	西南财经大学
10120104950268	周千慧	会计学(国际会计方向)	南开大学
10120104950269	周若琛		

10120104950270	吕　嘉	电子信息工程	华中科技大学
10120104950271	白云祥	数学与应用数学	电子科技大学
10120104950272	毕天瑀	物理学类	同济大学
10120104950273	陈　东	水利水电工程	天津大学
10120104950274	侯宏伟		
10120104950275	李昊天	地球与空间科学	北京大学
10120104950276	李　翔	水利类(大禹学院强化班)	河海大学
10120104950277	李永涛	财政学(含财政税务、税务代理)	天津财经大学
10120104950278	李　越	电子信息科学类	中国科学技术大学
10120104950279	李　昀	电子科学与技术(光电子)	天津大学
10120104950280	李　卓	化学类	北京大学
10120104950281	刘晓帆	金融学(国际金融)	天津财经大学
10120104950282	刘宇行	计算机科学与技术	华北电力大学(保定)
10120104950283	史文韬	电气信息类	北京交通大学
10120104950284	史永盛	电子科学与技术	华中科技大学
10120104950285	薛　帅	计算机科学与技术	中国民航大学
10120104950286	张　辰	临床医学	中国医科大学
10120104950287	张金仲	电子科学与技术(固体电子与微电)	天津大学
10120104950288	张凯楠	电子信息科学类	天津大学
10120104950289	张乃中	金融学	南开大学
10120104950290	张　潇	化学	南开大学
10120104950291	郑楚寒	物流管理	天津师范大学
10120104950292	丁长瑶	法学	天津大学
10120104950293	董　彦	植物保护	南京农业大学
10120104950294	康　茜	保险	南开大学
10120104950295	李　橙	热能与动力工程	天津商业大学
10120104950296	李思霏	电子信息科学类	天津大学
10120104950297	梁容佳	制药工程	中国药科大学
10120104950298	刘晓彤	物流管理	中央财经大学
10120104950299	刘亦心	电气信息类(数字媒体技术、广播)	中国传媒大学
10120104950300	孙　萌	公共事业管理	天津财经大学
10120104950301	王　旭	工商管理类	南开大学
10120104950302	王亚男	日语(经贸日语)	天津财经大学
10120104950303	杨箫霏	英语(国际商务)	天津外国语大学
10120104950304	杨　妍	管理科学与工程类	中国地质大学(北京)
10120104950305	张冠楠	金融学	北京航空航天大学
10120104950306	张纪超	电气信息类	天津大学
10120104950307	张婧晨	网络工程	南京农业大学
10120104950308	张露露	电子信息科学与技术	北京林业大学

10120104950309	张新羽	化学	南开大学
10120104950310	张子维	保险	南开大学
10120104950311	赵康菲	计算机科学与技术	中国科学技术大学
10120104950312	蔡　琛	电子信息工程	北京航空航天大学
10120104950313	陈政光	信息与计算科学	西安交通大学
10120104950314	范宝乐	机械设计制造及其自动化	燕山大学
10120104950315	冯百旋	材料科学与工程	天津大学
10120104950316	冯松涛	电气工程及其自动化	天津科技大学
10120104950317	郭　峰	工业工程	南开大学
10120104950318	侯静一	电气信息类	天津大学
10120104950319	姜　超	机械电子工程	天津理工大学
10120104950320	李浩宇	电子信息科学与技术	南开大学
10120104950321	李喆明	物理学类	南开大学
10120104950322	刘　珅	机械设计制造及其自动化	华中科技大学
10120104950323	刘诗尧	电子信息科学类	天津大学
10120104950324	穆宏远	建筑学	河北工业大学
10120104950325	申　岩		
10120104950326	王付林	数学与应用数学	华中科技大学
10120104950327	杨洪凯	金融学	天津财经大学
10120104950328	于瀛鑫	数学类	南开大学
10120104950329	张天威	软件工程	电子科技大学
10120104950330	张　翔	机械设计制造及其自动化	中国科学技术大学
10120104950331	张亦飞	物流工程	南京农业大学
10120104950332	张致爽	交通运输类	同济大学
10120104950333	班培颖	电气信息类	天津大学
10120104950334	陈博知	中药学	中国药科大学
10120104950335	房鑫宸	工商管理类	中国农业大学
10120104950336	郝竞然	统计学	西南财经大学
10120104950337	黄舒羽	经济学	南开大学
10120104950338	李　菁	环境工程	哈尔滨工业大学
10120104950339	李梦玉	金属材料工程	四川大学
10120104950340	梁名潞	电子商务	北京邮电大学
10120104950341	刘澄昊	信息工程	天津大学
10120104950342	刘瑞琪	中医学类	天津中医药大学
10120104950343	陆雪涵	工业工程	天津大学
10120104950344	齐梦蕊	金融学(房地产金融)	天津财经大学
10120104950345	乔梦雄	物理学类	南开大学
10120104950346	邵文婷	化学类(化学、应用化学、高分子)	南京大学
10120104950347	王欣可	机械设计制造及其自动化	天津大学

10120104950348	许娜金	物理学类	南开大学
10120104950349	尹　彤	保险	天津财经大学
10120104950350	于　丽	化学	南开大学
10120104950351	张雯婧	生物科学	南开大学
10120104950352	张玉婧	经济学类	复旦大学
10120104950353	赵瑞琦	经济学类	东南大学
10120104950354	曹东瑜	电气信息类	天津大学
10120104950355	陈利鑫	电子科学与技术(固体电子工程)	电子科技大学
10120104950356	杜君直	智能科学与技术	南开大学
10120104950357	耿朝晖	电子科学与技术	南开大学
10120104950358	姜宇珩	电子信息科学与技术	南开大学
10120104950359	孔天宇	电子科学与技术(微电子技术)	电子科技大学
10120104950360	刘朝晖	材料科学与工程	北京科技大学
10120104950361	刘　昊	自动化	东北电力大学
10120104950362	刘佩韦	电子信息工程	暨南大学
10120104950363	刘　越	统计学(精算与风险管理)	天津财经大学
10120104950364	柳嘉宏	机械设计制造及其自动化	福州大学
10120104950365	卢天宇	电子科学与技术(固体电子与微电)	天津大学
10120104950366	孟　威	数学类	北京航空航天大学
10120104950367	秦诗昆	档案学	中国人民大学
10120104950368	苏贺阳	电子信息科学类(茅以升学院预备)	西南交通大学
10120104950369	孙季宇	工业工程	南开大学
10120104950370	孙宗晟	环境科学	南开大学
10120104950371	王　哲		
10120104950372	于昊洋	理科试验班类	中国科学技术大学
10120104950373	张　丹	信息工程	北京邮电大学
10120104950374	张　笑	电气信息类	四川大学
10120104950375	赵　祥	会计学(ACCA,国际注册会计师)	西安交通大学
10120104950376	左智超	数学与应用数学(数学与信息类)	华南理工大学
10120104950377	曹一童	电子信息科学类(电子与计算机)	北京大学
10120104950378	付佳坪	数学类	南开大学
10120104950379	寇欣欣	电子科学与技术(固体电子与微电)	天津大学
10120104950380	李　沫	光信息科学与技术	哈尔滨工业大学(威海)
10120104950381	刘晓宇	交通运输类	中南大学
10120104950382	刘雅萌	生物工程(生物制药方向)	中国药科大学
10120104950383	刘　洋	预防医学	天津医科大学
10120104950384	史逸勍		
10120104950385	王　珊	机械工程及自动化	北京航空航天大学
10120104950386	吴妙时	智能科学与技术	河北工业大学

10120104950387	郄雨田		
10120104950388	薛雅方	医学检验	上海交通大学医学院
10120104950389	杨凯雯	中药学	南京农业大学
10120104950390	张小琪	金融工程	南开大学
10120104950391	张安琪	工业设计(车身造型、车身结构)	吉林大学
10120104950392	章昕荷	电气信息类	北京交通大学
10120104950393	赵　玥	建筑电气与智能化	天津城市建设学院
10120104950394	朱汉文	会计学(国际管理会计)	中央财经大学
10120104950395	朱　媛	土木工程	天津大学
10120104950396	陈　浩	自动化	北京理工大学
10120104950397	崔　立	电气工程与智能控制(中荷)	上海海事大学
10120104950398	董奎良	统计学(精算学方向)	暨南大学
10120104950399	高　搏	临床医学	南开大学
10120104950400	高大亮	电子信息科学类	复旦大学
10120104950401	李雪峥	应用物理学	天津大学
10120104950402	刘　琪		
10120104950403	刘思昂	数学与应用数学(基地班)	宁波大学
10120104950404	卢笑予	信息管理与信息系统	天津外国语大学
10120104950405	马骥骁	自动化	北京航空航天大学
10120104950406	孟彦丞		
10120104950407	孙文逸	城市规划	河北工业大学城市学院
10120104950408	王安然	计算机科学与技术	北京航空航天大学
10120104950409	王大涛	飞行器设计与工程	北京航空航天大学
10120104950410	王建文	交通运输(民航电子电气工程)	南京航空航天大学
10120104950411	王军博	计算机科学与技术	北京交通大学
10120104950412	王　喆	药学	南开大学
10120104950413	杨宝嵩	软件工程	四川大学
10120104950414	杨　澜		
10120104950415	杨　鹏	汉语言文学	天津师范大学
10120104950416	袁世越	飞行器动力工程	北京理工大学
10120104950417	张　畅	热能与动力工程	中国科学技术大学
10120104950418	张皓洋	测控技术与仪器	天津大学
10120104950419	张熙明	电子科学与技术(固体电子与微电)	天津大学
10120104950420	张正琦	电气信息类	上海交通大学
10120104950421	白安琪	电子信息科学类(电子与计算机)	北京大学
10120104950422	曹丽葳	日语(国际商务)	天津外国语大学
10120104950423	陈佳昕	军队采办	武警工程学院
10120104950424	董禹含	建筑学	华中科技大学
10120104950425	杜霄蒙	交通工程	天津城市建设学院

10120104950426	韩　桐	临床医学(五年制)	同济大学
10120104950427	金　苑	电子商务	北京交通大学
10120104950428	刘可慧	工业设计	东华大学
10120104950429	刘秀玮	分子科学与工程	南开大学
10120104950430	马令聪	理科试验班类	浙江大学
10120104950431	史博宇	统计学	天津财经大学
10120104950432	宋博文	物理学类	南开大学
10120104950433	王　南	化学类	北京大学
10120104950434	温　馨	护理学	北京协和医学院
10120104950435	于佳雯	数学类	南开大学
10120104950436	曾　莹	计算机科学与技术	南开大学
10120104950437	赵天琪	电子科学与技术(光电子)	天津大学
10120104950438	郑欣媛		
10120104950439	周佳莹	工商管理类	南开大学

(该名单中未注明去向者,系有出国、复读或生病等情况,下表同此。)

2010届初中毕业生去向

学籍号	姓名	考入学校
070547001	陈近林	实验中学
070547002	陈泽华	南开中学
070547003	崔庆同	耀华中学
070547004	董　德	第二十中学
070547005	黄天宇	耀华中学
070547006	刘　畅	南开中学
070547007	马龙迪	天津一中
070547008	王　鹏	
070547009	王子恒	耀华中学
070547010	张诗东	实验中学
070547011	赵梓添	第二中学
070547012	安　然	天津中学
070547013	白之珺	南开中学
070547014	边语涵	新华中学
070547015	傅煌燕	耀华中学
070547016	贾晰媛	第四十二中学
070547017	李冬晴	南开中学
070547018	刘　超	第二十一中学
070547019	苏　冬	
070547020	孙杨笛	第九中学

070547021	田　甜	新华中学
070547022	王荟羽	南开中学
070547023	吴宇辰	实验中学
070547024	向芯瑶	南开中学
070547025	徐　卓	第二十中学
070547026	许筱彤	第二十中学
070547027	杨　睿	南开中学
070547028	殷笑影	双菱中学
070547029	张涵煦	南开中学
070547030	张慧禧	第二南开中学
070547031	张　喆	耀华中学
070547032	周佳玮	第五十一中学
070547033	安　昊	南开中学
070547034	李梦泽	天津中学
070547035	刘天琦	南开中学
070547036	舒识宇	天津一中
070547037	孙博阳	方舟实验中学
070547038	孙　萌	第五中学
070547039	王　鹏	耀华中学
070547040	张　阳	南开中学
070547041	赵玉健	南开中学
070547042	周　彧	第二中学
070547043	柴　玥	南开中学
070547044	陈　旭	天津中学
070547045	董晓雪	南开中学
070547046	冯春晗	南开中学
070547047	冯　舒	耀华中学
070547048	葛　研	新华中学
070547049	韩卓伶	第三中学
070547050	何琳琳	新华中学
070547051	胡雨涵	南开中学
070547052	李甜甜	南开中学
070547053	梁　玥	耀华中学
070547054	刘婉莹	第四中学
070547055	孟　楠	实验中学
070547056	孙璐莹	第四十二中学
070547057	孙　奕	南开中学
070547058	所唯一	新华中学
070547059	王培蕊	南开大学附中

070547060	王雪晴	实验中学
070547061	宣一荻	南开中学
070547062	张惠珏	南开中学
070547063	赵　媛	第三中学
070547064	崔志翔	实验中学
070547065	董世豪	南开中学
070547066	杜欣鹏	天津大学附中
070547067	黄伟辰	南开中学
070547068	李城宏	新华中学
070547069	李祎轲	新华中学
070547070	廖承龙	第二南开中学
070547071	刘玺瑞	新华中学
070547072	王　锐	天津中学
070547073	张　园	实验中学
070547074	赵梦熊	实验中学
070547075	陈方君	南开中学
070547076	陈　玮	第二十一中学
070547077	戴欣然	南开中学
070547078	范羽佳	南开中学
070547079	冯馨仪	南开中学
070547080	高　怡	南开中学
070547081	韩　烁	第二南开中学
070547082	阚　睿	南开中学
070547083	孔庆鑫	南开中学
070547084	李唱娃	第四中学
070547085	李赫男	二十中学
070547086	刘若佳	南开中学
070547087	吕亚萤	第五十五中学
070547088	石　稳	第四十一中学
070547089	苏冠毓	
070547090	韦宇辉	南开中学
070547091	吴　楠	实验中学
070547092	郁　钰	第四十二中学
070547093	张茜男	耀华中学
070547094	周从容	南开中学
070547095	陈津津	南开中学
070547096	丁　鹏	耀华中学
070547097	多乾禛	南开中学
070547098	傅冠群	第二中学

070547099	李守一	耀华中学
070547101	王天立	南开翔宇学校
070547102	杨少杰	天津中学
070547103	殷　鹏	南开翔宇学校
070547104	张　松	耀华嘉诚学校
070547105	祝博文	南开中学
070547106	戴日敏	实验中学
070547107	耿明婕	耀华中学
070547108	郝响响	天津中学
070547109	刘　雯	实验中学
070547110	马斯娇	南开中学
070547111	宁　雪	南开中学
070547112	屈笑文	南开翔宇学校
070547113	王雅妮	天津中学
070547114	肖飞宇	新华中学
070547115	杨　晨	新华中学
070547116	杨　琨	崇化中学
070547117	曾博芊	实验中学
070547118	张思聪	耀华中学
070547119	张昕然	第二十五中学
070547120	张轶彤	耀华中学
070547121	张忠倩	耀华中学
070547122	张子璐	第四中学
070547123	赵楚伊	南开中学
070547124	赵思梦	实验中学
070547125	周小洲	南开中学
070547126	祝安琪	耀华中学
070547127	李家盛	第四十三中学
070547128	张志浩	第五十一中学
070547129	徐　奕	
070547130	闫启鹍	南开中学
070547131	王晓宇	

2010年入学高中学生名单

高一1班

1	包文博	2	陈　鹏	3	崔　恺	4	崔越今	5	郭　佳
6	霍　炟	7	姜宗睿	8	蒋经纬	9	金悦祺	10	鞠大伟

11 李硕　12 李坦　13 李耀鑫　14 刘华帅　15 刘江彤
16 刘树青　17 陆作雨　18 吕远平　19 孟繁卓　20 苏子旭
21 王浩旭　22 王天恒　23 吴学桐　24 谢弈峥　25 邢端
26 杨涵　27 杨森　28 杨作威　29 张博文　30 张仁谦
31 张彤　32 钟晓琨　33 褚欣怡　34 董珮瑶　35 范佳琪
36 高雪　37 郭映雪　38 李梦琳　39 刘若佳　40 马斯娇
41 司佳　42 宋欢　43 孙奕　44 王荟羽　45 王莉晶
46 杨溢　47 杨宇涵　48 张奥淇　49 赵芮　50 朱婉漪
51 韩裕彬(国际部,以下简注国字)

高一2班

1 阿敏　2 常大忻　3 黄皓沄　4 李东　5 李栋
6 林盛超　7 刘邦　8 苗润芃　9 潘泽洋　10 齐缰
11 钱晋　12 钱仲超　13 田嘉禾　14 汪津超　15 王宏玮
16 王伟戌　17 王心然　18 邢恩然　19 杨林　20 杨义豪
21 张学茂　22 张宇辰　23 张云昊　24 张喆　25 赵旻晟
26 郑昊昕　27 朱乾宇　28 朱天磊　29 朱维宇　30 朱雅轩
31 白静雅　32 边洋　33 陈安祺　34 崔琦　35 高欣然
36 阚睿　37 李鑫　38 刘伊典　39 马玉颖　40 宁雪
41 田甜　42 王菁　43 王靖瑶　44 王雅琳　45 向芯瑶
46 杨紫维　47 张月柔　48 周小洲　49 许博远(国)　50 张爱琳(国)

高一3班

1 范世成　2 范羽翯　3 冯裕霖　4 高文宇　5 郭樵风
6 何奕彤　7 纪宇成　8 李东泽　9 李飕清　10 满弘鹏
11 王非凡　12 王冕　13 王善宇　14 吴桐　15 吴雪扬
16 谢丹林　17 邢雅淳　18 杨阳　19 叶昊　20 翟俊达
21 张凯文　22 张铮　23 张之宇　24 张仲霖　25 张祚维
26 白之珺　27 陈梦宇　28 陈星宇　29 崔梦媛　30 戴欣然
31 丁健兰　32 范祎纯　33 冯舒媛　34 高畀　35 李明真
36 刘君砚　37 刘小玮　38 马欣然　39 申畅　40 施为
41 苏杭　42 王冰晶　43 王冬月　44 王君妍　45 王钰畅
46 韦宇辉　47 闫博雅　48 尹力　49 于晓云　50 张乐祺
51 赵欣琳　52 朱栩姗　53 王天一　54 金和英(国)

高一4班

1 陈肖鹏　2 何墨　3 黄顺昊　4 李欣　5 刘嘉畅
6 齐浩之　7 孙斌　8 孙洋　9 孙仲熙　10 王哲
11 王子亦　12 夏诗雨　13 肖晶彦　14 闫启鹍　15 张泊宁
16 张历柱　17 张阳　18 张雨帆　19 赵翰清　20 朱兵
21 祝博文　22 陈凤楠　23 陈玉涵　24 冯馨仪　25 付晓昱
26 高慧璇　27 郝泽夏　28 孔蔓歌　29 孔庆鑫　30 李晗
31 刘冰彦　32 刘若琳　33 刘馨　34 刘雅璇　35 刘祎晴

36 马淑梦	37 陶泓杉	38 陶津丽	39 王　楠	40 王新月
41 王馨雨	42 王　印	43 吴　朔	44 杨若璇	45 杨昱琪
46 岳　熠	47 张晗暄	48 张雅宁	49 张钰鑫	50 张泽艺
51 赵雅璐	52 陆夏宁(国)	53 崔苑玲(国)		

高一5班

1 陈君桑	2 陈立帆	3 冯雨飞	4 郭炯兵	5 贺鹰成
6 黄伟辰	7 冀　潮	8 李嘉徽	9 刘博文	10 刘桓宇
11 刘天琦	12 吕　玮	13 马宁远	14 庞嵩林	15 沈　鉴
16 孙盛东	17 王家骥	18 王乃偲	19 王子行	20 武军宇
21 许梦凡	22 张　宁	23 张天行	24 赵宇斐	25 白　洋
26 陈少维	27 仇　莹	28 丁　宁	29 冯　薇	30 韩剑姿
31 贾　佳	32 姜驿泓	33 刘靖文	34 马宜鸣	35 裴琳瑛
36 彭传迪	37 石冬雪	38 田立坤	39 王　茜	40 王　妍
41 王瑛琦	42 徐翕如	43 许　慧	44 宣一荻	45 杨蔼文
46 姚　漪	47 张楚怡	48 张　桐	49 赵乙潼	50 郑　爽
51 周思琳	52 周展晨	53 冯骏飞(国)		

高一6班

1 陈彦杰	2 黄薪钢	3 刘宏韬	4 刘瑞临	5 师荣盛
6 宋振宇	7 王吉涛	8 王笑辰	9 王永岩	10 吴英乘
11 邢　燚	12 熊慕枫	13 杨天一	14 杨一多	15 张　晨
16 赵　杰	17 郑浩瀚	18 朱飞扬	19 樊　晟	20 边时伟
21 范羽佳	22 付明月	23 高　炜	24 郭士婕	25 何　洋
26 季　洁	27 金　梦	28 李斯达	29 李　洋	30 梁田梓
31 刘剑雨	32 刘　莹	33 路一帆	34 孟　玫	35 孟　曈
36 孟祥钰	37 牛芳琪	38 秦卓环	39 商秋怡	40 王　芃
41 王　彭	42 王睿佳	43 王紫玉	44 吴　仪	45 肖娅萌
46 杨佰慧	47 杨　桐	48 尹　燕	49 张　阔	50 张文雪
51 周从容	52 王　烁			

高一7班

1 陈津津	2 陈泽华	3 董　钊	4 韩明昊	5 李　雪
6 刘　峥	7 毛云涛	8 乔一凡	9 邱治宇	10 沙　桐
11 商泽华	12 王璐明	13 王伟平	14 尉迟嘉康	15 吴建雄
16 徐志卓	17 阎子翱	18 周明瑞	19 安　笑	20 曹　戈
21 柴　玥	22 陈欣怡	23 丁若钎	24 丁卓钰	25 范翔羽
26 姜秋宜	27 雷丹雯	28 李博涵	29 李冬晴	30 李茂莹
31 李艳艳	32 刘明琪	33 刘紫瑞	34 秦　帆	35 孙乃彤
36 田　征	37 王冰莹	38 王珂妍	39 王坤阳	40 王琳晰
41 王　粞	42 王仪铄	43 王　越	44 徐隽雅	45 杨　帆
46 杨　宇	47 姚骁玲	48 张博茜	49 张雪丹	51 李峻昊(国)
52 印廷宰(国)				

高一8班

1 白卫华　2 初明钰　3 董兆年　4 段睿潇　5 范雨桐
6 黄思文　7 贾兴隆　8 李楷模　9 李 响　10 李赵硕
11 李宗佺　12 刘振宇　13 司贮元　14 王 帅　15 王熠阳
16 王雨润　17 王云翔　18 徐搏飞　19 杨剑宇　20 张 天
21 赵 鑫　22 范江磊　23 蔡欣锦　24 曹一诺　25 陈婷婷
25 陈鑫森　26 董洁琼　27 高 怡　28 何一江　29 李丹荔
30 何 悦　31 赖诗滢　32 李欣瑶　33 李 玥　34 刘秋怡
35 刘依琳　36 田 津　37 王 佳　38 王秋怡　39 王若溪
40 王心怡　41 温梓含　42 信 维　43 徐 晗　44 杨晓晴
45 印炜华　46 张天骄　47 张一诺　48 张雨萌　49 张钟文
50 郑 杉　51 周凡煜

高一9班

1 董世豪　2 郭 鹏　3 韩昌昊　4 韩健一　5 黄予川
6 李广元　7 李 涵　8 李明俊　9 李睿童　10 李舒阳
11 李子超　12 毛东屿　13 孟晓彤　14 商李成　15 石育澄
16 王育飒　17 王玥珑　18 王 梓　19 闫晓辉　20 杨 珺
21 于 天　22 张嘉祺　23 周禹珉　24 朱泓旭　25 朱世杰
26 戴旭文　27 段韵竹　28 冯时雨　29 傅晨菲　30 葛 岱
31 葛语辰　32 郭彦麟　33 何紫郁　34 康加嘉　35 李丹彤
36 李 晶　37 李修莹　38 刘昱铄　39 刘梓轩　40 秦紫函
41 申塞鸿　42 宋婧宜　43 宋文慧　44 苏 畅　45 王馨苒
46 魏 洁　47 吴 婧　48 伊丽颖　49 张涵煦　50 赵羽出
51 周国雯　52 冷碧琳　53 李裕定(国)

高一10班

1 白司宇　2 白 羽　3 范文甲　4 黄文杰　5 焦健鹏
6 李东阳　7 李 宇　8 刘 赫　9 刘 宇　10 吕思邀
11 孟 阳　12 潘昊宇　13 石 淦　14 宋庆达　15 谢宸宇
16 徐纯如　17 杨祺琛　18 殷润泽　19 张功普　20 张晶雷
21 张乃夫　22 张晟泽　23 赵玉健　24 朱 昱　25 陈方君
26 陈凯仪　27 单奥依　28 冯春晗　29 高广琳　30 耿小童
31 贾卓尧　32 鞠 萌　33 李景瑶　34 李可纯　35 刘玉钏
36 盛周扬　37 司志欣　38 孙靓文　39 王梦婷　40 吴效俭
41 吴依凡　42 徐露阳　43 张翠微　44 张佳楠　45 张鸣岐
46 张 莹　47 张玉涵　48 朱紫璇　49 左连伟　50 边语涵
51 李 彗　52 朴秀珉(国)　53 裴珉梯(国)

高一11班

1 安 昊　2 蔡一鸣　3 陈洲寒　4 戴强宇　5 董少英
6 董星驰　7 多乾禛　8 高宇豪　9 李东航　10 李 浩

11 刘畅　12 潘龙派　13 彭思阳　14 任大维　15 苏俊成
16 王瀚哲　17 王震岳　18 王梓涵　19 姚敬轩　20 张铃杰
21 朱立铭　22 段巧媛　23 冯晓萌　24 郭海青　25 郭惠莹
26 韩鸣宇　27 胡丹萍　28 胡雨涵　29 李雨珊　30 李元玥
31 梁思超　32 刘桐　33 刘媛　34 刘悦　35 罗仪
36 宋云潇　37 汪裕　38 王曼迪　39 王宁　40 杨睿
41 杨颖晖　42 张惠珏　43 张柯欣　44 张潇文　45 张晓爽
46 张洋　47 张颖颖　48 郑翔宇　49 朱婧雯　50 朱悦
51 钱若言(国)

高一 12 班

1 白菊　2 毕晟　3 曹靖旸　4 常麟　5 管仲添
6 韩民欣　7 侯世骏　8 侯政　9 孔德鹏　10 赖尚锋
11 李海福　12 刘定坤　13 刘洋　14 楼昊　15 吕星乐
16 齐浩明　17 齐世雄　18 唐嘉雨　19 王桉　20 王若宇
21 夏博航　22 严晗　23 张潇一　24 赵天宇　25 赵彦博
26 曹雪　27 陈宇　28 董睿琦　29 傅京旻　30 何灵南
31 李晓璇　32 李昕滢　33 李洋　34 刘晋鹏　35 刘思遥
36 刘鑫莹　37 刘子楹　38 马晓宇　39 倪小玥　40 乔琦
41 茹梦　42 王路嘉　43 王啸洋　44 王雪娇　45 王逸之
46 王紫嫣　47 邢子哲　48 许人文　49 张玉莹　50 赵楚伊
51 赵文卿　52 周沛然　53 贾凡　54 阎瑾　55 李韩美(国)

2010 年入学初中学生名单

七年 1 班

1 窦若鹏　2 樊烨　3 高峰　4 高徐牛津　5 雷泽琦
6 李啸宇　7 李熠　8 林思聪　9 刘沛东　10 刘旸
11 卢昊禹　12 潘越峰　13 孙向峰　14 王森　15 吴永健
16 杨添翔　17 张博轩　18 赵知愠　19 周卓　20 常婉娉
21 陈逍旭　22 樊子晴　23 葛昕　24 郭佳怡　25 金羚
26 李冠楠　27 李君卉　28 李旭东　29 李雨濛　30 李悦
31 刘念　32 刘淑言　33 刘子健　34 彭心怡　35 齐欢
36 桑佳雯　37 沙百怡　38 师雅泓　39 石祺　40 唐雨暄
41 邢琬珮　42 许可　43 殷梓培　44 张亚欣　45 周崧

七年 2 班

1 邓仁轩　2 丁泉　3 高昊山　4 侯嘉成　5 黄御华
6 金戴玘　7 荆浩明　8 寇帅　9 李嘉宜　10 李淼森
11 李尚霖　12 李铮　13 梁云淞　14 刘昊楠　15 刘宗泽
16 马天顺　17 潘陈恺　18 徐天宇　19 张皓南　20 竹晨博

21 曹锦滟　22 车　畅　23 段照圆　24 胡佩文　25 李君妍
26 李若兰　27 李晓阳　28 刘　澍　29 刘　轩　30 刘彦良
31 刘远扬　32 邱瑞琦　33 宋思远　34 唐靓瑶　35 王人婧
36 王晓松　37 王雪竹　38 王雨昕　39 徐晓祯　40 杨欣淼
41 游晓婷　42 张兰婷　43 张子策　44 郑伊然　45 周旻颉
46 祖睿婷

七年 3 班

1 卜嘉润　2 杜俊锋　3 高昱达　4 高誉籍　5 李华健
6 李沁杭　7 李笑言　8 李奕明　9 刘福祜　10 庞崇兴
11 齐思朴　12 孙晟然　13 田韩续　14 童堇鋆　15 王世轩
16 王思依　17 王　越　18 吴奉宪　19 许　鑫　20 杨力宾
21 杨璞兆　22 杨宜霖　23 于大智　24 原维聪　25 张浩蓬
26 张效晨　27 张正涵　28 赵　晗　29 朱天一　30 朱鋆杰
32 关天琳　31 陈白露　33 李婧玙　34 李昀泽　35 刘佩瑶
36 马　赫　37 穆明华　38 饶　煜　39 孙雨萱　40 杨　棻
41 蔡宗浩(国)　42 王纵横(国)　43 吴昇娟(国)　44 张昊祯(国)

七年 4 班

1 安泰然　31 张卫萱　2 蔡长伟　2 初　蕾　3 董圳棋
33 季玥岑　4 段鹏飞　5 方金洋　6 房鉴植　7 冯葆瑞
8 傅天正　9 高　扬　10 郝森跃　11 季　樵　12 李杰宇
13 李润金　14 李宗锴　15 刘　畅　16 刘　睿　17 刘天宇
18 卢礼威　19 罗毓桐　20 马彦淳　21 任　漪　22 孙昕宇
23 吴晓亮　24 吴啸尘　25 辛逸飞　26 徐天友　27 徐文喆
28 徐智昊　29 姚俊韬　30 张继芃　34 李宇凡　35 商羽歌
36 石语嫣　37 宋思远　38 王佳宁　39 薛　隽　40 郑舒元
41 崔峻赫(国)　42 李恩圣(国)

高二年级文理分班后学生名单

高二 1 班

1 陈志伟　2 崔彦博　3 单君翌　4 董　博　5 高　升
6 何进阳　7 姜洪亮　8 李硕森　9 梁禄明　10 刘洪轩
11 刘静远　12 刘思扬　13 刘　天　14 马力天　15 宁运达
16 商士博　17 宋庆辰　18 王性淳　19 伍宇轩　20 邢阡陌
21 邢　阳　22 徐嘉辉　23 薛志鹏　24 杨　卓　25 于博洋
26 袁玮良　27 袁文康　28 张晨翀　29 张子涵　30 种　晟
31 周鼎翕　32 诸兆轩　33 左振斌　34 安　琪　35 常星久
36 贺心蕊　37 雷阆玮　38 黎晓宇　39 刘　超　40 路　絮
41 满文旭　42 沈超洋　43 汤胜男　44 徐　琳　45 杨连昕

46 张嘉懿　47 张书　48 赵美晗　49 赵悦明　50 胡亮

高二 2 班

1 贝帅　2 陈泽晖　3 程浚峰　4 惠弘韬　5 缴越
6 康遵禹　7 李超　8 李立中　9 李想　10 李韫
11 梁思寒　12 刘天祚　13 刘运泽　14 刘志昊　15 吕恩申
16 商遨　17 宋涛　18 宋旭东　19 孙浩洋　20 孙浩羽
21 孙一芃　22 王颖墨　23 王振宇　24 王子晔　25 吴家笑
26 徐罡　27 许恩泽　28 杨天泽　29 于鸿升　30 于潼
31 袁野　32 张宝昌　33 张秋晨　34 张宇滨　35 周嘉诚
36 韩傲雪　37 韩哲　38 纪婷婧　39 李辰雨　40 李垚
41 刘陈　42 刘梦辰　43 刘韵然　44 孟秋菲菲　45 石川淼
46 宋雨濛　47 孙婧宇　48 席凌云　49 阎嘉阳　50 张可心
51 张妍　52 周若昕

高二 3 班

1 常鹏　2 陈宇　3 丁阳　4 高涵　5 高兴
6 郭启文　7 郭亦麟　8 寇忠伟　9 刘加易　10 刘宁
11 吕天一　12 邵尉　13 石宸泽　14 孙佩琳　15 孙晔
16 孙雨翔　17 田锟　18 王程菲　19 王寒晖　20 王赫
21 王倞　22 吴建国　23 辛博达　24 许广雪　25 杨祎程
26 杨子奇　27 殷睿阳　28 朱小彧　29 曹曦冉　30 戴曼琳
31 韩阳　32 侯丽薇　33 姜梦然　34 冷亚美　35 李洁然
36 刘杉杉　37 陆珊　38 邵芃　39 孙颖　40 王浩楠
41 王金阳　42 王潇　43 王雪薇　44 王以申　45 王珍
46 徐一格　47 杨小玥　48 张琦　49 张绮帆　50 张霄
51 赵悦　52 赵梓彤

高二 4 班

1 曹宇　2 高超　3 哈博文　4 韩博伟　5 胡鹏龙
6 李钏溥　7 刘海涛　8 柳文韬　9 马明　10 秦子健
11 时健　12 宋勃宇　13 宋佳澳　14 孙浩植　15 王聃权
16 王宇晨　17 王宇麒　18 王兆其　19 冼烨　20 杨钧渌
21 袁帅　22 张权　23 张舒楠　24 张文正　25 周君梓
26 董婧懿　27 董宇姗　28 董元杰　29 冯紫薇　30 傅若金
31 高孟烨　32 郭思远　33 侯雅宁　34 黄玉姝　35 李曼溪
36 李韵　37 彭思佳　38 戎凤仪　39 万铭　40 徐静怡
41 杨霁萌　42 杨睿乔　43 杨晓蕾　44 尹艺靓　45 俞畅
46 张春泉　47 赵雪　48 郑殊頔　49 周清越

高二 5 班

1 艾思宇　2 白冠男　3 陈天朗　4 李泊萱　5 李浩冉
6 李鸿运　7 李佳霖　8 李晟　9 李硕　10 李晓川

11	李志强	12	汪俊成	13	王　智	14	吴　泼	15	许湛尧
16	杨　潇	17	张涵易	18	张　浩	19	张　可	20	张启明
21	张腾智	22	赵林林	23	陈　乾	24	郭　旭	25	郝　洁
26	黄　菁	27	菅珮艺	28	李文汭	29	李晓娴	30	李心哲
31	李雪娴	32	李逸凡	33	吕梦恬	34	钱梦莹	35	沈　悦
36	王丹薇	37	王冬东	38	王墨丹	39	吴雯玥	40	吴一荻
41	席艺钊	42	徐慧婷	43	许　纳	44	于泽慧	45	张晨歌
46	张　蕊	47	张婉悠	48	赵　梦				

高二 6 班

1	安培博	2	蔡鸿儒	3	陈泊江	4	冯子杰	5	高德君
6	高　鸿	7	廖克寒	8	刘梦瑀	9	刘　玥	10	孟泽皓
11	祁　宇	12	齐德胜	13	任世天	14	王瑞腾	15	王晓楠
16	王鑫雨	17	王子博	18	王　梓	19	夏　恺	20	颜祥禹
21	袁思远	22	张宝琦	23	张　强	24	张　权	25	郑　麒
26	朱　堃	27	陈秋宇	28	程　睿	29	戴雅煦	30	黄家湄
31	李若焓	32	林　芝	33	刘　畅	34	刘　丹	35	刘　茜
36	刘　鑫	37	刘予至	38	师　文	39	孙佳钰	40	田青艳
41	王君傲	42	徐　曼	43	阎雨齐	44	杨　菲	45	杨以宁
46	于　行	47	张恩泽	48	张婧妍	49	周　越	50	朱佳君
51	朱　楠								

高二 7 班

1	陈宏璋	2	杜　瑀	3	冯　旭	4	高志华	5	郎克宁
6	李欣科	7	刘天晟	8	刘泽秋	9	秦楚昂	10	任宇琛
11	田立超	12	王文韬	13	王阳明	14	温思达	15	杨　珖
16	杨　骁	17	伊　超	18	于明哲	19	张呈尧	20	张宏宇
21	张天乐	22	赵东方	23	郑　玥	24	戴碧华	25	侯媛媛
26	李　想	27	李宇静	28	李　峥	29	刘子琪	30	陆子蕊
31	马　列	32	孟凡迪	33	邱　昱	34	任晓彤	35	宋　昊
36	孙艺华	37	谭　欣	38	王雅贤	39	于晓溪	40	张　可
41	张　倩	42	张雅倩	43	赵　特	44	植　率	45	宗婧怡
46	石熙琳(国)	47	金秀玟(国)						

高二 8 班

1	杜立仁	2	高　彭	3	宫澄琦	4	郭明皓	5	惠　钊
6	冀迎峥	7	姜　昊	8	李　称	9	李　坤	10	李子瞻
11	刘　瑞	12	宋文泽	13	孙　靖	14	王　宇	15	索玖鹏
16	王若禹	17	魏建旭	18	徐梓熙	19	杨博进	20	杨丹帅
21	于汉晨	22	张国政	23	张启鹏	24	张　硕	25	赵东方
26	赵向超	27	周振冬	28	柴　爽	29	陈小艺	30	杜　淼
31	葛雅文	32	韩静心	33	黄玉珑	34	靳云轶	35	刘墨涵
36	刘　祎	37	刘迎晨	38	马　擎	39	马　悦	40	穆　頔

41 祁星竹　42 孙 桢　43 吴夏旸　44 徐 仪　45 杨 夕
46 叶 双　47 张博文

高二 9 班

1 毕宇辰　2 何宇斌　3 回玉鹏　4 纪亚琨　5 贾人恺
6 郎伟成　7 刘子赫　8 马泽田　9 马 铮　10 钱 兴
11 宋仁龙　12 宋任飞　13 孙歆垚　14 王世缘　15 王宇辰
16 晏超杰　17 杨俊鹏　18 杨沐明　19 杨 智　20 张 驰
21 张路旸　22 张泽宇　23 安金颖　24 程海苏　25 范梦然
26 冯诗阳　27 何 伟　28 李鹤然　29 李雅文　30 李宇晴
31 梁 睿　32 刘玉涵　33 骆芳怡　34 马 雪　35 王乡月
36 王旭晨　37 王乙然　38 吴可婧　39 杨 璐　40 杨璐嘉
41 杨晓春　42 袁 田　43 张 艾　44 张 晗　45 张露予
46 张曼钰　47 张叔怡　48 张善佑(国)

高二 10 班

1 陈博翰　2 崔晓雨　3 邓宗祥　4 韩 冬　5 姜蕴哲
6 孔润泽　7 李 达　8 李 昊　9 李瑛鑫　10 李元贞
11 林 杰　12 刘晋辰　13 刘宇鹏　14 穆 桐　15 邵 帅
16 孙博文　17 田晓玮　18 王汉卿　19 韦鹏辉　20 吴 鹏
21 杨 旭　22 杨 哲　23 姚智龙　24 姚卓阳　25 张 成
26 张丹阳　27 张 鹏　28 张勇涛　29 赵 赫　30 赵逸旻
31 曹 蕊　32 陈 卓　33 崔凤仪　34 范作岑　35 冯小可
36 付润霞　37 高雅洁　38 郭晓萌　39 胡梦媛　40 纪丽轩
41 李慧媛　42 李娅妮　43 刘 馨　44 吕纯祎　45 王 璐
46 徐宝佳　47 杨穹霄　48 于敏行　49 负婉晴　50 张梅琳
51 李明佺

高二 11 班

1 陈文政　2 郝逸飞　3 贾 明　4 李 辰　5 孙泽华
6 张泽强　7 赵子沐　8 朱跃辰　9 常馨方　10 崔碧竹
11 丁 昊　12 杜宛芝　13 杜晓宇　14 宫欣婷　15 谷 荣
16 黄薏荷　17 刘 畅　18 刘雅欣　19 罗 曼　20 莫谨如
21 石岷艳　22 宋书馨　23 孙晓彤　24 孙雪雁　25 王少菲
26 王亚增　27 文若泓　28 巫若溪　29 吴可菲　30 徐 微
31 杨凌姝　32 杨雨芃　33 杨 煜　34 俞 岚　35 张心仪
36 赵美莹　37 赵 培　38 朱丽琨　39 祝安琪

高二 12 班

1 荆 堃　2 成禹同　3 范宇涛　4 金 睿　5 李宗胤
6 刘敬德　7 王 宇　8 姚 崇　9 张 威　10 赵秋辰
11 安程程　12 常 然　13 谷明明　14 郭逸尘　15 韩伊格
16 和 林　17 康 璐　18 林仲玮　19 刘 璐　20 穆唯雅

21 潘　博　22 任津慧　23 司　维　24 唐荣蕴　25 田米豆
26 王含元　27 王　旭　28 吴晓桐　29 徐宇擎　30 杨晓溪
31 杨　旸　32 张红叶　33 张　晛　34 张瑶琳　35 赵晓昂
36 赵圆圆　37 赵悦含　38 朱　梦　39 祝晗羽　40 孙晓凡(国)

初二年级分班学生名单

八年 1 班

1 程　明　2 冯鑫铭　3 付家琪　4 郭盛楠　5 韩斌
6 何泽霖　7 李家樑　8 刘高智　9 孙真昊　10 项伟鑫
11 杨铠远　12 岳　诚　13 郑　欣　14 陈丕楠　15 董行言
16 冯梓萱　17 龚芳仪　18 华　燚　19 纪欣蕊　20 李爱莲
21 李金芮　22 李美蒨　23 刘一漪　24 孟效合　25 祁晓萌
26 孙　馨　27 温雅妮　28 武小枫　29 姚　彤　30 赵艺霖
31 李修文　32 尹德明　33 孟竑伯(国)

八年 2 班

1 陈垡阁　2 陈逸攀　3 郝长兴　4 黄鹏飞　5 李博浩
6 刘乔松　7 孙玮琦　8 王嘉锐　9 王　能　10 王子曦
11 杨博文　12 由镇泽　13 张　镇　14 朱　喆　15 边小宇
16 曹　楠　17 陈思睿　18 陈心怡　19 段宜辰　20 冯昭朦
21 高欣怡　22 黄　旭　23 李玉如　24 梁彧萱　25 穆葆润
26 王昕慈　27 王雅欣　28 闫　爽　29 张　曼　30 赵金禹
31 孟木子　32 陆根赫(国)　33 权度希(国)

八年 3 班

1 齐冠文　2 李浩铭　3 李培洋　4 刘　斌　5 苗泰民
6 宋天地　7 万睿喆　8 王　辰　9 王子健　10 闫广赫
11 张弘弼　12 赵天元　13 周中天　14 杨明浩　15 房梦飏
16 郭　淳　17 郭芷若　18 胡宇尘　19 回　钰　20 李佳星
21 李　艳　22 李沂凝　23 刘倍嘉　24 刘晓彤　25 马诗佳
26 裴雪君　27 孙　宁　28 孙祎阳　29 王琬琪　30 薛鑫蕾
31 朱博爱　32 王大为　33 石熙玥(国)　34 金秀珍(国)

国家助学金与社会资助

【2010 年国家助学金】 2010 年秋季学期起，南开中学建立国家助学金管理办法。资助面是正式学籍的在校生总数的 10%。2010 年，市财政局、市教委、市学生资助管理中心按照天津市普通高中国家助学金分配计划，下达南开中学资助指标总共 172 人，其中一等助学金 57 人，二等助学金 57 人，三等助学金 58 人。资助标准，一等国家助学金每生每年 2000 元，资助面占资助总人数的三分之一；二等国家助学金每生每年 1500 元，资助面占资助总人数的三分之一；三等国家助学金每生每年 1000

元，资助面占资助总人数的三分之一。12 月底，学校德育处根据实际情况进行名额拆分，下达到高中各年级，实际共有 181 人享受到国家助学金。其中，高一年级 57 人，一、二、三等各占三分之一；高二年级 57 人，一、二、三等各占三分之一；高三年级 67 人，一、二等各 19 人，三等 29 人。

（赵　凯）

【减免学生学费】 2010 年，南开中学部分家庭经济困难学生被获准减免学费就学。依据免缴学杂费的规定，具有天津市普通高中正式注册学籍的在校生，每学期在收缴学杂费前向班主任递交免缴学杂费的申请；班主任将本班级全部免缴学杂费申请送交德育处；德育处审批小组根据学生申请和家庭实际情况的相关证明提出意见，由主管校长签批免缴学杂费学生名单。2010 年上、下两个学期，共审批半免缴学杂费学生 9 人，全免缴学杂费学生 44 人。

（徐锡玲）

【享受社会资助】 2010 年，南开中学部分家庭经济困难学生得到社会各界的资助。其中，天津市总工会困难职工救助中心资助学生 26 人，每人 800 元；天津教育基金（香港）有限公司资助学生 20 人，每人 500 元；中国民生银行天津分行资助学生 5 人，每人每月 200 元（从高一至高三）；退役军人尹琳夫妇资助学生 2 人，每人每年 2000 元（从高一至高三）；中国移动通信集团公司天津分公司一次性资助学生 60 人，每人 1000 元。

（徐锡玲）

2010 年南开中学获奖情况

2 月，南开中学被表彰为“未成年人思想道德建设先进单位”。

3 月，团市委授予南开中学“2009 年天津市学校系统共青团工作先进单位”称号。

5 月，南开中学获得“2010 年度中央电视台英语演讲风采大赛天津赛区最佳组织奖”。

6 月，天津市教育委员会授予南开中学“天津市中小学德育工作先进校”荣誉称号。

6 月，南开中学被天津市教育科学规划领导小组授予“天津市教育科研管理先进单位”称号。

7 月，南开中学党总支被表彰为南开区“先进党总支”。

10 月，南开中学获得“全国学校艺术教育先进单位”称号。

10 月，南开中学获得“德育科研工作先进实验学校”称号。

11 月，南开中学荣获“阳光体育系列活动优秀学校”；荣获“体育教学科研工作优秀学校”；荣获“卫生工作优秀学校”；荣获“体育竞训工作优秀学校”。

12 月，南开中学获南开区阳光体育运动先进单位。

12 月，南开中学获得“天津市历史风貌建筑保护工作先进单位”称号。

（李德志）

新增规章

天津市南开中学教育基金会章程

第一章　总　　则

第一条　本基金会名称为天津市南开中学教育基金会。

第二条　本基金会属于非公募基金会。

第三条　本基金会的宗旨:遵守宪法、法律、法规和国家政策,遵守社会道德风尚,致力于争取国内外企业、社会团体和个人的支持与捐助,加强与校友和社会各界人士的联系,以加快将天津市南开中学建设成为在国内外有影响的高水平学校的进程。

第四条　本基金会的原始基金数额为人民币200万元,来源于天津市南开中学拨付。

第五条　本基金会接受天津市教育委员会的业务指导和天津市社会团体管理局的监督管理。

第六条　本基金会的住所:天津市南开区南开四马路22号南开中学校内。

第二章　业务范围

第七条　本基金会公益活动的业务范围:

(一)筹集基金:接受社会各界、机关、团体、企事业单位和个人的捐赠。

(二)管理基金:通过银行存款、购买并持有债券等方式,科学、规范地运作基金,使基金实现保值增值和连续积累,滚动发展。

(三)使用基金:重点奖励优秀的教师、品学兼优的在校学生、热爱教育事业的管理者、工作者及为南开中学教育事业作出突出贡献的社会人士;依捐赠人意向与支持学校教育事业有关的其他项目。

第三章　组织机构、负责人

第八条　本基金会由5－25名理事组成理事会,并可以聘请若干名荣誉理事。本基金会理事每届任期为五年,任期届满,连选可以连任。

第九条　理事的资格:

(一)拥护本基金会的章程;

(二)有加入本基金会的意愿;

(三)对本基金会有实质性的支持;

第十条　理事的产生和罢免:

(一)第一届理事由业务主管单位、主要捐赠人、发起人分别提名并共同协商确定。

(二)理事会换届改选时,由业务主管单位、理事会、主要捐赠人共同提名候选人并组织换届领导小组,组织全部候选人共同选举产生新一届理事。

(三)罢免、增补理事应当经理事会表决通过,报业务主管单位审查同意。

(四)理事的选举和罢免结果报登记管理机关备案。

第十一条　理事的权利和义务

理事享有下列权利:

(一)本基金会的选举权、被选举权和表决权;

(二)参加本基金会的活动;

(三)对本基金会工作的批评建议权和监督权;

理事履行下列义务:

(一)执行本基金会的决议;

(二)维护本基金会合法权益;

(三)完成本基金会交办的工作;

(四)向本基金会反映情况,提供有关资料;

(五)积极向社会各界宣传本校的教育教学和

创新成果,介绍本校的发展状况;

(六)为本校的建设与发展提供一定的经费和物质支持;

(七)为基金会募集资金。

第十二条 本基金会的决策机构是理事会。

理事会行使下列职权:

(一)制定、修改章程;

(二)选举、罢免理事长、副理事长、秘书长;

(三)决定重大业务活动计划,包括资金的募集、管理和使用计划;

(四)年度收支预算及决算审定;

(五)制定内部管理制度;

(六)决定设立办事机构、分支机构、代表机构;

(七)决定由秘书长提名的副秘书长和各机构主要负责人的聘任;

(八)听取、审议秘书长的工作报告,检查秘书长的工作;

(九)决定基金会的分立、合并或终止;

(十)决定其他重大事项。

第十三条 理事会每年召开两次会议;理事会会议由理事长负责召集和主持。

有三分之一理事提议,必须召开理事会会议。如理事长不能召集,提议理事可推选召集人。

召开理事会会议,理事长或召集人须提前5日通知全体理事、监事。

第十四条 理事会会议须有三分之二以上理事出席方能召开;理事会决议须经出席理事半数通过方为有效。

下列重要事项的决议,须经出席理事表决,三分之二以上通过方为有效:

(一)章程的修改;

(二)选举或者罢免理事长、副理事长、秘书长;

(三)章程规定的重大募捐、投资活动;

(四)基金会的分立、合并。

第十五条 理事会会议应当制作会议记录。形成决议的,应当当场制作会议纪要,并由出席理事审阅、签名。理事会决议违反法律、法规或章程规定,致使基金会遭受损失的,参与决议的理事应当承担责任。但经证明在表决时反对并记载于会议记录的,该理事可免除责任。

第十六条 本基金会设监事7-9名成立监事会;监事任期与理事任期相同,期满可以连任。

第十七条 理事、理事的近亲属和基金会财会人员不得任监事。

第十八条 监事的产生和罢免:

(一)监事由主要捐赠人、业务主管单位分别选派;

(二)登记管理机关等单位根据工作需要选派;

(三)监事的变更依照其产生程序。

第十九条 监事的权利和义务:

监事依照章程规定的程序检查基金会的财务和会计资料,监督理事会遵守法律和章程的情况。

监事列席理事会会议,有权向理事会提出质询和建议,并应当向登记管理机关、业务主管单位以及税务、会计主管部门反映情况。

监事应当遵守有关法律法规和基金会章程,忠实履行职责。

第二十条 本基金会领取报酬的理事不得超过理事总人数的三分之一。监事和未在基金会担任专职工作的理事不得从基金会获取报酬。

第二十一条 本基金会理事遇有个人利益与基金会利益关联时,不得参与相关事宜的决策;基金会理事、监事及其近亲属不得与基金会有任何交易行为。

第二十二条 理事会设理事长、副理事长和秘书长,从理事中选举产生。

第二十三条 本基金会理事长、副理事长、秘书长必须符合以下条件:

(一)在本基金会业务领域内有较大影响;

(二)理事长、副理事长、秘书长最高任职年龄不超过70周岁,秘书长为专职;

(三)身体健康,能坚持正常工作;

(四)具有完全民事行为能力。

第二十四条 有下列情形之一的人员,不能担任本基金会的理事长、副理事长、秘书长:

(一)属于现职国家工作人员的;

(二)因犯罪被判处管制、拘役或者有期徒刑,刑期执行完毕之日起未逾5年的;

(三)因犯罪被判处剥夺政治权利正在执行期间或者曾经被判处剥夺政治权利的;

(四)曾在因违法被撤销登记的基金会担任理事长、副理事长或者秘书长,且对该基金会的违法行为负有个人责任,自该基金会被撤销之日起未逾5年的。

第二十五条 本基金会的理事长、副理事长、秘书长每届任期5年,连任不得超过两届。因特殊情况需超届连任的，须经理事会特殊程序表决通过，报业务主管单位审查并经登记管理机关批准同意后，方可任职。

第二十六条 本基金会理事长为基金会法定代表人。

本基金会法定代表人不得兼任其他组织的法定代表人。

本基金会法定代表人应当由中国内地居民担任。

本基金会法定代表人在任期间，基金会发生违反《基金会管理条例》和本章程的行为，法定代表人应当承担相关责任。因法定代表人失职，导致基金会发生违法行为或基金会财产损失的，法定代表人应当承担个人责任。

第二十七条 本基金会理事长行使下列职权：

（一）召集和主持理事会会议；

（二）检查理事会决议的落实情况；

（三）代表基金会签署重要文件。

本基金会副理事长、秘书长在理事长领导下开展工作，秘书长行使下列职权：

（一）主持开展日常工作，组织实施理事会决议；

（二）组织实施基金会年度公益活动计划；

（三）拟定资金的筹集、管理和使用计划；

（四）拟定基金会的内部管理规章制度，报理事会审批；

（五）提议聘任或解聘副秘书长以及财务负责人，报理事会决定；

（六）章程和理事会赋予的其他职权。

第四章 财产的管理和使用

第二十八条 本基金会为非公募基金会，本基金会的收入来源于：

（一）政府资助；

（二）捐赠；

（三）利息和投资收益；

（四）其他合法收入。

第二十九条 本基金会的财产及其他收入受法律保护，任何单位、个人不得侵占、私分、挪用；领导成员及工作人员不得收取任何形式的回报，不得索取回扣。

第三十条 本基金会根据章程规定的宗旨和公益活动的业务范围使用财产；捐赠协议明确了具体使用方式的捐赠，根据捐赠协议的约定使用。

接受捐赠的物资无法用于符合本基金会宗旨的用途时，基金会可以依法拍卖或者变卖，所得收入用于捐赠目的。

第三十一条 本基金会财产主要用于：

（一）奖励作出突出贡献的优秀教师、品学兼优的在校学生、优秀的教育工作者及为教育事业作出突出贡献的社会人士；

（二）依捐赠者的意愿与支持学校教育事业有关的其他项目。

第三十二条 本基金会的重大募捐、投资活动是指：

（一）接受100万元以上（含100万）人民币的募捐活动；

（二）100万元以上（含100万）人民币的投资活动。

第三十三条 本基金会按照合法、安全、有效的原则实现基金的保值、增值。

本基金会每年用于从事章程规定的公益事业支出，不得低于上一年基金会余额的8%，本基金会工作人员工资福利和行政办公支出不得超过当年总支出的10%。

第三十四条 本基金会开展公益资助项目，应当向社会公开所开展的公益资助项目种类以及申请、评审程序。

第三十五条 捐赠人有权向本基金会查询捐赠财产的使用、管理情况，并提出意见和建议。对于捐赠人的查询，基金会应当及时如实答复。

本基金会违反捐赠协议使用捐赠财产的，捐赠人有权要求基金会遵守捐赠协议或者向人民法院申请撤销捐赠行为、解除捐赠协议。

第三十六条 本基金会可以与受助人签订协议，约定资助方式、资助数额以及资金用途和使用方式。

本基金会有权对资助的使用情况进行监督。受助人未按协议约定使用资助或者有其他违反协议情形的，本基金会有权解除资助协议。

第三十七条 本基金会应当执行国家统一的会计制度，依法进行会计核算、建立健全内部会计监督制度，保证会计资料合法、真实、准确、完整。

本基金会接受税务、会计主管部门依法实施的税务监督和会计监督。

第三十八条 本基金会配备具有专业资格的会计人员。会计不得兼任出纳。会计人员调动工作或离职时，必须与接管人员办清交接手续。

第三十九条 本基金会每年1月1日至12月31日为业务及会计年度，每年3月31日前，理事会对下列事项进行审定：

（一）上年度业务报告及经费收支决算；

（二）本年度业务计划及经费收支预算；

（三）财产清册。

第四十条 本基金会进行年检、换届、更换法定代表人以及清算，应当进行财务审计。

第四十一条 本基金会按照《基金会管理条例》规定接受登记管理机关组织的年度检查。

第四十二条 本基金会通过登记管理机关和年度检查后，将年度工作报告在登记管理机关指定的媒体上发布，接受社会公众的查询、监督。

第五章 终止和剩余财产处理

第四十三条 本基金会有以下情形之一，应当终止：

（一）完成章程规定的宗旨的；

（二）无法按照章程规定的宗旨继续从事公益活动的；

（三）基金会发生分立、合并的。

第四十四条 本基金会终止，应在理事会表决通过后15日内，报业务主管单位审批同意。经业务主管单位审查同意后15日内，向登记管理机关申请注销登记。

第四十五条 本基金会办理注销登记前，应当在登记管理机关、业务主管单位的指导下成立清算组织，完成清算工作。

本基金会应当自清算结束之日起15日内，向登记管理机关办理注销登记；在清算期间不开展清算以外的活动。

第四十六条 本基金会注销后的剩余财产，应当在业务主管单位和登记管理机关的监督下，通过以下方式用于公益目的：

（一）转入南开中学财务账户，用于支持学校教育教学设施的建设，奖励作出突出贡献的优秀教职工和品学兼优的在校学生；

（二）按照捐赠人意愿，用于学校教育事业有关的项目使用。无法按照上述方式处理的，由登记管理机关组织捐献给与本基金会性质、宗旨相同的社会公益组织，并向社会公告。

第六章 章程修改

第四十七条 本章程的修改，须经理事会表决通过后15日内，报业务主管单位审查同意。经业务主管单位审查同意后，报登记管理机关核准。

第七章 附　　则

第四十八条 本章程经2010年7月27日理事会表决通过。

第四十九条 本章程的解释权属于本基金会理事会。

第五十条 本章程自登记管理机关核准之日起生效。

天津市南开中学教育基金会财务管理暂行规定

为规范基金会财务管理，严格财务支出，确保资金安全，依据《天津市南开中学教育基金会章程》制定本暂行规定。

一、财务管理体制

（一）基金会理事会定期审议基金会财务工作报告，并决定财务工作中的重大问题。在理事会休会期间，由理事长授权秘书长负责日常工作。

（二）本会配备具有专业资格的会计人员。会计不得兼任出纳。会计人员必须进行会计核算，实行会计监督。会计人员调动工作或离职时，必须与接管人员办清交接手续。

（三）本会的资产管理必须执行国家规定的财

务管理制度,接受理事会、监事会和财政部门的监督。天津市社会团体管理局每年指定会计师事务所对基金会账目进行审计。

(四)本会换届和变更法定代表人之前,必须接受社团登记管理机关和业务主管单位组织的财务审计。

二、收入管理

(一)按照中国人民银行的有关规定,教育基金会设立本会专用的人民币账户和外汇账户。本会资金的使用将严格按照本会业务范围的规定,不得挪作他用,并严格执行会计和审计制度。

(二)基金的募集和使用要经过基金会理事会审批。每年定期公布收支账目。

(三)资金进入基金会后,应单立科目、单设账户,并严格按照捐赠单位(捐款人)与本会(或学校相关部门)签署的捐赠协议执行。按照协议要求,定期向捐赠单位(捐款人)报告该基金的使用情况。

三、支出管理

(一)定向捐款的资助项目

由基金会按照捐赠单位(捐款人)与本会(或学校相关部门)签署的捐赠协议执行,捐赠协议在双方负责人签字后生效。凡协议中已列明资金使用范围、金额和支付时间的,在协议生效后即执行。由本会秘书长和有关责任人批准后办理支出手续。

(二)非定向捐款的资助项目

资助项目在2万元以下(含2万元)的,由秘书长签批;资助项目在2万元以上,20万元以下(含20万元)的,由理事长签批;资助项目在20万元以上的,须经理事会批准后,由理事长签批。

(三)基金管理费的支付

1. 基金管理费用包括基金会行政办公支出、工作人员工资福利等。

2. 基金管理费用一般限制在当年总支出的10%以内列支。

四、资金运作

资金运作项目须经理事会通过,在确保资金安全的基础上力求资金增值。

五、本规定由天津市南开中学教育基金会2010年7月27日第一届理事会会议表决通过并颁发执行。

天津市南开中学教育基金会
重大活动事先报告制度实施办法

根据《基金会管理条例》《天津市南开中学教育基金会章程》的有关规定和《关于社会团体重大活动事先报告制度有关问题的通知》要求,结合本会实际情况,规范本会日常管理,建立公开、透明、高效、公信力高的基金会,特制定本办法。

一、决策机构:本会理事会。

二、重大活动的范围:

(一)本会召开换届、改选、增补主要负责人的会议,以及决定由秘书长提名的副秘书长、财务会计等人员的聘任的会议;

(二)本会召开的制定和修改章程、制定内部管理制度的会议;

(三)本会召开的年度收支预算及决算审定的会议;

(四)本会召开的决定设立办事机构、分支机构、代表机构的会议,及其成立大会;

(五)决定本会的分立、合并和终止的会议;

(六)本会举行的重大的庆典纪念活动;

(七)本会举行的决定其他重大事项的会议;

(八)本会举办的涉及重大政治、经济、理论等方面的跨组织、跨地区的学术活动以及较大影响的社会活动;

(九)本会的涉外活动。其中包括:

1. 吸收境外人士担任名誉职务的活动;

2. 与境外社团组织合作或联合举办的活动;

3. 接受境外社团组织或境外人士捐赠的活动;

4. 邀请境外社团组织或境外人士参加的活动;

5. 以本基金会名义组织的境外学习、考察活动等。

三、报告程序:

1. 由本基金会按所需报告的事项填写相关备案表。

2. 备案表由秘书长审核批准。

3. 报送天津市教育委员会和天津市社会团体管理局。

四、本办法由天津市南开中学教育基金会2010年7月27日第一届理事会会议表决通过并颁发执行。

天津市南开中学教育基金会档案管理暂行办法

第一条 为规范基金会管理，提高基金会管理、服务水平，秘书长安排专人负责本会文件材料的归档、管理工作。

第二条 档案分类。

根据案件内容、业务项目等因素，将基金会档案分为：基金会章程制度、基金会会议材料、捐赠项目材料、上级部门文件、领导批示、会计凭证、年度报告、其他文档等八大类，各类档案根据项目不同分别立卷，若需要可在卷内分目。

第三条 档案名称及编号。

基金会档案根据不同分类、卷次和目次进行统一格式命名、编号，同类不同卷的档案的命名和编号前缀必须一致，同卷不同目的档案的命名和编号前缀必须一致。

第四条 归档与档案清理。归档的文件材料必须齐全、完整、准确、真实、系统、签署完备。

1. 归档文件，应依类别、卷次、目次号顺序以活页方式装订于相关类别的档夹内，并视实际需要使用“见出纸”注明目次号码。

2. 档夹的背脊应标明档夹内所含案件的分类编号及名称。

第五条 保存期限。文件保存期限除政府有关法令或本基金会其他规定外，依下列规定办理：

1. 永久保存：(1)基金会章程；(2)各届理事会成员名簿；(3)基金会相关规程及办事细则；(4)理事会会议记录；(5)基金会年度工作报告；(6)上级机关核准文件；(7)其他经核定须永久保存的文书。

2. 10年保存：(1)预算、决算书类；(2)会计凭证；(3)基金会总结、计划资料；(4)期满或解除之合约；(5)其他经核定须保存10年的文书。

3. 1年保存：结案后无长期保存必要者。

第六条 年度结束后，所有档案资料应于次年三月底前全部分类归档入库。

第七条 本办法由天津市南开中学教育基金会2010年7月27日第一届理事会会议表决通过并颁发执行。

天津市南开中学教育基金会会议管理制度

第一条 为规范基金会会议管理，提高会议质量，依据《天津市南开中学教育基金会章程》的有关规定，特制定本管理制度。

第二条 理事会每年至少召开两次会议。理事会会议由理事长负责召集和主持。

有三分之一理事提议，必须召开理事会议。如理事长不能召集，提议理事可推选召集人。

第三条 召开理事会会议，理事长或召集人需提前5日通知全体理事、监事会，并做好会议的组织准备工作。

监事会主席、副主席应当列席理事会会议。

第四条 理事、监事会主席、副主席在接到会议通知后，应当做好准备，准时参加会议。如确因特殊原因不能出席的，须指派相关人员参加。

第五条 理事会会议须有三分之二以上理事出席方能召开；理事会决议须经出席理事过半数通过方为有效。

下列重要事项的决议须经出席理事表决，三分之二以上理事通过方为有效：

1. 章程的修改；

2. 选举或者罢免理事长、副理事长、秘书长；

3. 章程规定的重大募捐、投资活动；

4. 基金会的分立、合并。

第六条 理事会议应当制作会议记录。形成决议的，应当当场制作会议纪要，并由出席会议的理事审议、签名。理事会决议违反法律、法规或章程规定，致使基金会遭受损失的，参与决议的理事应当承担责任。但经证明在表决时反对并记载于会议记录的，该理事可免除责任。

会议记录和会议纪要等要做好归档工作。

第七条 本管理制度经基金会第一届理事会于2010年7月27日表决通过并颁发执行。

天津市南开中学教育基金会印章使用管理暂行办法

第一条 为完善基金会的制度建设，规范工作行为，提高工作效率，保证印章使用的严肃性、合法性和规范性，依据《基金会管理条例》和《天津市南开中学教育基金会章程》的有关规定，特制定本暂行办法。

第二条 基金会公章、财务印章，须由基金会秘书长依照相关法律法规的规定，统一报批（报备）刻制，办事机构及个人严禁私自刻章。

第三条 印章刻就后，由基金会秘书长发文启用。并报送主管部门备案。必要时，由基金会对外发布相关公告。

第四条 所有印章由秘书长安排专人妥善保管，实行印章使用登记签批制度，平日随用随锁，不得将印章带离办公室。特殊情况，确需携带的，须经主管领导书面或口头批准。

第五条 公文用印，凭签发人的签字用印。

第六条 凡签署具有法律责任的合同、协议等，须经秘书处统一核稿、法律顾问认可后，方可办理领导签批手续，加盖基金会印章。

第七条 凡以基金会名义对上、对外行文、发函，只能加盖基金会印章。

第八条 当名称变更或机构撤销时，印章即行停用。停用印章要发文通知有关单位，并在通知中说明原因。必要时，对外发布相关公告。

第九条 未经相应批准程序使用印章或伪制印章，要追究当事人的相应责任；造成严重后果的，要提请有关机关追究当事人的法律责任。

第十条 对暂停使用的印章由秘书处封存。旧印章在更换时上交，或经理事长批准后销毁。

第十一条 本办法由天津市南开中学教育基金会负责解释。

第十二条 本办法由天津市南开中学教育基金会2010年7月27日第一届理事会会议表决通过并颁发执行。

天津市南开中学教育基金会证书使用管理暂行办法

第一条 为便于本基金会：《基金会法人登记证书》、《组织机构代码证》、《税务登记证》（以下简称“三证”）的使用、管理，特制定本暂行办法。

第二条 根据《社会团体登记管理条例》（国务院令第250号）和《基金会管理条例》，《基金会法人登记证书》的使用范围为：

（1）申请组织机构代码；（2）刻制印章、办理机动车船牌照；（3）申办有关社会保险事宜；（4）开立银行账户、贷款；（5）申办税务登记、减免税收及其他优惠；（6）法律诉讼、公证事宜；（7）人事调动和工资管理事宜；（8）申办海关事宜；（9）有关部门要求基金会出示《基金会法人登记证书》的其他事宜。不在使用范围内的事项不得使用。

第三条 根据全国组织机构代码管理中心的

相关规定,《组织机构代码证》主要应用于银行账户管理、税收征管、计划统计、物资调拨、知识产权、车辆管理等方面。不在使用范围内的事项不得使用。

第四条 根据有关规定,《税务登记证》主要用于:(1)开立银行账户;(2)申请减税、免税、退税;(3)申请办理延期申报、延期缴纳税款;(4)领购发票;(5)其他有关税务事项。不在使用范围内的事项不得使用。

第五条 基金会一般只提供三证副本复印件。使用须经得秘书长同意,重大事项须由理事长批准,或由理事会审议经理事长签批后方可使用。

第六条 如需借用证书副本或在证书副本复印件上加盖基金会公章,须由所在单位或个人提出书面申请,单位及主管部门负责人审核签字后,由秘书处报请理事长审批,或由理事会审议经理事长签批。借用副本的还须写明借用期限及归还日期。

第七条 三证管理权为基金会秘书长,由秘书长负责安排年检和变更事宜。

第八条 本办法由天津市南开中学教育基金会2010年7月27日第一届理事会会议表决通过并颁发执行。

第九条 本办法由基金会负责解释。

天津市南开中学学习研究周恩来小组章程

第一章 总 则

第一条 为学习、研究、宣传和弘扬天津市南开中学(以下简称南开中学)杰出校友周恩来的精神和事迹,引导广大师生以周恩来为人生楷模,为国家的经济社会发展培养造就更多的德、智、体、美全面发展的优秀人才,经南开中学党总支批准成立天津市南开中学学习研究周恩来小组(以下简称"学习研究小组")。

第二条 学习研究小组为南开中学师生和校友组成的群众性学术团体,在南开中学理事会的指导下开展工作。

第三条 学习研究小组的工作宗旨是充分利用南开中学现存的丰富史料,并与相关机构、团体合作,搜集、整理、学习、研究周恩来青少年时期的成长轨迹,学习周恩来的理论思想、人格魅力、精神风范、品德作风,使周恩来精神弘扬光大、代代相传。

第二章 组 织

第四条 学习研究小组由热心并有志于学习、研究、弘扬周恩来精神的南开中学师生、校友申请加入。

第五条 学习研究小组设组长一人,副组长若干人。设秘书长、副秘书长若干人。

第六条 学习研究小组可聘请周恩来的亲属以及生前身边工作人员、知名校友和社会知名人士为学习研究小组的名誉组长和顾问。

第七条 学习研究小组组长交办的日常事务由南开中学德育处办理。

第三章 任 务

第八条 搜集、整理、出版有关周恩来生平业绩、伟大思想的历史史料,组织介绍周恩来精神和事迹的相关书籍、教材的编撰工作。

第九条 利用报刊、网络、广播、板报、党课、团课等形式广泛宣传周恩来的精神和事迹,协同《新敬业》编辑部开辟"学习校友周恩来"专栏,负责相关稿件的征集和编辑。

第十条 组织学习、研讨活动,研究周恩来成长历程和他的伟大思想。

第十一条 参与、协助"周恩来班"的创建并开展活动。

第十二条 组织研究交流及其他活动,每学期组织活动四次以上。

第四章 成员的权利和义务

第十三条 学习研究小组成员应当遵守小组纪律,主动承担工作任务。

第十四条 学习研究小组成员应当关心小组的工作,积极支持并参加小组活动,及时反馈情况和意见。

第十五条 学习研究小组成员有权得到小组提供的有关资料及书刊。

第十六条 学习研究小组成员有权对小组的工作提出建议。

第十七条 学习研究小组成员应当率先垂范,积极弘扬周恩来精神,不断提高自身的思想素养,在学习、工作中创先争优。

第五章 附 则

第十八条 学习研究小组的地址为天津市南开区南开四马路22号。

第十九条 本章程自学习研究小组成立之日起生效。

天津南开校史研究中心章程

第一章 总 则

第一条 本单位的名称是:天津南开校史研究中心。

第二条 本单位的性质是:由天津市南开中学利用非国有资产、自愿举办、从事非营利性的学习、研究南开中学校史,传播和普及南开中学校情知识及学校优良文化传统的社会组织。

第三条 本单位的宗旨是:遵守宪法、法律、法规和国家政策,遵守社会道德风尚,单位设立的目的是开展南开中学校史的理论与实践问题研究,推动校史编写,正确总结学校改革和发展的经验教训,探索基础教育发展规律,坚持理论和实践相结合,深入挖掘校史的内涵。

第四条 本单位的登记管理机关是天津市社团管理局;本单位的业务主管单位是天津市社会科学界联合会。

第五条 本单位的住所地是天津市南开区南开四马路22号。

第六条 本章程中的各项条款与法律、法规、规章不符的,以法律、法规、规章的规定为准。

第二章 举办者、开办资金和业务范围

第七条 本单位的举办者是:天津市南开中学。

举办者享有下列权利:

(一)了解本单位经营状况和财务状况;

(二)推荐理事和监事;

(三)有权查阅理事会会议记录和本单位财务会计报告。

第八条 本单位开办资金:30万元;出资来源:由天津市南开区南开校友培训学校捐赠30万元。

第九条 本单位的业务范围:

(一)学校校史、校志文化、校史相关课题的研究和宣传以及学校年鉴、校史、校志的编撰;

(二)学校名人档案的建设、学校校史馆的新建设和接待;

(三)校史档案馆网站的建设和维护;

(四)开展南开中学校史相关研究、相关的活动等。

第三章 组织管理制度

第十条 本单位设理事会,其成员为15人。理事会是本单位的决策机构。

理事由举办者(包括出资者)、职工代表(由全体职工推举产生)及有关单位(业务主管单位)推选产生。

理事每届任期四年,任期届满,连选可以连任。

第十一条 理事会行使下列事项的决定权:

(一)修改章程;

(二)业务活动计划;

(三)年度财务预算、决算方案;

(四)增加开办资金的方案;

（五）本单位的分立、合并或终止；

（六）聘任或者解聘本单位主任和其提名聘任或者解聘的本单位副主任及财务负责人；

（七）罢免、增补理事；

（八）内部机构的设置；

（九）制定内部管理制度；

（十）从业人员的工资报酬。

第十二条 理事会每年召开两次会议。有下列情形之一，应当召开理事会会议：

（一）理事长认为必要时；

（二）三分之一以上理事联名提议时。

第十三条 理事会设理事长 1 名，副理事长 4 名。理事长、副理事长由理事会以全体理事会的过半数选举产生或罢免。

第十四条 副理事长协助理事长工作，理事长不能行使职权时，由理事长指定的副理事长代其行使职权。

第十五条 召开理事会会议，应于会议召开 10 日前将会议的时间、地点、内容等一并通知全体理事。理事因故不能出席，可以书面委托其他理事代为出席理事会，委托书必须载明授权范围。

第十六条 理事会会议应由二分之一以上的理事出席方可举行。理事会会议实行一人一票制。理事会作出决议，必须经全体理事的过半数通过。

下列重要事项的决议，须经全体理事的三分之二以上通过方为有效：

章程的修改；

本单位的分立、合并或终止。

第十七条 理事会会议应当制作会议记录。形成决议的，应当当场制作会议纪要，并由出席会议的理事审阅、签名。理事会决议违反法律、法规或章程规定，致使本单位遭受损失的，参与决议的理事应当承担责任。但经证明在表决时反对并记载于会议记录的，该理事可免除责任。

理事会记录由理事长指定的人员存档保管。

第十八条 理事长行使下列职权：

（一）召集和主持理事会议；

（二）检查理事会决议的实施情况；

（三）法律、法规和本单位章程规定的其他职权。

第十九条 本单位主任对理事会负责，并行使下列职权：

（一）主持单位的日常工作，组织实施理事会的决议；

（二）组织实施单位年度业务活动计划；

（三）拟订单位内部机构设置的方案；

（四）拟定内部管理制度；

（五）提请聘任或解聘本单位副职和财务负责人；

（六）聘任或解聘内设机构负责人。

第二十条 本单位设立监事会，成员为三人。

监事任期与理事任期相同，任期届满，连选可以连任。

第二十一条 监事在举办者（包括出资者）、本单位从业人员或有关单位推荐的人员中产生或更换。监事会中的从业人员代表由单位从业人员民主选举产生。

本单位理事、主任及财务负责人，不得兼任监事。

〔有关单位主要指业务主管单位〕

第二十二条 监事会或监事行使下列职权：

（一）检查本单位财务；

（二）对本单位理事、主任违反法律、法规或章程的行为进行监督；

（三）当本单位理事、主任的行为损害本单位的利益时，要求其予以纠正；

监事列席理事会会议。

第二十三条 监事会会议实行一人一票制。监事会决议须经全体监事过半数表决通过，方为有效。

第四章 法定代表人

第二十四条 本单位的法定代表人为理事长或副理事长。

第二十五条 有下列情形之一的，不得担任本单位的法定代表人：

（一）无民事行为能力或者限制民事行为能力的；

（二）正在被执行刑罚或者正在被执行刑事强制措施的；

（三）正在被公安机关或者国家安全机关通缉的；

（四）因犯罪被判处刑罚，执行期满未逾 3 年，或者因犯罪被判处剥夺政治权利，执行期满未逾 5 年的；

（五）担任因违法被撤销登记的民办非企业单位的法定代表人，自该单位被撤销登记之日起未逾3年的；

（六）非中国内地居民的；

（七）法律、法规规定不得担任法定代表人的其他情形。

第五章　资产管理、使用原则及劳动用工制度

第二十六条　本单位经费来源：

（一）开办资金；

（二）政府资助；

（三）在业务范围内开展服务活动的收入；

（四）利息；

（五）捐赠；

（六）其他合法收入。

第二十七条　民办非企业单位经费必须用于章程规定的业务范围和事业的发展，盈余不得分红。

第二十八条　执行《民间非营利组织会计制度》，依法进行会计核算，建立健全内部会计监督制度，保证会计资料合法、真实、准确、完整。

接受税务、会计主管部门依法实施的税务监督和会计监督。

第二十九条　配备具有专业资格的会计人员。会计不得兼出纳。会计人员调动工作或离职时，必须与接管人员办清交接手续。

第三十条　本单位换届或更换法定代表人之前必须进行财务审计。

第三十一条　本单位按照《民办非企业单位登记管理暂行条例》的规定，自觉接受登记管理机关组织的年度检查。

第三十二条　本单位劳动用工、社会保险制度按国家法律、法规及国务院劳动保障行政部门的有关规定执行。

第六章　章程的修改

第三十三条　本章程的修改，须经理事会表决通过后15日内，报业务主管单位审查同意，自业务主管单位审查同意之日起30日内，报登记管理机关核准。

第七章　终止和终止后资产处理

第三十四条　本单位有下列情形之一的，应当终止：

（一）完成章程规定宗旨的；

（二）无法按照章程规定的宗旨继续开展活动的；

（三）发生分立、合并的；

（四）自行解散的。

第三十五条　本单位终止，应当在理事会表决通过后15日内，报业务主管单位审查同意。

第三十六条　本单位办理注销登记前，应当在登记管理机关、业务主管单位和有关机关的指导下成立清算组织，清理债权债务，处理剩余财产，完成清算工作。

剩余财产，应当按照有关法律、法规的规定处理。清算期间，不进行清算以外的活动。

本单位应当自完成清算之日起15日内，向登记管理机关办理注销登记。

第三十七条　本单位自登记管理机关发出注销登记证明文件之日起，即为终止。

第八章　附　则

第三十八条　本章程经2010年10月13日理事会表决通过。

第三十九条　本章程的解释权属理事会。

第四十条　本章程自登记管理机关核准之日起生效。

天津市南开中学校友会章程

第一章　总　　则

第一条　本团体的名称:天津市南开中学校友会,英文译名:TIANJIN NANKAI HIGH SCHOOL ALUMNUS ASSOCIATION,缩写 TNHSAA.

第二条　本团体的性质:本会是在天津的南开中学校友自愿结成的联合性、非营利性的社会组织,是校友与母校沟通的桥梁,在南开中学支持下开展活动。

第三条　本团体的宗旨:继承发扬南开中学爱国、爱校的优良传统,广泛团结海内外校友,加强联系,增进友谊与合作,促进母校的发展;遵守宪法、法律、法规、政策,弘扬社会主义道德风尚,构建社会主义和谐社会,加强两岸的沟通,为祖国的现代化建设和和平统一大业作出贡献。

第四条　本团体接受业务主管单位天津市教育委员会的业务指导和社团登记管理机关天津市社会团体管理局的监督管理。

第五条　本团体的住所:天津市南开区南开四马路 22 号,天津市南开中学校内伯苓楼。

第二章　业务范围

第六条　本团体的业务范围:

(一)广泛联系国内、外校友,关心祖国建设,支持母校发展。

(二)开展有利于天津经济社会发展和促进南开中学事业进步的技术开发和服务。

(三)发挥南开中学校友会宝贵的人才资源,开展社会力量办学和人才培训。

第三章　会　　员

第七条　本团体会员为个人会员。

第八条　申请加入本团体的会员,必须具备下列条件:

(一)拥护本团体的章程;

(二)有加入本团体的意愿;

(三)在本团体的业务领域内具有一定的影响;

(四)凡曾在天津南开中学(含私立南开中学堂、天津南开学校、天津市私立南开中学、天津市第十五中学)、第二南开中学(含南开女中、女七中、医大附中、东方红中学)、重庆南开中学、四川自贡蜀光中学、天津市南开翔宇学校等学习或工作过的在津校友,均可自愿入会。

第九条　会员入会的程序是:

(一)提交入会申请书;

(二)经理事会讨论通过;

(三)由理事会或理事会授权的机构发给会员证。

第十条　会员享有下列权利:

(一)本团体的选举权、被选举权和表决权;

(二)参加本团体的活动;

(三)获得本团体服务的优先权;

(四)对本团体工作的批评建议权和监督权;

(五)入会自愿、退会自由。

第十一条　会员履行下列义务:

(一)执行本团体的决议;

(二)维护本团体合法权益;

(三)完成本团体交办的工作;

(四)按规定交纳会费;

(五)向本团体反映情况,提供有关资料。

第十二条　会员退会应书面通知本团体,并交回会员证。会员如果一年不交纳会费或不参加本团体活动的,视为自动退会。

第十三条　会员如有严重违反本章程的行为,经理事会或常务理事会表决通过,予以除名。

第四章　组织机构和负责人产生、罢免

第十四条　本团体的最高权力机构是会员代表大会,会员代表大会的职权是:

(一)制定和修改章程;

(二)选举和罢免理事;

(三)审议理事会的工作报告和财务报告;

(四)决定终止事宜;

(五)决定其他重大事宜。

第十五条 会员代表大会须有三分之二以上的会员代表出席方能召开，其决议须经到会会员代表半数以上表决通过方能生效。

第十六条 会员代表大会每届四年。因特殊情况需提前或延期换届的，须由理事会表决通过，报业务主管单位审查并经社团登记管理机关批准同意。但延期换届最长不超过一年。

第十七条 理事会是会员代表大会的执行机构，在闭会期间领导本团体开展日常工作，对会员代表大会负责。

第十八条 理事会的职权是：

（一）执行会员代表大会的决议；

（二）选举理事长 1 人、副理事长 1 - 6 人、秘书长 1 人；罢免理事长、副理事长、秘书长；

（三）筹备召开会员代表大会；

（四）向会员代表大会报告工作和财务状况；

（五）决定会员的吸收或除名；

（六）决定设立办事机构、分支机构和实体机构；

（七）决定副秘书长、各机构主要负责人的聘任；

（八）领导本团体各机构开展工作；

（九）制定内部管理制度；

（十）决定其他重大事项。

第十九条 理事会须有三分之二以上理事出席方能召开，其决议须经到会理事三分之二以上表决通过方能生效。

第二十条 理事会每年至少召开一次会议。

第二十一条 本团体设立常务理事会。常务理事会由理事会选举产生，在理事会闭会期间行使第十八条第一、三、五、六、七、八、九项的职权，对理事会负责（常务理事人数不超过理事人数的三分之一）。

第二十二条 常务理事会须有三分之二以上常务理事出席方能召开，其决议须经到会常务理事三分之二以上表决通过方能生效。

第二十三条 常务理事会至少半年召开一次会议。

第二十四条 本团体的理事长、副理事长、秘书长必须具备下列条件：

（一）坚持党的路线、方针、政策、政治素质好；

（二）在本团体业务领域内有较大影响；

（三）理事长、副理事长、秘书长最高任职年龄不超过 70 周岁，秘书长为专职；

（四）身体健康，能坚持正常工作；

（五）未受过剥夺政治权利的刑事处罚的；

（六）具有完全民事行为能力。

第二十五条 本团体理事长、副理事长、秘书长如超过最高任职年龄的，须经理事会表决通过，报业务主管单位审查并经社团登记管理机关批准同意后，方可任职。

第二十六条 本团体理事长、副理事长、秘书长任期四年。理事长、副理事长、秘书长任期最长不得超过两届。因特殊情况需延长任期的，须经会员代表大会三分之二以上会员代表表决通过，报业务主管单位审查并经社团登记管理机关批准同意后方可任职。

第二十七条 本团体法定代表人由常务副理事长担任，代表本会签署有关重要文件。

本团体法定代表人不兼任其他团体的法定代表人。

第二十八条 本团体理事长行使下列职权：

（一）召集和主持理事会（或常务理事会）；

（二）检查会员代表大会、理事会（或常务理事会）决议的落实情况。

第二十九条 本团体秘书长行使下列职权：

（一）主持办事机构开展日常工作，组织实施年度工作计划；

（二）协调各分支机构，实体机构开展工作；

（三）提名副秘书长以及各办事机构、分支机构和实体机构主要负责人，交理事会或常务理事会决定；

（四）决定办事机构、实体机构专职工作人员的聘用；

（五）处理其他日常事务。

第五章　资产管理、使用原则

第三十条 本团体经费来源：

（一）会费；

（二）捐赠；

（三）政府资助；

（四）在核准的业务范围内开展活动或服务的收入；

（五）利息；

（六）其他合法收入。

第三十一条 本团体按照国家有关规定收取会员会费。

第三十二条 本团体经费必须用于本章程规定的业务范围和事业的发展，不得在会员中分配。

第三十三条 本团体建立严格的财务管理制度，保证会计资料合法、真实、准确、完整。

第三十四条 本团体配备具有专业资格的会计人员。会计不得兼任出纳。会计人员必须进行会计核算，实行会计监督。会计人员调动工作或离职时，必须与接管人员办清交接手续。

第三十五条 本团体的资产管理必须执行国家规定的财务管理制度，接受会员代表大会和财政部门的监督。资产来源属于国家拨款或者社会捐赠、资助的，必须接受审计机关的监督，并将有关情况以适当方式向社会公布。

第三十六条 本团体换届或更换法定代表人之前必须接受社团登记管理机关和业务主管单位组织的财务审计。

第三十七条 本团体的资产，任何单位、个人不得侵占、私分和挪用。

第三十八条 本团体专职工作人员的工资和保险、福利待遇，参照国家对事业单位的有关规定执行。

第六章　章程的修改程序

第三十九条 对本团体章程的修改，须经理事会表决通过后报会员代表大会审议。

第四十条 本团体修改的章程，须在会员代表大会通过后15日内，经业务主管单位审查同意，并报社团登记管理机关核准后生效。

第七章　终止程序及终止后的财产处理

第四十一条 本团体完成宗旨或自行解散或由于分立、合并等原因需要注销的，由理事会或常务理事会提出终止动议。

第四十二条 本团体终止动议须经会员代表大会表决通过，并报业务主管单位审查同意。

第四十三条 本团体终止前，须在业务主管单位及有关机关指导下成立清算组织，清理债权债务，处理善后事宜。清算期间，不开展清算以外的活动。

第四十四条 本团体经社团登记管理机关办理注销登记手续后即为终止。

第四十五条 本团体终止后的剩余财产，在业务主管单位和社团登记管理机关的监督下，按照国家有关规定，用于发展与本团体宗旨相关的事业。

第八章　附　　则

第四十六条 本章程经2010年10月16日会员代表大会表决通过。

第四十七条 本章程的解释权属本团体的理事会。

第四十八条 本章程自社团登记管理机关核准之日起生效。

天津市南开中学各类岗位任职条件（公示稿）

为保证我校平稳、可持续发展，促进教职员工队伍整体素质的不断提高，充分发挥全体教职员工的积极性、创造性，推进人事制度改革的深入发展，根据人事部、教育部《关于印发高等学校、义务教育学校、中等职业学校等教育事业单位岗位设置管理的三个指导意见的通知》（国人部发[2007]59号）和市委办公厅、市政府办公厅《关于印发〈天津市事业单位岗位设置管理实施办法〉的通知》（津党办发[2008]2号）和市教委、市人事局《关于印发天津市高等学校、义务教育学校、中等职业学校等教育事业单位岗位设置管理的三个指导意见的通知》（津教委人[2008]18号）等有关政策文件，结合我校实际情况，制定《天津市南开中学各类岗位任职条件》。

天津市南开中学各类岗位基本任职条件

一、热爱祖国，热爱教育事业，热爱学校。遵守宪法、法律及各级管理部门制定的规章制度；遵守《中学教师职业道德规范》。

二、敬业、乐群，遵守学校的各项规章制度，服从学校的工作安排，与同志团结协作，积极进取。

三、树立终身学习的观念，具备并不断提高岗位所需的专业知识、技能。

四、具备适应岗位需要的身体条件。

五、支持学校减员增效，提高办学效益，能完成和超额完成学校规定的基础工作量，并注重工作质量。

专业技术岗位

一、基本任职条件

1. 专业技术岗位的基本任职条件按照现行各系列专业技术职务评聘的有关规定执行。

2. 受聘教师岗位人员应具备相应的教师资格，符合国家关于相应教师职务的基本任职条件，符合《南开中学聘任教师基本条件》。

3. 已实行执业资格准入控制的专业技术岗位，其任职基本条件按照国家规定的相关职业资格准入条件执行。

二、教师岗位各级职务任职条件（主系列）

（一）副高职称

1. 五级岗：

除具备高级教师基本任职条件外，还应具备下列两项条件之一。

（1）任高级教师职务不少于 13 年，任职六岗不少于 1 年（首次设岗除外）；履行高级教师职责，完成学校规定的教育教学任务；教育教学经验丰富，效果良好；在教学改革、教学研究活动中勇于探索，发挥带头人作用。经校内考核，等级均在称职（合格）及以上。

（2）任高级教师职务年限在 13 年标准上下延 1 –3 年（具体下延年限由学校根据每年可申报职数确定），任职六岗不少于 1 年（首设除外）；圆满完成教育教学工作；在业务知识、教学方法、教学技能、教学研究等方面享有较高的专业水准，在本市学科领域内具有较高的声望和知名度；积极承担班主任工作，德育工作方面形成特色，在校内外有较大影响。积极承担学校各项工作任务，在培养学生、指导青年教师、参与学校各级管理等方面做出突出贡献。

2. 六级岗：

除具备高级教师基本任职条件外，还应具备下列两项条件之一。

（1）任高级教师职务不少于 7 年；履行高级教师职责，积极承担教育教学工作，完成学校规定的教育教学任务，校内考核等级均在称职（合格）及以上。

（2）任高级教师职务年限在 7 年标准上下延 1 –3 年（具体下延年限由学校根据每年可申报职数确定）；圆满完成教育教学工作量；在业务知识、教学方法、教学技能、教学研究等方面享有一定的专业水准；积极承担班主任工作，在班级管理方面形成特色，在校内外有一定影响。在承担学校各项工作任务、参与学校各级管理等方面做出一定贡献。

3. 七级岗：

具备高级教师基本任职条件，完成学校规定的教育教学任务，校内考核等级均在称职（合格）及以上。

（二）中级职称

1. 八级

除具备中级教师基本任职条件外，还应具备下列两项条件之一。

（1）任中级教师职务不少于 7 年，任职九级岗不少于 1 年（首设除外）；履行中级教师职责，积极承担教育教学工作，完成学校规定的教育教学任务，经校内考核，等级均在称职（合格）及以上。

（2）任中级教师职务年限在 7 年标准上下延 1 –3 年（具体下延年限由学校根据每年可申报职数确定），任职九级岗不少于 1 年（首设除外）；圆满完成教育教学工作量；在业务知识、教学方法、教学技能、教学研究等方面有一定的专业水准，在教学改革、教学研究活动中积极探索，勇于实践，取得突出成绩，教学效果良好；积极承担班主任工作，在班级管理方面有一定经验。在承担学校各项工作任务、参与学校各级管理等方面做出一定贡献。

2. 九级

除具备中级教师基本任职条件外，还应具备下列两项条件之一。

(1)任中级教师职务不少于5年;履行中级教师职责积极承担教育教学工作,完成学校规定的教育教学任务,经校内考核,等级均在称职(合格)及以上。

(2)任中级教师职务不少于3年;圆满完成教育教学工作;在教学改革、教学研究活动中探索实践,取得一定成绩,教学效果良好;积极承担班主任工作,在班级管理方面有思路,有方法。在承担学校各项工作任务、参与学校各级管理等方面做出一定贡献。

3. 十级

具备中级教师基本任职条件,完成学校规定的教育教学任务,校内考核等级均在称职(合格)及以上。

(三)初级职称

1. 十一级

除具备初级教师基本任职条件外,还应具备下列两项条件之一。

(1)任初级教师职务不少于5年;履行初级教师职责,积极承担教育教学工作,完成学校规定的教育教学任务,经考核工作称职。

(2)任初级教师职务不少于3年;圆满完成教育教学工作量,教学效果良好;胜任班主任工作,积极参加教学改革和教学研究活动。在学校各项工作任务、参与各级管理等方面积极做出贡献。

2. 十二级

具备初级教师基本任职条件,完成学校规定的教育教学任务,能承担班主任工作,校内考核等级均在称职(合格)及以上。

三、其他专业技术岗位的任职条件及规定

1. 其他专业技术岗位参照教师岗位相应级别的任职条件、业绩标准执行。

2. 其他专业技术岗位高级职务最高岗为六级岗。

四、对于在本岗做出突出贡献人员,可考虑适当突破各级所规定的任职年限。

管理岗位

基本任职条件:

一、管理岗位一般应具备大学专科以上文化程度;1960年以后出生人员任七级以上管理岗位、教育、教学管理岗位应具备大学本科以上文化程度。

二、能认真履行各管理岗位的职责,较好地完成各项工作任务,校内考核等级均在称职(合格)及以上。

三、五级管理岗位,须在六级管理岗位上工作两年以上。

四、六级管理岗位,须在七级管理岗位上工作三年以上。

五、七级、八级管理岗位,须分别在八级、九级管理岗位上工作三年以上。

工勤技能岗位

基本任职条件:

一、能认真履行各工勤技能岗位的职责,较好完成各项工作任务,年度考核均在合格及以上等次。

二、工人见习、试用期满,通过市人事行政部门统一组织的初级工技术等级考核后,可确定为五级工勤技能岗位。

三、三级、四级工勤技能岗位,须在本工种下一级岗位工作满5年,并分别通过市人事行政部门统一组织的高级工、中级工技术等级考核。

四、根据上级文件规定,普通中学工勤岗最高只设置三级岗。

天津市南开中学国家助学金管理办法

为贯彻落实《国家中长期教育改革和发展规划纲要(2010—2020)》(中发[2010]12号)精神,完善国家资助政策体系,加快普及高中阶段教育,切实解决普通高中家庭经济困难学生的就学问题,根据财政部、教育部《关于建立普通高中家庭经济困难学生国家资助制度的意见》(财教[2010]356号)、

《关于印发普通高中国家助学金管理暂行办法的通知》(财教[2010]461号)和市财政局、市教育委员会《关于印发〈天津市普通高中国家助学金管理办法(暂行)〉的通知》(津财教[2010]55号)等文件要求,结合学校实际情况,在广泛调研的基础上,制定本管理办法。

一、组织机构

南开中学成立学生资助工作领导小组,负责全校国家助学金政策执行的领导和管理工作。

领导小组组长:吕宝桐(副校长)

副组长:贺海龙(德育处主任)、张国发(德育处副主任)

成　员:王志刚(总务处主任)、王平(高一年级主管)、王琳(高一年级副主管)、徐金波(高二年级主管)、夏慈伟(高三年级主管)、林秋莎(高三年级副主管)、徐锡玲(德育处资助工作人员)、赵凯(德育处资助工作人员)

领导小组办公室设在南开中学德育处。

二、资助起始时间以及资助比例

从2010年秋季学期起,建立南开中学国家助学金管理办法。资助面是正式学籍的南开中学在校生总数的10%,每年6月底,市财政局、市教委、天津市学生资助管理中心将天津市普通高中国家助学金分配计划,下达到各区县财政局、教育局,再下达我校。

三、资金来源

按照市教委制定的管理办法规定,市属学校国家助学金所需资金由市财政全部负担,区属学校国家助学金所需资金由市财政和区财政按一定比例共同负担。

四、资助标准

按照市教委规定,南开中学国家助学金用于资助家庭经济困难学生的学习和生活费用开支,资助标准分为三等:一等国家助学金每生每年2000元,资助面占资助总人数的三分之一;二等国家助学金每生每年1500元,资助面占资助总人数的三分之一;三等国家助学金每生每年1000元,资助面占资助总人数的三分之一。

五、申请条件

1. 具有天津市普通高中正式注册学籍的在校生;

2. 道德品质优良,爱党爱国,遵纪守法,诚实守信;

3. 学习成绩良好,勤奋踏实,刻苦努力,积极上进;

4. 家庭经济困难,生活俭朴。(须持有低保证、特困救助证、低收入家庭证明、学生本人孤残证明、因突发事件家庭致贫致困证明、家庭经济困难证明等材料。)

六、工作原则

南开中学国家助学金按学年申请和评审,按学期发放。评定工作坚持公开、公平、公正的原则。

七、工作程序

1. 下达资助计划

学校德育处将在每年12月底,按照市教委下达的普通高中国家助学金分配计划,根据各校实际情况进行名额拆分,并将拆分的名额下达到各年级。全校2010年接到上级分配资助指标总共172人,其中一等助学金57人,二等助学金57人,三等助学金58人。

年级	一等助学金	二等助学金	三等助学金
高一	19人	19人	19人
高二	19人	19人	19人
高三	19人	19人	29人

2. 确定受助名单

各年级应将有关普通高中国家助学金申请条件和申请审核程序等政策告知全体学生。符合申请条件的学生须在12月30日之前向学校提出申请,并递交《天津市普通高中国家助学金申请表》以及各种证明材料和复印件。由学校领导、班主任和学生代表组成的学校评审小组按照有关规定审核申请学生的受助资格,并根据学生家庭困难程度、在校表现情况认定受助等级。学校将评审结果在校内显著位置进行张榜公示,公示期应不少于5个工作日。公示期满,无异议后形成本年度受助名单。

3. 上报相关材料

各年级需在1月5日之前,将本校当年国家助学金政策的落实情况、《天津市普通高中国家助学金受助学生汇总表》(一式两份)、《天津市普通高中国家助学金统计表(学校填报)》(一式两份)、《天津市和平区普通高中国家助学金评审情况报告》等材料由校长签字加盖学校公章上报市学生资助管理中心。

4. 发放助学资金

市教委将国家助学金拨付到学校账户。学校按照受助名单，为每位受助学生免费办理银行储蓄卡，并将下拨的国家助学金按受助标准、在学期末发放到每位受助学生的银行储蓄卡内。

天津市南开中学国际部插班学生联系卡

2010－2011 年第一学期高(初)中插班学生：　　　　第________周在校表现

表一

<table>
<tr><td colspan="2">无故旷课</td><td colspan="2">迟到</td><td>纪律</td><td>早自习</td><td colspan="2">做操</td></tr>
<tr><td>无</td><td>有(　　次)</td><td>无</td><td>有(　　次)</td><td>优、良、差</td><td></td><td>无</td><td>有(　　次)</td></tr>
<tr><td colspan="2">参加何种活动(有填)</td><td colspan="3">其他</td><td colspan="2">本月文明学生(逢月底28、29.30、31 日时填)</td><td>班主任签字/日期</td></tr>
<tr><td colspan="2"></td><td colspan="3"></td><td colspan="2">可、否</td><td></td></tr>
</table>

插班班主任填表一即可；

表二

<table>
<tr><td>笔记</td><td>优、良、差/</td><td>月文明学生(最终)</td></tr>
<tr><td>作业</td><td>优、良、差/</td><td rowspan="2">可、否</td></tr>
<tr><td>周记</td><td>优、良、差/</td></tr>
</table>

注：根据该表填写情况，评出每月的文明学。

* 本班插班生如有无故逃课、经常迟到等等违纪现象望各位班主任请及时与国际部老师联系。

天津市南开中学外籍专家延期聘请工作流程

上报申请计划

各学科根据本单位教学、科研的实际需要，申报本学科下一年度需聘请的长期外籍文教专家申请计划，于每年十二月底之前报送国际部。

签订合同

国际部与外籍专家本人签订符合规范的合同。一式五份(国际部、档案室、专家本人各留存一份，教委国际交流处留存一份，外国专家局办理外国专家证需要一份)。

教委报文

将请示红头文件上报教委国际交流处张健清处长审批，一式三份(学校留存一份、教委国际交流处留存一份，外国专家局办理需要一份)。并附专家护照首页复印件、居留许可复印件、正式合同。

延期专家证

国际部外事联络员凭教委批文、申请报告、专家护照及护照首页复印件，居留许可复印件，正式合同及在《国家外专局外国文家专家聘请管理系统》中登记生成的延期申请表赴天津市外国专家局办理延期《外国专家证》。

办理延期居留许可

国际部凭天津市教委批文、《外国专家证》原件和复印件、居留许可申请表、介绍函、照片一张、合同复印件赴天津市公安局出入境管理局办理外国人居留许可延期。一般在5个工作日后取证。如因专家个人原因须提前办理完毕的，需缴纳相应的加急费用。居留期限一般与其在我校任教期限相符。此居留许可即为多次往返签证。专家本人必须妥善保管。

交回证件

聘期结束，外籍专家交回专家证，如因特殊情况提前离任，国际合作与交流处将缩短其居留许可。

天津市南开中学外籍专家转聘工作流程

上报申请计划

各学科根据本单位教学、科研的实际需要，申报本学科下一年度需聘请的长期外籍文教专家申请计划，于每年十二月底之前报送国际部。

验　证

专家提交护照原件、专家证原件以及原聘请单位提供的推荐信，离职证明交予国际部验证，是否可聘请。

签订合同

国际部与外籍专家本人签订符合规范的合同。一式五份（国际部、档案室、专家本人各留存一份，教委国际交流处留存一份，外国专家局办理外国专家证需要一份）。

教委报文

将请示红头文件上报教委国际交流处张健清处长审批，一式三份（学校留存一份、教委国际交流处留存一份，外国专家局办理需要一份）。并附专家护照首页复印件、居留许可复印件、正式合同。

延期专家证

国际部外事联络员凭教委批文、申请报告、专家护照及护照首页复印件，居留许可复印件，正式合同及在《国家外专局外国文家专家聘请管理系统》中登记生成的延期申请表、原聘请单位提供的推荐信赴天津市外国专家局办理延期《外国专家证》。

办理延期居留许可

国际部凭天津市教委批文、《外国专家证》原件和复印件、居留许可申请表、介绍函、照片一张、原聘请单位开具的离职证明、合同复印件赴天津市公安局出入境管理局办理外国人居留许可延期。一般在5个工作日后取证。如因专家个人原因须提前办理完毕的，需缴纳相应的加急费用。居留期限一般与其在我校任教期限相符。此居留许可即为多次往返签证。专家本人必须妥善保管。

交回证件

聘期结束，外籍专家交回专家证，如因特殊情况提前离任，国际合作与交流处将缩短其居留许可。

天津市南开中学外籍专家聘请工作流程(外教在境内)

上报申请计划

各学科根据本单位教学、科研的实际需要,申报本学科下一年度需聘请的长期外籍文教专家申请计划,于每年十二月底之前报送国际部。

⇩

签订合同

国际部与外籍专家本人签订符合规范的合同。一式五份(国际部、档案室、专家本人各留存一份,教委国际交流处留存一份,外国专家局办理外国专家证需要一份)。

⇩

教委报文

将请示红头文件上报教委国际交流处张健清处长审批,一式三份(学校留存一份、教委国际交流处留存一份,外国专家局办理需要一份)。

⇩

申请外国人来华工作许可

国际部向天津市外国专家局提出申请办理《外国专家来华工作许可证》。国际部负责填写《外国专家来华工作许可申请表》,并准备市教委出具的办理外国专家来华工作许可申请报告(复印件亦可);还应提供专家中英文简历、清晰护照复印件外,还需专家的最高学历证书或专业资格证明材料的复印件和翻译件、由中国驻外使领馆认证的外国卫生医疗机构或中国政府指定的卫生检疫部门出具的健康证明书、聘用合同(中、外文)。请注意,语言教师应具有大学学士以上学位和 2 年以上相关工作经验。另外健康证明上一定要在照片处加盖医院的印章。

⇩

批准来华工作许可

天津市外国专家局在我校递交申请后 30 个工作日内批准《外国专家来华工作许可证》。

⇩

办理签证通知表

国际部凭天津市外国专家局批准的《外国人来华工作许可证》复印件赴天津市政府外事办公室办理《被授权单位签证通知表》。然后由国际部按照专家简历中的邮寄地址为专家用特快专递的方式连同《外国专家来华工作许可证》一起寄给专家。国际部保留复印件。

⇩

办理工作签证

外籍专家凭《外国专家来华工作许可证》、签证通知表和本人护照方可去当地我国使领馆申请工作签证,如有极特殊情况,也可申请旅游签证或访问签证来华,但此种情况必须经我校同意,专家一旦入境后,就不能再改变其身份,即如果其申请的不是工作签证,在中国境内是不能再由其他签证改变为工作签证的。

⇩

联系来津事宜

外籍专家申请到工作签证以后应及时与我校国际部联系来津事宜。对于聘期为一学年的外籍教师来说,学校负责报销其一次往返其居住地和北京或天津的往返机票一张。对于聘期为一学期的外籍教师来说,学校负责报销一张单程机票。对于机票的购买,须做到合理,即价钱和抵达时间要符合国际部的有关规定。如确有特殊情况,需要购买单程机票的须征得国际部专管老师及领导的同意

⇩

注　册

外籍专家确定来华日期后,由国际部负责派车,前往接机。专家抵校后,国际部主管老师应就教学各方面细节问题进行沟通,包括学校的相关规定和制度。在外籍专家抵达我校后 24 小时之内,专家本人持护照一同前往国际部。对于不在规定时间内在国际合作与交流处注册,因此造成的签证过期问题,由外籍专家本人承担。注册时,国际部查验专家护照签证并向外籍专家介绍我国有关法

律、法令和法规，学校有关规章制度、聘任合同书规定的内容及其他注意事项。

⇩

公安局面谈

在外籍专家抵校后一周内国际部外事联络员和专家本人一起赴天津市公安局出入境管理局，为专家照相，以及与主管民警的面谈。

⇩

办理专家证

在专家抵校后一周内，国际部外事联络员凭《外国人来华工作许可证》复印件，专家本人2寸照片一张，专家护照及护照首页复印件，工作签证复印件，正式合同及申请报告赴天津市外国专家局办理《外国专家证》。

⇩

办理体检

国际部外事联络员陪同外籍，携带专家本人护照、4张照片赴天津市出入境检疫检测局进行体检。要求专家调好课，空腹。如果与课程有冲突的，要尽量以此体检为先（天津市检疫检测局规定体检只能在上午进行）。

⇩

办理居留许可

国际部凭天津市教委批文、《外国专家证》原件和复印件、体检验证合格结果、签证和居留许可申请表、介绍函、照片一张在专家入境30日内赴天津市公安局出入境管理局办理外国人居留许可。一般在5个工作日后取证。如因专家个人原因须提前办理完毕的，需缴纳相应的加急费用。居留期限一般与其在我校任教期限相符。此居留许可即为多次往返签证。专家本人必须妥善保管。

⇩

交回证件

聘期结束，外籍专家交回专家证，如因特殊情况提前离任，国际合作与交流处将缩短其居留许可。

天津市南开中学国际部外国留学生签证、居留许可管理办法（暂行）

为规范对我校外国留学生居留许可的管理，根据1985年11月22日中华人民共和国主席令第三十一号公布的《中华人民共和国外国人入境出境管理法》和1994年7月15日公安部、外交部发布的《中华人民共和国外国人入境出境管理法实施细则》，结合我校外国留学生工作实际，特制定本办法。

本办法适用于在我校学习的长期外国留学生（半年以上），不完全适用于初三、高三毕业年级的外国留学生及国外友好校派遣的交换留学生。

一、居留许可的申请

在我校学习的长期外国留学生（六个月及以上），申请“外国人临时居留许可”或“外国人居留许可”。在许可有效期内出入境不必再申请往返签证。

持旅游（L字）签证的留学生必须在入境后30日内办理“外国人居留许可”。在我校学习时间半年以内者，可申请办理短期“外国人居留许可”；在我校学习时间一年及以上者，办理长期“外国人居留许可”。

二、居留许可的有效期

居留许可的有效期与留学生在校交纳学费及注册的学习时间一致。居留许可的有效期不能超过缴费凭证上规定的时间以及本人护照的有效期。

三、居留许可的遗失与补办

如果居留许可遗失，需按照以下手续补办：

1. 留学生本人持学生证、有效护照到国际部办公室办理“签证、居留许可申请证明”；

2. 持两张护照照片、“签证、居留许可申请证明”和有效护照，到天津市公安局出入境管理处报失，填写“签证、居留许可申请表”，办理补办手续。

居留许可遗失而不及时办理补办手续并继续在中国停留，则构成了非法居留。根据《中华人民共和国外国人入境出境管理法》的有关规定，将处以罚款，情节严重的给予拘留处罚。

四、居留许可的延长

居留许可有效期满后需继续在我校学习的留学生，应在有效期满前一个月申请延长，所需材料及手续如下：

留学生本人持学生证、有效护照（含居留许可）到国际部办公室办理“签证、居留许可申请证明”。未交纳学费者，应先交纳学费再办理居留许可延长手续。

居留许可到期而不及时办理居留许可延长手续，并继续在中国停留，则构成非法居留。根据有关规定，将处以罚款，情节严重的给予拘留处罚。

媒体报道

南开中学开始以周恩来为人生楷模主题教育活动

人民网　2010 年 8 月 25 日

人民网天津 8 月 25 日电　“像我们最杰出的校友周恩来那样学习、工作、活着，成为周恩来那样的人！”今天，南开中学理事会理事长、党总支书记、天津市人大常委会原副主任孙海麟对 1000 余名南开师生和校友代表说。新学期开学之际，南开中学学习研究周恩来小组在周恩来中学时代演戏、新中国成立后曾演讲过的瑞廷礼堂宣告成立，并开始新一轮以周恩来为人生楷模的主题教育活动。

从 1913 年至 1917 年，周恩来在南开学校就读初中和高中。南开中学校友、全国政协外事委员会主任赵启正和孙海麟是学习研究周恩来小组的发起人。赵启正在今天的演讲中说，南开给了我什么？那就是南开精神！这是我们一生的符号，南开毕业生的 DNA。南开校训“允公允能，日新月异”的人格形象就是伟大的周恩来。我们何以有超出一般人的智慧，答案之一是向长者学习，南开人具有最直接的桥梁、最丰厚资源，能够感受到他的体温的长者就是周恩来。周恩来的故事体现做人的真理，值得我们深入讨论、挖掘，成为我们青春立志的航标、照亮前途的明灯。

小组学生成员代表、高二一班的刘超在成立大会上表示，南开一直保持纪念、学习周恩来的传统，新生入学参观校园的必经之处是周恩来曾经就读的教室和生活的宿舍，每年评选一个最优秀的班级为“周恩来班”。同学们自发地到周恩来邓颖超纪念馆义务讲解，在宣传周恩来事迹的同时学习周恩来的精神，踏着周恩来的足迹，学习周恩来的品格。

赵启正担任学习研究周恩来小组的名誉组长、孙海麟担任组长。包括校友、教师和学生代表 50 余人参加小组。小组充分利用南开中学现存丰富的史料，并与相关机构、团体合作，收集、整理、研究周恩来青少年时期的成长轨迹，学习周恩来的理论思想、人格魅力、精神风范、品德作风，弘扬周恩来精神。

周恩来的亲属周秉德、周秉建，周恩来的秘书纪东，周恩来的卫士高振普、周恩来生前关怀的知识青年好榜样邢燕子、侯隽等担任小组的顾问。

（记者　陈　杰）

南开中学成立学习研究周恩来小组

新华网　2010 年 8 月 27 日

新华网天津频道 8 月 26 日电　天津南开中学 25 日成立学习研究周恩来小组，激励学生以周恩来为人生楷模，成为社会有用之才，成为拔尖创新型人才。

学习研究周恩来小组将利用南开中学现存的丰富史料，并与相关机构、团体合作，搜集、整理、学习、研究周恩来青年时期的成长轨迹，学习周恩来的理论思想、人格魅力、精神风范、品德作风，使周恩来精神弘扬光大、代代相传。

1913年8月，少年周恩来考入南开中学，四年后他从这里毕业，后来走上职业革命家的道路。周恩来在南开中学求学时立志为中华之崛起而读书，各门功课成绩都很优秀，显示出优良品德和卓越才能。作文、速算经常是学校里的第一名，张伯苓校长称他为南开最好的学生。

南开中学党总支书记、学习研究周恩来小组组长孙海麟说，南开中学一直教育学生以周恩来总理为人生楷模，做人就要做他那样的人，但应该向他学习什么、怎样向他学习，多年来未有系统总结。成立学习研究小组就是为了总结周恩来精神，帮助更多的青年学子树立正确的价值观和人生理想，为国家培养更多的栋梁之才。

全国政协常委、学习研究周恩来小组名誉组长赵启正说，南开中学DNA的精髓是周恩来精神，青年人拥有了这样的DNA，将无往而不胜，成为合格的接班人。

（记者　张建新）

张高丽到南开中学调研亲切看望师生并合影

天津日报　2010年5月19日

市委书记张高丽昨天下午深入南开中学调研。

初夏的南开中学校园郁郁葱葱。张高丽和市委常委、市委教育工委书记苟利军，市委常委、市委秘书长段春华首先察看了南开中学校园规划图板。随后，张高丽来到7年级3班教室，询问同学们学习生活情况，了解校园安保措施，勉励他们德智体美劳全面发展。在校园内，张高丽与高三学生亲切交谈，鼓励他们高考取得好成绩。张高丽参观了南开中学图书馆古籍书库，并主持召开了座谈会。老同志、南开中学理事会筹备组组长、校党总支书记孙海麟汇报了有关情况。

张高丽说，南开中学是一所历史悠久、享誉国内外的著名学校，培养了大批杰出人才。办好南开中学，对于弘扬南开精神、推进基础教育改革创新、造就更多的创新型优秀人才，具有重要意义。

张高丽强调，办好南开中学，必须坚持以科学发展观为指导，用马克思主义中国化最新成果武装头脑，认真学习贯彻胡锦涛总书记、温家宝总理的有关重要要求，统一思想，提高认识，保持正确的办学方向。要以建设在国内外有影响的高水平学校为目标，学习借鉴先进经验，加强国际交流合作，用新理念、新模式推动学校发展，使各项工作走在全国基础教育前列。要坚持党的教育方针，把立德树人作为教育的根本任务，引导学生树立正确的世界观、人生观、价值观、荣辱观，增强学生热爱祖国、服务人民的使命感和责任感，培养学生的实践能力和创造能力，努力成为有理想、有道德、有文化、有纪律的社会主义事业建设者和接班人。要科学规划、科学论证、科学组织，在保护历史风貌建筑的基础上，完善提升学校环境。要融洽师生关系，安排好学生的学习生活，加强平安校园建设，确保学校安全。要加强领导班子和师资队伍建设，发扬南开中学光荣传统，珍惜历史文化底蕴和丰富资源，充分发挥校理事会和校友会的作用，全面提高教育教学水平。

张高丽强调，南开中学要解放思想，开拓创新，求真务实，真抓实干，在办学体制、管理机制、教师队伍建设、招生考试制度等方面积极探索，努力成为基础性教育改革创新的实验校、示范校。全市各有关方面要关心和支持南开中学，为学校的改革发展创造良好的环境。

市有关方面负责同志参加调研。

（记者　马　波）

天津南开中学成立校史研究中心

今晚报　2010 年 10 月 16 日

今年 10 月 17 日是天津南开中学 106 年校庆。为了总结历史，为南开乃至全国基础教育改革提供可供借鉴的经验，昨天，天津南开校史研究中心正式成立。

天津南开校史研究中心将研究百余年南开校史、传播和普及南开校情知识，挖掘学校优良文化传统和校史内涵，推动校史编写出版，正确总结学校改革和发展的经验教训，探索基础教育发展规律。

天津南开校史研究中心由天津南开中学理事会理事长、校党总支书记孙海麟担任名誉理事长；聘请天津市政协副主席、南开中学 1968 届校友何荣林担任理事长；聘请南开中学 1966 届校友孟宪刚、1963 届校友吕培天、1966 届校友周鸿飞担任副理事长。

（记者　蒋　娟　实习生　张富斌）

南开中学义工在行动

今晚报　2010 年 12 月 12 日

传递化验单，为医疗器材开封，给献血者送食物和水，为他们拍摄并打印纪念照片……这就是南开中学血液中心义工小分队于 12 月 5 日那天在天津市血液中心忙碌的缩影。

南开中学的义工制起源于 2001 年，至今已快有十年的历史了。南开中学不仅鼓励学生做义工，而且是全国第一所将义工服务作为一项制度的学校，南开的义工活跃在社会的各个角落。所谓“义工制”，就是每个学生在学期和假期中都要完成一定时间的义工服务，并为此建立了比较完备的考评监督制度。每个班级都建立了自己的义工基地，有很多基地在高低年级之间达成了传承。为了给全校同学做出榜样，学校层层选拔了高一和高二年级的学生会干部共 8 人，组成了南开中学血液中心义工小分队。

据血液中心刘主任介绍，南开中学义工小分队是全国第一支中学生血液中心义工队伍。由于血液中心的工作有一定的技术含量，关系着献血者的健康和血液的质量，目前基本上是大学生在这里服务。可以说，是南开义工活动的蓬勃发展所带来的社会效应和南开历届学生的优秀素质赢得了这次服务机会。

我们在血液中心的工作是多种多样的：虽然整整一天里，除了吃午饭，其他时间都是忙碌的，但我所收获的感动早已驱散了身体的疲劳。一位理工大学的姐姐是第一次来献血，显得有些紧张。护士给她消毒扎针时，她一直背着脸不敢去看。也许是过于紧张的缘故，她出现了呕吐的症状。不过，经过护士的简单护理，她很快就好起来了。为了缓解她的紧张情绪，我走过去和她聊天。她朴实地说：“来之前也没想太多，没想‘能得到什么’，只是觉得这是件好事，能救人，就过来了。可看见针管和机器时，猛地紧张了起来。”问到下次还会不会再来，她阳光地笑了起来，“当然了，下次就不害怕了！”献血者中还有很多是“老资格”，我看到了好几位叔叔，有的从二十年前就开始献血了。

除了献血者，血液中心的医生护士也给我留下了温暖的回忆。步入采血等候室，没有医院的紧张气氛，因为相比医院来说，这里更像是一个家，献血者的家——墙上贴满了献血者的照片，环绕着两行大字“虽然我不认识你，但我谢谢你”。高清电视里播放着常常更新的大片，排解等待的忐忑心情。每个献血床边还有一个小笔记本电脑，电影、相声、歌曲一应俱全。每份采血的设备都单独放在一个大盒子中，用时拆开，用完整套丢弃，这里不存在卫生问题。血液中心的义工接待工作也是十分完善的。每名义工都穿一个红坎肩表明身份，不时还有医生护士来指导工作，临别时还有纪念品。

在血液中心，我们不仅学会了奉献，还真正地喜欢上了奉献。滴滴热血，传递着生命的力量，十年义工制，展现着南开“爱国爱群之公德，服务社会之能力”。

南开中学义工制：每人服务50时/年已成为必修课

北方网　2010年12月6日

天津北方网讯　“参观展厅请这边上楼。”“保护环境人人有责，请您支持。”5日是国际志愿人员日，天津市南开中学09届一班全体同学来天津市规划展览馆，开展环境保护与城市规划宣传义工活动。同时，南开中学的同学们兵分多路，在本市纪念馆、养老院、疗养院等地开展多种类型的义工服务。每年完成50小时的义工服务，已成为每一位南开学子的必修课。

早在2001年，南开中学就根据当时社会环境和学生的实际情况，逐步创立了“义工制”，由在校中学生向社会（主要是社会公益组织或社会弱势群体）提供无偿服务。义工制的基本内容是：学生利用课余时间走出校园，在社会上开展义工活动。规定每名学生全年要完成50小时义工。具体时间分配为每学期各8小时、暑假20小时、寒假14小时。“义工制”活动要求班班有基地，人人有岗位。通过实行学生联络员制、班级指导教师制及学分制对义工活动进行管理。

南开中学、天津一中和实验中学首开改革实验班

北方网　2010年5月19日

天津北方网讯　18日从市教委获悉，今年天津市启动“天津市特色普通高中建设工程”，确认南开中学、天津一中和实验中学三所示范性高中为首批“天津市特色高中项目实验学校”。首次开设的改革实验班分别为南开中学拔尖创新型人才培养项目实验班、天津一中理科创新型人才培养项目实验班和实验中学科技创新型人才培养项目实验班。三所学校实验班今年秋季开始招生，将在人才培养目标、课程设置、教师配备、教学方式等方面进行探索实验。

据了解，本市特色高中建设实验项目共分三类，一是学校文化建设类，包括学校文化建设特色，创新人才培养特色，综合实践育人特色。二是特色课程建设类，包括外语语言特色，美术音乐特色，科技创新特色，数理学科特色。三是综合高中建设类，主要体现在普职融通，促进普通高中多样化发展，为学生提供多种需求选择方面呈现出的特色。作为“天津市特色高中建设实验项目”的人才培养模式改革实验班，在学生选拔上将以综合面试和学业水平考试成绩综合评定决定录取，其中综合面试由学校组织有关专家进行。市教委要求此次承办人才培养模式改革实验班的学校，必须认真做好实验班招生录取方案，做到公开、公平、公正。

本市启动“天津市特色普通高中建设工程”，是为了加强普通高中建设，以内涵发展为导向，引导更多高中学校走高质量特色化的发展道路，努力促

进普通高中一校一品，以利于提升本市基础教育的综合实力、满足创新型国家对多层次创新人才的需求。根据《特色高中建设项目实验规划》，市教委将对实验校进行严格的项目管理，总体把握实验进程，监督学校的实验过程，保障实验健康发展。同时，市教委将组织专家组分阶段对特色项目实验学校的阶段性实验成果进行评估验收。通过市教委评估验收的项目实验学校，被命名为“天津市特色高中学校”。被命名的“天津市特色高中学校”将得到市教委给予的实验经费支持；在招生中享有依据自身特色自主招收特长生的权利；并可依据办学特色需求，适当调整高中课程计划，加大选修课程比例，自主开设特色选修课程。

（记者　张雯婧）

南开中学新学期开设创新人才早期培养班

北方网　2010 年 5 月 22 日

天津北方网讯　记者从南开中学获悉，从今年秋季新学期开始，南开中学将开设“创新人才早期培养实验班”，每年招收 80 名具有高素质发展潜能和独特发展个性条件的小学毕业生，从小培养拔尖创新型人才。

南开中学将在“创新人才早期培养实验班”推进分层教学、学分制、导师制等教学管理制度改革，开设多学科选修校本课程，由教师、家长和学生共同研究确定每一个学生具有自己特色的“学业发展规划”，针对不同学生的发展需求设计各具特色的实践活动。学生在高质量完成初中阶段国家规定的课程之外，将重点进行智力潜能开发、研究能力培养、动手实验技能训练等。初三毕业时，该实验班的学生有机会直接升入南开中学高中“拔尖创新型人才实验班”。

（记者　蒋　娟）

南开中学为500 多名18 岁高三学子举行成人仪式

北方网　2010 年 5 月 29 日

天津北方网讯　28 日下午，南开中学为 500 多名 18 岁高三学子举行成人仪式，每名参加成人仪式的学子都获得了一份由校方送出的别出心裁的“成人礼物”——一本《中华人民共和国宪法》。

昨天 14 时，南开区瑞廷礼堂内洋溢着温馨与感动，500 多名迈入 18 岁的青年学子和前来祝贺他们“长大成人”的家长、老师们聚集一堂。此时，大屏幕上闪过一个个珍贵的镜头，是这些青春学子们高中生活的成长回顾，有他们联欢会上的青涩演出，有他们课余的欢声笑语，有他们演讲会上的唇枪舌剑，还有他们求学解难的茅塞顿开……回顾着一幕幕的成长经历，很多学生及家长都不禁热泪盈眶，现场响起了久久不息的掌声。仪式上，500 多名满怀激动和喜悦的学子共同进行了成人宣誓，同时深深感谢老师和家长为他们“成才、成熟、成长”付出的心血。校方则为每名迈入成人行列的学子颁发毕业纪念册，并送上一份“成人礼物”——一本《中华人民共和国宪法》，借此表达老师们对这些青年学子的期望和嘱托，希望他们能用青春的激情，树立和承担起更多社会责任和担当，为祖国贡献力量。

（记者　殷　莹）

南开中学理事会成立创新学校管理体制

北方网　2010 年 9 月 4 日

天津北方网讯　天津市南开中学理事会成立大会昨天在南开中学瑞廷礼堂举行。南开中学理事会荣誉理事长、清华大学原校长王大中，南开中学理事会荣誉理事、中国科学院院士申泮文，南开中学理事会荣誉理事、南开中学原校长杨志行，南开中学理事会顾问、中国教育学会会长顾明远，南开中学理事会理事、市政协副主席张大宁，南开中学理事会理事长、校党总支书记孙海麟等出席成立大会。成立大会由南开中学理事会副理事长、全国人大常委会委员程津培主持，南开中学全校师生和校友代表等参加了大会。

会上，宣读了天津市教育委员会《关于同意成立天津市南开中学理事会的批复》，并介绍了南开中学理事会的组成情况。王大中荣誉理事长、孙海麟理事长分别向受聘的南开中学校长杨静武以及副校长颁发了聘书，向南开中学原校长杨志行颁发了终身名誉校长荣誉证书。

南开中学成立理事会是贯彻落实《国家中长期教育改革和发展规划纲要》和《国家中长期人才发展规划纲要》，适应国家行政管理体制改革要求，在学校教育管理体制方面进行的改革创新。理事会的工作宗旨是面向现代化、面向世界、面向未来，以学生为本、以育人为根本任务，把南开中学建设成为具有中国特色、世界一流、在国内外有影响的高水平学校，为国家的经济社会发展培养造就更多的德智体美全面发展的优秀人才。

（记者　张雯婧　实习生　王　音）

白岩松与南开中学学子谈人生做一个有道德的人

北方网　2010 年 9 月 20 日

天津北方网讯　一身白衬衣运动裤的休闲打扮，配上他略带标志性的斯文眼镜，眼前的白岩松没有主持节目时的“咄咄逼人”，也没有电视屏幕里的深沉凝重，反而平添了几分幽默和风趣。昨天，央视著名主持人白岩松应邀来到南开中学，与广大学子进行一次人生感悟的分享。

中学阶段是人思想产生、成熟和完善的阶段，如何把握这些“思想”健康向上地成长？白岩松为广大学子上了一堂生动的人生课。白岩松讲到哲学大师冯友兰一直提倡的“立言、立功、立德”。他幽默阐述了“立言”需要天赋，“立功”要借助机缘，而“立德”是“三立”之本，告诉同学们要做一个有道德的人。

白岩松结合自身经历，给学子们提出六点殷切希望。他教育孩子们要锤炼出强大的心理素质，平等看待世界、看待世人，享受集体的快乐和友谊，用多元思维方式思考，永远保持好奇心和有点儿理想、有点儿公心。他不时以“白大哥”自居，拉近了和学子们的距离。“白大哥，您要求我们有点儿理想，有点儿公心。为什么要说‘有点儿’呢？”学生们问道。“因为我们必须承认人性是自私的，但这并不与我们的‘公心’教育相矛盾。《道德经》中有一句话‘无私为大私’，我们通过自私所获得的只是小私、中私而已，而大私是通过无私来获取的。这就让我想起了你们的老校友周总理，他一生无儿无女，没有存款，一心系百姓，可谓无私了。最终他赢得的是一片赞誉和百世芳名，这岂是常人能得到的‘大私’？”白岩松还总结出人生的“跳高说”。人生就像一场跳高，当你成功地跳跃了一个高度，肯定还会继续增加自己的目标，而最终结果可能会是以失败的一跳告终。但你会发现,在失败的那一刻,你却赢得了全场的庆祝和欢呼,因为你已经成功,而只有不怕输的人才能成功。

(记者 殷 莹 实习生 闫晓静)

南开中学原校长杨志行教育思想座谈会在津举行

北方网 2010年10月8日

天津北方网讯 全国普教专家、南开中学原校长杨志行先生90寿辰暨教育思想座谈会10月8日在本市举行。市委常委、市委教育工委书记苟利军,市人大常委会副主任张元龙,副市长张俊芳,市政协副主席何荣林出席。老同志、南开中学理事会理事长孙海麟主持座谈会。市委教育工委、市发改委、市教委、南开区负责同志和南开中学校友、师生代表参加。

苟利军、张俊芳在致辞时对杨志行先生为南开中学和天津教育事业发展所做的贡献给予高度评价。并强调指出,南开中学作为一所百年历史名校,饱含着一代又一代教育工作者的心血和汗水。市委、市政府高度重视,各方面寄予殷切希望。我们要坚持继承、发展、创新,认真总结和学习杨志行先生等老一辈教育家先进开放的教育理念,严谨治学、求是治校的办学思想,投身教育、奉献教育的崇高精神,坚持把推进素质教育、促进学生全面发展作为教育改革发展的战略主题,在全国率先开展基础教育现代学校制度的探索,不断扩大优质教育资源,进一步提升办学水平和综合实力,真正把南开中学等一批学校建成国内外有影响的一流名校。

杨志行先生1948年毕业于清华大学中国文学系,经朱自清先生介绍到南开中学任教。从1955年起,三度担任南开中学校长,倾毕生精力献身教育,为南开中学和普教事业发展做出了重要贡献。1983年,杨志行先生被联合国教科文组织认定为亚太地区普教专家。在今年7月成立的南开中学理事会上,杨志行先生当选为荣誉理事,并获终身名誉校长荣誉证书。

(记者 张 璐)

复旦大学与南开中学签协议共育尖子

天津教育报 2010年12月24日

12月22日,复旦大学与南开中学签署协议,结成合作交流友好学校,将联手培养拔尖创新人才。市委书记张高丽在迎宾馆会见了复旦大学校长杨玉良一行,代表市委、市政府表示欢迎。

张高丽对两所学校开展合作表示祝贺。他说:“加快转变经济发展方式,提高发展质量和效益,关键靠人才,基础在教育。复旦大学与天津南开中学开展合作,促进基础教育与高等教育紧密衔接,这对于推进教育改革创新,加快优秀人才培养具有重要意义。”

杨玉良说:“复旦大学与天津南开中学都是具有百年历史的著名学校。随着经济科技的不断发展,人才越来越成为战略性资源。我们两校合作就是要优势互补,共同探索人才培养新模式,为促进教育事业科学发展做出贡献。”

按照复旦大学和南开中学人才培养合作协议,双方同意加强合作与交流,在拔尖创新人才的培养上加强大学与中学的衔接,积极开展创新人才培养实验。复旦大学支持南开中学积极参与人才培养模式的改革,双方将充分发挥各自的办学理念和经验,共同探讨拔尖创新人才的培养改革措施,致力于培养学生自主学习、自强自立和适应社会的能力，倡导研究性学习，探索发现和培养创新人才的途径，全面提高学生综合素质，促进学生全面而有个性的发展。对进入复旦大学就读的南开学子，南开中学继续对学生成长进行跟踪，以探索更有利于人才成长的教育方式。学生大学毕业后，双方共同对学生发展进行跟踪，支持其进一步的成长。两所学校及时总结和分析学生成长情况，不断探索完善拔尖创新人才培养模式。两所学校在师资培养、学生管理等方面互相借鉴经验，定期组织师生互访；南开中学定期邀请复旦大学教授为师生开展学术报告，并组织学生赴复旦大学开展夏令营等活动。两校共同促进国内著名大学与著名中学的深层次合作，推动拔尖创新人才培养在更大范围内的开展。对此，南开中学理事会理事长兼党总支书记孙海麟表示，南开中学作为基础教育实验基地，承担着中学阶段培养人才的重任，同时南开中学也是衔接小学和大学的接力棒。和复旦大学签订人才培养合作协议后，南开中学将继续探索有益于未来人才发展的培养模式，向高校输送更多更好的人才。

在天津期间，杨玉良与南开中学师生座谈，就开展合作事宜进行交流探讨。市委常委、市委秘书长段春华，老同志南开中学理事会理事长兼党总支书记孙海麟、市教委主任靳润成等出席相关活动。

大事记

2010年天津南开中学大事记

1月

1日　南开中学奖励性绩效工资分配方案正式实施。

2月

2－8日　贺海龙等12位教师带领144名学生到日本静冈学园访问。

3月

5日　南开中学纪念周恩来总理诞辰暨表彰先进大会隆重举行。

5日　启动南开中学信息报送制度。内网信息更新形成制度化，信息报送和发布审批规范化。各个处室部门确定信息员随时报送部门信息。每周的信息汇总形成《南开中学校园动态》。校园内网上增设“校园动态”专栏。学校安排专人定期向市教委报送信息。

8日　南开中学毕业班领导小组成立。校长杨静武任组长。将初中与高中毕业班管理工作整合在一起，以期增强毕业年级的管理效率。

16日　南开中学管理体制机制创新试点工作启动。天津市委常委、市委教育工委书记苟利军、副市长张俊芳前来南开中学宣布，孙海麟出任南开中学理事会筹备组组长兼校党总支书记。由此，南开中学揭开基础教育改革试点的序幕。学校领导班子成员和中层管理干部，原校长康岫岩、原党总支书记田福安参加会议。

国际部教师张庆民赴意大利威尼斯马可·福斯卡里尼中学筹建南开中学首个孔子课堂。

4月

1日　近代著名爱国教育家严修诞辰150周年纪念活动隆重举行。天津市委书记张高丽作出批示。市人大常委会主任刘胜玉，全国人大常委会委员、全国人大教科文卫委员会副主任委员程津培院士，市人大常委会副主任张元龙，市政协副主席张大宁，以及南开大学、天津第二南开中学、重庆南开中学、自贡蜀光中学的负责同志出席在瑞廷礼堂隆重举行的纪念严范孙先生诞辰150周年纪念大会。副市长张俊芳讲话，希望南开中学抓住历史机遇，创新管理体制机制，努力培养大批拔尖创新型人才。

2日　南开中学组织全校学生和部分教师在校园里开展清明祭扫活动。

8日　孙海麟主持召开党总支扩大会议。传达学习胡锦涛总书记在参加十一届全国人大三次会议天津代表团审议时的讲话、温家宝总理关于全面实施科教兴国战略和人才强国战略的论述、市委书记张高丽在天津市领导干部会议上的讲话精神，审议通过党总支2010年工作要点。

11日－16日　南开中学在海外的第一家孔子课堂挂牌成立。校长杨静武一行赴意大利，成功举办意大利威尼斯马可·福斯卡里尼中学孔子课堂挂牌仪式。此行得到中国驻意大利大使馆和当地教育主管部门的大力支持和高度赞扬，为在意大利开展对外汉语工作起到积极作用。其间，杨静武一行还应邀访问罗马拉齐奥（LAZIO）教育学院，洽谈建立友好学校事宜。

14日　南开中学举行教职工运动会。

16 日　南开中学师生向青海省玉树地震灾区捐款。

20 日　2010 年度论文报告会举行。共评选出教师优秀论文 24 篇。6 位教师在会上进行论文交流。

5 月

4 日　南开中学团委隆重召开纪念五四运动 91 周年暨表彰先进大会。

10 日　高一年级学生进行 6 天军训。

11 日　孙海麟以《增强党性，争先创优，再促发展》为题给全体党员和入党申请人讲党课。

18 日　天津市委书记张高丽莅临南开中学调研。市委常委、市委教育工委书记苟利军，市委常委、市委秘书长段春华等领导同志陪同调研。张高丽与学生亲切交谈，勉励学生德智体美劳全面发展，并主持召开座谈会。孙海麟作工作汇报。

21 日　国际部举行“再接再厉”高、初三年级毕业典礼。

28 日　高三学生成人仪式暨毕业典礼在瑞廷礼堂隆重举行。

6 月

2 日　南开中学被天津市教育科学规划领导小组授予“天津市教育科研管理先进单位”称号。

24 日　孙海麟主持召开 2010 年度第三次党总支委员会议。讨论通过党总支开展创先争优活动的实施方案。

26 日　教育部长袁贵仁听取南开中学理事会筹备组组长孙海麟工作汇报。

南开中学被天津市教育委员会授予“天津市中小学德育工作先进校”荣誉称号。

7 月

1 日　市委书记张高丽在南开中学首届理事会召开前夕接见全体理事和工作人员，鼓励理事会大胆试验，把南开中学办成全国中学示范校。

1 日　南开中学党总支被评为南开区先进党总支。

2 日　南开中学首届理事会举行。会议讨论通过《天津市南开中学理事会章程》，选举以孙海麟为理事长，程津培、于再清、王静康为副理事长的领导机构。

27 日　南开中学教育基金会成立。天津市市长黄兴国接见全体理事，鼓励社会各界支援教育事业。

新教师招聘工作完成。九位青年教师受聘走上学校教学、管理和科研工作岗位。

校园景观改造工程、平安校园建设升级改造工程实施。

8 月

10 日　西楼外檐改造工程和北校区教工食堂整修改造工程实施。

22 日　学校组织对 2013 届初中新生进行为期一周的入轨教育活动。

25 日　学习研究周恩来小组成立暨以周恩来为人生楷模主题教育活动大会举行。全国政协常委、全国政协外事委员会主任、南开中学学习研究周恩来小组荣誉组长、南开中学 1958 届校友赵启正在会上发表热情洋溢的讲话，并与学生进行现场精彩对话。学习研究周恩来小组组长孙海麟在会上讲话。南开中学邀请周恩来亲属、周恩来身边的工作人员和天津主要媒体负责人担任学习研究周恩来小组的顾问。

9 月

3 日　南开中学理事会成立大会举行。南开中学理事会荣誉理事长、清华大学原校长王大中院士，理事会荣誉理事申泮文院士，理事会荣誉理事、南开中学原校长杨志行，理事会顾问、中国教育学会会长顾明远，理事会理事、市政协副主席张大宁出席成立大会。会议由理事会副理事长程津培院士主持。全校师生和校友代表参加大会。王大中荣誉理事长、孙海麟理事长分别向受聘的南开中学校长杨静武和副校长吕宝桐、李宝贵、马健颁发聘书；向南开中学原校长杨志行颁发终身名誉校长荣誉证书。孙海麟理事长讲话。

13 日　教育部副部长郝平、教育部国际合作与交流司司长张秀琴、副司长生建学一行视察南开中学。

16 日　中央电视台著名主持人敬一丹做客“公能讲坛”演讲。

19 日　中央电视台著名主持人白岩松做客“公能讲坛”演讲。

21 日　南开中学伙食委员会恢复成立。

21 日　话剧社在瑞廷礼堂上演戏剧大师曹禺的经典剧作《雷雨》，以纪念南开校友曹禺诞辰 100 周年。市教委领导观看演出。曹禺先生女儿万方受聘为南开中学话剧社顾问。

29 日　党总支组织党员、干部开展“看天津城市建设新貌，勇于承担育人创新责任”主题实践活动。参观天津市城市规划展览馆和重要建设工程。

10 月

8 日　普教专家、南开中学原校长杨志行先生九十寿辰暨教育思想座谈会举行。苟利军、张元龙、张俊芳、何荣林出席，孙海麟主持座谈会。苟利军、张俊芳讲话。市、区有关部门负责同志和南开中学教师、校友代表参加。

12 日　《南开中学中长期发展规划纲要》讨论稿形成并征求意见。其间，特别邀请程津培副理事长听取规划，提出修改意见；并经过八稿修改，呈请中国教育学会会长、理事会顾问顾明远先生给予咨询指导。

14 日　南开中学首届毕业班纪念井恢复、校友英烈纪念碑恢复扩建落成仪式举行，以此作为 106 周年校庆的系列活动组成部分。

15 日　南开中学迎校庆升国旗仪式举行。

15 日　天津南开校史研究中心成立大会举行。孙海麟担任南开校史研究中心名誉理事长。天津市政协副主席、南开中学 1968 届校友何荣林担任理事长。聘请南开中学 1966 届校友孟宪刚、1963 届校友吕培天、1966 届校友周鸿飞担任副理事长。

16 日　南开中学第六届校友会理事会举行。会议完成新一届理事会换届选举工作。天津市人大常委会副主任、市工商联主席、市侨联主席、南开中学 1967 届校友张元龙当选为新一届理事长。

21 日　孙海麟主持召开党总支会议。听取所属支部工作汇报，解决支部建设中难点问题。

22 日　南开中学团委在翔宇楼报告厅召开学生社团联合会成立大会。团市委副书记史庆伟等到会。南开区各中学、中职的团委书记前来观摩。

23 日　2010 年南开中学秋季运动会在学校体育场举行。

25 日　未来学家奈斯比特夫妇做客“公能讲坛”演讲。

27 日　孙海麟赴北京与中国科技大学校长侯建国、上海交通大学校长张杰共同商谈开展交流合作、衔接培养拔尖创新人才的有关问题。

27 日　南开区副区长谷云彪一行到南开中学检查工作。

11 月

1 日　西楼教工食堂开始接待教职工就餐。

2 日　孙海麟以《建设一支敢于担当，善于思考，忠于实践，勇于创新，奉献南开，团结协作的高素质学习型领导班子》为题给全体党员和入党申请人讲党课。

4 日　天津市教委主任靳润成、市教育招生考试院院长张静一行到南开中学检查工作。

19 日　话剧社在团市委、市学联举办的评选活动中当选 2010 年天津市优秀学生社团标兵第一名。

23 日，孙海麟赴北京与清华大学校长顾秉林商谈合作培养学生的相关事宜。

12 月

1 日　天津市教委下发[2010]153 号文件，决定在南开中学建立基础教育改革实验基地并随后挂牌。

10 日　南开中学首届英文话剧节暨英文话剧展演活动举行。

22 日　南开中学与复旦大学签署人才培养战略合作协议。市委书记张高丽在迎宾馆会见复旦大学校长杨玉良一行。

22 日　复旦大学杨玉良校长做客“公能讲坛”演讲。

22 日　国防大学教授金一南少将做客“公能讲坛”演讲。

30 日　全校学生举行新年联欢活动。

南开中学开展定岗定编工作。

南开中学学生资助工作领导小组成立。该小组负责执行国家助学金政策的领导和管理工作。

（乔慕英）

索 引

2011 天津南开中学年鉴索引词

C

D

F

G

H

J

X

Y

Z